U0896967

危机下的变革：晚清陆军战术及训练研究

Transformation Triggered by Crisis:
Research on the Army's Tactics and Training of Late Qing Dynasty

赵鲁臻　著

人 民 出 版 社

国家社科基金后期资助项目
出版说明

后期资助项目是国家社科基金设立的一类重要项目，旨在鼓励广大社科研究者潜心治学，支持基础研究多出优秀成果。它是经过严格评审，从接近完成的科研成果中遴选立项的。为扩大后期资助项目的影响，更好地推动学术发展，促进成果转化，全国哲学社会科学工作办公室按照“统一设计、统一标识、统一版式、形成系列”的总体要求，组织出版国家社科基金后期资助项目成果。

全国哲学社会科学工作办公室

目　录

图 表 目 录

一、图 目 录

二、表 目 录

前　言

一、研究主题

对于晚清中国而言，内外危机接连不断的局面使得“兵事”被置于最优先考虑的地位，走在近代中国社会变革的最前端。陈旭麓先生指出：“中国近代军事的演变与发展，实际上就是中国近代化的过程。”[①]然而，由于种种原因，“尽管晚清历史中军事史有着极为重要的地位，但在五六十年代出版的晚清历史著述中，军事史经常性地成为政治史、对外关系史乃至经济史的陪衬”。[②] 这种状况至今已有了一定程度的改观。但总体而言，正如一些学者所指出：军事史仍是一个“敲边鼓”的角色；在有限的研究成果中又“偏荣偏枯”，军队训练、战术等具体内容较少受到关注。而相比之下，欧美史学界则对西方各时期军队的武器装备、训练方式及战术手段等内容都有极为详细的研究。[③] 因此，我们对晚清一些重要军队——如湘军、淮军以及后来的新建陆军，如何进行技战术训练、采取什么样的战斗队形、如何配合运用各种武器、怎样进行战斗协同以及不同时期战术发生了何种变化等问题，有些仅具模糊的了解，有些则一无所知。正是由于这个原因，当前学界对于晚清军事现代化的评价，基本上都缺少军队战术、训练水平的维度。而这种缺失，也使我们难以宣称已经完整地了解了这些军队，以及真正地把握住了这一时期军事演变的脉络。因此，晚清军队战术及训练方面的研究，或许能使我们对晚清军事现代化产生更深入的认知，得出更客观的结论。

当然，如果仅就战术而论战术，未免有视角过于偏狭之嫌。所以本书也试图通过考察晚清军队战术及训练方式演变的缓慢历程，从思维观念的角度来解释，在进入火器时代之后中国的军事发展为何逐渐落伍于西方与晚清中国军事现代化为何步履维艰这两个主要问题。战术及其训练水平，是

---

① 陈旭麓：《在中国近代军事史学术讨论会闭幕式上的讲话》，梁巨祥主编：《中国近代军事史论文集》，军事科学出版社 1987 年版，第 24—25 页。

② 茅海建、刘统：《50 年来的中国近代军事史研究》，《近代史研究》1999 年第 5 期。

③ 参见黄朴民：《中国军事史研究的困境与转机》，《史学月刊》2005 年第 11 期；李零：《转变思路，对军事史进行全方位研究》，《史学月刊》2005 年第 11 期。这两篇文章虽以整个中国军事史研究立论，但其所指出的问题也存在于晚清军事史研究领域。

一支军队专业能力与战斗力最基本的体现,直接反映出这支军队处理军事事务所运用的思路和方法,因而也较能展现一个文明在军事领域的思维取向与观念偏好。因此,研究战术及训练方式,可以让我们从一个具体而特殊的切入点去理解传统思想文化的某些特点。这或许有助于对上述两个问题形成一些新的看法。在以往的相关研究中,不少学者比较习惯于从政治制度、社会背景方面来解释近代中国军事发展的落后与军事现代化的缓慢。其中一些比较常见的观点如清王朝保守落后、闭关锁国、政治腐败、以文制武、官兵素质低下以及列强侵略等等。但实际上,如果我们仔细比照西方军事发展史便不难发现,中西双方真正拉开差距并非始于清季,反倒是大量使用早期火器的明朝后期。而且,那些近代西方军事强国并不见得一定拥有多么先进的思想、清明的政治抑或是高素质的士兵;他们并非没有受到过入侵,而且多数也并不像普鲁士那样是"军队组成的国家"、尚武风气盛行。所以,这些观点在单独考察中国自身的军事发展过程时似乎都能言之成理,但它们更类似于产出最终结果的可能性条件,而非中华文明所特有的原因。认知历史就如提灯照物,当习惯于从某一个角度去投射灯光的时候,往往就会倾向于将被照亮的那一面上升为问题的"本质"或者"根源",以致其他的位面长期处于昏暗之中。故而,当我们习惯于运用这种"万能答案"来作出解释的时候,似乎便惰于从其他角度去投射观照。正是基于这样一种思考,本书认为对于中国近代军事发展状况不应满足于此类宽泛、笼统的解释;中西双方应该有某种源于各自历史文化遗产所形成的更深层的差异,决定了二者军事发展路径迥然不同,并由之产生了各异的结果。故本书希望借助军队战术及训练演变的研究作为切入点,从中追索传统思想文化对中国军事发展的影响。如此,或许能够让我们看到一些以往未被重视的面向。

再者,晚清的战术及训练变革无疑是各次内外危机促成的结果,是时势紧逼之下追求实用手段的心态愈发强烈的一种表现。通过考察晚清军队的战术、训练演变过程及其时代环境、思想背景,或许能够了解危机逼拶之下实用心态的不断激化究竟如何一步步催化出中国军队的现代化转型。与此同时,我们还可以从中思考这样一个问题:危机逼出了实用功效的价值尺度,在此基础上的军事现代化是否会产生负面影响、存在一些隐患?这些问题的探讨其实也是一个从特殊侧面重新审视晚清中国现代化的机会,也许能够为我们理解其成败得失提供某些新的启示。总而言之,本书在阐述晚清陆军战术及训练演变的具体内容之余,将尝试对上述问题进行探讨,希望能在研究军事史的同时借之深入理解晚清社会思想领域的变迁,从而寻求一些新的启发、提出一些新的解释。

在理论层面之外,晚清陆军战术及训练变革研究或许还能为现今中国所面临的新军事变革提供一些历史的借鉴。“历史——即使假设我们能够确信对它的解释非常准确,难得提供直接的教益。宣称达到此类适宜性等于欺骗自己。但是,历史作为对先前已逝事物的有教养的记忆,是个不应被轻易抛弃的教益源泉。……它能够通过澄清往昔和理解其部分含义,来帮助我们思考当今和未来。”①今日的武器装备相较于晚清,已颇有沧海桑田之感,故而当时的战术自然绝无重现的可能。但面对新一次军事变革的现代中国人同样需要谨慎,避免重蹈前人之覆辙。通过探析晚清战术及训练演变这一过程背后的思维观念,或许能作为现今军事变革的一种参照,有则改之、无则加勉。蒋百里将军曾指出:“研究高深兵学的人,没有不感到历史研究的重要,近世德国首先创造了历史哲学,历史的研究蔚成了一种风气,足征德国军事天才的优越,国防事业的坚实,确有学术上的背景的。……中国数十年来创造新式军队,事事只知请教外人,结果只学得外人的皮毛(因为外人有外人的传统精神,不是中国人所能学的),不能深入国民的心性,适应民族的传统,以至节节失败,原因有一部分就在于历史没有研究好。”②前人已有此误,后世实应谨记。希望本书能作为引玉之砖,在这一方面献上绵薄之力。

二、文献综述

(一) 基础理论:军事学相关论著

本书以军队战术及训练为着眼点,自然要借鉴军事学著作中的相关专业知识与理论。在战术理论方面,国外著作主要有若米尼的《战争艺术概论》和克劳塞维茨的《战争论》。③ 这两部近代军事理论名著对19世纪西方战术有非常全面的介绍、分析。尤其是对英、法、德三国陆军战斗方式的讨论,对于比较评价晚清陆军战术的发展水平颇有帮助。国内的著作主要有《战术学基础》、《战术学》、《步兵战术学》三本军方编写的战术学教材。④ 它们虽主要以现代条件下的战斗为出发点,但其中所概括归纳的一般战斗

① [美]彼得·帕雷特主编:《现代战略的缔造者:从马基雅维利到核时代》,时殷弘等译,世界知识出版社2006年版,第10页。

② 蒋方震:《国防论》,《民国丛书》第二编第31册,上海书店1990年版,第1—2页。

③ [瑞士]A.H.若米尼:《战争艺术概论》,刘聪、袁坚译,解放军出版社1986年版;[德]克劳塞维茨:《战争论》,中国人民解放军军事科学院译,商务印书馆1982年版。

④ 总参谋部军训部:《战术学基础》,解放军出版社1987年版;杨志远、彭燕眉主编:《战术学》,军事科学出版社2002年版;李洪程主编:《步兵战术学》,军事科学出版社2000年版。

规律、基本原则以及战斗各要素的运用方式等战术学知识，有助于本书以更专业的角度去分析和评价晚清各个时期的战术发展水平。此外，《中国军事百科全书学科分册·战术》（Ⅰ、Ⅱ）和《中国大百科全书·军事》（Ⅰ、Ⅱ）①内也有许多重要的相关知识，为必备工具书。

在关于人类战术发展史的论著中，《马克思恩格斯军事文集》②的价值自不用多言，为必读参考书。《武器和战争的演变》、《剑桥插图战争史》、《西方战争艺术》、《西洋世界军事史》等书则为了解西方战术及军事发展史的重要知识来源。③ 国内学者的著作，与本书主题关系最为密切者当属中国战术史的专门研究。平志伟的《中西方战术比较研究》是其中较有特色的一本，对中西方战术作了从古至今的对比分析。在比较中西方近代战术的部分，该书认为："中国学习西方战术，实现全面火器化战术的整个过程，以1894年的中日甲午战争为界，前后可分为二个阶段。从19世纪50年代，曾国藩编练湘军开始，到1894年甲午战争中中国的失败，为中国学习西方战术的第一阶段"，"中国战术的进一步西化与火器化战术时代的全面到来是在1894年中日战争之后"；并对这两个阶段清军的陆战战术进行了概括性的介绍。④ 就具体内容而言，此书对晚清战术演变的分析还略显粗放，⑤但以西方战术发展历程作为参照的研究思路及其对战术定义与评价标准的论述，则颇具有启发意义。金玉国的《中国战术史》一书对中国战术发展历程进行了一番较为全面的梳理，其中将晚清陆战战术分为野战攻防与城垣攻防两类进行专门的讨论。⑥ 该书的特点在于涵盖的时段长、选取的样本广泛。但问题也正在于此。在有限的篇幅中，过于全面的论述必然失之简化。最明显的就是，其完全忽略了淮军在引进西方火器装备之后战

① 任连生主编：《中国军事百科全书学科分册·战术》（Ⅰ、Ⅱ），中国大百科全书出版社2007年版；《中国大百科全书·军事》编委会编：《中国大百科全书·军事》（Ⅰ、Ⅱ），中国大百科全书出版社1989年版。

② 《马克思恩格斯军事文集》，战士出版社1981年版。其第一、二两卷为马克思和恩格斯的专题军事著作，关于各国军队、各兵种战术方面的内容非常丰富。

③ ［美］T.N.杜普伊：《武器和战争的演变》，李志兴等译，军事科学出版社1985年版；［美］杰弗里·帕克：《剑桥插图战争史》，傅景川等译，山东画报出版社2004年版；［美］阿彻·琼斯：《西方战争艺术》，刘克俭、刘卫国译校，中国青年出版社2001年版；［英］J.F.C.富勒：《西洋世界军事史》，钮先钟译，广西师范大学出版社2004年版。

④ 平志伟：《中西方战术比较研究》，国防大学出版社2001年版，第127、129—130页。

⑤ 而且还应指出的是，作者以时人译著的兵书，如徐建寅的《兵学新书》为依据来介绍清军战术，似有不妥。因为译著之兵书并不一定会被运用于当时军队的训练或战斗之中，二者之间不能轻易画上等号。

⑥ 金玉国：《中国战术史》，解放军出版社2003年版。

术及训练上的变化,而只作一种静态的描述。卢林的《战术史纲要》也值得注意。该书除讨论战术发展的历程之外,还对战术变革机制进行了分析。作者指出,战术在不同的阶段都会形成一个武器—战术的稳定系统,并对新因素产生排斥作用,保持一个时期不变;因而"一个新的完整的军事学术或战术体系的出现,只有在一定质量和数量的武器装备运用于实践和人们的新观念的形成这两个基本因素成为现实后才有可能"。① 这个论断尽管并不完全②,但其从思想观念角度来分析战术变革的研究路径值得借鉴。

再者,战术作为思想活动的产物,必然蕴含着特定的思维方式与文化观念,这也是本书研究晚清战术及训练变革的核心视角。在这一方面,《战术的哲学基础》、《战术思维研究》和《战术文化论》三部著作提供了战术与哲学思想、思维方式以及文化观念之间关系的理论分析。③ 张俊波主编的《中西军事哲学比较研究》一书对古代中西军事思维方式进行对比后认为,前者是一种具有模糊性、不确定性的软性思维;而后者追求精确的表述,是一种强调逻辑推理和分析的硬性思维。④ 刘庆的《中西军事思想的交流与互补》与《〈孙子兵法〉与古希腊、罗马军事著作的初步比较》这两篇文章基本上也持类似的观点。⑤ 于汝波《对16世纪初至19世纪末中国军事理论落后教训的几点思考》一文则指出,中国于16世纪初到19世纪末军事理论落后的一大原因就在于传统直觉顿悟的思维方式"缺乏精确的实验证明和严格的逻辑推理,很难向'高、精、尖'方向发展"⑥。这些观点对于本书的研究均颇具启发性。

(二) 研究现状:近代史相关论著

由于相关研究内容多散见于中国近代军事史研究、湘淮军史研究以及新建陆军研究等方面,故此处将按上述类别对国内外研究现状作一番简要

---

① 卢林:《战术史纲要》,解放军出版社2008年版,第9、17页。

② 作者似乎忽视了一些重要历史人物,或如西方学者常说的"军事天才"的推动作用。如拿骚的莫里斯和瑞典国王古斯塔夫斯之于线式战术的形成、拿破仑之于散兵—纵队战术的完善,乃至希特勒、古德里安对装甲兵战术的支持等例子都说明,历史人物借助其能力、影响力的倡导与落实,能够有力地促成新观念的形成,实现战术体系的新旧递嬗。

③ 王东生、黄培义:《战术的哲学基础》,解放军出版社2008年版;宋绍松、栗爱斌:《战术思维研究》,国防大学出版社2007年版;孙晔飞:《战术文化论》,军事科学出版社2009年版。

④ 张俊波主编:《中西军事哲学比较研究》,军事科学出版社1993年版,第82—84页。

⑤ 刘庆:《中西军事思想的交流与互补》,《军事历史研究》1994年第3期;刘庆:《〈孙子兵法〉与古希腊、罗马军事著作的初步比较》,于汝波等主编:《〈孙子〉新论集萃——第二届孙子兵法国际研讨会论文选》,长征出版社1992年版,第499页。

⑥ 于汝波:《对16世纪初至19世纪末中国军事理论落后教训的几点思考》,《军事历史》2004年第3期。

梳理。

1. 近代军事史研究

在中国近代军事史研究中,专门以军队战术为题的论著较为稀少。《清军陆战战术演变》是其中较为深入的一篇文章。该文以丰富的史料为基础,缕析了晚清陆战战术复杂曲折的演变轨迹,并对各个时期的战术内容作了图示。① 牛俊法的《论近代清军的装备与战术》则分析了晚清对外战争失败的战术原因,认为"清军装备的改变与战术陈旧的矛盾,是近代中国社会性质变化的影响下,军事发展的必然结果"②。该文由装备与战术演变论及社会转型问题的视角与思路值得借鉴。皮明勇的《中国近代军事改革》则对比分析了淮军与日军官兵素质的差异,认为前者缺乏狂热的国家主义精神与军人荣誉感,因而精神空虚,未能树立起刻苦训练的作风;故其虽学习西方战术操法,却不能转化为真正的战斗力。③ 还应提及的是王兆春的《中国火器史》。该书虽着眼于火器性能、形制方面的研究,但其能以之为切入点,分析晚清陆军武器装备的改换所引发的编制、战术与训练诸方面的相应变化,这种研究路径很有启发意义。

讨论中国近代军事思想史或军事学术史的著述也时常会涉及晚清战术变革问题。《中国近代军事思想概论》一文认为"洋务派军事思想中缺乏近代战术方面的内容",这一缺失"阻碍了新战术的推进"。④《军事学志》一书则辟专章详细论述了晚清陆战战术的现代化"深受东、西方军事文化冲突的困扰",展现为一个"激烈的,又是渐进的"艰难历程。该书还指出,淮系防军、练军无法摆脱传统兵学思维以及各种玄虚阵法的影响,因而在引入西方近代战术的同时又将其加以异化。⑤ 以上两著观点,皆为淮军战术及训练变革研究中值得深入思考的问题。《中国兵学史》与《中国历代军事思想》两书对晚清时期的战术思想亦有不错的介绍。⑥ 尤其是后者,对《训练操法详晰图说》这部近代兵书进行了比较深入的探讨,对研究新建陆军具有相当之参考价值。

相关的还有晚清军事教育、军队训练方面的研究。史全生的《中国近

① 皮明勇、刘庆:《清军陆战战术演变》,《军事历史研究》1989 年第 2 期。

② 牛俊法:《论近代清军的装备与战术》,《史学月刊》1985 年第 6 期。

③ 皮明勇:《中国近代军事改革》,解放军出版社 2008 年版。

④ 沈渭滨、奚纪荣:《中国近代军事思想概论》,《史林》1988 年第 3 期。

⑤ 刘庆、皮明勇:《军事学志》,庞朴主编:《中国文化通志·学术典》(6—060),上海人民出版社 1998 年版,第 273、276 页。

⑥ 赵国华:《中国兵学史》,福建人民出版社 2004 年版;《中国军事史》编写组:《中国历代军事思想》,解放军出版社 2007 年版。

代军事教育史》、王吉尧的《中国近代军事教育史》和王建华的《半世雄图——晚清军事教育现代化的历史进程》三书在论述晚清军事教育的过程中,都对军队训练方法、战法的改变有所涉及,但主要还是侧重于院校的军事教育。① 相比之下,《中国近代军事训练史》则重在军队的训练,对淮军、练军、防军以及新建陆军的训练内容、方法作了归纳,为研究相应的战术内容提供了有价值的线索。②《中国军事制度史·军事教育训练制度卷》、《中国近代军事史》以及《中国军事通史·清代后期军事史》中也有相关的内容,于此就不一一赘述。③

刘凤翰的《清季自强运动与军事初期改革(1861—1895)》对自强运动期间晚清军队的流变进行了全景式的描述,尤其是梳理了湘淮军、防练军在武器、组织、训练上的演变过程,使人对该阶段军队现代化的概况能有一个全面的了解。④ 但其问题在于,论述略显表面化,缺乏深入的分析。《剑桥中国晚清史:1800—1911》以盛军为样本考察了淮军驻防时的训练状况及其问题,认为盛军在当时的中国为第一流的武装力量,但其主要问题在于,它仍然是勇营部队;周盛传反对勇营组织体系上的任何更改,而且他虽然很欣赏掌握外国军事技术的人才,但却也很少举荐他们担任更高的职务;这些因素影响了淮军军事变革可能达到的程度。⑤ 理查德·史密斯的《外国训练与中国自强:凤凰山个案,1864—1873》通过对淮军在凤凰山基地接受外国军官训练的个案研究,分析了晚清同治年间军事变革未能取得成效的原因。该文指出,最大的问题在于西式训练被视为一种权宜之计,清政府作为异族统治者并不支持一种彻底的军事改革,因为这将有损于其精心设计以保证统治地位的军政体制;如此所导致的结果之一,便是受过西式训练的中国军队在战场上运用西方战术的程度很低,尤其在对付装备简陋的国内敌

① 史全生主编:《中国近代军事教育史》,东南大学出版社 1996 年版;王吉尧主编:《中国近代军事教育史》,解放军出版社 1996 年版;王建华:《半世雄图——晚清军事教育现代化的历史进程》,东南大学出版社 2004 年版。

② 张英辰、王树林主编:《中国近代军事训练史》,军事科学出版社 2010 年版。

③ 赫治清主编:《军事教育训练制度卷》,陈高华、钱海皓总主编:《中国军事制度史》第二卷,大象出版社 1997 年版;张玉田、陈崇桥等编著:《中国近代军事史》,辽宁人民出版社 1983 年版;施渡桥等:《清代后期军事史》,《中国军事通史》第 17 卷,军事科学出版社 1998 年版。

④ 刘凤翰:《清季自强运动与军事初期改革(1861—1895)》,"中央研究院"近代史研究所编:《清季自强运动研讨会论文集》上册,"中央研究院"近代史研究所 1988 年版,第 345—393 页。

⑤ [美]费正清、[美]刘广京主编:《剑桥中国晚清史:1800—1911》下卷,中国社会科学院历史研究所编译室译,中国社会科学出版社 1985 年版,第 286—289 页。

人时,他们更依赖的是西方武器所提供的火力而非战斗队形等战术因素。① 该学者的另一篇文章《晚清中国军事教育改革,1842—1895》指出,基于同样的原因,晚清的军事教育未能取得有意义的革新;其后果就是军队中缺少能干的且掌握西方军事知识的中下级军官,因而各种精致的西式操练并不能转化为战场上的行动;这导致中日甲午战争中清军的战术简单得近乎荒谬,许多中国军官甚至对日军战术感到疑惑不解。② 这些文章所提出的观点很值得借鉴,不过作者似乎忽视了,清政府不支持彻底军事改革的原因还在于它不具备这样的见识与意识,自身也缺乏能够掌控这种变革的专业人才。

2. 湘淮军史研究

湘军、淮军一直是近代史研究的重要领域,但多数论著着眼于其政治性质、起源与建立、营头变化、将帅关系以及重要人物等方面。对其军事方面的研究,则主要集中于军工企业、北洋海军等方面。聚焦于湘淮系陆军的战术、训练等内容的专题研究成果较为稀少。③

在湘军研究方面,罗尔纲的《湘军兵志》可能是对其战术及训练进行了最为详细讨论的一部著作。该书指出,湘军"练阵法,初时是练戚继光的鸳鸯阵、三才阵,以及握奇经的四面相应阵。其后练一字阵、二字阵及方城阵";其战术原则的关键就在于"以主待客"与"反客为主",通过防御优势杀伤对方有生力量之后再发动反击。④ 但此书以兵制为重点,故对湘军战斗队形及其战斗流程等具体内容并未作详细说明。龙盛运的《湘军史稿》则介绍了湘军战斗中的火力配置状况。作者认为湘军编制"讲求各种武器配备,尤其注意热兵器的配备。冷兵器利于近战,便于肉搏,热兵器能及远,两者有机地配合起来,才能形成有层次的进攻和防御能力"⑤。不过由于该书主要是从政治角度来考察湘军,所以对其战术亦未作细致介绍。

在淮军研究方面,罗尔纲的《晚清兵志·淮军志》与王尔敏的《淮军志》两部著作堪为其中的代表。前者详细考述了淮军如何受常胜军影响而改用

---

① Richard J. Smith, "Foreign-Training and China's Self-strengthening: The Case of Feng-Huang-Shan, 1864-1873", *Modern Asian Studies*, Vol. 10, No. 2(1976), pp.195-223.

② Richard J. Smith, "The Reform of Military Education In Late Ch'ing China, 1842-1895", *Journal of the North China Branch of the Royal Asiatic Society*, Vol. 18, No. 2(1978), pp.15-40.

③ 淮军研究状况可参见汪天亮:《近期淮军研究述评》,《社会科学动态》1997 年第 3 期;方英:《淮军研究及其历史文化资源利用》,《安徽史学》2011 年第 6 期;张芳:《20 世纪 90 年代以来淮军研究的新进展》,《军事历史研究》2012 年第 2 期。

④ 罗尔纲:《湘军兵志》,中华书局 1984 年版,第 53、177 页。

⑤ 龙盛运:《湘军史稿》,四川人民出版社 1990 年版,第 75、76 页。

西式操法战术，并指出其练兵不练将，故所学非所用以致甲午之败。① 后者对淮军如何因换装西式枪炮而一步步改变营制、训练方法的过程及其产生的历史影响作了更加细致的梳理与长时段的考察，并对湘淮训练差异进行了一番评述，认为湘军代表中国传统兵学的推陈出新，淮军则为受西方影响而首开风气之军队。② 两书考述功力深厚，然玉之微瑕在于，二者对淮军所用西方战术及训练的具体内容均未作明确的考察，主要还是着眼于制度上的演变及得失。不过，王尔敏的另一篇文章《清代勇营制度》则对淮军训练、战法论述颇详，认为淮军之战法训练为勇营最高代表，"盖以改行西法，其运用尤更复杂而繁密。……自光绪初年逐渐改用后门枪，增设炮队，并全军改行德操，其战阵布式自更繁复"③。《淮军史》亦详细考察了淮军入沪后改用洋枪、学习西式操法的过程，并对其驻防时期后膛枪炮的换装情况进行了深入的研究。④ 王涛的《清军火器、军制与战争——以旗营与淮勇为中心》用专章研究了淮军在苏沪战场上同太平军的历次战役，分析淮军入沪后由传统火器改装西式枪炮所发生的战术、营制上的因应，为少有的考察早期淮军战史、战术的文章。不过，该文更多的是对战斗过程的描述，对淮军战术的讨论则令人颇感意犹未尽。⑤ 此外，李守孔的《淮军平捻之研究》、冀满红的《论淮军》和《淮军近代化浅论》、陆方的《再论淮军》、黄细嘉的《绿营、营的互渗——防军和练军兵制》和《勇营兵制的发展：淮军的建立和淮军兵制》对淮军战术也略有涉及。⑥

一些关于淮军集团及其重要人物的研究也稍涉其间。在这一方面，《晚清淮系集团研究——淮军、淮将和李鸿章》与《淮系人物列传——李鸿章家族成员·武职》这两本著作值得关注。⑦ 两书对于李鸿章、周盛传等如何改用西法操练促成淮军的军事改革都有所介绍，亦可以作资料索引之用。

---

① 罗尔纲：《晚清兵志·淮军志》，中华书局1997年版，第51—55页。

② 王尔敏：《淮军志》，中华书局1987年版，第206—207页。

③ 王尔敏：《清代勇营制度》，《"中央研究院"近代史研究所集刊》1973年第4期。

④ 樊百川：《淮军史》，四川人民出版社1994年版。

⑤ 王涛：《清军火器、军制与战争——以旗营与淮勇为中心》，复旦大学博士学位论文，2007年。

⑥ 李守孔：《淮军平捻之研究》，《新时代》1970年第10期；冀满红：《论淮军》，《安徽史学》1986年第4期；冀满红：《淮军近代化浅论》，《军事历史》1989年第4期；陆方：《再论淮军》，陆方、李之渤：《晚清淮系集团研究——淮军、淮将和李鸿章》，东北师范大学出版社1993年版；黄细嘉：《绿营、营的互渗——防军和练军兵制》，《历史教学》1996年第3期；黄细嘉：《勇营兵制的发展：淮军的建立和淮军兵制》，《上饶师专学报》1997年第4期。

⑦ 陆方、李之渤：《晚清淮系集团研究——淮军、淮将和李鸿章》，东北师范大学出版社1993年版；马昌华主编：《淮系人物列传——李鸿章家族成员·武职》，黄山书社1995年版。

在讨论李鸿章与淮军现代化的关系时,学界普遍认为,李鸿章的积极推动是淮军能够迅速改换装备、引入西式操法、战术的关键原因。而且,由于实施了新式训练,西方的近代战术在淮军以及后期的防、练军中得到了初步的运用和传播,提高了清军战斗力,也为中日甲午战争后的进一步军事改革打下了基础。这一点应该予以肯定。但淮军的现代化水平长期停留在较低层次,这又同李鸿章个人思想观念等方面的局限密切相关。① 司马富(即理查德·史密斯)的《李鸿章对外国军事人才的使用:形成时期(1862—1874)》则着重探讨了李鸿章及周盛传雇用外国军人操练军队过程中的一些细节。该文指出,中国军事变革最主要的障碍并非淮军将领的排外主义或者李鸿章传统思想的影响,而在于缺乏中央政府的有力支持、协调与监督,导致武器、训练甚至教练用语在不同军队之间都相去甚远,改革未能渗入到战役战斗的基本要素之中,发生一种全面的变化。②

除上述之外,此处也将关于华尔、戈登和常胜军的研究纳入讨论,因为这有助于了解早期淮军受常胜军影响而改换操法、学习西方战术的情况。理查德·史密斯的《十九世纪中国的常胜军:外国雇佣兵与清帝国官员》对常胜军战术有专门的介绍,并将其同湘军、淮军进行了对比,认为"常胜军的训练比同时期的大部分中国军队远为严格和正规"③。罗尔纲的《常胜军考略》指出,淮军的西式教练、作战,都是受常胜军影响并向其学习的结果,所以常胜军使中国军队开始走上了现代化道路。④ 苏贻鸣的《洋枪队与中国军队的近代化》一文则更具体地指出,洋枪队不仅促成了中国军事教育现代化的起步,还在战略战术方面冲击了中国传统军事思想,一改清军作战只重正面、忽视两翼的旧习;晚清战略战术思想的变迁正是在中国军队与洋枪队的接触、合作过程中开始的。⑤ 屈新儒的《"常胜军"研究》应属对常胜军战术研究最为细致的文章。该文认为,常胜军所用近代西方陆军的训练和战术成为后来清军西法练兵的样本;而且,它还催生了中国的炮兵制度,

---

① 陆方:《李鸿章——中国近代化军事改革的先驱》;皮明勇:《李鸿章军事改革思想研究》;翁飞:《李鸿章和淮军近代化》。以上三文均载于周军、杨雨润主编:《李鸿章与中国近代化》,安徽人民出版社1989年版。廖宗麟:《李鸿章与淮军的近代化》,《安徽史学》1986年第1期。

② [美]司马富:《李鸿章对外国军事人才的使用:形成时期(1862—1874)》,[美]刘广京、朱昌峻编:《李鸿章评传——中国近代化的起始》,陈绛译校,上海古籍出版社1995年版。

③ [美]R.J.史密斯:《十九世纪中国的常胜军:外国雇佣兵与清帝国官员》,汝企和译,中国社会科学出版社2003年版,第112页。

④ 罗尔纲:《常胜军考略》,《近代史研究》1990年第4期。

⑤ 苏贻鸣:《洋枪队与中国军队的近代化》,《复旦学报(社会科学版)》1990年第2期。

中国炮兵第一次从步兵中分离出来,成为独立兵种;这是中国军队进一步运用兵种协同战术的前提条件。[①] 另外,相关文章还有李守孔的《常胜军协剿太平军之研究》、李国林的《"常胜军"对清统治者军事近代化思想的影响》、陈九如的《洋枪队与淮军浅论》和叶凤刚的《论清政府与常胜军》。[②] 这些文章一般都认为,常胜军触发了淮军在编制、训练、武器和作战方法等方面的变革,对于晚清陆军现代化产生了深刻的历史影响。

3. 新建陆军研究

甲午至庚子前是晚清军事史上的一个重要时期,有不少针对此一阶段小站练兵军事改革的研究成果。不过,所论者同样多聚焦于新建陆军相关的政治、人物以及制度等方面,较少关注其战斗及训练问题。目前在新建陆军(即武卫右军)的专题研究中,最为细致的当属刘凤翰的《新建陆军》和《武卫军》两书。这两本专著以军队现代化为视角,结合相关军事理论,系统地考述了这支军队训练的具体内容及其新特点。作为该专题的筚路蓝缕之作,其对新建陆军作了相当全面的考察,对该军的一些细节问题如军队训练方法、实战演习等也有所关注。[③] 另外,《武卫军》一书还介绍了研究武卫右军训练、战术方面现存的主要资料,实为惠及后学之举。不过美中不足在于,两书对《新建陆军兵略录存》和《训练操法详晰图说》等史料的摘录似显过于烦冗,以致文中分析性内容略有欠缺,并且令行文变得不够连贯通畅。季云飞的《新建陆军研究二题》是一篇比较有代表性的文章。该文承认袁世凯确有"求自强以抵御外侮"目标,而且新建陆军聘用洋员进行军事教育和训练"对于提高中国军队的战斗力起着积极作用",这些都值得肯定;但"对新建陆军装备'全盘西化'的做法,应予以基本否定"。[④] 刘琼霞的《湘军与新建陆军比较考论》对湘军与新建陆军进行了比较,认为后者在军制、装备、训练等方面要优于前者,是"中国军队走向近代化的一个标志,为清

① 屈新儒:《"常胜军"研究》,《军事历史研究》1994 年第 3 期。

② 李守孔:《常胜军协剿太平军之研究》,《新时代》1970 年第 11、12 期;李国林:《"常胜军"对清统治者军事近代化思想的影响》,《上海师范大学学报(哲学社会科学版)》1996 年第 1 期;陈九如:《洋枪队与淮军浅论》,《历史教学问题》1996 年第 4 期;叶凤刚:《论清政府与常胜军》,《史学集刊》2006 年第 1 期。

③ 刘凤翰:《新建陆军》,"中央研究院"近代史研究所 1967 年版;刘凤翰:《武卫军》,"中央研究院"近代史研究所 1978 年版。

④ 季云飞:《新建陆军研究二题》,《河北学刊》1992 年第 6 期。该文认为"军队的一切装备均按西方国家军队配备,无疑是一种生搬硬套、盲目抄袭的做法……武器装备完全排斥国产军货的使用,这是崇洋媚外的一种表现"。这种观点似乎过于偏颇。因为采取西式训练与战术必然以装备相应的武器、工具为前提,而且全用西方产品主要还是由于国内军工生产能力有限,这同崇洋媚外并没有必然的联系。

末全国军制改革提供了蓝本和先导"①。涂小元的《小站练兵时期定武军、新建陆军与武卫右军的火器装备刍议》一文则介绍了新建陆军的武器装备,并将其与同时期其他新军以及外军装备水平进行对比,进而分析了新建陆军武器装备变化对其军事教育、训练和作战方式所产生的影响。② 罗尔纲的《晚清兵志》第三卷《甲癸练兵志》将新建陆军的训练同淮军进行了对比,认为前者的操练演习"改变从前操练徒事形式的面目。……是较旧式陆军显然进步的地方";并指出《训练操法详晰图说》"是中国新式陆军第一部教材,在中国军事学上说,也可说是一部划时代的新兵书"③。《德国克虏伯与中国近代化》一书则对新建陆军装备克虏伯火炮的情况作了详细介绍,并考察了《新建陆军兵略录存》和《训练操法详晰图说》两本操典中关于克虏伯炮的操法战术等内容,认为这支军队受普鲁士及德国军队的影响相当明显,这对日后北洋新军的编练有着很强的导向性。另外,该书在所附主要档案、参考文献提要中介绍了一些有关新建陆军的重要资料,为该领域的研究提供了很大便利。④

美国学者鲍威尔的《1895—1912 年中国军事力量的兴起》是国外较早系统论述晚清军事现代化及其社会政治影响的著作。⑤ 该书认为从军事角度而言,新建陆军同淮军最主要的差异在于是否接受了正确的训练。台湾学者黄金麟的《近代中国的军事身体构建,1895—1949》一文从社会学的角度出发,对新建陆军的训练进行了颇有新意的分析。该文指出新建陆军的成立,使源自西方的新式身体训练模式成为日后中国军队的范本;这种讲求动作齐一、姿势标准的训练取代了旧式军队个人技艺、武艺的训练,逐渐练就出深富秩序、纪律和效率的战斗身体,并对近代中国身体的塑造产生了深远的影响。⑥ 该文对本书的研究提供了一个重要思路,即新建陆军的战术及训练变革不仅具有军事领域内的意义,更具有潜在的社会效果。故顺其

---

① 刘琼霞:《湘军与新建陆军比较考论》,《江汉论坛》2003 年第 5 期。

② 涂小元:《小站练兵时期定武军、新建陆军与武卫右军的火器装备刍议》,《军事历史研究》2009 年第 2 期。

③ 罗尔纲:《晚清兵志·甲癸练兵志》,中华书局 1997 年版,第 135—136 页。

④ [德]乔伟等:《德国克虏伯与中国的近代化》,天津古籍出版社 2001 年版。

⑤ [美]拉尔夫·尔·鲍威尔:《1895—1912 年中国军事力量的兴起》,陈泽宪、陈霞飞译,中华书局 1979 年版。此外,与该书并称西方研究中国军事史两大力作的、澳洲学者冯兆基的《军事近代化与中国革命》一书(上海人民出版社 1994 年版)虽以 20 世纪初的新军为研究对象,但其于军事改革对中国社会所产生之影响的讨论,亦对本书具有重要参考价值。

⑥ 黄金麟:《近代中国的军事身体构建,1895—1949》,《"中央研究院"近代史研究所集刊》2004 年第 43 期。

思路还可以继续追问:这种新式训练对新建陆军官兵的行为习惯与思想观念将会产生怎样的影响?这对近代中国社会又可能具有何种意义?本书也在相关章节尝试回答这些问题。此外,杨立强的《中日甲午战争与清末军制变革》、黄亦兵的《甲午战争后清朝的军制改革》和施渡桥的《清末编练新式陆军的思想与实践》三文亦对新建陆军的战术训练有所讨论,可供参考。①

另外,在北洋集团及袁世凯的研究中,也有不少论著述及了新建陆军。《北洋集团崛起研究(1895—1911)》一书对小站练兵的过程作了详细的论述,认为新建陆军的训练由浅入深、循序渐进、注重实际,常以实战演习来检验练兵效果,因而同淮军表面化的西式操练有根本上的不同。② 可惜该书亦仅点到为止,并未对其训练或者演习再作进一步的讨论。毛振发的《试论袁世凯军事思想》和施渡桥的《论袁世凯的建军治军和军事教育思想》都认为袁世凯训练新建陆军既参考了传统兵学,也效仿了德国陆军操典;对于德国陆军操典,也并不是全盘照搬,不敢旁骛,而是根据实际情况有所变通。此外,其军事训练时刻注意从实战需要出发,重点训练军队的作战方式,对各兵种的战斗方法到全军的行军攻守无不着意讲求,故而新建陆军的训练水平要远高于湘淮旧军,更能适应近代战争的需要。③

总体而言,晚清战术以及训练变革应该说是近代军事史研究领域中较为薄弱的一环。关于湘军、淮军和新建陆军等方面的论著,更多的是集中在其制度变迁、政治性质、集团派系和重要人物等内容;即便论及这些军队的战术、训练问题,亦常常语焉不详,以改行西法、学习德操、重视演习之类词语进行粗线条勾画,令人依旧无法在其究竟如何战斗、战术发生了哪些演变等细节层面形成足够清晰与准确的认知。也正因为该方面研究的缺失,不禁使人产生这样一种错觉:晚清陆军似乎突然之间从只有刀矛弓箭、只知肉搏拼杀的旧式武装,变成了步、骑、炮协同作战的、符合近代军队形象的新式武装。因此,在前人成果的基础上,本书将尝试对晚清战术、训练的演进过程作一番细致考察,从而缕清晚清军队战术及训练逐步变迁的脉络。

---

① 杨立强:《中日甲午战争与清末军制变革》,《军事历史研究》1987 年第 1 期;黄亦兵:《甲午战争后清朝的军制改革》,梁巨祥主编:《中国近代军事史论文集》,军事科学出版社 1987 年版;施渡桥:《清末编练新式陆军的思想与实践》,《军事历史研究》1998 年第 2 期。

② 张华腾:《北洋集团崛起研究(1895—1911)》,中华书局 2009 年版。

③ 毛振发:《试论袁世凯军事思想》,《军事历史研究》1987 年第 4 期;施渡桥:《论袁世凯的建军治军和军事教育思想》,《军事历史研究》2001 年第 1 期。

三、概念、思路与方法

(一) 概念解释与说明

1.“战术”

首先需要解释的即为全书研究的“战术”所包含的内容。西方的“战术”(tactics)一词,最早来自希腊文中的takitika,意为组织军队与布列战斗队形的方法。不过直到欧洲启蒙时代,军事思想家们才开始使用这个术语。到18世纪60—70年代,它被认为是军事理论的核心,内容涵盖了全部的战争艺术。[①]“在那个时期,‘战术’通常指使用部队的谋略,既包括我们称之为‘战略’的‘大战术’,也包括我们称为‘战术’的‘基本战术’”[②]。此后,普鲁士军事思想家比洛对“战略”和“战术”等概念进行澄清、界定之后,“战术”才被视为具有特定含义的术语开始流行起来。[③] 克劳塞维茨将战术定义为“战斗本身的部署和实施”,即“战斗中使用军队的学问”。[④] 这成了近代军事学术领域中最常被引用的一种定义。在中国,“战术”一词并不常见。传统兵学著作中一般用“兵法”这个概念来表示战斗中运用军队的方法,并侧重于主观上的计策、谋略,只是到近代受西方影响才正式以“战术”作为军事术语。[⑤] 光绪三十年(1904年),清政府颁布的《新编陆军战法兵语字汇》规定战术的定义为:“凡有战场运用军队各法,谓之战术,又谓之用兵术。”[⑥]在目前的战术学著作中,战术则通常被定义为“指导和进行战斗的方法,也可称之为战斗的用兵术或指挥艺术”[⑦]或“进行战斗的方法”[⑧]。

从上述可以看出,“战术”与战斗相对应,区别于战略和战役法(即西方军事理论中的“战略”和“大战术”)。但是对于具体研究而言,以上定义都

---

① 参见钮先钟:《西方战略思想史》,广西师范大学出版社2003年版,第153页。

② [美]彼得·帕雷特主编:《现代战略的缔造者:从马基雅维利到核时代》,世界知识出版社2006年版,第100页。

③ [美]彼得·帕雷特主编:《现代战略的缔造者:从马基雅维利到核时代》,世界知识出版社2006年版,第108页。

④ [德]克劳塞维茨:《战争论》第一卷,中国人民解放军军事科学院译,商务印书馆1982年版,第103页。

⑤ 参见卢林:《战术史纲要》,解放军出版社2008年版,第2—3页。

⑥ 中国第一历史档案馆:《晚清新编陆军战法兵语字汇》,《历史档案》2008年第2期。

⑦ 总参谋部军训部:《战术学基础》,解放军出版社1987年版,第5页;《中国大百科全书·军事》编委会编:《中国大百科全书·军事Ⅱ》,中国大百科全书出版社1989年版,第1227页。

⑧ 杨志远、彭燕眉主编:《战术学》,军事科学出版社2002年版,第7页;任连生主编:《中国军事百科全书学科分册Ⅰ·战术》,中国大百科全书出版社2007年版,第1页。

略显笼统和简单，在分析中较难加以把握。因此，这里主要参考《中西方战术比较研究》对“战术”一语的阐述①，将战术变革研究的主要内容确定为四个方面：一是不同兵力兵器的搭配以便组成联合战斗力的战斗编组问题；二是根据战斗编成内不同兵器的具体性能，将其展开为既能充分发挥自身效力又便于协同配合的战斗队形问题；三是以何种次序释放各种兵器能力，以使其更为有效地施加于敌方的战斗流程问题；四是指挥官以怎样的设计将己方所释放出的打击力量，在最有利的时空条件下作用于敌方最关键部位，以取得最大战果的战斗指挥问题。前三点取决于武器装备的性能，因而是战术的科学性内容；第四点则是谋略要素，决定于指挥官的个人能力，属于战术的艺术性成分。

由于目前较为缺失的是晚清中国军队的战斗编组、队形以及训练等方面的研究，而非计谋、策略等战术的艺术性成分——这向来是中国传统兵学的特长，所以本书主要研究的是晚清陆军战术科学层面的演进过程。当然，在讨论一些具体战例时也会涉及兵家谋略与近代战斗方式的结合问题。此外，战斗从属于战役，一个个的战役又构成战争的整体，这就决定了战术虽有其自身的理论逻辑，但在现实中往往会受到更高层面的战役部署乃至全局战略的影响，所以不可能将战术完全剥离出来，作绝对单独的讨论。故而书中也会在分析中适当地对相关战役态势和战略方针有所交代。

2.“变革”与“现代化”

其次需要说明的是“变革”一词。谈到晚清的变革，我们自然想到的就是现代化的过程。但实际上，有一些传统文化内部的自我革新虽然并不是以现代化为方向，但却与之有相当的关系。这也是值得关注的方面。换句话说，晚清战术及训练演变的部分阶段并不能被视为现代化的过程，但却为

① 该书指出，战术在时间和逻辑上应包括两个环节的内容：一是战斗力的生成方法，即如何科学地组织、部署部队，聚集、生成巨大的潜在战斗力；二是战斗力的使用方法，即如何最大限度地发挥和艺术性地使用战斗力，使战场潜在战斗力有效地释放出来。战斗力的生成方法，又包含两个方面的内容要素：一是以何种方式组织部队，编组战斗力量单位，实现人与武器、部队与部队间的最佳结合，即组织形式要素。二是编组好的各战斗单位在战场上以何种方式展开和配置，形成一定的战斗部署态势，使各方面的力量能够相互配合，保证最大限度地凝聚成整体战斗力，即战斗队形要素。战斗力的释放与使用，也包含两个方面的内容要素：一是战斗行动如何有序地进行，使部队的潜在战斗力在时间维度逐步释放出来，转化为现实战斗力，以收到预想的战斗效果，即战斗程式要素；二是指挥员在战场上根据敌我双方情况，结合战场客观条件，合理地选择作战目标，确定作战时间和地点，施计用谋，设计打法，使己方战斗力的发挥产生艺术性的效果，因此有一个谋略运用要素。平志伟：《中西方战术比较研究》，国防大学出版社 2001 年版，第 13 页。

现代化提供了某种基础,所以本书使用“变革”而非“现代化”来涵盖此一阶段,以把握整体的发展脉络。

另一方面,也必须明确到底什么是战术及训练乃至整支军队的“现代化”。书中对于“现代化”的理解,主要借鉴日本学者福泽谕吉的思路。他虽然并未明确使用“现代化”这个概念,但其所说“文明开化”实质上就清晰地表达了“现代化”的诉求。他指出,人类在追求“文明”时,“不应单纯仿效文明的外形而必须首先具有文明的精神”①。故而本书认为,在某个历史阶段内某个具体领域是否达到“现代化”,其最核心标准就在于,人们从事该领域活动时,是否具有这种“文明的精神”作为指导。

接下来需要讨论的就是:何谓“文明的精神”?本书认为,就具体的实践领域而言,“文明的精神”应该是马克斯·韦伯所说的“理性精神”。“贯串西方近世文明的是一种‘理性化’的趋势。简言之,就是人类以其理性对自然和社会环境加以征服并控制所作的种种努力。西方近代空前未有的文化动力,就是以这种‘理性精神’为其泉源。……这里必须特别指出的是,韦伯在讨论西方近代的理性精神时,主要是指这‘功效理性’他认为欧美近代的科技发展和资本主义经济制度最足以表现这种‘功效理性’”。②。具体而言,这种“功效理性”可以被理解为一种认知客体和处理事务的思维方法,它使人们“理性地计算技术上的最佳策略,与实际上的可靠性及方便的办法,而非传统主义式地享受相传下来的技术”;因此,近代西方各领域技术得以不断发展,“其基本条件是由于一些技术上具决定性因素的可计性,这些技术上具决定性的因素又构成精确计算的基础”。③ 借助于韦伯的这一观点,本书认为战术及训练乃至一支军队的“现代化”,指的是人们形成以理性而非经验的方式——如准确的概念界定、严谨的逻辑分析、精确的数字计算以及严格条件下的实验检验等等,来研究、处理相关事务的思维方法和习惯,以使军事领域上的革新能由模仿移植其他文明的成果逐渐转变为本民族内在自生的产物,不招而至、不求而得。在此之前,即便军队的战术及训练内容已较以往发生了明显的改换,也不能被纳入“现代化”的范畴之中。

---

① [日]福泽谕吉:《文明论概略》,北京编译社译,商务印书馆1959年版,第13页。

② 张灏:《传统与现代化——以传统批判现代化,以现代化批判传统》,姜义华、吴根梁、马学新编:《海外与港台学者论传统文化与现代化》,重庆出版社1988年版,第219页。

③ [德]马克斯·韦伯:《中国的宗教·宗教与世界》,《韦伯作品集》第5册,康乐、简惠美译,广西师范大学出版社2004年版,第331、458页。

（二）研究思路与目标

1. 基本思路

军队的战术及训练水平，是一个国家军事发展程度最直接的表现。因而讨论其变革过程，显然不可能仅仅局限于对不同阶段具体战术训练内容的描述、介绍。在理清这个演变脉络的过程中，无法回避的两个基本问题就是：为何中国的军事发展到了近代会落后于西方？为何晚清军队的现代化之路如此艰难缓慢？这也是本书试图探讨的核心内容所在。

对于这两个问题，不少学者都习惯使用一种政治或者社会性质层面的"万能解释"，即以清政府的封建统治、政治腐败、思想禁锢等作为其根源。① 但值得思考的是，近代战术及训练方式，是否必然只能产生于优良的政治制度与社会环境之中？换言之，政治制度、社会环境同军事发展水平之间，是否存在绝对的因果关系？本书坚持的一个观点是，军事作为一个非常特殊的领域，其发展状况有自身特定的直接原因，同社会政治状况之间并没有绝对必然的关联。制度先进、政治清明的国家并不一定就是军事强国；而那些腐败盛行、思想控制严密的专制国家，其战术及训练水平也并不必定只能落后。最典型的现代案例就是纳粹德国。就军事发展水平来说，西欧民主国家几乎无一能与之比肩。所以当我们将视野放宽之后，就不难察觉这类解释存在着明显的局限性。与其说它们抓住了原因，毋宁说只是列举了现象产生的背景。而提供背景作为解释，显然仅限于说明可能性，却无法确认其必然性，因此会失之空疏。

也有些学者更直接地从军事角度进行分析。他们认为，满族统治者抱着弓马不放是中国落后的主要原因。② 此说当然也有道理。以弓马为法宝的满族统治者入主中原，对于中国军事发展的过程自然会有所影响。然而应该注意的是，满族人重视弓马骑射，除了民族情感因素以外，更重要的是这套武器—战术系统确实能够克敌制胜，而且是击败了装备着大量火器的明朝军队。因此，要求他们舍弃这一当时更为有效的武器—战术系统，而改用代表着"先进"与"现代性"的火器，岂非是一种后见之明？何况，清军在关外就已经成功仿制了西式"红夷大炮"，底定中原后又继承了明朝大量的火器。正如一位美国学者所说："清初，满族人采用了明朝降军所使用的大

---

① 较为典型的有牛俊法：《论近代清军的装备与战术》，《史学月刊》1985 年第 6 期；沈渭滨、奚纪荣：《中国近代军事思想概论》，《史林》1988 年第 3 期；李斌：《清代传统兵学的衰落与"师夷制夷"战略思想的形成》，《故宫博物院院刊》2002 年第 3 期；侯昂好：《中国古代兵学的反思》，《军事历史》2011 年第 5 期。

② 较为典型的有季云飞、章慕荣：《中国近代军事文化的变迁》，《军事历史研究》2002 年第 4 期；平志伟：《中西方战术比较研究》，国防大学出版社 2001 年版，第 112 页。

部分军械以及明朝进口的葡萄牙炮或根据其样品在国内仿造的炮。由于清朝巩固了其对中国本部的统治,他们继续使用明朝遗留下来的军械。"①可见清朝统治者也并非真的抱着弓马不放。所以我们更应该考虑的其实在于:为什么明清之际弓马能够轻易地战胜火器,而几乎与此同时欧洲的骑兵却已无法再称雄战场?究竟是什么原因导致了中西双方战术发展水平,在跨入火器时代的历史关口拉开了距离?如果认为这是由于清兵入关而导致汉民族火器化的中断,那么清军在底定中原后火器装备水平并不亚于前朝,却又为何没有出现西方17—18世纪那样迅猛的武器改进和战术革新?湘军的战术及训练变革,为何无法成为中国军队现代化的开端?如何解释淮军在换装了大量西式枪炮并投入实战之后,其战术及训练却依然没有发生那种"技术决定战术"的革命性变化?中日甲午战争之后,在政治制度、社会环境以及武器装备变化并不显著的情况下,却又缘何发生了前所未有的战术及训练变革?② 这一系列的问题,不得不令人深感晚清战术、训练乃至整个军事领域的落后,不单是政治、社会环境所能解释清楚,似乎也并非武器发展缓慢抑或是一朝一代的贤愚不肖所能完全负责,而更像一种漫长历史积淀所产出的结果。有学者指出:"研究18世纪清朝武器装备在发展中的落后这一历史现象必须采用'大历史观',或者称之为'宏观历史(Macrohistory)'。"③同样,研究晚清军队战术及训练变革也需要这种"大历史观",方能得到更全面的看法。诚如黄仁宇先生所言:"历史上有长期性的重要发展,牵扯很多事物的时候,很难是少数人的贤愚得失所能概括。"④因此,本书决定作一番尝试,在以思维观念的演变作观察视角的同时,将目光向前延伸,讨论明清之际的战术发展问题及其影响,以之为研究晚清战术变革的历史背景;然后在此基础上考察湘军、淮军和新建陆军的战术及训练发展状况,从而对上述问题作出一些新的解释。⑤

---

① [美]T.L.康念德:《李鸿章与中国军事工业近代化》,杨天宏、陈力等译,四川大学出版社1992年版,第10页。

② 甚至到了戊戌变法失败之后,在政治环境愈发保守的条件下,这种变革的效果反而更加显著,出现了如美国学者鲍威尔所说的"政治上反动而军事上进步"的情况。参见[美]拉尔夫·尔·鲍威尔:《1895—1912年中国军事力量的兴起》,中华书局1979年版,第59页。

③ 戴逸、张世明:《18世纪的中国与世界·军事卷》,辽海出版社1999年版,第169页。

④ [美]黄仁宇:《万历十五年》(增订纪念本),中华书局2006年版,第227页。

⑤ 需要说明的是,本书以思维观念作为视角,但绝非视其为所谓"决定性"因素,也绝非否认政治、经济等方面在晚清中国军事领域的影响;只是希望从这个以往较受忽略的角度,发现一些新的历史面相。

2. 样本选择

选取湘军作为首个主要研究对象,原因在于湘军的出现是近代中国军事发展史上的关键环节。以往讨论晚清军队现代化,似乎并未将湘军纳入其中,原因或许在于其方向更多的是"复古"而非"西化"。但应该注意的是,湘军的出现渊源有自,乃为救八旗绿营这些国家经制军队之弊,故实际上也可以视之为"经世致用"思潮在军事领域的具体表现形式。正是曾国藩等一批儒生士人,通过对实用性兵学知识的研究与实践——例如在借鉴"戚家军"基础上创制湘军战斗及训练方式,才使近代中国在军事领域重新回到注重现实手段的轨道上来。正如罗尔纲先生所指出,近代中国军队向新式陆军的转变"以湘军为其枢纽"①,方才具备最基本的条件。否则,若以绿营这样"不习战守,反供百役"②的军队,近代武器战术又如何能够落户安家? 因此,湘军的创制诚可谓晚清军队战术及训练现代化所必不可少的基础。不过本书更关注的是以下几个问题:湘军为何不能像西方军队那样由"复古"的阶梯走向现代,甚至反而逐渐被淮军甩在身后? 到底是什么原因导致晚清中国军队的现代化无法"内源",而必须借助于"西法"?

之所以选择淮军(亦包括驻防时期的淮系防军)作为样本,理由大致有三个方面:第一,淮军在晚清陆军战术发展史上处于承上启下的位置。淮军成立之初,其战术均一法湘军;赴沪后得见"泰西阵法",即转而积极仿效。中日甲午战争之后西法练兵最有成效的新建陆军,同淮军的渊源也极为深厚,故有论者称之为"淮军余孽"。③ 由此足见淮军在晚清军事发展史上的影响。由于其经历了晚清陆军战术及训练发展的不同阶段,以其为样本也较易从中梳理出一条连贯的线索。第二,无论从武器装备还是战术训练而言,淮军都是甲午战前晚清军队最高水平的代表。"要论中国近代军队首先有计划的有步骤的改用西洋新式兵器,使那运用古老简陋兵器的军队,改变为近代化兵器的军队,实自淮军始"④;"以训练与战法而论,勇营后劲,仍以淮军为最优"⑤。故以淮军为样本,便可知甲午战前晚清陆军战术、训练变革究竟达到了何种程度,亦能对淮军在大量改换西式武器后却仍无法转变为真正近代军队这一问题进行探讨。第三,淮军对晚清社会的政治、

① 罗尔纲:《湘军兵志》,中华书局 1984 年版,第 208 页。

② 罗尔纲:《绿营兵志》,中华书局 1984 年版,第 257 页。

③ 文公直:《最近三十年中国军事史》第一编,沈云龙主编:《近代中国史料丛刊》第六十四辑(639),文海出版社 1974 年影印版,第 16 页。

④ 罗尔纲:《晚清兵志·淮军志》,中华书局 1997 年版,第 51 页。

⑤ 王尔敏:《清代勇营制度》,《"中央研究院"近代史研究所集刊》1974 年第 4 期。

思想、文化等多方面都产生了重大的影响。"淮军的历史,实即代表了洋务新政的历史。"①从这个意义上说,淮军战术及训练的变革状况,便可被视为洋务运动时期中西思想文化交汇碰撞于军事领域的一种表现。故以其为样本,便能更好地由军事领域透视当时社会思想文化动态。在淮军驻防期间,本书将以"盛军"作为核心样本进行个案分析。因为"盛军"是淮军大枝营头之中武器装备最为精良、对战术训练最为讲求的部队,足以代表这一时期淮军"西法练兵"的最高水平。再者,如此一支劲旅在甲午战争中并未表现出预期的战术水平,这种反差也值得对其小站练兵时的状况进行一番追根溯源式的考察。希望通过这种对不同时期淮军战术及训练变化的研究,能够对其变革程度有更深入的了解。

至于选择研究新建陆军,除前文已述其同淮军的关系之外,最重要者在于,"从军事现代化的观点看,他们当中只有两个超过了落后的乡勇部队,作了真正的改造,那就是袁世凯与聂士成统率下的军队"②。而其中,又以新建陆军的编练完成——尤其是《训练操法详晰图说》等操典的刊印,标志着在晚清军队中"比较完整意义的近代战术体系已初具雏形"③,并成为清末新军的战术教范④。因此,新建陆军实际上代表了甲午战争之后晚清陆军战术及训练变革的最高水平。这是能够以其作为研究样本的关键原因。本书也希望通过对新建陆军战术、训练的考察,对比其与淮军的"西法练兵"究竟存在着怎样的不同,并试图对这种变革所产生的历史影响作更进一步的分析。

另外还应有所交代的是,本书未将研究范围延伸至北洋新军时期,主要基于两个方面的原因:一是就史实来说,北洋新军时期的战术训练基本上以新建陆军的《训练操法详晰图说》为其蓝本⑤,因而通过研究新建陆军,便能对其战术、训练有大致的了解;二是出于现实考虑,若将全国新军编练时期也纳入研究,篇幅将大为增加,故本书讨论暂止于袁世凯小站练兵时期。

3. 总体目标

总而言之,本书将力图完成以下三个维度的任务:

---

① 樊百川:《淮军史》,四川人民出版社1994年版,第1页。

② [美]拉尔夫·尔·鲍威尔:《1895—1912年中国军事力量的兴起》,中华书局1979年版,第50页。"他们"指的是中日甲午战争之后的清朝军队。

③ 皮明勇、刘庆:《清军陆战战术演变》,《军事历史研究》1989年第2期。

④ 当然,日俄战争后新军由学德转向学日,但日军战术亦基本效仿德国战术而成,故清末新军战术相对于新建陆军并没有根本上的改变。

⑤ 《中国兵书集成》编委会:《中国兵书集成第五十册编辑说明》,《中国兵书集成》第50册,解放军出版社、辽沈书社1992年影印版,第1页。

一是明晰晚清各个时期代表性军队如湘军、淮军和新建陆军战斗及训练方式的具体内容，以理出晚清陆军战术及训练演变的历史轨迹，并将其放在世界军事发展史的背景下进行对比，以对这个变革过程形成一个比较全面的认知。

二是以明清之际战术及训练发展所存在的问题为背景，从思想文化角度讨论晚清中国军队落后及其现代化步履维艰的原因，从而解释如下几个主要问题：中国的军事领域特别是战术及训练方面，为何在进入火器时代之后同西方产生了越来越大的差距？作为中国传统兵学的一次“实用化”自我革新，湘军的战术及训练变革为何不能自发地由此走向“现代化”？而淮军在大量更换西式武器装备、运用“泰西阵法”投入实战的情况下，又为何仍然未能成为一支真正意义上的近代军队？同以往相比，甲午战争之后新建陆军的“西法练兵”究竟存在怎样的不同，因之可以被视为中国军队现代化的起点？

三是探讨生存危机对于晚清军队现代化的影响。自湘军、淮军以至新建陆军，每一次战术及训练的变革基本上都是内外危机催生出来的产物。所以值得思考的问题就是：危机如何影响时人的判断，以至于使他们能够作出不同于以往的选择，从而逐步推动晚清军队的变革？这也是本书借由考察晚清军事领域的演变，来进一步窥探危机之下近代中国社会思想观念变迁的一次尝试。

（三）研究方法与难点

本书将结合相关战术学以及军队建设、训练等方面的理论知识，以西方近代军事发展史作为参照，来对比分析晚清中国的军事现代化历程。此外还应说明的是，本书的定位是近代史场景下的晚清战术及训练研究，故虽借助军事领域的相关理论，但这同军事学角度的战术史研究有旨趣上的不同：后者研究各个时期战术的优劣，以归纳出战斗规律、战斗指导规律和战术发展规律，旨在为军事学研究提供历史依据；而本书则意在还原晚清战术及训练演变的历史细节，力图使晚清军事史的图景变得更为清晰完整，并以此为切入点来更好地理解晚清中国社会思想观念方面的历史变迁。

当然，在这个过程中必须克服诸多困难。第一，与晚清陆军战术及训练相关的材料星散于各种档案、官书与时人的折片、书信、日记、传记等文献之中，所以材料的搜集、整理与解读是一个巨大的挑战。第二，通过奏报、操典来考察战术及训练有可能出现估计过高或者脱离史实的危险，这就需要在分析时始终保持谨慎，多方寻找其他材料作为佐证，尽量过滤掉史料中的虚浮不实之处。第三,从思想文化方面来解释历史问题,似乎较难进行实证研究,所以有时会出现推论简单化、逻辑不严谨的问题。对此,本书将对所有论证过程及其结论进行反复检验,力争使之能够具有足够的合理性与解释力。

第一章　沉沦:明清之际战术发展的落后

16—17世纪,中西方军队都已将早期火器大规模投入战争。正是在这个历史关口,中西战术及训练的发展逐渐显示出不同的前景:前者有如斜阳西沉,后者却似旭日初升。其结果便表现为19世纪中西军事实力的悬殊之别。因此,似乎有必要追溯这个前近代时期,考察中西军事发展在此阶段究竟发生了怎样的演变,并由此思考双方为何在这个节点渐分高低。这对于我们更好地理解晚清战术及训练变革,具有相当的参考价值。

第一节　火器时代早期的中西战术比较

一、明代后期军队的战术及训练

早在宋朝时期,中国就已将火药武器投入战争之中,但明代"火器的发展为历代所不及"①。明初,就已有部分火器装备军队。洪武十三年(1380年),朱元璋规定每百户的武器配备为"铳十,刀牌二十,弓箭三十,枪四十"②。永乐年间,朱棣还组建了专门使用火器的神机营,并规定布阵方式为"神机铳居前,马队居后","战斗之际,首以铳摧其锋,继以骑冲其坚,敌不足畏也"。③ 明代中后期,南有倭寇骚扰,北有蒙金侵边,国家时常处于内忧外患之中。现实的迫切需要,成了吸收西方军事技术、发展火器装备的主要动力。随着火器的发展,明军的武器配备与兵种结构也发生了重大变化。例如戚继光镇守蓟门时的部队,单以战斗步兵而论,其使用鸟铳的人数已经占到了50%,而且是单独成建制的火器部队。④ 相比之下,西班牙军团作为

---

① 范中义等:《明代军事史》上册,《中国军事通史》第15卷,军事科学出版社1998年版,第7页。

② 《明实录·太祖实录》卷一二九,"中央研究院"历史语言研究所1962年影印版,第2055页。百户为明初卫所制的基层编制单位。

③ 《明实录·太宗实录》卷二六二,"中央研究院"历史语言研究所1962年影印版,第2396页。

④ 步兵全营共2700人,除各级指挥官以及伙夫之外有战斗人员2160名,内有鸟铳手1080名,另外1080名冷兵器手还有不少使用火箭,故若非严格指管形火器,那么火器部队的比例将更大。参见(明)戚继光:《车步骑解·步营解》,《练兵实纪·杂集》卷六,《中国兵书集成》编委会编:《中国兵书集成》第19册,解放军出版社、辽沈书社1994年影印版,第727页。

16世纪后期欧洲的代表性军队，其持火枪作战的士兵仅占战斗人员的30%左右。①

军队装备及兵种结构上的变化催生了战术上的演变。仍以戚继光所统率部队（此后书中皆简称为“戚家军”）的步兵为例。② 该军步兵的武器配备情况、式样以及编制结构如表1.1与图1.1所示。③

表1.1　“戚家军”步兵一队武器配备及编制结构

<table>
<tr><th colspan="3">鸟铳队（即火器队）</th><th colspan="3">杀手队（即冷兵器队）</th></tr>
<tr><th>职司</th><th>人数</th><th>武器装备</th><th>职司</th><th>人数</th><th>武器装备</th></tr>
<tr><td>队长</td><td>1</td><td rowspan="7">鸟铳</td><td>队长</td><td>1</td><td>长旗枪腰刀、弓箭</td></tr>
<tr><td rowspan="6">鸟铳手</td><td rowspan="6">10</td><td>圆牌手</td><td>2</td><td>圆牌、腰刀</td></tr>
<tr><td>狼筅手</td><td>2</td><td>狼筅</td></tr>
<tr><td>长枪手</td><td>2</td><td>长枪、弓箭</td></tr>
<tr><td>镗钯手</td><td>2</td><td>镗钯、火箭</td></tr>
<tr><td>大棒手</td><td>2</td><td>大棒、弓箭</td></tr>
<tr><td>伙兵</td><td>1</td><td></td><td>伙兵</td><td>1</td><td>铁尖扁担</td></tr>
</table>

由此可以看出，“戚家军”的队、旗、局、司、部、营已经大致相当于现代军队中班、排、连、营、团、旅的编制结构，鸟铳手则被独立编组为类似于连的单位。由于戚继光强调“夫营阵之法，全在编派伍什队哨之际”、“各色阵法

① 参见［美］杰弗里·帕克等：《剑桥插图战争史》，山东画报出版社2004年版，第143页。应该指出的是，当时“戚家军”所用之鸟铳与西班牙军团所装备之火绳枪，虽在制造工艺上可能有所差别，但基本上为同一时代的火器。

② 《钦定四库全书总目提要》说：“继光在镇十六年，边备修整，蓟门晏然，继之者踵其成法，数十年得无事。”《中国兵书集成》编委会编：《中国兵书集成》第19册，解放军出版社、辽沈书社1994年影印版，第24—25页。《明史》也指出其训练方法“后多遵用之”。（清）张廷玉等：《明史》（第八册）卷九十二《兵志》四，中华书局1974年版，第2260页。可见戚继光所定军队编制、训练方法和战术体系对当时军队的影响，故“戚家军”至少足以作为北方边防军的代表性部队。另外，此处所述为其装备鸟铳已多，冷热兵器分离编组时的情况，与其南方抗倭时期主要以冷兵器为主的情形已有较大不同。

③ 表1.1与图1.1的资料来源均为（明）戚继光：《车步骑解·步营解》，《练兵实纪·杂集》卷六，《中国兵书集成》第19册，解放军出版社、辽沈书社1994年影印版，第726—727页。需要说明的是：由于各“部”、“司”、“局”、“旗”的编制构成相同，因此为节省篇幅，图中省略了其重复之处。另外，其原文记“火器一局，杀手三局为一司”似有误。据鸟铳手与冷兵器手总人数可知，应是鸟铳队与杀手队各2局为1司。

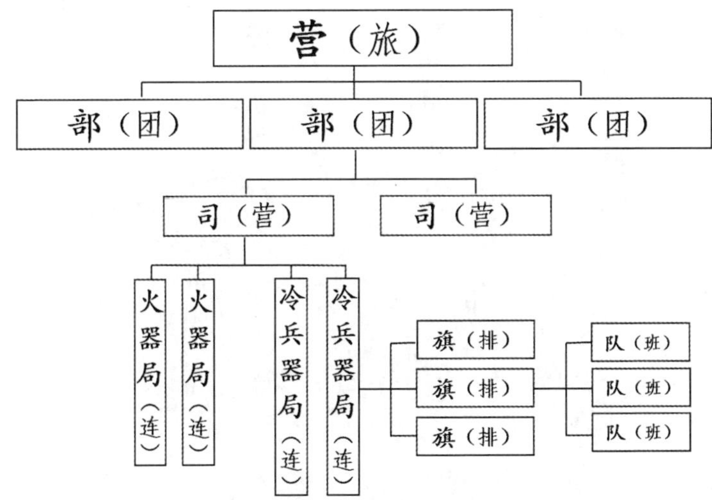

图 1.1　“戚家军”步兵营编制结构

皆在于编伍时已定”①的编制同战术相结合原则，所以火器队与杀手队必然分开战斗。② 前者以轮流放铳法进行射击，即第一排射击完毕退至队伍最后装填，第二排跟上射击，再退至最后，周而复始。参见图 1.2。③ 当敌军稍近时，火器部队则退至冷兵器阵列之后，由后者以“鸳鸯阵”准备接敌肉搏。鸳鸯阵参见图 1.3。④ 这一队“鸳鸯阵”既是步兵最小编制单位，也是基础战斗队形，再由之组成全军的战斗队形“三才阵”。“三才阵”参见图 1.4。⑤

---

① （明）戚继光：《束伍篇》，《纪效新书（十八卷本）》卷一，《中国兵书集成》第 18 册，解放军出版社、辽沈书社 1995 年影印版，第 87 页。

② 戚继光曾指出“临时杀手立不定，铳手居前列，每陷于敌”。（明）戚继光：《储练通论》，《练兵实纪·杂集》卷二，《中国兵书集成》第 19 册，解放军出版社、辽沈书社 1994 年影印版，第 497 页。由此可知，铳手、杀手确为单独编队，分前后列作战。

③ （明）毕懋康：《军器图说》，《四库禁毁书丛刊》编纂委员会：《四库禁毁书丛刊·子部》第 29 册，北京出版社 2000 年影印版，第 346 页。《练兵实纪》中虽无图示这种射击方式，但打放鸟铳训练中有“轮打不绝”一语，可见其亦采用轮流放铳的方式。参见（明）戚继光：《练营阵》，《练兵实纪》卷五，《中国兵书集成》第 19 册，解放军出版社、辽沈书社 1994 年影印版，第 273 页。另外，还有一种“轮流放铳”方式，即第一排射击完毕后将空枪转给第二排，同时接过第二排手中装弹完毕之枪；然后第二排其再将空枪传给第三排，同时接过第三排递来之枪；第三排则专门负责装填弹药。参见李伯重：《火枪与账簿：早期经济全球化时代的中国与东亚世界》，生活·读书·新知三联书店 2017 年版，第 327—328 页。

④ （明）戚继光：《车步骑解·步营解》，《练兵实纪·杂集》卷六，《中国兵书集成》第 19 册，解放军出版社、辽沈书社 1994 年影印版，第 723 页。

⑤ （清）陈龙昌：《营阵》，《中西兵略指掌》卷四，《续修四库全书》编纂委员会编：《续修四库全书·子部·兵家类》第九六九册，上海古籍出版社 1996 年影印版，第 189 页。图中括号内说明文字为引者所加以便于理解。

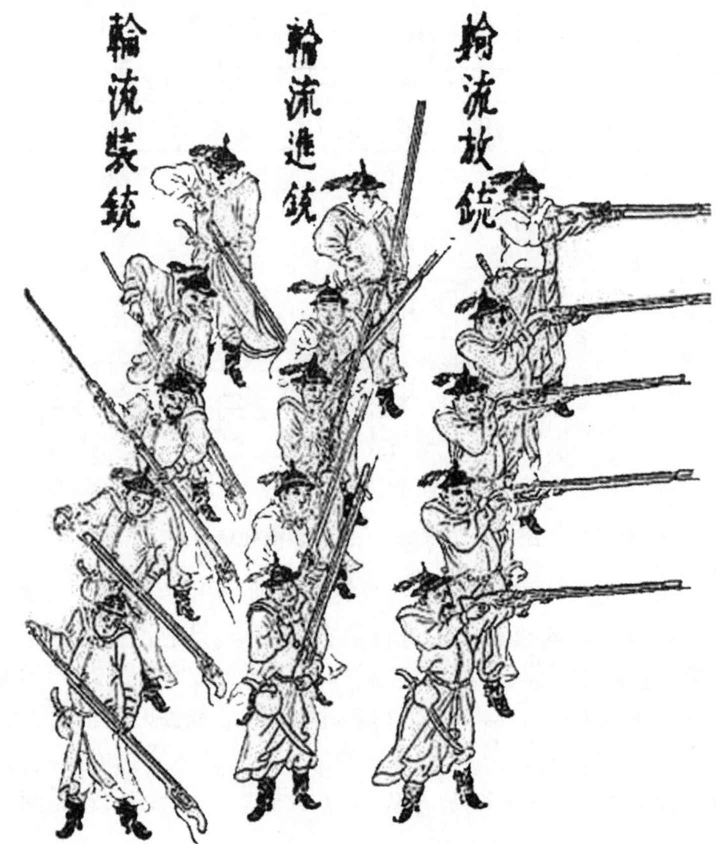

图 1.2　轮流放铳法

图 1.3　杀手队战斗队形

战斗时,“火器在前,抬营而进;或寇来冲我,或列阵待我,挨到五十步内,火器听中军令齐发……兵士乘火烟如云,一齐拥进;须是飞走,密布长器,如锋丛蚁附一齐拥上,不可毫发迟疑;短兵救之,无有不胜”①。

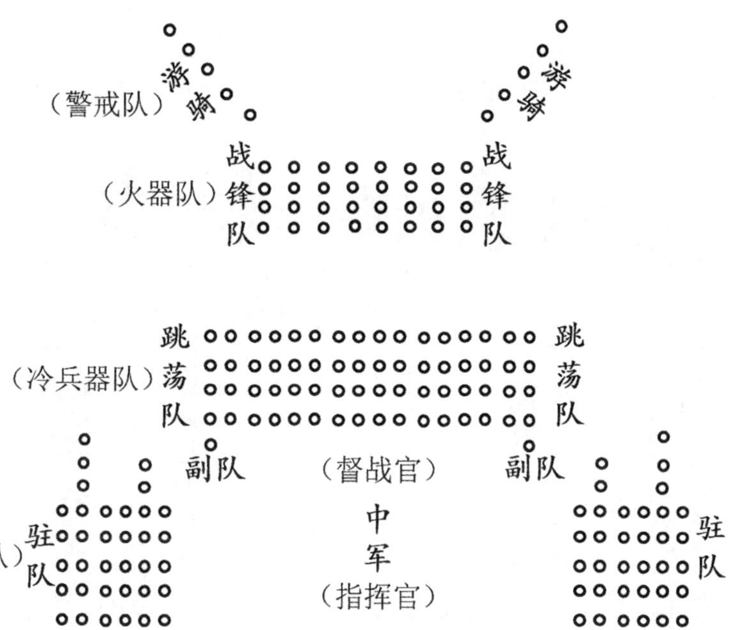

图 1.4　全军大三才阵

此外,该阶段还有一个变化就是为抵抗北方游牧骑兵而兴起了组建车营的热潮。② 所谓车营,就是配备了火器战车的部队。这种战车内载火炮,前方或左右设有防护板,平时可运火器,战时则以炮击敌、以车护炮。戚继光认为战车相连“一则可以束部伍,一则可以为营壁,一则可以代甲胄,敌马拥众,无计可逼,诚为有足之城,不秣之马也;但所恃全在火器,火器若废,车何能御”③。其武器与编制的大略情况为:每车有佛郎机炮 2 门,士兵 20 名,分正队、奇队;正队车长 1 名,驾手兼大棒手 2 名,炮手 6 名,舵工 1

① (明)戚继光:《储练通论》,《练兵实纪 · 杂集》卷二,《中国兵书集成》第 19 册,解放军出版社、辽沈书社 1994 年影印版,第 503—504 页。每步约为 1.5 米,故五十步为 75 米左右。

② 明代战车的运用很早,只不过中后期北方游牧骑兵威胁日增之后,受到了更大的重视,并进行了战车部队的组建和设计,比以前有了长足进步,达到了比较完善的程度。参见范中义等:《明代军事史》下册,《中国军事通史》第 15 卷,军事科学出版社 1998 年版,第 600 页。

③ (明)戚继光:《车步骑解 · 车营解》,《练兵实纪 · 杂集》卷六,《中国兵书集成》第 19 册,解放军出版社、辽沈书社 1994 年影印版,第 702 页。

名;奇队队长1名,鸟铳手兼长刀手4名,藤牌手兼火箭手2名,镗钯手兼火箭手2名。2车为1联,2联为1局,4局为1司,4司为1部,2部为1营,共有车128辆,火炮256门。① 此外,每一车营还配有约一营携带虎蹲炮的骑兵。②《明史》记载,戚继光的车营“战则结方阵,而马步军处其中。又制拒马器,体轻便利,遇寇骑冲突。寇至火器先发;稍近,则步军持拒马器排列而前,间以长枪、狼筅。寇奔,则骑兵逐北”③。参见图1.5。④

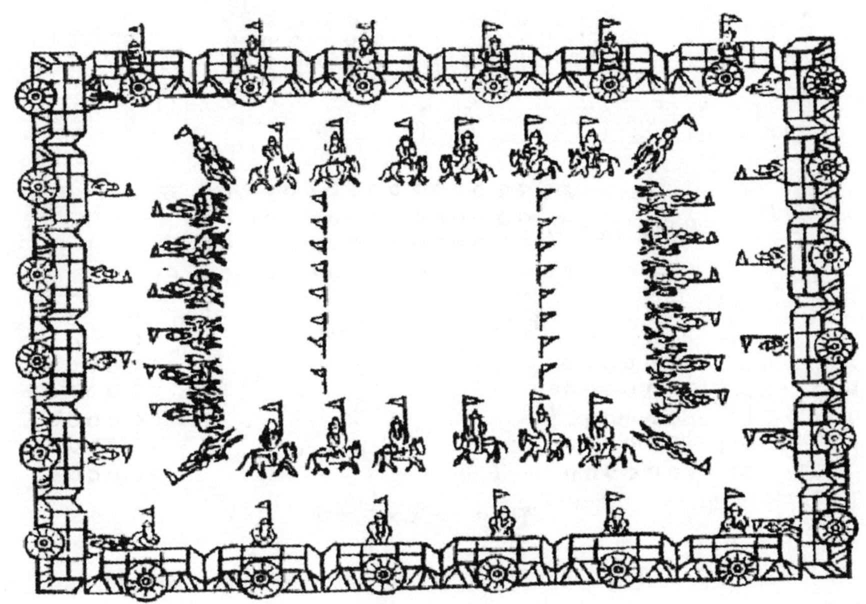

图1.5 车营

① 参见(明)戚继光:《车步骑解·车营解》,《练兵实纪·杂集》卷六,《中国兵书集成》第19册,解放军出版社、辽沈书社1994年影印版,第701—703页。

② 参见(明)戚继光:《练伍法·合车步骑营》,《练兵实纪·杂集》卷一,《中国兵书集成》第19册,解放军出版社、辽沈书社1994年影印版,第123页。骑兵编制结构与之基本相同,但冷热兵器不单独编组,且每队武器略有不同,为鸟铳手2名,快枪手2名,镗钯手2名,枪棍手2名,大棒手2名和火兵1名。参见(明)戚继光:《车步骑解·马营解》,《练兵实纪·杂集》卷六,《中国兵书集成》第19册,解放军出版社、辽沈书社1994年影印版,第712页。

③ (清)张廷玉等:《明史》(第一八册)卷二百十二《列传》一百,中华书局1974年版,第5615页。

④ (明)戚继光:《车步骑解·车营解》,《练兵实纪·杂集》卷六,《中国兵书集成》第19册,解放军出版社、辽沈书社1994年影印版,第698—699页。该图边白记曰:“幅小只载其略而已;另有全营,此不尽载”,故此非全貌。

可见,车营实为火炮部队与步兵的混编单位,并须与骑兵协同作战为常规。其战斗程序一般为:当敌军进入 500 米内外,车上佛郎机开火齐射,火箭继而举放;待敌至 150 米左右,骑、步、车兵内各鸟铳手齐射,并与火炮、火箭交替射击,保证火力的周而复始、更番不歇;若敌仍不退,则施放虎蹲炮;奇兵队出营,依次以鸟铳、火箭、弓矢轮流射击。若敌人即将近身,则鸟铳手退至最后改换长刀,列鸳鸯阵与敌短兵接战;最后以骑兵实施追击。① 参见图 1.6。②

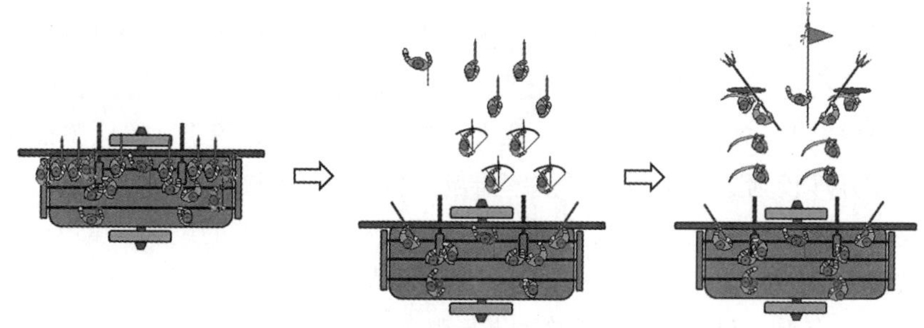

图 1.6　车营作战过程

显然,车营作战的核心是各种火器的连环施放,以求于敌军近身前便将其击退。因此,火力战在整个战斗过程中的地位已愈发重要。另外还可以发现,传统密集的大规模方阵不见了,取而代之的是一个个小型战斗队形;以往大集团冲撞格斗以决定胜负的简单模式,变成了先火炮,继而火箭,再而火铳、弓箭,最后短兵相接的多层次打击输出。不过,由于战斗过程变得更加复杂多样,包含着更多的技战术环节,故而每一个士兵都需要具备比过去在大方阵中更娴熟的操作技术和更默契的协同配合;对于指挥官来说,控制步骤如此繁复的战斗过程也是一个巨大的挑战。

---

① 整个战斗程序的论述基于车营的演练及其装备的各种武器的性能。关于演练情况,参见(明)戚继光:《练营阵》,《练兵实纪》卷五,《中国兵书集成》第 19 册,解放军出版社、辽沈书社 1994 年影印版,第 272—275、286—289 页。至于主要武器性能,则大致如下:佛郎机炮“可打一里,人马洞过”,即射程为 500 米左右;火箭“可去三百步,中者人马皆倒”,亦约 450 米;虎蹲炮则是发射散弹的轻型火炮,射程 40—50 米。参见(明)戚继光:《军器解》,《练兵实纪·杂集》卷五,《中国兵书集成》第 19 册,解放军出版社、辽沈书社 1994 年影印版,第 645、672、652—654 页。箭靶“以八十步为止”,鸟铳靶“以百步为准”,故射程分别为 120 米、150 米内外。参见(明)戚继光:《练手足》,《练兵实纪》卷四,《中国兵书集成》第 19 册,解放军出版社、辽沈书社 1994 年影印版,第 230 页。

② 该图据(明)戚继光:《练兵实纪》,《中国兵书集成》第 19 册,解放军出版社、辽沈书社 1994 年影印版,第 272—275 页内容所制。

二、16—17 世纪西方战术及训练变革

同一时期，火绳钩枪（Arquebus）已经成为欧洲军作战中不可或缺的武器。“16 世纪的军队倘若手里没有火枪，它是绝不敢跟有火枪的军队交战的”①。但最早真正意识到火器巨大潜能的是西班牙人，他们相信火绳枪能够在战斗中扮演更重要的角色。“西班牙人较早放弃使用弓弩而偏爱火绳枪”②，并且于 16 世纪的下半叶采用了一种重型火绳枪（Musket）。③ 但由于这些早期火器射击精度差、射程有限，尤其是射击速率太低——“每三分钟发射二发子弹就是极好的了”④，如何才能在脱离了防御工事的野战中既有效保护火枪手，又能使之发挥出最大的火力，就成了此一武器能否在战斗中扮演更重要角色的关键问题。意大利战争（1494—1559 年）的检验证明，西班牙方阵较为成功地解决了这一难题。西班牙方阵在成熟阶段完全以长矛取代了原来的剑盾兵和戟兵，使其同火枪构成了固定的组合。每个方阵的纵深为 20 列，正面为 50—60 人。方阵外围和四个角上部署着排成密集方队的火枪手，以反向行进装弹法进行射击，从各个方向提供连续的支援火力。当火枪手受到近身威胁时，他们便躲到方阵长矛所组成的防御墙之后。3 个这样的方阵组成 1 个步兵团，成前后错开的棋盘格式布列。参见图 1.7。⑤

这种提高火器战场效能并以此为目标建立一种新战术体系的努力，使西班牙军团在 16 世纪成了欧洲最令人生畏的野战部队和各国竞相效仿的对象。这一体系进一步确保了步兵在战场上的决定性作用，同时也提升了火器在野战中的杀伤效能。由其所创造的长矛加火枪的武器系统，成为之后两个世纪里西方战术演进的基础。但西班牙方阵的问题在于，由 1000 多人组成的一个方阵作为基本战术单位显得过于臃肿，要在机动中保持队形的完整更不是一件容易的事情。另外，它还存在着浪费兵力的问题。处于

---

① ［美］T.N.杜普伊：《武器和战争的演变》，军事科学出版社 1985 年版，第 123 页。

② ［美］阿彻·琼斯：《西方战争艺术》，刘克俭、刘卫国等译，中国青年出版社 2001 年版，第 138 页。

③ 这种重型火绳枪的出现一部分原因在于欧洲铸造盔甲技术的提升。当时所制作的胸甲，使绝大多数武器在 80 码（约 73 米）以外就几乎造不成任何伤害。参见［美］杰弗里·帕克：《剑桥插图战争史》，山东画报出版社 2004 年版，第 143 页。

④ ［美］T.N.杜普伊：《武器和战争的演变》，军事科学出版社 1985 年版，第 120 页。

⑤ ［英］克里斯托尔·约根森等：《图解世界战争战法：装备、作战技能和战术（近代早期：1500—1763）》，周桂银等译，宁夏人民出版社 2008 年版，第 20 页；［美］杰弗里·帕克：《剑桥插图战争史》，山东画报出版社 2004 年版，第 144 页。

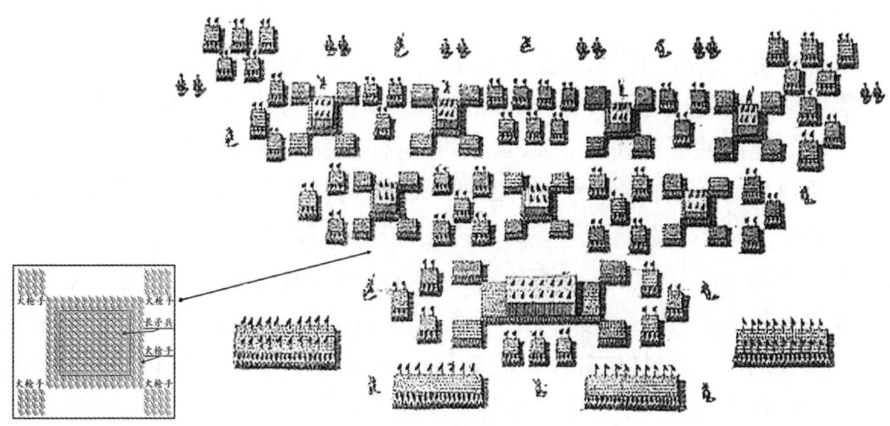

图 1.7　西班牙方阵

方阵深处的士兵只能像局外人一样无所作为。不少西班牙军官都曾对这一战术体系进行实验和改造，力图达到对火力的最佳使用效果，但都没有拿骚的莫里斯的革新那么出色。①

拿骚的莫里斯（Maurice of Nassau），即奥伦治亲王（Prince of Orange，1567—1625 年），荷兰著名军事统帅。为了抵抗西班牙大军的入侵，莫里斯从古典军事著作中汲取教益，在模仿古罗马军团战术及训练模式的基础上对荷兰军队进行了根本上的变革。他取消了庞大的步兵方阵，代之以一个约 550 人的营作为基本战术单位。其中长矛兵部署为 50 人正面、5 人纵深的横队。火枪手则单独列阵于长矛横队的两侧，而非以往那样混合于方阵之中。每侧配有三队火枪手，每队正面 4 人，纵深 10 人，同样以反向行进装弹法进行战斗。另有 60 名火枪手被预留出来作为散兵火力。这些营被部署成像罗马军团那样前后交错的三条阵列。② 这种浅纵深的战斗队形被称为"莫里斯横队"，是为日后风靡欧洲的线式列队的雏形。其优越性就在于，在更多士兵可以投入到战斗中去的同时，还可以留出预备队以运用到关键位置。而战术单位的小型化则使这种灵活的调动成为可能。另外，火枪威力也得到了更有效的释放。战斗虽然仍以白刃格斗决定胜负，但火力杀伤的效果则越来越影响着近战的成功与否。因此，在这个新战术体系中，火力和突击得到了真正紧密的结合。正如美国军事学家杜普伊

① ［美］杰弗里·帕克：《剑桥插图战争史》，山东画报出版社 2004 年版，第 143 页。

② ［美］阿彻·琼斯：《西方战争艺术》，中国青年出版社 2001 年版，第 163 页。

的评论:“摩利士对战争艺术的主要贡献就是从最佳的战术角度来使用兵力。”①

不过由于这样的体系需要下级单位发挥更为积极主动的作用,所以也就需要一大批受过良好教育和训练的基层军官。为此,莫里斯在部队中配备了较高比例的军官和专业军士,让他们有较多发挥主观能动性的机会。这也是莫里斯“一直被称为现代欧洲军官团的鼻祖”②的原因。此外,“指挥这样的战斗要求在战场上有高度控制的能力:控制行动,控制火力,更重要的是自我控制”③,所以训练和纪律变得前所未有的重要。在这一点上,莫里斯也作出了一项影响至今的变革:推行系统化、标准化的军队操练。在当时多数的军队中,训练往往只限于教会士兵们如何使用武器。但莫里斯追求更加稳定和有序的控制。他将火枪复杂的装填、发射过程分解为42个连续的、具有固定标准的动作,规定了每个动作的名称和口令;同时,他还使士兵按照规定的步法和节奏行进、转向以及变换队形。④ 通过这种形式的反复操练,士兵的每个动作都接近了半自动化的程度,从而减少了因自行其是或临阵紧张所造成的混乱,将出现失误的概率降到了尽可能低的水平。如此一来,不仅射击速率得到了提高,而且由于士兵的射击和行进的每个动作都可以控制,指挥官们便能下达更准确、细致的命令,从而实现士兵之间、战术单位之间更精密的战斗协同。这就为战术单位的小型化提供了相应的控制指挥体系。再者,反复的标准化操练还有一个隐性的意义,那就是它能够在潜移默化中灌输纪律意识和服从观念。“动作被分解成各种因素。身体、四肢和关节的位置都被确定下来。每个动作都规定了方向、力度和时间。动作的连接也预先规定好了”;因而标准化操练也就是一种将动作行为符码化的身体规训,它“从一切事物中专横地排除任何观念、任何低语,训练有素的士兵开始服从任何命令,他的服从是迅速而盲目的”。⑤ 这种训练的效果就是:“即使在大炮的咆哮下,在火枪的呼啸下,在云团一般的白

---

① [美]T.N.杜普伊:《武器和战争的演变》,军事科学出版社1985年版,第167页。引文中的“摩利士”即莫里斯。

② [美]彼得·帕雷特主编:《现代战略的缔造者:从马基雅维利到核时代》,世界知识出版社2006年版,第33页。

③ [英]迈克尔·霍华德:《欧洲历史上的战争》,褚律元译,辽宁教育出版社1998年版,第59页。

④ [美]麦尼尔:《竞逐富强:西方军事的现代化历程》,倪大昕、杨润殷译,学林出版社1996年版,第135页。

⑤ [法]米歇尔·福柯:《规训与惩罚:监狱的诞生》,刘北成、杨远婴译,生活·读书·新知三联书店1999年版,第187页。

烟翻滚下,即使在左右的战友纷纷倒下,伤兵哀号四起的情况下,部队仍能像机械一般精确地前进和齐射。”①

这些训练标准还被编撰成《荷兰条令》,显示出了近代“操典”的雏形。“这使得所有的指挥用语,以及长矛、火绳钩枪和滑膛枪等武器的指南都有了规范”②。1596 年,拿骚的约翰内斯二世(Johannes Ⅱ of Nassau)——莫里斯的表亲,委托一位名为雅各布·德·格恩(Jocob de Gheyn)的画家将新式操练中火枪手和长矛兵的每一个分解动作都作出图示。1607 年这些图解成书出版,其中还附有相应的口令。军官和士兵都可以借此清楚地了解各种动作的操练方法。但莫里斯很快又意识到,标准化的操练必须以标准化的武器为前提,因此开始为其军队装备统一的武器。③ 在他和他的表兄弟们的推动下,荷兰军队的标准化达到了很高的水准:所有为荷兰效力的军队都装备着相同长度的长矛,相同样式的盔甲,以及最重要的:相同型制的火枪。

这种操练和武器的标准化努力,隐约显示出了火器大量运用所带来的战术本质上的微妙变化。英国学者安东尼·吉登斯指出了新体系的特点:“莫里斯为操纵滑膛枪和长矛制定出流程作业图,并对行为序列的每一细节都给予了明确的说明。士兵们必须实践这些流程,直至他们能自动地遵循‘正确的’程序。新兵们不被看成是能熟练使用武器的‘手艺人’,而被看作是一些为了熟练地操纵军事装备而需要接受训练的人。”④这就意味着在此一体系中,士兵单人娴熟的作战技能和灵活的身手等个人表现,已经逐渐让位于提高整个战术单位效率所需要的操作规范。这就不能不让人把它同 20 世纪初的泰罗制度(或称泰勒主义)联系起来。其基本思路是:“每个行业的每个具体活计上所使用的众多办法和工具中,往往有一种办法和一样工具比其他任何的办法和工具要更好些。要发现这个最佳办法和最佳工具,只有通过对一切在用的办法和工具进行科学的研究和分析,结合着进行准确的、精密的动作和工时研究。”有基于此,泰罗认为只有将计算和实验得出的最佳办法和最佳工具定为标准,据以严格规定每个人的动作,从而取

① [以]马丁·范克勒韦尔德:《战争的文化》,李阳译,生活·读书·新知三联书店 2010 年版,第 125 页。

② [英]克里斯托尔·约根森等:《图解世界战争战法:装备、作战技能和战术(近代早期:1500—1763)》,宁夏人民出版社 2008 年版,第 21 页。

③ [美]麦尼尔:《竞逐富强:西方军事的现代化历程》,学林出版社 1996 年版,第 140、143 页。

④ [英]安东尼·吉登斯:《民族—国家与暴力》,胡宗泽等译,生活·读书·新知三联书店 1998 年版,第 138 页。

代工人们的习惯——因为基于经验的习惯做法并不一定是最有效率的,才能保证操作速度得以加快。这也是他所提倡的科学管理模式的第一要素。① 不难看出,莫里斯所创造的系统化、标准化操练,在本质上和泰罗制度颇有异曲同工之妙。这说明,西方的战术——至少是与武器技术相关联的那一部分内容,开始逐渐显露出理性分析和计算的特征,越来越朝着工业化时代那种追求效率的合理组织形式与管理机制的形态演变,而不再主要依赖于将军们个人经验基础上的奇思妙想以及士兵们娴熟的作战技能。作为训练和战术科学化、规范化的标志,西方军队的操典、野战条例等标准正是由此逐渐演化而来。这对于17—18世纪欧洲战术突飞猛进的发展乃至整个西方军事科学体系的建立都有着不可忽视的影响。因为许多西方军事家正是在这个过程中开始“用精密的分析系统的综合来建立一套完整的法则”②。

三、中西战术发展的不同走向

相较而论,这一阶段中西战术的整体样式可谓大致相符。双方都在寻求构建既能充分发挥火器战场杀伤力,又能有效保护火器手免受骑兵冲突的战术体系。双方都不谋而合地运用了后退装弹、轮番射击的战斗程序。队形上的区别也仅在于,前者火器手居前、冷兵器手居后成纵深配置并以战车组成方阵,后者则以长矛方阵或横队遮蔽火枪手并将两种武器成一线配置。因此在战斗队形、战斗程序上,两者并无判若云泥的先进与落后之别。若就火器的运用来说,明军以火炮、火箭、火铳所组成的多层次火力打击显然还要更为精巧。

不过,精妙的战术设计与高效的战场运用并不是一回事。越复杂的体系,其出现故障和混乱的概率也就越高。正如美国学者杜普伊所提醒的,应“尽力使自己的军事行动与兵力组织计划趋于简单,在千军万马务必协同动作完成一项计划的情况下,即使是最简单的计划也可能会失败。加之在战斗过程中一旦官兵发生惊惶与骚乱,混乱与失败的可能性就会变得更大”③。火器大规模运用所带来的前所未有的技术细节与装备要素,则使这一问题变得更加显著。在火器时代,“军队战斗力的强弱愈发决定于人与武器的配合。例如,对步兵营来说,战斗中的胜利大体上同火枪手能否快速地通过装药、装填和射击的复杂程序与装备带刃兵器的人员在不失去凝聚

---

① [美]F.W.泰罗:《科学管理原理》,胡隆昶等译,中国社会科学出版社1984年版,第163、197—198页。

② 钮先钟:《西方战略思想史》,广西师范大学出版社2003年版,第144页。

③ [美]特·内·杜普伊:《汉尼拔》,张孝林译,解放军出版社1988年版,第173页。

力的情况下向前运动的速度成正比”①。因此，要确保火器能够稳定地齐射、多层次地紧密衔接以及实现火器手与冷兵器手精确地协同配合，标准化的训练便势在必行。这正是西方前近代时期军事领域最重要的一项改革。缺少了这一点，即便士兵在平时训练中技艺娴熟，也不一定能在硝烟弥漫、人喊马嘶的紧张环境中发挥出既有的水平，而精密的多兵种协同战斗则更是无从谈起。戚继光反复提到了这个问题，他说：

> 平日教场操演，乃无利害之地，从容中节，便可为用。若临阵，生死目前，心忙手乱，每致火药自焚。②
>
> 平日在教场操时，打铳则把托稳定，对把从容；舞械则以单对单，前无利害，似谓习之已精已至矣。临敌之时，若使仍是照前从容酬应，如教场内比试一般，不必十分武艺，只学得三分亦可无敌。奈每见贼时，死生呼吸所系，面黄口干，手忙脚乱，平日所学射法打法尽都忘了。……或乎向前放铳而头已回顾走路，或忘入铅子，或下铅子而后入药，或装毕而灭其火绳，或湿其药线，或自焚其药，十铳之中仅有四五铳发出，四五之中仅有一中为难矣。③

但他似乎并未采取标准化训练的方法来解决这一问题。最接近的措施为其所编、用于教导士兵施放鸟铳和虎蹲炮的《铳歌》。④ 鸟铳的《铳歌》写道：

> 一洗铳，二下药，三送药实，四下铅子，五送铅子，六下纸，七送纸，八开火门，九下药线，十仍闭火门，十一听令开火门，照准贼人举发。

然此仅为装填与击发鸟铳的十一个步骤而已，并非各个步骤的标准化动作规范。所以在操作火器的过程中，主要还是依靠士兵个人的经验和习惯。至于其他武器，平时所进行的也是一种个人武艺、技艺的训练。⑤ 这说

① 马骏、吴广权主编：《外国武装力量发展史》，航空工业出版社 2006 年版，第 128 页。

② （明）戚继光：《辨请兵》，《戚少保文集》卷四，（明）陈子龙等：《明经世文编》（第五册）卷三四九，中华书局 1962 年影印版，第 3754 页。

③ （明）戚继光：《储练通论》，《练兵实纪 · 杂集》卷二，《中国兵书集成》第 19 册，解放军出版社、辽沈书社 1994 年影印版，第 498—500 页。

④ （明）戚继光：《手足篇》，《纪效新书》（十四卷本）卷三，范中义校，中华书局 2001 年版，第 59、62 页。

⑤ （明）戚继光：《练手足》，《练兵实纪》卷四，《中国兵书集成》第 19 册，解放军出版社、辽沈书社 1994 年影印版，第 209 页。

明,《纪效新书》、《练兵实纪》等实际上只能说是一种经验之谈,很难称得上是真正的军队操典。因为操典的本质,就在于运用逻辑分析、实验计算去总结实战中最有效率的方法,并将之以明确的术语表述出来,作为全军的操作标准。

通过比较,还可以发现另一个问题:战斗指挥。双方都趋向于战术单位的小型化,但不同的是,莫里斯在缩小编组的同时赋予了这些基层单位指挥官更多的自主性。而"戚家军"则缺乏这种基层的指挥,任何方向上的任何战术动作都依赖于中军的鼓号、旗帜发令:

> 铳手虽列于外,专听中军号铳,中军主将自掌号铳,看贼至五六十步中军放号铳一个,向贼一面才许放铳,分番如期,每长声喇叭放一次。看中军放起火一枝,方许一体放火箭,如无号铳,便贼到营下亦不许轻放。①

这就有可能产生两大问题。一是命令的延误。主将发现情况作出决断,然后以号铳、信炮等工具下达命令,再到士兵听见或看见信号执行命令,显然是一个颇费周折的过程。然而战场机会转瞬即逝,此一指挥程序很有可能错过最佳行动时机。若考虑到声音传播的延迟和战场上"烟火瘴蔽"②导致视线受阻,以及火器发射需要时间等繁多影响因素,其中的延误可能还会更为显著。未能在正确的时间开火,也就意味着失去使用火力的最佳机会,火器的优势也就因此大打折扣。二是指挥的准确性。火器的多层齐射和小型单位的战术机动,需要指令精确细致,而喇叭、旗鼓、信炮等工具,显然无法对基层单位的具体战斗行动进行精密的控制。(实际上,由于"戚家军"并没有标准化的武器操作与战术动作训练,客观上也无法对战斗的各个阶段进行精密控制)因此,若无像俞大猷、戚继光等对军队具有极强指挥能力的将帅,此种战术的效果也就无法完全发挥出来。

战术作为战斗的方法,往往于细微处见高低。因为战斗的基本原则、规律其实并不难理解。最难的是如何在战场上使既有武器系统发挥出最高的战斗效率。缺失标准和规范,是明军实施其战术构想的最大障碍。若就整个明代军队建设而论,情况亦是如此。早在洪武元年(1368 年)时,西平侯沐英征百夷思伦,就曾"下令军中置火铳、神机箭为三行,列阵中,俟象进,

---

① (明)戚继光:《储练通论》,《练兵实纪·杂集》卷二,《中国兵书集成》第 19 册,解放军出版社、辽沈书社 1994 年影印版,第 497 页。

② (明)戚继光:《练手足》,《练兵实纪》卷四,《中国兵书集成》第 19 册,解放军出版社、辽沈书社 1994 年影印版,第 242 页。

则前行铳箭具发。若不退,则次行继之。又不退,则三行继之"①。可见明初即有轮流齐射的火力打击方式。而正统十四年(1449 年)土木堡惨败后,户部给事中李侃便提出了以车对骑的战术:"取(骡车)为战车,车列四周,步骑处中,车厢兼用铁索连木板,藏神铳于内,俟交阵始发。每车刀牌手五人,乘间下车击敌,敌退则开锁纵骑逐之。"②此则为明代火器战车以及车骑步联合战术的滥觞。景泰元年(1450 年),京营五军坐营都指挥佥事王淳则设计了以长刀、长枪和盾牌掩护的火铳、弓箭手居前,骑兵居后的战斗队形,以及"敌在百步之内,神机枪射之;五十步之内,弓箭射之;二十步内,牌枪刀迎击"的战斗程序。③ 由此可见,冷热兵器轮番齐射以及战车结营抵御骑兵的战术思路其实早已有之,但似乎直到明代中后期却仍未制定一套推广全国的战术标准。反而往往是不同将领主持军务,便各自推行基于个人经验与偏好的武器配备、训练方法。例如从嘉靖时期的刘天和、曾铣、俞大猷的战车,到隆庆时期的戚继光的车营以及俞大猷所练京营战车,再到明末孙承宗的战车,均有不同的武器配备和人员编制,且其中多数都投入生产并装备部队。因此,虽然看似战术不断翻新,但基本思路却也不外乎以车御骑、火器迭放这些原则,而武器和训练未能标准化、指挥系统和后勤体系未能完善等问题却基本上延续了下来。此外,由于新人上任则推翻重来,此前所投入的大量财力、物力皆成虚掷,军队训练也无法形成长期性和连续性。当然,这同明代复杂动荡的政治局势有莫大的关系,不能完全归因于军事领域。而且如黄仁宇先生指出,明朝火器制造停留在农村技术的水平上,不可能是标准化的,必然会对军队——例如戚继光的部队,产生战术上的影响。④ 但不难发现,即便如戚继光这样被中外广泛称誉的将领,⑤似乎也并未试图在力所能及的范围内实施武器、训练的标准化和规范化建设。就某种程度上而言,思维方式的异趣应该是一个重要原因。可以说,这一时期

---

① 《明实录·太祖实录》卷一八九,"中央研究院"历史语言研究所 1962 年影印版,第 2859 页。

② 《明实录·英宗实录》卷一八一,"中央研究院"历史语言研究所 1962 年影印版,第 3513 页。引文中圆括号内文字为引者所加以便读者理解,下同不再重复说明。

③ 《明实录·英宗实录》卷一九三,"中央研究院"历史语言研究所 1962 年影印版,第 4041—4042 页。

④ [美]黄仁宇:《1618 年的辽东战役》,《万历十五年》(增订纪念本),中华书局 2006 年重印版,第 249 页。

⑤ 例如《剑桥插图战争史》将戚继光和莫里斯并论,认为他们是东西方主张恢复传统军队操练的代表人物。参见[美]杰弗里·帕克:《剑桥插图战争史》,山东画报出版社 2004 年版,第 3 页。

的中西战术发展,在细节层面上已经体现出双方思维上的不同偏好:前者更多地依赖于将领及士兵基于经验的主观创造,而后者则更注重逻辑分析工具以寻求最有效率的战斗方法。更进一步说,在西方军队注重实施武器和训练标准化背后的,是一种近代科学理性精神的萌芽。中西军队在这上面的差距,或许正是双方在火器时代军事发展水平此消彼长的一项隐性因素。

第二节　满洲骑兵的崛起与称雄

一、满洲骑兵的战术

若从军事角度而言,满洲骑兵的崛起对于明朝绝对是一个致命的威胁,因为后者不仅缺乏优秀的骑兵,而且非常依赖尚不成熟的步兵与火器战术体系。尽管明代长期都处于北方蒙古骑兵的不断困扰之中,例如正统十四年(1449 年)的土木堡之变和嘉靖二十九年(1550 年)的庚戌之变,但这些蒙古部落的侵扰更多是为了掳掠。他们也缺少像努尔哈赤这样一位野心勃勃的领袖。

“勇猛坚强的满洲人甚至比更加出名的蒙古人是更优秀、更有纪律的骑兵,他们十分肯定地认为汉人是衰弱的、胆小的、不可靠的,而在作战时根本没用——特别是要说到骑马作战时。”①作为游牧民族,满族人在骑射上具有天然的优势。曾因海难漂流至满洲腹地的一名日本人回忆道,满人“以弓为第一,弓长四尺许,其形状和传到日本的唐弓相同。每天要练弓箭,骑在马上能够随意射箭。而且能射中靶的。拾间二十间的距离,很少有射不中的。马上射箭,能在急驰时前后任意放射。并且能在奔驰中把射中的箭拔下来。”②而且他们也极为勇猛。被俘至满洲的李民寏说其“只以敢进者为功,退缩者为罪(面带枪伤者为上功。凡大小胡人之所聚,面颈带搬[瘢]者甚多,其屡经战阵可知)”③。但最重要的是,在努尔哈赤的统率下,

---

① [美]哈修斯等:《图解世界战争战法:装备、作战技能和战术(东方战争:1200—1860)》,张魁译,宁夏人民出版社、中华书局 2010 年版,第 108 页。

② 长鸾译、薛虹校注:《韃靼漂流记》,中国人民大学清史研究所编:《清史研究集》第一辑,中国人民大学出版社 1980 年版,第 380 页。间,日本长度单位,一间等于 1. 818 公尺。

③ [朝]李民寏:《建州闻见录》,潘喆等编:《清入关前史料选辑》第三辑,中国人民大学出版社 1991 年版,第 473 页。引文中的别字以方括号内文字加以订正,下同不再重复说明。

这支骑兵不仅具有“正规骑兵”[①]的高度纪律性,更有着严密的军事组织——八旗制度,以及经过精心设计的战术。努尔哈赤规定:

> 昔日于战争、狩猎之时,法令严禁喧闹。战争时若闹嚷,敌人即知觉了……应该预先教谕兵丁使其切记实行。将五牛录编为一队,行则一处行,止则依次下马,攻战时一处进攻,穿厚甲执长枪、大刀的人在前面进攻。穿轻网子甲执弓箭的人,自后面射击。另选精兵骑马伏于他处守护,战而不胜处相助进攻,如此则无战不胜了。[②]

对此,明人亦有记载。熊廷弼说:

> 奴贼战法,死兵在前,锐兵在后,死兵披重甲,骑双马。冲前虽死,而后乃复前,莫敢退,退则锐兵从后杀之。待其冲动我阵,而后锐兵始乘其胜。[③]

《建奴议撮》则记道:

> 考之女真在昔用兵,以戈为前行,号硬军,刀剑自副。弓矢在后,弓力不过七斗,箭镞至六七斗,形如凿……非五十步不射。[④]

这很容易让人联想起蒙古骑兵的战斗方式。标准的蒙军战斗队形由五个横队组成,前两个横队为重骑兵,其余三队为轻骑兵。当敌对双方的部队越来越靠近时,位于后面的三列轻骑兵便穿过前两列重骑兵之间的空隙向

① 所谓“正规骑兵”指的是经过充分训练,在战斗中能保持严整的战斗队形和协同动作,因而能充分发挥集体战斗力的有组织的骑兵部队;相对的是“非正规骑兵”,指的是没有经过严格训练,战斗时没有严整的队形和协同动作,只凭个人勇敢与技术作战的游牧民族骑兵。参见《中国军事史》编写组编:《中国历代军事思想》,解放军出版社 2007 年版,第 175 页。在此之前,努尔哈赤的军队仍然保留着游牧骑兵纪律松散的特点。有一次在击败敌军后,兵将懈怠,“四出掳掠牲畜财物,喧哗争夺”。努尔哈赤令手下大将前往禁之,其却“不禁人之掳掠,亦随众掠之”;再遣一将,其“复随众掳掠”。《清太祖武皇帝实录》,潘喆等编:《清入关前史料选辑》第一辑,中国人民大学出版社 1984 年版,第 313 页。

② 广禄、李学智译注:《清太祖朝老满文原档:第一册荒字老满文档册》,“中央研究院”历史语言研究所专刊之五十八 1970 年版,第 45—46 页。

③ 《明神宗实录》卷五九〇,“中央研究院”历史语言研究所 1962 年影印版,第 11316 页。

④ (明)于燕芳:《建奴议撮》,潘喆等编:《清入关前史料选辑》第一辑,中国人民大学出版社 1984 年版,第 129 页。

前推进,经过仔细瞄准后向敌人投射具有毁灭性力量的标枪和毒箭。即使敌人的阵线再稳固,也会在这种预有准备的密集乱箭袭击下动摇。有时光靠这种火力投射就能使敌人溃散,而不必再进行突击冲锋。如果指挥官认为这种预备性袭击已使敌人出现混乱,便命令重骑兵发起冲锋。① 其威力就在于轻骑兵火力与重骑兵突击的紧密配合:前者压制对方投射火力并造成混乱以及心理恐惧②,后者则趁敌动摇或队形散乱而发动强力冲锋。

不过,这种战术是否行之有效很大程度上还取决于对手的防护能力。如果明朝也如16—17世纪的西方一样,由于冶炼、锻造技术的进步,能够提供"刀枪不入、弹射不进"③的盔甲,后金骑射战术体系的效果就将大打折扣。但事实正好相反,自戚继光练兵时期就存在的甲胄窳败问题,似乎一直延续了下来。戚继光对明军的盔甲极为不满。他指出同蒙古骑兵作战时由于缺乏良马,难以与其对冲,只能下马徒步战斗。但是,"如下马即斗,能舍命顶,当须要盔甲。今我之盔甲外面新表可观,内里铁叶一片数个眼,锈烂惟存铁形,还是好的。其空落如筛子一般,箭射可透,刀砍可破,是盔甲也不如他"④。而到了17世纪初同后金相持于关外时,明军盔甲依然破败不堪,甚至有时将铁甲改换为"棉花纸甲"以备急用。⑤ 这样的护具在面对后金军队时自然没有太大用处。因为据熊廷弼所说,其"刀能断铁,矢能透铠,即身穿重甲,犹惧难当"⑥。相较之下,后金的甲胄则"极其坚致,除非强弓,必不能贯穿于百步之外。若至薄近,势不可遏"⑦。万历末年,徐光启从朝鲜人及辽人那里得到情报后,对比了双方的装备:

> 贼兵所带盔甲、面具、臂手,皆悉精铁,马亦如之。故鲜营对垒,被

① 参见[美]T.N.杜普伊:《武器和战争的演变》,军事科学出版社1986年版,第95—96页;[美]哈修斯等:《图解世界战争战法:装备、作战技能和战术(东方战争:1200—1860)》,宁夏人民出版社、中华书局2010年版,第73页。

② 关于这种万箭齐发的效果,曾同郑成功交手的荷兰人说:"箭如骤雨,连天空似乎都昏暗起来。双方都有人死伤,而中国人并不象[像]所预期那样的准备逃跑。"厦门大学郑成功历史调查研究组编:《郑成功收复台湾史料选编》,福建人民出版社1982年版,第145页。这种"箭如骤雨"的场景,肯定会对轻装的火器手产生一定程度的心理影响。

③ [日]三浦权利:《图说西洋甲胄武器事典》,谢志宇译,上海书店2005年版,第258页。

④ (明)戚继光:《登坛口授》,《练兵实纪·杂集》卷四,《中国兵书集成》第19册,解放军出版社、辽沈书社1994年影印版,第553页。

⑤ 《明实录·熹宗实录》卷十五,"中央研究院"历史语言研究所1962年影印版,第761页。

⑥ (明)熊廷弼:《题为请发军器以济急用事》,(明)程开祜辑:《筹辽硕画》卷二十八,《国立北京图书馆善本丛书》第一集,商务印书馆1937年影印版,第13页b。

⑦ [朝]李民寏:《建州闻见录》,潘喆等编:《清入关前史料选辑》第三辑,中国人民大学出版社1991年版,第479页。

奴兵骤进,将拒马木登时撤去。鲜兵非无铳箭,而无可奈何者,甲坚故也。我兵铠甲既皆荒铁,胸背之外,有同徒袒。贼于五步之内,专射面肋,每发必毙,谁能抵敌!①

不过似乎直到崇祯年间,明廷都未拿出能够洞穿敌方坚甲的武器和办法,所以徐光启奏称:"虏多明光重铠,而鸟铳之短小者未能洞贯……宜纠工急造大号鸟铳,至少亦须千门,可以洞透铁甲。"②防护力的提高势必要求火器的改进,徐光启的建议其实与西方制造重型火绳枪的思路异曲同工,可惜未能得到应有的重视。也正因为如此,后金精良的盔甲能够抵消相当一部分明军枪炮的杀伤力;而其弓矢虽然射程较短,但一进入有效射程却能轻易地射穿后者低劣的护具。

还有一个值得注意的现象就是,明军的战斗力似乎随着火器使用比例的增大而不断下降。相对而言,火器的运用不像刀剑弓矢那样需要长期的训练,所以"火器手"反成了"劣等士兵"的代名词。在萨尔浒之役前一年,兵部尚书薛三才在检阅了京营士兵后指出:

窃惟中国御虏长技,无如火器。故京军十万,火器手居其六。承平日久,人与器不相习,弓箭难于见巧,火器易于藏拙。于是力不能挽强者,皆以火器手自诡,点放多不如法。其号为习者,睨视良久,火门始燃,亦未必命中。③

可见,由于缺乏严格的标准化训练,士兵便可自行其是,"以火器手自诡"从而"藏拙"。这种"力不能挽强"的士兵自然越来越缺乏肉搏的能力和勇气。但限于该时期火器的性能,白刃格斗乃是决定胜负的必然手段。因此,一旦后金骑兵冲过明军火网,众多缺乏近战能力的"火器手"便只能落荒而逃或者任人宰割。④ 正如朱国祯所说,火器的大量使用令"兵不习战,

---

① (明)徐光启:《徐光启集》上册,王重民辑校,中华书局1963年版,第108页。

② (明)徐光启:《徐光启集》上册,中华书局1963年版,第283页。

③ (明)薛三才:《薛恭敏公奏疏·覆练火器以壮营伍疏》,(明)陈子龙等:《明经世文编》(第六册)卷四四三,中华书局1962年影印版,第4872—4873页。

④ 该问题也出现于同一时期的西方骑兵身上。在千方百计地增强火力效果的趋势下,骑兵的白刃战方法越来越不受欢迎,马术也随之日薄西山。骑兵不能也不愿近敌格斗,而"沦落到挥动小手枪砰砰乱射",这种情况被称为"骑兵的衰落"。这样的手枪骑兵很容易被崇尚肉搏冲锋的东欧骑兵所击败。[英]克里斯托尔·约根森等:《图解世界战争战法:装备、作战技能和战术(近代早期:1500—1763)》,宁夏人民出版社2008年版,第71页。

专倚之为护身符。……甚有不见敌而发火,敌至不及发而先走者,则火器误之也”①。不难推想,当十居其六的士兵都不堪近战的时候,明军又怎能抵挡得住对手迅猛的冲锋。

二、骑射战术的完胜

明朝与后金之间在关外的大规模交战很显著地体现了上述问题。② 双方的第一次大型会战是发生于 1619 年(明万历四十七年、后金天命四年)的萨尔浒之战。此役明方虽然于政治上腐朽不堪、运转不灵,在战略上存在着分兵多路、互无配合的问题,但就具体的战斗情况而言,仍有许多技战术细节决定了这场战役的胜负。

明军的战斗队形如前文所述,为火器的多层次配置。如马林部于尚间崖上的部署:

> 于宿营的壕沟内下马,排成了四方的阵势。立营后即刻又掘了三重壕沟,壕沟的外边排列战立了一层密布的骑兵。在骑兵的前方,设立了一排炮火与鸟枪。在骑兵的后边,壕沟之外,排列了三排大炮与鸟枪,枪炮手皆下马坐待。在那三道壕沟内,几万军兵都下马整队站立。

但其杀伤效果似乎非常有限,否则后金士兵也不会正面冲击,“全不顾尼堪兵施放的枪炮”③。而且,明军似乎还常有“连发枪炮而不响”④的情况。至于其盔甲,也确实不佳。南路刘綎军应属明军较为精锐的部队,但也

---

① (明)朱国祯:《涌幢小品》上,中华书局 1959 年版,第 265 页。

② 书中对涉及的战斗将不再赘述其背景,具体内容可参见邱心田、孔德骐:《清代前期军事史》,《中国军事通史》第 16 卷,军事科学出版社 1998 年版;台湾“三军大学”编:《中国历代战争史》第十五册,军事译文出版社 1983 年版。

③ 广禄、李学智译注:《清太祖朝老满文原档:第二册昃字老满文档册》,“中央研究院”历史语言研究所专刊之五十八 1971 年版,第 95、98 页。此处“尼堪兵”即指明兵。

④ 中国第一历史档案馆、中国社会科学院历史研究所译注:《满文老档》(上),中华书局 1990 年版,第 76、80 页。台湾学者译注的《清太祖朝老满文原档:第二册昃字老满文档册》将满文“不闻(donjirakū)”、“不见(tuwarakū)”两词皆译为清兵“不顾”枪炮之意;《满文老档》则将前者译为“明兵连发枪炮而不响”(故而清兵“不闻”),将后者译为“不顾”。《满文老档》的翻译似乎较为合理,因为若为表达同一个意思,满档中应不会用两个不同的词语,故此处从《满文老档》。此外,据明人记载,明军中常“有装药不如法,点放仅有烟而无声者”。(明)范济世:《题为都城时当戒严营操尚属虚套敬陈末议以资防守事》,(明)程开祜辑:《筹辽硕画》卷二十六,商务印书馆 1937 年影印版,第 2 页 a。可见明军平日训练中尚有此种情况,战时则更有可能出现。

只“身着木甲与硬牛皮甲”①。因此,后金的弓箭在此役中发挥了比对手枪炮更显著的压制作用,如杜松军在界凡山腰上的战斗相当英勇,“不停地施放枪炮”,但对手“发箭射止之,不一会即被击败”。② 对此,徐光启指出:“杜松矢集其首,潘宗颜矢中其背,是总镇监督尚无精良之甲胄,况士卒乎。”③另据《清实录·满洲实录》中的战图显示,刘綎也是身中两箭而阵亡。参见图1.8。④ 可以看到,图1.8中主导战场的武器是后金骑兵的弓箭,而明军的鸟铳、虎蹲炮则散落满地。

图1.8 皇太极破刘綎营

若说杜松、马林、刘綎等人未用战车结营抵御骑兵而败的话,那么潘宗颜部在斐芬山上列车营并不断施放枪炮,似乎也没起到太大的作用。满档记载:

---

① 广禄、李学智译注:《清太祖朝老满文原档:第二册昃字老满文档册》,“中央研究院”历史语言研究所专刊之五十八1971年版,第105页。

② 广禄、李学智译注:《清太祖朝老满文原档:第二册昃字老满文档册》,“中央研究院”历史语言研究所专刊之五十八1971年版,第94页。

③ (明)徐光启:《徐光启集》上册,中华书局1963年版,第98页。

④ 《满洲实录》卷五,《清实录》第一册,中华书局1986年影印版,第241页。

(努尔哈赤)命我兵一半下马,着重甲者皆持枪、大刀前行,着轻甲者由后面射箭。命另一半兵骑在马上,随在后面。在往攻那座大山上时,在山上的尼堪兵,用楯牌将枪炮隐遮施放攻打。我兵不顾,冲击前去将楯牌推倒,至未时,就将此足足的一万兵尽都杀了。①

材料中的"楯牌"实际上就是战车,这从《清实录·满洲实录》的战图中可以看到。如图 1.9 所示。② 这场战斗非常直观地显示出了明军步兵火器—车营战术体系的无效:不仅无法压制对方的弓矢火力和骑兵突进,甚至也阻遏不住对方步兵自下而上的仰攻。所以创制满文的额尔德尼巴克什在评论此役时,颇为睥睨明军:

明兵虽放枪炮千万,均未命中之,其所射之箭,所砍之刀,所刺之枪,俱从旁落空。而英明汗之军士所射之箭,所刺之枪,既准且快,皆乃天神祐助之故也!③

所谓"虽放枪炮千万,均未命中之"、"天神祐助"自是一种夸大的宣传,但也从一个侧面说明,明军枪炮确实没能给对手造成太大的损失和震慑。而当其所倚恃的火器战车无法遏阻对方的冲击时,不善肉搏近战的士兵也就在劫难逃。

在赢得了这场事关满人生死存亡的会战之后,努尔哈赤开始有资本对明朝的城塞发动攻势。继 1619 年接连攻克开原、铁岭,后金又于 1621 年(明天启元年、后金天命六年)攻占了辽东重镇沈阳和辽阳。这两仗在表面上看来是攻城战,但实际上决定胜负的还是双方野战的结果。关于沈阳之战,《明实录·熹宗实录》记道:

沈阳城颇坚,城外浚壕,伐木为栅,埋伏火炮为固守计。奴猝至,未敢遽逼也,先以数十骑于隔壕侦探。……世贤勇而轻,谓奴易与,遂决意出战。……世贤故嗜酒,次日取酒引满,率家丁千余出城击奴,曰:"尽敌而反。"奴以羸卒诈败诱我,世贤乘锐轻进,奴精骑四合,世贤且

① 广禄、李学智译注:《清太祖朝老满文原档:第二册昃字老满文档册》,"中央研究院"历史语言研究所专刊之五十八 1971 年版,第 98—99 页。

② 《满洲实录》卷五,《清实录》第一册,中华书局 1986 年影印版,第 241 页。

③ 中国第一历史档案馆、中国社会科学院历史研究所译注:《满文老档》(上),中华书局 1990 年版,第 86 页。

图 1.9　努尔哈赤破潘宗颜营

> 战且却,至沈阳西门,身已中四矢。城中闻世贤败,汹汹逃窜,降夷复叛,吊桥绳断。或劝世贤走辽阳,世贤曰:"吾为大将,不能存城,何面目以见袁经略。"……世贤挥铁鞭决斗击贼数十,中矢坠马死。……云尤世功引兵至西门,欲救世贤兵,皆溃,亦力战而死。①

由此可知,后金军重施蒙古骑兵的故技,佯装撤退诱使对手从坚固的城防或阵地中出击,然后利用机动性将之包围歼灭。② 如图 1.10 所示。③ 因此守将贺世贤轻敌出战,被对方围歼身死,直接导致了该城的陷落。正如一

① 《明实录·熹宗实录》卷八,"中央研究院"历史语言研究所 1962 年影印版,第 379—380 页。

② 努尔哈赤曾颁谕统兵诸贝勒大臣说:"若敌寡我众,兵宜潜伏低洼之敌,勿令敌见,少遣兵诱之。诱之而来者是中我计也。……倘敌兵众,遇我一旗或二旗兵,勿令接近,先行后退,请我大军来会。"中国第一历史档案馆、中国社会科学院历史研究所译注:《满文老档》(上),中华书局 1990 年版,第 53—54 页。

③ [美]哈修斯等:《图解世界战争战法:装备、作战技能和战术(东方战争:1200—1860)》,宁夏人民出版社、中华书局 2010 年版,第 141 页。

些学者所说，此役后金之胜，在于城外野战的胜利，造成城内混乱，并依靠内奸接应而攻取沈阳。若贺世贤凭坚固的城防工事，守住该城甚至击败努尔哈赤也并不是没有不可能。①

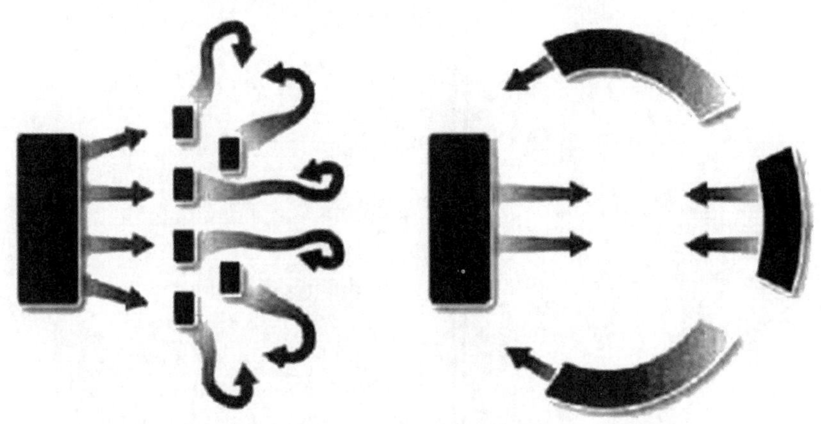

图 1.10　蒙古骑兵佯装撤退战法

之后的辽阳之战，亦颇为类似，明军主力四万余人出城列阵，被后金军击溃。② 当其攻西门不克后，守城主将、辽东经略袁应泰"见奴却易战，趣兵出战，以家丁号虎旅军者助之，分三队锋交而败，余卒望风奔窜"③。《明史纪事本末补遗》描述了这场城下之战中对手的战术：

> 建州兵结阵，前一层用木板约至五六寸，用机转动如战车，次一层用弓箭手，次一层用小车载泥填沟堑，最后一层仍用铁骑，人马皆重铠，俟火炮既发，突而出，张左右翼殊死战，人莫克当者，官兵不能支。④

由于离城较近，明军城上火力密集，故后金军以战车遮蔽弓手提供箭矢压制对手，并以土填平城外壕沟，以便骑兵冲锋；待对方发射完一轮火炮，铁骑即出而左右包抄。可见，后金其实多少也借用了对手的"车阵"战术以提供掩护；但不同在于，其战车之后具有万矢齐发和铁骑冲突这一有效的组

---

① 李洵、薛虹主编：《清代全史》第一卷，辽宁人民出版社 1991 年版，第 149 页。

② 中国第一历史档案馆、中国社会科学院历史研究所译注：《满文老档》（上），中华书局 1990 年版，第 178 页。

③ 《明实录・熹宗实录》卷八，"中央研究院"历史语言研究所 1962 年影印版，第 390 页。

④ （清）谷应泰：《明史纪事本末补遗》卷二，《明史纪事本末》第四册，中华书局 1977 年版，第 1425—1426 页。

合，所以能够实施主动灵活的进攻，而不像明军只能结营死守。通过这次野战，明军损失极大，且严重动摇了守军士气，成为辽阳三天之内即被对手攻克的重要原因。显然，就军事领域而言，后金能够接连取胜，很大程度上就缘于骑射战术对明军的步兵—火器体系具有压倒性优势。

图 1.11　努尔哈赤破陈策营

在沈阳城的外围，有一场战斗值得特别关注。川浙总兵陈策等听闻沈阳被围，率兵来援，同后金军激战于浑河。参见图 1.11。[①] 此战中，后金首次将战车与火器手的组合投入运用。虽然早在 1584 年（明万历十二年）就有努尔哈赤以战车攻城的记录，[②]但车上载火器手并投入野战则尚属首次。这表现出努尔哈赤也在不断吸收对手的优长为己所用，进一步抵消了明军的火力优势，使其弓箭手得到了更好的防护，从而提高了其弓箭火力的效果。不过，这场浑河两岸的激战表明，明军也并非绝对无法在野战中与对手抗衡。《满文老档》称：

① 《满洲实录》卷六，《清实录》第一册，中华书局 1986 年影印版，第 310 页。

② 《满洲实录》卷一，《清实录》第一册，中华书局 1986 年影印版，第 46—47 页。

> 浑河以北一里外,有步兵二万,分立二营,乃命右翼四旗兵取绵甲、携楯车,徐进攻其二营兵。右翼四旗兵抵彼,不待绵甲,红巴牙喇兵到来即进击。明之步兵,皆系精锐兵,骁勇善战,战之不退,我参将一人,游击二人被擒。此后击败其兵……明三营步兵未携弓箭,俱执丈五长枪及铦锋大刀,身着盔甲,外批棉被,头戴棉盔,其厚如许,刀枪不入,然我兵冲入尽杀之。①

《清实录·满洲实录》的记载则在细节上略有不同:

> 时四川步兵原立营于黄山,总兵陈策、参将张名世闻我兵至沈阳,领兵渡河来援,离城七里二处安营。执竹杆长枪、大刀利剑,铁盔之外有绵盔,铁甲之外有绵甲。帝见之,令右固山兵取绵甲战车徐进击之。红甲拜雅喇不待绵甲战车,至即进战。帝见二军鏖战,胜负未分,令后兵助之,遂冲入,败其兵。……而我国有先进战参将布哈,游击朗格、实尔泰战死于阵中。②

这两份记录虽然有些出入,但并不妨碍得出如下结论。第一,陈策部之兵均有两层盔甲,故能在箭雨及枪弹下与其精锐部队巴牙喇(拜雅喇,即护军,亲兵卫队)相持良久。第二,该部主要装备长柄刀枪,且敢于近战肉搏,故而能对后金军造成较大的伤亡,直到努尔哈赤动用预备队才将其击败。这也是为何满档称其"骁勇善战,战之不退"的原因。此种对明军的赞誉在满档中可谓仅见。明廷也称:"自奴酋发难,我兵率望风先逃,未闻有婴其锋者,独此战以万余人,当虏数万,杀数千人,虽力屈而死,至今凛凛有生气。"③第三,护军不待大队贸然冲锋的举动说明,之前与其交锋的明军往往一冲就散,所以他们非常轻视明军的战斗力,却未料及此战之川兵亦极勇悍敢战,故付出了折损三员将领、伤亡数千的代价。由上述可知,当明兵装备了更好的护具,并更加敢于白刃格斗时,后金的胜利也并不如以往那么轻松。这自然就会产生一个疑问:为什么以冷兵器为主的明军,反而比大部分使用火器者更有战斗力?这完全不符合我们印象中火器优于冷兵器的判定。本书提出的一种解释就是,火器的特殊性使其需要标准化、规范化的训

---

① 中国第一历史档案馆、中国社会科学院历史研究所译注:《满文老档》(上),中华书局1990年版,第177—178页。

② 《满洲实录》卷六,《清实录》第一册,中华书局1986年影印版,第311—312页。

③ 《明实录·熹宗实录》卷八,"中央研究院"历史语言研究所1962年影印版,第381页。

练作为前提,否则在实战中就会经常出现失误、慌张以致陷于混乱,从而无法有效发挥其杀伤能力。而运用刀枪等冷兵器部队的战斗力,则主要取决于官兵个人的武艺和身体素质。故而若以传统的个人技击套路来实施火器部队的训练,那么其结果自然还不如使用冷兵器更为有效。武器的特性变了,但训练方式以及思路却没有随之改进,自会出现新不如旧的情况。

但要解决这个问题却非一朝一夕所能实现,若考虑到明朝的政治、经济状况,则更是难上加难。因此从整体的效能上说,后金的骑射战术在吸纳了战车、火器之后,已经足以称雄于当时的中国战场。明朝辽东监军方震孺在奏折中便非常明确地指出,对手在装备及战术上已对明军形成了全面压制:

> 奴之长计[技],三十步内万矢齐发,脚站不住,作何遮当?贼挨牌坚厚,蜂拥而来,炮打不退,火烧不然[燃],作何防御?铁骑冲突,如风如电,火器不点,贼骑已前,一切利器,俱为盗赍,作何抵抗?而战守俱无可言也。①

这种战场实际效用表明,满人自称"我国家以弧矢定天下"②确非虚言。火器对他们来说并不是唯一的选择,甚至是次一等士兵的武器。在取下不少城塞之后,后金也缴获了大量的火器,并不断投入使用。例如辽阳攻城战中,其就曾以火炮击城。③ 1621年(明天启元年、后金天命六年),努尔哈赤规定:"著各旗之三游击,由一游击在旗备办大炮,一炮配马二匹,委人管理。其余人中,选可佩弓之壮者,令其佩弓。不能佩弓之人,悉令执三孔炮及铳枪。"④可见其亦善于吸收对手的军事技术。但也可以看到,在努尔哈赤眼中,弓矢是"壮者"的武器,显然优于那些羸弱之兵所拿的铳枪。正如黄仁宇先生所说,努尔哈赤并非忽视战争技术之人,他对于火器的态度并不

---

① 《明实录·熹宗实录》卷十六,"中央研究院"历史语言研究所1962年影印版,第819页。

② (清)昭梿:《啸亭杂录》卷一,何英芳点校,中华书局1980年版,第16页。

③ 《明实录·熹宗实录》卷八,"中央研究院"历史语言研究所1962年影印版,第390页;(清)谷应泰:《明史纪事本末补遗》卷二,《明史纪事本末》第四册,中华书局1977年版,第1425页。另外,徐光启说,此役中清军曾巧用火炮击败城门外明军:"贼来止七百人,车载大铳,我川兵千人逆之。贼发虚铳二次,我兵不损一人,因而直前搏战;迨至二三十步真铳齐发,我兵存者七人而已。"(明)徐光启:《徐光启集》上册,中华书局1963年版,第207页。应该指出的是,此役清军确有火炮投入战斗,但以当时旧式火炮性能而言,千兵被一次齐射只剩七人,似乎不太可信。且亦未见其他史料中有类似记载。

④ 中国第一历史档案馆、中国社会科学院历史研究所译注:《满文老档》(上),中华书局1990年版,第248页。

说明他缺乏理智,而是反映了对手用之无效。① 甚至于一般满族妇女也嘲笑明人不习弓箭:"你南边人如何不置一弓箭与我达子对射,我达子也怕性命。一弓箭不直一牛蹄,如何舍得人畜千百计而独不舍得置一弓箭。"②这一方面反映了明朝军备上的问题,另一方面也说明满人对于弓矢的信赖,是建立在其战场实用价值之上的。从这个意义上说,满人对于骑射的推崇就并非仅出于民族情感或保守,而有着现实的考量。若非能克敌制胜,这种纯感性的喜好必然难以持久。英国人对于长弓的态度就是最好的例子。长弓帮助英国人赢得了著名的英法克雷西会战,所以他们对这种武器相当迷恋,"甚至到18世纪,还有人企图让长弓东山再起"③。但由于难以穿透基于冶炼技术进步而提高了质量的板甲,长弓也只能迅速地在16世纪末让位于更有威力的火绳枪。相较而言,在当时中国的战争环境下,后金则无须作出这种改变,因为他们的箭雨和冲击已足以在野战中所向披靡,而有了一些战车、火器作为掩护,更使其能无惧于明军的枪炮。由此产生的历史影响就是:由于具有更好的武器及战术体系可供选择,努力改进步兵火器及战术对于后金来说自然就不会成为一种迫切的需要。

三、红夷大炮的"神话"

面对关外之地大半皆失的严重危机,明廷不得不在战法上作出调整:引入西洋红夷火炮,然后采用袁崇焕所说的"凭坚城,用大炮"之策。④ 其实早在1621年(明天启元年、后金天命六年)时,徐光启便提出:

> 臣昔年诸疏,大都言战胜固守,必藉强兵;欲得强兵,必须坚甲利器,实选实练。……既不能战,便合婴城自守,整顿大炮,待其来而歼之,犹为中策。奈何尽将兵民炮位置之城外,一闻寇至,望风瓦解,列营大炮皆为敌有,返用攻城,何则不克?……今欲求堪战之兵,必悉用臣言,日夜营办,迟之数月,然后可得。然寇在门庭,又不能待。臣之愚

---

① [美]黄仁宇:《1618年的辽东战役》,《万历十五年》(增订纪念本),中华书局2006年重印版,第250页。

② (明)熊廷弼:《题为辽左情势危急乞敕当事诸臣务求战守长策以存孤镇事》,(明)程开祜辑:《筹辽硕画》卷一,商务印书馆1937年影印版,第5页a。

③ [美]T.N.杜普伊:《武器和战争的演变》,军事科学出版社1985年版,第122页。

④ (清)张廷玉等:《明史》(第二二册)卷二百五十九《列传》一百四十七,中华书局1974年版,第6711页。张小青《明清之际西洋火炮的输入及其影响》一文对明廷引入西洋大炮的过程有很详细的论述,参见中国人民大学清史研究所编:《清史研究集》第四辑,四川人民出版社1986年版,第55—65页。

见,以为广宁以东一带大城,只宜坚壁清野,整备大小火炮,待其来攻,凭城击打……万勿如前二次列兵营火炮于城壕之外,糊涂浪战,即是目前胜算矣。待兵力果集,器甲既精,度能必胜,然后与战可也。……欲以有捍卫胜之,莫如依臣原疏,建立附城敌台,以台护铳,以铳护城,以城护民,万全无害之策,莫过于此。①

徐光启看出明军在野战中无法守住火炮阵地,故而提出摆炮于城上的建议。此举将使对方的箭雨和冲锋无的可施,己方火器手则可从容操作,提高杀伤效果。不过,他也很清楚"凭城用炮",只是为"兵力果集,器甲既精,度能必胜"争取时间。道理显而易见,坚城大炮发挥威力的前提就是对手进行强攻。若非如此,则城头大炮便无用武之地。明军要想真正扭转局势,关键在于能够野战胜敌,至少也要具有阻遏对手的战斗力。否则,便只能将交通线拱手让与对方掌控,然后眼见苦心经营的火炮要塞在弹尽粮绝中投降或陷落。所以红夷大炮并非制胜关键,决定双方命运的还是野战中的胜负。但此一切中要害的建议却同样并未得到重视。直到1626年(明天启六年、后金天命十一年)的宁远之战,也只有"凭城用炮"变成了现实,野战能力不足的问题却依然没有解决。不过,宁远之役的胜利倒一时掩盖了这个致命的缺陷。

努尔哈赤则并不在乎明军的变化,因为连续不断的胜利已使他未把对手放在眼里。宁远之战,他遣被俘汉人给袁崇焕传信说:"吾以二十万兵攻此城,破之必矣。"②其中既有恫吓,更能见到极度的自信。这可能也是他未曾采取诱敌出城野战这一惯用手段,直接命令士兵推战车强行攻城的原因。这种轻敌而忽视对方战术调整的态度使他付出了惨重代价。《明实录·熹宗实录》对此役有较详细的记载:

(天启六年正月)二十三日,贼薄城矣。先下营西北,远可五里,大炮在城上,本道(袁崇焕)家人罗立素习其法,先装放之,杀贼数十人,贼遂移营而西。二十四日,马、步、车、牌、勾梯、炮、箭一拥而至。"箭上城如雨,悬牌间如猬"。城上铳炮迭发,每用西洋炮则牌车如拉朽。当其至城,则城角两台攒对横击。……城下贼尸堆积,次日又战,如昨攻打,至未申时,贼无一敢近城。其酋长持刀驱兵,仅至城下而返。贼死伤视

① (明)徐光启:《徐光启集》上册,中华书局1963年版,第174—175页。

② 《满洲实录》卷八,《清实录》第一册,中华书局1986年影印版,第393—394页。

前日更多。俱抢尸于西门外各砖窑,拆民房烧之。①

《明季北略》引《颂天胪笔》所记云:

廿三日,敌列营城下。次日,攻东门,推坚车薄城。车用数寸厚板,冒以生牛革,藏健士于下锤凿,坏城十余处,矢石不能制,后拥铁骑……城内架西洋大炮十一门,从城上击,周而不停,每炮所中,糜烂可数里……敌号哭舁尸而去。自晨至晡,杀三千人,敌少却。廿五日……敌俱冒死力攻,城中御之如前,击杀更倍于昨。未晡,敌退……拾敌矢十余万枝。②

从这两段记录可以看到,后金军仍然是以首层战车、次弓箭手、次骑兵的部署进行攻城,而且似乎还配备了火炮。“箭上城如雨,悬牌间如猬”、“拾敌矢十余万枝”这样的描述,不难让人想见后金士兵万箭齐发的震撼场面。不过,由于对手占据高处,这种箭雨的威力自然要打一些折扣。相反,明军城头的西洋大炮则因此获得了更大的射程和破坏力,打后金战车、铁骑都如摧枯拉朽一般,并能使敌攻城炮无法近前射击。后金骑兵的冲击近战优势无从发挥,只能徒受炮火。这对士气的打击要远远胜于人数上的杀伤。因为当一支军队受到攻击却无法对敌进行有效还击时,心理上的恐惧便会陡增。“无一敢近城”、“号哭舁尸而去”的表现都显著地反映出了这一点。若明军拥有优良的骑兵部队,遭到重创的后金军甚至很有可能无法全身而退。这一点也致使明方的宁远大捷只有战术意义,却不具备从战略上扭转全局的价值。

宁远惨败,对于“自二十五岁征伐以来,战无不胜,攻无不克”的努尔哈赤而言是一个沉重的打击。但正如其汉臣刘学成所言:“汗轻视宁远甚易,故天降劳苦于汗也。”③努尔哈赤过于相信既有战术体系的效果,使他忘了自己曾说过:“用兵之道,以智巧谋略,不劳己、不顿兵为贵。……城郭堡寨,能取则取,不能取则勿令攻之。倘攻之不克而后退,反损名矣!”④从此

① 《明实录·熹宗实录》卷七十,“中央研究院”历史语言研究所1962年影印版,第3370—3371页。

② (清)计六奇:《袁崇焕守宁远》,《明季北略》卷二,中华书局1984年版,第41—42页。

③ 中国第一历史档案馆、中国社会科学院历史研究所译注:《满文老档》(上),中华书局1990年版,第694页。

④ 中国第一历史档案馆、中国社会科学院历史研究所译注:《满文老档》(上),中华书局1990年版,第53—54页。

可以看出，某种战术体系的过于有效，往往会成为战术不断发展演进的巨大障碍。即便如努尔哈赤，亦不能免此。

此战之败，本应成为其继任者作出变革的起点。但皇太极于 1627 年（明天启七年、后金天聪元年）发动的宁锦之战，却依然循着努尔哈赤的旧路："抬拽车梯、挨牌，马步轮番交攻"，明军"并力射打炮火，矢石交下如雨"；双方从白天打到入夜，后金士兵的尸体"填塞满道"，至亥时退兵。[①]如此强攻锦州十余天后，皇太极留下少数兵力监视该城，率主力南下攻宁远。明军凭借城上大炮的火力支援，列阵于城下，以防对方凿城。因此，后金士兵难以接近城墙，从而也无法利用大炮射击死角进行毁城作业以及架设云梯，反倒一直处在对方火炮的有效射程之内。明军在宁远城上"列红彝大将军、发烦[熕]诸炮，叠发若雷廷[霆]，碎东山坡大营毳帐，焚四汗白龙旗，满丁毙者无算"[②]，"是役也，贝勒济尔哈朗、萨哈廉及瓦克达俱被创还军"[③]。但皇太极显然并不服输，回师再攻锦州，结果又受重创，"死伤各数千，合营大哭"[④]，无奈之下只能撤兵。

应该说，皇太极并不是一个有勇无谋的统帅。在首攻锦州时，他曾致书守将赵率教：

> 若尔果勇猛，何不出城决战。乃如野獾入穴，藏匿首尾，狂嚎自得，以为莫能谁何，不知猎人铁镢一加，如探囊中物耳。想尔闻有援兵之信，故出此矜夸之言。夫援兵之来，岂惟尔等知之，我亦闻之矣。我今驻兵于此，岂仅为图此一城？正欲俟尔国救援，兵众齐集，我可聚而歼之，不烦再举耳。[⑤]

可见其曾既试图激对手出城野战，也萌发过围城打援的念头，并非只知一味硬攻。攻宁远时，皇太极也"因其地逼近城垣，难以尽力纵击，欲稍却以观动静，于是退军逾山岗环视"，但明军不为所动、"按兵不前"，故下令攻

---

① （明）王在晋：《三朝辽事实录》卷十七，《续修四库全书》编纂委员会编：《续修四库全书·史部·杂史类》第四三七册，上海古籍出版社 2002 年影印版，第 421 页。

② （明）彭孙贻：《山中闻见录》，潘喆等编：《清入关前史料选辑》第三辑，中国人民大学出版社 1991 年版，第 61 页。

③ 《太宗实录》卷三，《清实录》第二册，中华书局 1985 年版，第 49 页。

④ （明）彭孙贻：《山中闻见录》，潘喆等编：《清入关前史料选辑》第三辑，中国人民大学出版社 1991 年版，第 61 页。

⑤ 《太宗实录》卷三，《清实录》第二册，中华书局 1985 年版，第 47 页。

城。[①] 由于未将长期围困作为既定手段,并没有为之做充足的准备,加上急于一雪前耻、"张我国威",[②]所以皇太极不可能也不愿意拖延战事。然而,无论愿意与否,在"坚城大炮"前的又一次惨败及其所凸显的军政危机,使皇太极不得不有所改变。这种变化在战略上就是利用骑兵的机动力,避开山海关—宁远一线坚固要塞,取道蒙古从北面入关,进行长途奔袭作战,掠夺骚扰明廷腹地,不断削弱疲惫对手;在战法上,则改取围城打援的手段,用饥饿来打败对手坚城加大炮的组合。不过,这需要己方内部稳固并做好充分准备作为前提,所以直到数年后的大凌河之战,此一战术变化方得以实现。

此外,鉴于对方火炮的威力,皇太极也认识到了获取此一武器的重要性,故组织汉人工匠造炮。1631 年(明崇祯四年、后金天聪五年),终于铸成了"红衣大炮"(其讳"夷"字,故改为"衣")。对此,台湾学者黄一农教授的《红夷大炮与皇太极创立的八旗汉军》一文作了精详的考述。[③] 但该文认为,红夷大炮的使用具有战术革命的意义,并且成为明朝与后金战力此消彼长的关键,则似乎过高估计了这一武器的历史地位。[④] 一种武器是否引发了战术革命,标准就在于它是否导致军队主要战斗方式或说制胜方式的全面变化,例如燧发枪之于线式队形、机枪之于堑壕战以及坦克飞机之于闪电战等等。而此种武器是否决定了双方的命运,则取决于它在战争中能否起到不可替代的作用。但若仔细考察关外历次重要战役中红夷火炮所扮演的角色,其实不难发现它远未占有这种关键地位。

后金(清)军在关外的重大胜利基本上都是依靠围城打援取得。如前所述,皇太极早在宁锦之战时便有类似的战术设想。而且此役他也曾屯兵于锦州西南大道,"以扼援兵",并击退了来自宁远的明军。[⑤] 故由攻坚转向围困的战术转变,并非红夷大炮所致。那么值得进一步考察的就是,在这几

---

① 《太宗实录》卷三,《清实录》第二册,中华书局 1985 年版,第 48 页。

② 三大贝勒曾力劝皇太极不可强攻,但他说:"皇考太祖攻宁远不克,今我攻锦州又未克,似此野战之兵尚不能胜,其何以张我国威耶?"《太宗实录》卷三,《清实录》第二册,中华书局 1985 年版,第 48 页。可见其攻宁远,颇有为荣誉而战的意味。

③ 黄一农:《红夷大炮与皇太极创立的八旗汉军》,《历史研究》2004 年第 4 期。

④ 不少学者也持有类似观点,认为清军将红夷大炮投入战场,迅速改变了同明军的力量对比,是大凌河与松锦之战获胜的关键。参见张静媛:《皇太极与红衣炮》,《满族研究》1993 年第 3 期;李鸿彬:《皇太极与火炮》,《历史档案》1997 年第 2 期;李斌:《西式武器对清初作战方法的影响》,《自然辩证法通讯》2002 年第 4 期;刘鸿亮:《明清时期红夷大炮的兴衰与两朝西洋火器发展比较》,《社会科学》2005 年第 12 期;[美]石康:《明清战争中大炮的使用》,师江然译,《清史研究》2011 年第 3 期。

⑤ (明)彭孙贻:《山中闻见录》,潘喆等编:《清入关前史料选辑》第三辑,中国人民大学出版社 1991 年版,第 60 页。

次围城战中,这些大炮是否起到了不可或缺的作用呢?对此,首先值得回顾的就是上文所提到的大凌河之战。许多学者引用《清实录·太宗实录》所记红夷大炮迫降于子章台之事,来证明其对于大凌河之战的重要意义:

若非用红衣大炮击攻,则于子章台必不易克,此台不克,则其余各台不逃不降,必且固守,各台固守,则粮无由得,即运自沈阳,又路远不易致。今因攻克于子章台,而周围百余台闻之或逃或降,得以资我粮糗,士马饱腾。以是久围大凌河,克成厥功者,皆因上创造红衣大将军炮故也,自此凡遇行军,必携红衣大将军炮。①

从这段史料中不难看出,后金用红衣大炮攻克于子章台,更多是缓解了自身补给运输上的困难,使长围久困成为可能,而并非意味着于子章台一克,大凌河必将陷落。真正导致守军绝望出降的,还是明军援兵的四次战败。"长山之战"是明援兵最后也是最惨烈的一次战斗。颇值得注意的是,这场战斗虽有红夷火炮助战,但却仍是一场典型的骑射战术胜利。《满文老档》对此战记载相当详细:

明马、步合营,四面布列大小枪炮,以备接战。汗虑若候战车兵至,势必迟误。于是,率两翼骑兵列阵,呐喊冲击。明兵竟肖然不动,从容应战,齐发枪炮,声震天地。铅子如雹,矢如雨霰。左翼兵因避敌炮矢,未从汛地迎敌冲入,亦踵右翼兵而进。故敌营有兵抵抗。遂破敌营,追杀其大半。其余少半之敌,复聚列阵。时我军追击敌溃军未还,汗命西乌里额驸旗(引者按:即主要装备战车、火炮的佟养性旧汉兵),屯于明兵营东,乃发大炮火箭。时有黑云起,且风向我军,明兵趁风纵火,火燃甚炽,将逼我阵。天忽雨,反风向西,火灭,明军反被火燎。于是,我追敌之军还将至。天晴,汗观战情,不可收兵,遂亲临阵,发矢斩杀。刚收兵,即命列行营兵车楯于前,护军、蒙古兵及厮卒列于后。于是,营兵推战车近敌,纵马兵发矢冲击,明兵仍不动,发枪炮力战;我军又以矢攻之,矢下如雨霰,明兵不能当,遂溃走。我军斩敌步兵,如捻死聚挤之虫,无一人得脱。②

---

① 《太宗实录》卷十,《清实录》第二册,中华书局 1985 年版,第 137—138 页。

② 中国第一历史档案馆、中国社会科学院历史研究所译注:《满文老档》(下),中华书局 1990 年版,第 1154 页。

可以很清楚地看到,这一仗的首回合交锋,后金以骑兵冲锋突破对方阵型;第二回合的交战则依旧以战车在前遮蔽枪炮,掩护步骑兵近敌,随后以箭雨轮番打击对手使其溃散,最后以骑兵追歼逃敌。因此可以得出这么一个结论:尽管火炮已登场亮相,但骑射辅以战车仍是后金在这次野战中的主要战斗方式和制胜手段。而此役打援的胜利,歼灭明军近四万,使之再也无力援救大凌河城,直接断绝了守军获得补给或突围而出的可能性。从这个逻辑来说,是后金的铁骑弓矢而非红夷大炮决定了这场围困战的胜利。打援战斗结束之后,皇太极也依然未令火炮直接攻击大凌河城。又过月余,明军已弹尽粮绝方献城投降。这也从一个侧面说明,红夷火炮并不是直接导致大凌河陷落的原因。

如果说此时后金火炮尚且不多、不足以攻城的话,那么时至1639年(明崇祯十二年、清崇德四年)①的情况则不可同日而语。在明将孔有德、耿仲明等人投降后,清军火炮的数量与质量都有大幅度提高,尤其是这些降军中还有受过葡萄牙人训练的炮手。② 但即便如此,在是年的松山攻城战中,清军却依然大败而归。此役,皇太极的战术思想与大凌河之战时相比已显然不同,由围城打援又回归了强行攻坚的道路。因为前者虽然能够扬长避短、破解坚城大炮的组合,深合“拔人之城而非攻”、“兵不顿而利可全”的“谋攻之法”,③但也绝非毫无弊端。大凌河的围困战在获致大捷的同时,也让皇太极付出了旷日持久、师老兵疲的代价。当时的大凌河城在规模上要远逊于宁远、锦州那样的大型要塞,甚至尚未修筑完毕,城中粮草储备也不充足,乃仓促应战。即便如此,后金军也花了三月有余才将其逼降,而且自身同样已是疲惫不堪,无法再继续作战。所以皇太极无奈承认“复攻锦州,恐我兵过劳,难图前进”④,遂只能摧毁大凌河城,班师回朝。那么,显而易见的问题就是,大凌河尚且如此,若欲围宁、锦而夺之,岂不更加迁延时日、遥遥无期?对于希望早日入关的皇太极来说,这种战术自然不能令其满意。故当拥有了规模与质量俱为可观的重炮部队之后,皇太极便转而希望借之迅速破城。当然,皇太极之所以思路为之一变、相信红夷大炮可以取得速胜,孔有德等降将以及后金中降顺汉将的鼓吹可谓与有力焉。比如孔有德欲投顺时,就曾致书自夸其火炮“势如破竹”,若皇太极纳之,则“天下又谁敢与汗

① 1636年皇太极改国号“后金”为“清”,同时改“天聪十年”为“崇德元年”。

② 张小青:《明清之际西洋火炮的输入及其影响》,中国人民大学清史研究所编:《清史研究集》第四辑,四川人民出版社1986年版,第86—87页。

③ 《孙子兵法·谋攻篇》。

④ 《太宗实录》卷十,《清实录》第二册,中华书局1985年版,第141页。

为敌乎?"[①]后金军中专管火器的汉将也屡称火炮攻城"无坚不破,无城不取"、"易于攻克"、"一攻可破"。[②] 这些说法,无疑都有夸大之嫌。红夷大炮以至各色火器,是"降顺汉人在大金国发展中的踏脚石"[③],他们自然会倾向于抬高其价值以作进身之阶。实际上,孔有德等人不会不知道,即便拥有相当数量的西洋火炮,想要攻克装备着同样武器的要塞,仍非理论上或想象中的那么容易。因为相对而言,守方城头的重炮可以更加从容地发射,而其居高临下的优势对攻方的大炮来说也很有可能是致命的威胁。[④] 1632 年,孔有德等人于吴桥兵变后,利用内应诈取登州,获得了二十余门红夷大炮,并于同年用以攻打莱州。其本以为"取之当如摧朽",却"不意屡攻屡挫"。攻城五十余日,"发红夷炮不绝",但始终无法攻下。后来明军援兵纷至,叛军于野战中大败,遂退回登州城。明军随之围城,攻守之势易位。但装备大量西洋火炮的明军,对同样凭城用炮的叛军也无可奈何。城头"红夷大炮一发五、六里,我兵多伤……攻城数次,俱不得志"。所以攻方改变策略,由强攻转向围困,致使城内"乏食已久,杀人为粮、熬人为烂,朝不谋夕",孔有德等人只能出逃海上。[⑤] 因此,众人说红夷炮攻城无坚不摧,意在自抬身价,多少有点言过其实。

松山攻坚战的结果也证明了这一点。是役,清军"倾众犯辽,多载火炮,大攻松山,将尽力一举,妄图克破,以摇撼八城"[⑥]。其总共动用了二十三门红夷大炮对松山进行猛烈轰击,使松山"城堞尽毁,只余城垣",并"树梯将登城堞坏处",却始终未能攻入。清军火炮昼夜攻城,致使弹药用尽,

---

① 转引自萧一山:《清代通史》卷上,中华书局 1985 年影印版,第 145 页。

② (清)罗振玉编:《天聪朝臣工奏议》,潘喆等编:《清入关前史料选辑》第二辑,中国人民大学出版社 1989 年版,第 9、76、85 页。

③ 黄一农:《红夷大炮与皇太极创立的八旗汉军》,《历史研究》2004 年第 4 期。

④ 这一点在相当程度上要归功于明方模仿西方棱堡技术改进了城防工事。这种棱堡使火炮获得了更大的覆盖范围,减少射击死角,而且为重型大炮提供了安全、稳定的平台,因为以往高大单薄的城墙会受损于重炮巨大的后坐力,反而更易被攻破。参见[美]T.N.杜普伊:《武器和战争的演变》,军事科学出版社 1985 年版,第 136 页。关于明末欧洲棱堡技术传入的研究,可参见王兆春:《中国科学技术史 · 军事技术卷》,科学出版社 1998 年版,第 242—244 页;庞乃明:《欧洲势力东渐与晚明军事工程改良》,《东岳论丛》2011 年第 7 期。

⑤ 以上内容均转引或转述自(明)毛霦:《平叛记》,(清)罗振玉辑:《罗雪堂先生全集 · 续编》第十五册《殷礼在斯堂丛书》,台湾大通书局 1989 年影印版,第 5857—5963 页;(明)彭孙贻:《山中闻见录》,潘喆等编:《清入关前史料选辑》第三辑,中国人民大学出版社 1991 年版,第 83 页。

⑥ 《关宁总监高起潜为逆奴攻围松山官兵捍御获胜事题本》,中国第一历史档案馆、辽宁省档案馆编:《中国明朝档案总汇》第三一册,广西师范大学出版社 2001 年影印版,第 335 页。

不得不令人回沈阳搬运。[①] 据明守军战报,清军“四面扎营围困,南面大炮望城昼夜毒打不绝”,两日狠攻之后“城中拾得打进铁炮子六百余个,俱重拾余斤”,[②]其炮火之猛烈可见一斑。待炮弹一万颗、火药五万斛从沈阳运到后,清军“复以红衣炮移近松山城攻之”,甚至同时还使用了“穴地攻城”的老办法,依旧不能破城,“遂罢攻城之议”。[③] 这一战,清军动用了大量红夷火炮,倾泻了成百上千的炮弹,并且伤亡数千人,却无法克破松山这样“不甚高厚”的“旧城”,[④]可见重炮攻城绝非轻松可下。据明方战报所言,专门负责火炮的孔、耿、尚三人还曾为重炮“攻不开城,反伤了好些达子”,感到“有何脸面见人”。[⑤] 而对于皇太极来说,这次战败则不能不使之有所警醒与反思。在连攻数日不能破城后,他曾对大臣们说:“昨者夜梦皇考,圣颜不怿。向遇此等梦境,攻取城邑皆不能得。今虽攻松山,亦必难取,汝等试验之。”[⑥]这番话一方面自然是把努尔哈赤抬出来为日后的退兵找个台阶;但另一方面提及“皇考圣颜不怿”也说明,此战失利应该会使皇太极回想起十余年前的宁远乃至宁锦之败而有所触动。或许正是这种反思与警醒,使他意识到红夷大炮“攻无不克”其实并不可信。因此,在次年的松锦决战中,皇太极重新而且极为坚定地回到了围城打援的“笨办法”上来,不再作任何攻坚速胜的打算。

这一点从他在军队部署、后勤补给等诸多方面的安排中便不难发现。皇太极不仅重施“困大凌河之故智”[⑦]、让清军“由远渐近,围逼锦州,所以困之”[⑧],而且改在义州(今辽宁省义县,位于锦州北部)“驻扎屯田”[⑨],以三月为一期,轮班耕种、定期换防,将之作为长期围困的补给基地。这对于习惯奔袭劫掠、因粮于敌的满洲骑兵而言,不能不说是一个重大的转变。由此观之,则“围城打援”甚或已不再只是夺取一城一地的战斗方法,而成为整

① 《太宗实录》卷四五,《清实录》第二册,中华书局 1985 年版,第 599 页。

② 《关宁总监高起潜为逆奴攻围松山官兵捍御获胜事题本》,《中国明朝档案总汇》第三一册,广西师范大学出版社 2001 年影印版,第 334 页。

③ 《太宗实录》卷四五,《清实录》第二册,中华书局 1985 年版,第 603、605、606 页。

④ 《援兵总监高起潜为塘报紧急夷情事题本》,《中国明朝档案总汇》第三一册,广西师范大学出版社 2001 年影印版,第 339 页。

⑤ 《关宁总监高起潜为逆奴攻围松山官兵捍御获胜事题本》,《中国明朝档案总汇》第三一册,广西师范大学出版社 2001 年影印版,第 335 页。

⑥ 《太宗实录》卷四五,《清实录》第二册,中华书局 1985 年版,第 605 页。

⑦ 国立中央研究院历史语言研究所编:《明清史料·乙编》第二册,商务印书馆 1936 年版,第 298 页 b。

⑧ (清)蒋良骐:《东华录》卷三,中华书局 1980 年版,第 46 页。

⑨ 《太宗实录》卷五一,《清实录》第二册,中华书局 1985 年版,第 677 页。

个松锦决战的战役指导思想。难怪吴三桂得知此事后惊呼："夫奴屯种义州，裹粮载炮，采木盖房，计图久住，此二十年从未经见之举。"[①]还有一个例子可以说明皇太极实施围困战的坚决态度。在清军围困锦州之后，攻守士兵之间进行过一番颇有意思的对话。城中的蒙古士兵问城外巡逻清兵："尔等围困何益？我城中积粟可支二三年。纵围之，岂可得耶？"清兵应道："无论二三年，纵有四年之粮，至五年后，复何所食？"[②]这番问答虽出自兵丁之口，但亦从一个侧面反映出皇太极"长围久困"之决心。正如其手下汉臣张存仁所说，虽然"围城难以见功，必须旷日持久，将士不无苦难懈怠之心"，但"围困锦州之计，实出万全"，故而须"鼓励三军之气，坚持围困之策"。[③] 所以当围城总指挥多尔衮建议造云梯强攻时，皇太极明确予以否定，重申"不如持久，以待食尽"；[④]后来多尔衮、豪格等人违背命令，擅自让围城部队"离城远驻，遣兵归家"，以至守军能够"多运粮草入城"，皇太极闻之大怒，毫不留情地将其撤职并降为郡王，改派济尔哈朗、阿济格等人严格落实围城方针。[⑤] 这反过来似乎也能说明，凭借红夷大炮迅速攻坚破城已不在他的考虑之内。

如此一来，明军便又陷入了大凌河之战的窘境：城头大炮皆成废铁。新任蓟辽总督的洪承畴指出，清军的坚决围困使"今日筹辽非徒言守，必守而兼战，然后可以成其守"[⑥]。想要解锦州之围，唯一的办法就是击败围城清军。于是，1641 年（明崇祯十四年、清崇德六年）夏，洪承畴率十三万援兵进抵松山；皇太极也御驾亲征，倾全国之兵前来决战。一场决定双方命运的大会战即将拉开帷幕。这种局势对善于野战的清军来说相当有利。但此时的皇太极已比以往更加沉稳，即便在己方最擅长的野战中也不准备贸然出击、正面硬拼，而是继续贯彻"谋攻"之道。他根据明军高度集中、缺乏纵深的弱点，利用清军骑兵高速机动能力，绕至对方背后，掘壕筑垣，切断其补给线。此举造成明军军心涣散，有将领率部先逃，导致全军混乱溃散。本来一场两军激烈厮杀的大会战，就这样变成了一边倒的追歼战。入质于清的朝

① 《兵部为辽东总兵吴三桂密筹战守方略事行稿》，《中国明朝档案总汇》第三五册，广西师范大学出版社 2001 年影印版，第 297 页。

② 《太宗实录》卷五五，《清实录》第二册，中华书局 1985 年版，第 738 页。这种坚决的态度，也成为后来外城蒙古士兵选择投降清军的一个原因。

③ 《太宗实录》卷五一，《清实录》第二册，中华书局 1985 年版，第 680 页。

④ 吴晗辑：《朝鲜李朝实录中的中国史料》第九册，中华书局 1980 年版，第 3687 页。

⑤ 《太宗实录》卷五五，《清实录》第二册，中华书局 1985 年版，第 733—738 页。

⑥ 《兵部为遵旨密筹辽东奇正战守机宜事行稿》，《中国明朝档案总汇》第三五册，广西师范大学出版社 2001 年影印版，第 314 页。

鲜世子评论松锦之战时说:“清人之所畏者火炮,不敢近城矣。见其西归,邀集中路,铁骑长驱,饥卒莫当。”①可见此战清军之所以能够获得全胜,关键还在于其拥有一支能够迅速抄截对方退路、风驰电掣追歼逃敌的“铁骑”。倘若缺少此一利器而仅凭火炮,则似难取得如此决定性的战果。明援军之惨败,使松、锦两城已成孤注,局势完全倒向清方。但在此种极为有利的形势下,皇太极依然拒绝攻坚,而是继续“筑土城掘壕以守之”②。他应该没有忘记,自己以往是如何惨败于此两城之下的。况且当时松山城内尚有洪承畴统率的万余精兵,锦州城内也有名将祖大寿指挥的上万守军。若强行攻坚,对手凭城用炮的惯技又得施展,清军甚或有转胜为败的危险。即便真能攻下两城,其代价也必然极为高昂。所以皇太极决意把长围久困坚持到底。这就使此次决战中最重要的两座要塞——松山与锦州,一则失陷于“军民粮尽”③情况下的将领叛变,一则因“城内粮尽,人相食,战守计穷”④而开城投降。此后,清军虽用大炮强攻塔山、杏山两城,但因其城小兵寡,再加上松、锦之降已令守军斗志全无,故很快便被攻破或者自行投降。实际上,此两城之攻坚对于整个战局而言已无关宏旨。但即便如此,皇太极依然指示将领:“举炮时,不可击城上女墙,当击城之中间,俟十分颓坏,方令我兵登进,其小有破坏处,毋妄令登进。”⑤不难看出,尽管已经胜利在望,但此时的皇太极对火炮攻城依然保持相当慎重的态度。

自后金首次制成红夷大炮以来,十余年的战争实践使皇太极逐渐明白,试图依靠此项武器迅速攻坚破城,非但不是一条捷径,甚或有点此路不通。这是他所始料未及,也是不愿看到的。皇太极急欲入主中原,甚至连做梦都已经“入明宫”⑥了。故若红夷大炮真能攻无不克、速战速决,那他显然不会坚决回归长围久困这种迁延时日的“笨”办法。然此种勇于面对实战情况、转变既定思路的理智态度,方更显其作为军事统帅的高明之处。因此,我们不难获致这样一个观点:在明与后金/清的关外争夺战中,红夷大炮确实有其价值,比如丰富了后金/清军的战术体系、加快了围城速度、减少了兵员伤

---

① 佚名:《沈馆录》卷三,《辽海丛书》第四册,辽沈书社 1985 年影印版,第 2796 页。

② 佚名:《沈馆录》卷三,《辽海丛书》第四册,辽沈书社 1985 年影印版,第 2796 页。

③ 中国第一历史档案馆:《清初内国史院满文档案译编》上册,光明日报出版社 1986 年版,第 468 页。

④ 国立中央研究院历史语言研究所编:《明清史料·丙编》第一册,商务印书馆 1936 年版,第 80 页 b。

⑤ 中国第一历史档案馆:《清初内国史院满文档案译编》上册,光明日报出版社 1986 年版,第 469 页。

⑥ 《太宗实录》卷三六,《清实录》第二册,中华书局 1985 年版,第 464 页。

亡等等，但却远未具有决定胜负的作用。综观历次战役，后金/清军之重大胜利，几乎没有通过火炮攻坚而得，皆在野战能克敌援军以困毙守军，而这又是红夷大炮所无法完成的任务。“红夷大炮的威力委实惊人，但此一武器仍有许多局限，如其长于攻城，却拙于野战，此因十七世纪的火炮，装填发射的速率仍不高，且炮体笨重，无法迅速转移阵地，故在野战时多只能在开战之先就定点轰击，当敌我情势发生重大改变之际，则往往无法适时地加以反应。因此，明末在辽东的多次战役中，明朝军队虽拥有各式大炮，却无法有效压制满洲迅速移动的骑兵。”①同样，清军的红夷大炮也必然存在着“拙于野战”的问题，所以真正能决定野战胜负从而左右战争结果的，仍然是其惯用的万矢齐发、铁骑纵横。这也是为什么八旗军虽然装备了火炮却“并没有导致他们完全放弃金/清以前的战争方式”②的根本原因。从这个意义上说，红夷大炮似乎并没有达到引发“战术革命”的高度，甚至都不能被视为后金/清军在关外取得决定性胜利的关键。

如果这个结论成立的话，我们便有必要思考这么一个问题：红夷大炮在明清战争史以至于中国军事史上为何会变成一个“神话”？一种很可能的原因就是，我们习惯于一种“后见之明”的评价思路。换言之，就是会自然而然地根据后世的发展结果，去有意识地放大或者高估历史中某些看似更具“现代化”特征的因素，从而忽略了对历史场景与细节的具体考察，倾向于对历史上一些复杂、费解的现象作出“先入为主”的解释。因此，在这个问题上，便经常会出现这样一种思路：从日后武器演变结果来看，红夷大炮显然比刀枪弓马更具有“现代性”，故理所当然更有决定性意义；后金/清军也只有掌握了这种代表着“现代化”方向的西洋大炮，才有可能取得胜利；否则，仅凭其“落后”的弓马又如何能战胜已经装备火器的明朝军队呢？所以就军事方面而言，清胜明败便在很大程度上被解释为“更先进”的西式火器战胜了旧式火器的结果；如此推而论之，则后来满族统治者在拥有“更先进”火器的条件下依旧强调骑射，自然是一种妨碍“现代化”的落后保守的表现。③ 然而，揆

---

① 黄一农：《红夷大炮与明清战争——以火炮测准技术之演变为例》，台北《清华学报》1996年第1期。

② ［美］狄宇宙：《与枪炮何干？火器和清帝国的形成》，［美］司徒琳主编：《世界时间与东亚时间中的明清变迁》下卷《世界历史时间中清的形成》，生活・读书・新知三联书店2009年版，第191页。

③ 以上观点可见于何平立：《论明清战争中火炮发展的重要作用》，《军事历史研究》1990年第2期；萧大维等：《从历史的足迹中探寻变革的规律——火药化军事革命在古代中国的沉浮对我们的几点启示》，《中国国防报》2003年12月25日；刘鸿亮：《明清时期红夷大炮的兴衰与两朝西洋火器发展比较》，《社会科学》2005年第12期。

诸当时的实战结果,弓马骑射反倒比红夷大炮更具有关键作用。批判满人强调弓马骑射甚于象征着"现代性"的西洋大炮,甚至认为他们应该早早放弃铁骑弓矢,便颇有难为古人之嫌。借用一位美国学者的话来说就是,我们应该"在他们特有的环境中,用他们自己的言语来评价这些帝国的军事技术,而不必从十九世纪失败于正享用经济和政治扩张的持续发展果实(作为一个独特的众多因素汇合之结果)的西方工业的列强之手来予以事后的解读"①。如此,或许有助于我们避免那种"以今情测古意,特别是有意无意中容易以后起的观念和价值尺度去评说和判断昔人"②的"倒放电影"的研究取向。

小结:骑射战术的称雄与火器战术的落后

一、弓马何以战胜枪炮:一种解释

之所以要用大量的篇幅来分析明与后金/清军的战术、战斗的细节问题以及红夷大炮的真正价值,首先就是要说明:清胜明败,确实就是弓马战胜了枪炮,而并非因为"红夷大炮"这种"更先进"火器的使用。如此一来,我们才能避免陷入上述那种"公式化"的解释模式之中,才能提出一些以往被忽略的问题。比如,在中国,火器大量投入实战为何不仅没有降低骑兵在战争中的地位,反而使其称雄一时?为什么明朝军队的各色火器总是无法给对手造成足够的杀伤与震慑?这仅仅是由于早期火器性能局限所致吗?

不可否认,这一阶段的火器仍有许多缺陷,例如发射速率低、精确度低、射程短等问题。这使该时期的战斗往往还需要通过白刃格斗决出胜负。骑兵的冲击与搏杀还有其用武之地。但这并不仅仅是明朝军队所特有的困难,同一时期的西方军队同样面临这一难题。而且,据李伯重先生研究,明末的火器技术水平其实并非大幅落后于西方,甚至"与西欧的水平大体相当,使得中国和西欧成为当时世界上军事技术最发达的两个地区"③。因此,更值得思考的是,在中西火器水平大体相当的条件下,西方军队是如何破解这一难题以致骑兵逐渐没落,而满清弓马反倒在东方战场上如日中天?

必须明确的是,不能将单一火器性能的简单相加与其整体的实际战场

① [美]石康:《明清战争中大炮的使用》,师江然译,《清史研究》2011年第3期。

② 罗志田:《民国史研究的"倒放电影"倾向》,《社会科学研究》1999年第4期。

③ 李伯重:《火枪与账簿:早期经济全球化时代的中国与东亚世界》,生活·读书·新知三联书店2017年版,第151页。

效果直接画上等号。① 一个手持火绳枪的步兵很难与一名冲锋而来的重甲骑兵相抗衡;但一队经过充分训练的火枪手,同数量相当的一群重骑兵的对抗,胜负就可能变得难以逆料。因为火器性能能否转化为实战效果,除了它们本身的质量之外,还取决于一支军队运用火器的方法是否具有相应的合理性。正如李伯重先生所言:“如果战斗方式和军队组织方式不相应发生改变,仅拥有先进武器并不能保证可以获得胜利。”②火器时代尤其如此。火器大规模投入实战,带来了前所未有的技战术细节。这些细节以及各种操作步骤,如果无法得到有效、合理的安排与控制,就很有可能导致火器效能得不到充分发挥,甚至因此还不如刀矛弓箭等冷兵器更有实战价值。所以,火器时代比以往任何时候都更需要战术以及训练的科学化,借以降低枪炮性能局限所产生的迟缓、失误和混乱的程度,使其发挥出“一加一大于二”的杀伤力。这也正是同时期西方军队,例如西班牙军团、莫里斯的荷兰联省军队,在战术及训练变革上最显著的特点与成果。为了充分利用火器不断增长的可用性与高效性,他们以逻辑分析的方式,精心计算“如何在战场上对火器做最好的利用的问题”③。这就使战术不再是个人经验基础上的主观产物,而很大程度上成为能够进行精确考量、评估并以之寻求最佳效率的战斗控制和管理方式。如此,即便是一般将领和普通士兵,也能使火器展现出应有的实战效果。因为他们所运用的是经过逻辑分析工具所提炼出来的最有效率、最为稳定的方法。通过这种战术及训练的标准化,火器杀伤力得到了充分发挥,长矛手在其支援下已经“拥有足够的防御力量去抵抗以马刀为武器的重骑兵的坚决的冲锋”,也“能抵抗由手枪骑兵进行的帕提亚式攻击”。④ 正是在此基础上,欧洲于 18 世纪发展出了正式的“操典”制

① 吕小鲜:《第一次鸦片战争时期中英两军的武器和作战效能》,《历史档案》1988 年第 3 期。

② 李伯重:《火枪与账簿:早期经济全球化时代的中国与东亚世界》,生活 · 读书 · 新知三联书店 2017 年版,第 169 页。

③ [英]J.F.C.富勒:《西洋世界军事史》卷二,钮先钟译,广西师范大学出版社 2003 年版,第 41 页。火器出现后,欧洲的军事统帅与军事家们,开始较多地依据武器性能与地形等因素计算一支军队的最佳部署方案。例如西班牙军团的战术部署,便是由其总军士长根据地形、目标,“利用公式和一些表格计算出步兵方阵的规模及其组成”。[美]阿彻 · 琼斯:《西方战争艺术》,中国青年出版社 2001 年版,第 139 页。

④ [美]阿彻 · 琼斯:《西方战争艺术》,中国青年出版社 2001 年版,第 181 页。帕提亚即指古罗马时期的游牧民族安息(Parthian),他们通常的战斗方式为先以轻骑兵弓矢火力不断打击对手,再以重骑兵发动冲锋。公元前 53 年,安息人曾以此战术击败过罗马军团的入侵。16—17 世纪出现于欧洲的手枪骑兵也运用类似的战斗方式:先以手枪向长矛步兵射击,待对手阵型出现混乱再发动冲锋,故该书称之为“帕提亚式攻击”。这和满洲骑兵骑射加冲击的战术颇为类似。

度,使军队训练更加科学、规范。这也是“近代军事训练方面与以前几千年最大的变化”。①

相比之下,主观经验和灵感有时确实能显示出惊人的创造性,例如明代各种火器、车营战术花样迭出,凭车用火、凭城用炮,样式灵活多变。但问题在于,由于并非经过严格的分析论证,这些方法不一定符合火器自身的规律。换句话说,总结自直觉、经验的东西尽管是最熟悉、最习惯的,却并不一定是最有效的。即使有效,这也非常依赖个人的智慧和能力,需要将领个个都是军事天才,士卒人人皆是百战精兵,否则其使用效率便大打折扣。这也决定了明军战术上的变化,往往是基于个人灵感的妙手偶得,而非建立在最佳标准基础之上、经由不断分析检验而改进的持续过程。其人在则其术有,其人亡则其术亦湮没无闻,继之而来者则再不断重复这一过程。因此,若从后世发展情况来说,采用火器的明军在表面上似乎要更加“先进”。但由于未能发展出标准化、规范化的技战术训练方式及指挥体系,故长期以来明军战术一直徘徊不前,无法跃升至精确、严谨和系统的程度,致使其未能在战斗中最大化火器的战场效果、最小化火器的性能缺陷,进而出现了“先进”火器不如“落后”弓马的状况。这也从另一个方面说明,满人抱着弓马不放,并非仅仅基于顽固的民族情感,而主要是因为铁骑弯弓确为其入主中原的根本。毕竟,在生死攸关的战争中,现实需要总比民族情感更有说服力。故其自称“我国家以弧矢定天下”确非虚言,“满洲夙重骑射”②则亦可理解。从这个角度来说,与其总把近代中国火器战术的落后归咎于满洲统治者保守落后,还不如思考为何时人一直没有能够充分发挥出火器的战斗效能,致使在西方已经失效的骑兵战术仍能称雄于东方战场之上。

其实,后金/清军也并不缺乏吸收对手优长的思想弹性。明军所用的各色火器,包括红夷大炮,亦都为其所效仿。即便当其底定中原之后,也依然重视火器的使用。顺治十年(1653 年),清帝“曾遣官祭红衣炮之神”③,可见其对火炮的重视程度。康熙帝谕令加强军事训练时特别强调:“火器关系武备甚为紧要,应严加操演,以裨实用。”④同时,他对火炮铸造也极为关

① 马骏、吴广权主编:《外国武装力量发展史》,航空工业出版社 2006 年版,第 127 页。

② 赵尔巽等:《清史稿》(第十四册)卷一百三十九《志》一百十四《兵》十,中华书局 1976 年版,第 4123 页。

③ (清)嵇璜等:《清朝文献通考》(第二册)卷一百九十四,王云五总主编:《万有文库》第二集,商务印书馆 1936 年影印版,第 6587 页。

④ 《圣祖实录(二)》卷一〇九,《清实录》第五册,中华书局 1985 年影印版,第 117 页。

注,并待精通此道的南怀仁极为优渥。[①] 雍正五年(1727 年)进行了一次军队武器配置的编定,基于"官兵所用军器内,鸟枪一项,能冲锐折坚,最为便利",将军中火器配备的比例提高至 50%—60%,[②]基本上与明后期"戚家军"相持平。

但由于清朝的火器战术训练基本上是明朝的翻版[③],因而也同样存在后者的问题,火器仍然未能展现出其最佳效能。清朝统治者时常强调弓箭的作用,并非只是基于一种民族感情上的偏好,更是实践之后的选择。康熙五十一年(1712 年),山东刘公岛附近海面发生的一场小规模战斗是一个颇有启示性的例子。清军以火炮船追剿海盗,致"游击阎玉福被伤殒命","原其所以伤官兵者,皆因官兵与贼船相遇,安排火器之际,至贼人乘间围拥"。对此,康熙皇帝评论道:"若如满洲兵操弓挟矢以待,贼船何由能近也?"[④]"安排火器"如此之慢,以至于海盗的木帆船都有足够的时间能乘机靠近,恐怕不只是武器自身性能所限,更多的还在于运用方式的缺陷,使之战斗效果反倒还不如弓箭。这种现象自然会导致清朝统治者对弓马骑射的持续强调。而且,康熙皇帝的评论也显示,他似乎只是将火器同弓箭视为各有所长的同一类兵器而已,而并未意识到通过完善训练和运用方式,前者将会完全超越后者,引发革命性的变化。这种观念还体现在雍正五年对绿营军械的编定上,鸟枪和弓箭被同时列为单兵装备的远程武器。[⑤] 即便沿海省份火器的比例已经超过弓箭,但这显然说明,二者被视为可以相互替换的战斗工具。而这种对火器认知的局限,在根本上还是既有思维方式上的问题所导致:它在一开始就未能摆脱个人经验、走向逻辑分析和实验论证,进而也就无法迈入科学的轨道。这是中国战术乃至整个军事领域于 17—18 世纪持续落后于西方的一大关键,而且还将继续困扰晚清的军事现代化过程。[⑥]

---

① 张小青:《明清之际西洋火炮的输入及其影响》,中国人民大学清史研究所编:《清史研究集》第四辑,四川人民出版社 1986 年版,第 94—96 页。

② (清)昆冈等纂:《钦定大清会典事例》卷七百十《兵部》一百六十九《军器》。

③ 参见罗尔纲:《绿营兵志》,中华书局 1984 年版,第 257 页;戴逸、张世明:《18 世纪的中国与世界·军事卷》,辽海出版社 1999 年版,第 87 页;李伯重:《火枪与账簿:早期经济全球化时代的中国与东亚世界》,生活·读书·新知三联书店 2017 年版,第 388 页。

④ 《清圣祖圣训》卷四十八,赵之恒主编:《大清十朝圣训》,北京燕山出版社 1998 年版,第 660 页。

⑤ (清)昆冈等纂:《钦定大清会典事例》卷七百十《兵部》一百六十九《军器》。

⑥ 不少学者都持这样一种观点,那就是中国火器技术水平的落后导致了战术的落后。这一看法的依据在于,他们将恩格斯所说"一旦技术上的进步可以用于军事目的并且已经用于军事目的,它们便立刻几乎强制地,而且往往是违反指挥官的意志而引起作战方式上的改变甚至变革"(《马克思恩格斯军事文集》第一卷, 战士出版社 1981 年版,第 17 页)推论为

二、弓马战胜枪炮对火器战术发展的影响

实用价值不够彰显,会在很大程度上影响一种武器系统及相应战术体系的发展前景。尤其当它还存在有效替代者的时候,这种状况将更加显著。客观地说,满人具有骑射上的天然优势,以弥补火器不稳定的战场效能,因此就不会像明朝那样极为依赖步兵火器战术系统,进而也就未能顺应步兵日益成为主角的世界战术发展趋势。正如美国军事史学者指出的,在清军征服明朝的过程中,骑兵一直是取得成功的关键。尽管这支军队在战争中也变成了包括炮兵、水兵和步兵在内的混合兵种部队,但骑兵所起的作用要比在西方重要得多。①

实际上,清军在关外的决定性胜利,已经标志着骑射战术称雄中国。因为明朝“敢战官兵皆在北而不在南”②,其中又以宁锦的塞上精兵最为善战,所以松锦决战之后,关内明军便再也无法同满洲之弓马相抗衡。而清军在战争中不断丰富、完善的骑射战术体系,使其即便在同边疆少数民族的战争中也处于优势地位。特别是平定准、回的战争,由于对手也运用骑射战术,若清军单以火器对敌,那将重蹈明军的覆辙。例如平定准噶尔贵族阿睦尔撒纳叛乱的和落霍澌之战,清军骑兵仍用弓箭、突驰击败了装备着燧发枪的蒙古骑兵。参见图 1. 12。③ 由此可以想见清军骑射战术的效果。而平定大小和卓叛乱中的阿尔楚尔之战,则展示了清军如何以火炮辅助骑兵的进攻。

“战术发展水平直接决定于兵器技术水平”,即武器技术没有进步,战术也不可能发展。(平志伟:《中西方近代战术比较》,国防大学出版社 2001 年版,第 123 页)这显然是一种理解上的偏差。因为恩格斯只是指出,技术进步会引起战术的改变甚至变革,而并未认为战术改变一定需要技术进步为前提。世界战术发展史也证明,在火器技术发展相当缓慢的条件下,战斗方式完全可以发生翻天覆地的变化,因为以往的战斗方式并不一定能发挥出火器的最佳效能,进而存在着在技术不变条件下改进战术的空间。例如,从 16 世纪初到 17 世纪末这百余年的时间里,西方军队的制式武器都是火绳枪,但这并不妨碍出现莫里斯和古斯塔夫斯所开启的战术革命。而英国军队于 17 世纪末装备的布朗—贝氏燧发枪直到 1840 年前都是他们的标准武器,却也不见得其战术有多么落后。以此为参照,16—17 世纪的中国军队也装备着并不落后于西方的火绳枪,但却未能发展出使其得到最佳运用的战术体系。而到了 19 世纪后半叶,中国的武器技术已有了显著的发展,军队装备了大量后膛连发步枪、后膛钢炮,但其战术变革却依然停滞不前。这些状况说明,中国军事技术落后并非战术发展缓慢的关键因素。

① [美]哈修斯等:《图解世界战争战法:装备、作战技能和战术(东方战争:1200—1860)》,宁夏人民出版社、中华书局 2010 年版,第 111 页。

② “中央研究院”历史语言研究所:《明清史料 · 辛编》上册,中华书局 1987 年影印版,第 417 页。

③ 李斌:《乾隆〈平定伊犁回部战图〉的史料价值》,《故宫博物院院刊》2001 年第 4 期。图 1. 13 与图 1. 14 来源与此相同,故不再重复加注。

参见图 1.13。但显然，决定胜负的还是弓马冲突。在双方另一次交锋——伊西洱库尔淖尔会战中，清军的步骑炮三兵种进行了一次协同战斗。参见图 1.14。如果回顾明军的战斗队形，不难看出两者部署的相似程度。区别只在于，清军火器手的背后有一支能够万箭齐发、纵横决荡的骑兵部队。

图 1.12　和落霍澌之战

图 1.13　阿尔楚尔之战

这些战图相当直观地说明，尽管 18 世纪的清军已经是一支装备了大量枪炮的军队，但这些火器更多的时候只扮演配角。真正解决战斗的，仍然是骑兵的弓矢和刀枪。而最关键的是，此种战术依旧还能够获取胜利。所以，

图 1.14 伊西洱库尔淖尔之战

改进步兵火器及战术便显现不出其必要性。从这个角度来看,弓马骑射作为制胜工具的有效替代性,确实阻碍了前近代时期中国火器战术及训练的发展。因为它使清朝统治者始终有所倚恃,获得了一种骑射战术便可无敌于天下的虚假印象。实际上,这就形成了一个徘徊不前的循环:因缺乏更有效的应用方式导致火器无法充分发挥其潜力,故清军仍旧依赖弓马制胜;而骑射战术的有效性,使火器及其战术的改进变得缺乏现实动力,反过来又导致火器效率更加低下。

正由于这个缘故,虽然不能说清军的战术毫无变化,但总体而言同明朝没有质的差别。直到乾隆十五年(1785 年),绿营步兵还在操练两仪、四象、方圆等"无裨实用"的明代旧式阵法,故福康安提议"改仿京营阵式";而所谓"京营阵式",也不过是"九进十连环"的反向行进射击法。① 整体的战斗队形则仍然为火器居前,冷兵器手列后的叠阵:"第一队汉军火器营,鸟枪步军居中,炮位列左右;满洲火器营,鸟枪列炮之两旁。第二队前锋兵居中,八旗护军列两旁。三队列八旗护军,两翼则设应援兵。"②这和前文所述明军的三才阵相比,可以说几乎没有变化。而这一战术直到鸦片战争时期依

① 赵尔巽等:《清史稿》(第十四册)卷一百三十九《志》一百十四《兵》十,中华书局 1976 年版,第 4124—4125 页。这种"连环枪法"虽与明军的轮流放铳法有所不同,但并无本质的进步。参见(清)陈龙昌:《营规》,《中西兵略指掌》卷一,《续修四库全书·子部·兵家类》第九六九册,上海古籍出版社 1996 年影印版,第 149 页。

② (清)嵇璜等:《清朝文献通考》(第二册)卷一百九十二《兵》十四,王云五总主编:《万有文库》第二集,商务印书馆 1936 年影印版,第 6545 页。

然未有所革新,仍大致沿袭明代火器手在前循环发射,冷兵器在后准备肉搏的战斗队形与程式。其队形为"三叠鸟枪阵与鸳鸯阵合用",抬炮十杆和鸟枪三十杆为第一层,刀牌长枪弓箭等冷兵器为第二层。战斗时,"贼在二百步外,息鼓伏旗不动;俟至百步内,举旗为号,鸣钲一声,抬炮连环先发;至五十步之内,鸣钲三声,叠枪连环继之;如贼抢至十步内,擂鼓齐鸣,长枪圆牌如墙并进",火器队则"左右分转,绕出步队后排立";若敌不退,火器手再分出前步队之左右进行斜击。① 由此可见,这种"鸟枪三叠阵"同二百多年前的"戚家军"相比没有多少实质性的改进。

更致命的问题还在于,承平日久之后,即便是这样的战术,在缺乏编制、纪律的绿营手中也无法落到实处。由于缺乏规范化的训练方法和统一的标准,清军战术及训练又重演前朝故事,成为随意创造、只顾好看却无裨实际的"花法"。雍正皇帝很早就看到了这个问题。他曾批评清军之大阅脱离实战:"此第训练一端耳,遇敌决胜,在相机度势,神而明之,存乎其人,岂区区阵伍间遂足以制敌耶?"②不过,他虽看到了问题,开出来的却仍然是"神而明之,存乎其人"这样的"老药方"。乾隆年间,福康安之所以上奏建议训练"九进十连环",也是因为他看到了绿营操练毫不实用:"向来绿营阵势止系两仪、四象、方圆各式,此皆传自前朝,相沿旧样,平时较[校]阅虽属可观,临敌打仗竟无实用。在各营演试之时,明知所习非所用,不免视同具文,饰观塞责。"③直到二十年后,嘉庆皇帝还在上谕中批评这个问题:"今绿营积习,于一切技艺率以身法、架势为先,弓力软弱取其拽满适观,而放枪时装药下子任意迟缓,中者十无一二,即阵式杂技亦不过炫耀观瞻,于讲武毫无实效。"④

张集馨在《道咸宦海见闻录》里的描述更为形象:

> 抬枪约有十余杆,鸟枪不足百杆,其余短棍铁叉,藤牌数面,喧嚷跳掷,去而复来,以一布档横中间,由场上退入档左者,即可由右复出。竖立云梯,远望甚捷,然云梯只是一根独木,两旁小短横木贯于大木之中,

① 中国史学会主编:《中国近代史资料丛刊·鸦片战争》第三册,神州国光社 1954 年版,第 286 页。

② 赵尔巽等:《清史稿》(第十册)卷九十《志》六十五《礼》十,中华书局 1976 年版,第 2666 页。

③ (清)福康安:《筹干粮练兵丁备军装疏》,《皇朝经世文编》卷七十一《兵政》二《兵制》下,(清)魏源:《魏源全集》第十七册,岳麓书社 2004 年版,第 67 页。

④ 故宫博物院编:《钦定中枢政考三种》第六册,海南出版社 2000 年版,第 3 页。

名为蜈蚣梯,取其形似。今所立云梯即寻常之人所用之梯,何难攀跻?各项杂技操毕,复打连环数声,吹擂而退,不但临敌无用,即以操演论,亦复如同儿戏。①

这种场面颇似卖艺一般,还有"一布档横中间"作为"舞台"之帷幕,真可谓设计周全,可见李宝嘉在《官场现形记》中的揶揄真是丝毫不虚:

大人看操的时候,所有摆的阵势,不过是一个跟着一个的跑。在校场里会兜圈子,就会摆得阵。……至于那些耍枪弄棒,玩藤牌,翻筋斗,正月城隍庙里耍枪、卖膏药的一般人都会得两手,此时都找了来,到了校场上,敲着鼓,打着锣。咚咚咚,镗镗镗,耍一套,换一套,真正比耍猴还要好看。②

左宗棠也有类似的评论:

其练之也,演阵图,习架式,所教皆是花法,如演戏作剧,何裨实用。省标尚有大操小操之名,届时弁兵呼名应点,合队列阵,弓箭、藤牌、鸟枪、抬枪次第行走,既毕散归,不复相识。③

而所有这些,其实两百年前的戚继光早就批判过了:

今之阅者,看武艺但要周旋左右,满片花草,看营阵但要周旋华彩,视为戏局套数,谁曾按图对士,一折一字考问操法以至于终也?此是花法胜而对手工夫渐迷,武艺之病也;张虚文而真营却废,制阵之病也。④

从明代的戚继光到清代的雍正皇帝、福康安、嘉庆皇帝,再到道咸年间的张集馨、左宗棠,都在批评军队的"花法"。而且,在后面的章节中,我们还能继续看到李凤苞、郑观应、盛宣怀、袁世凯对于淮军训练杜撰阵式、徒壮

① (清)张集馨:《道咸宦海见闻录》,中华书局1981年版,第280页。
② (清)李宝嘉:《官场现形记》(上),人民文学出版社2000年版,第82页。
③ 《闽浙兵制急宜变通谨拟裁兵就饷加饷练兵折》,《左宗棠全集》第四册《奏稿(四)》卷十九,上海书店1986年影印版,第3019页。
④ (明)戚继光:《总叙》,《纪效新书》(十八卷本),《中国兵书集成》第18册,解放军出版社、辽沈书社1995年影印版,第37—38页。

观瞻的批评。而那时的淮军,学习“泰西阵法”则已三十余年了。可见,这个延续了数百年的战术训练沦为“花法”的问题,或许更像是一种悄然传承下来的“历史遗产”,而非一朝一代的腐败无能或者武器技术落后等观点所能完全解释得了。

当八旗铁骑因特权而弓马不习、日渐退化,绿营“花法”又不足依凭的时候,清政府已经拿不出有效的办法来对付国内的农民武装,更遑论抵挡运用近代火器战术的英法联军。因此,对于一些有志于卫道救世的人们来说,兵事上的改革也就具有了非常现实的意义。停滞了两百年的中国战术及训练领域,终于又一次开始了缓慢而艰难的变革历程。

第二章　回归:湘军的战术及训练变革

19世纪50年代的头几年,太平军顺长江一路东下,所向披靡。兵锋所指之处,清军八旗、绿营无不溃败逃散。面对东南大局的糜烂,清廷不得不在军事上有所改变,开始于经制之外寻求解救危机的办法。湘军正是在这种风云变幻之中走上历史舞台。不过,谁又能想到,这支由书生与山农组成的"业余"武装,最终居然成了内战的主角。而与此同时,一场对于晚清乃至近代中国都影响深远的战术及训练变革,也随之实现于这群兵事素非所习的湖湘士人手中。无怪乎蒋百里将军感叹:"湘军,历史上一奇迹也。"①那么,这一"奇迹"究竟是如何出现的?湘军在战术及训练方面究竟有何革新之处?这些革新如何体现在其战场实践之中?此即为本章所着力探究的内容。

第一节　书生何以立武勋

一、"近日尤怪事,往往爱谈兵"

寻诸学术思想的脉络可以发现,湘军的变革绝非凭空出现之物,而是有本于世运骤变之下的学风转向。更确切地说,此一变革实为道咸之际"经世致用"思潮在军事领域所产出的果实。

有清一代,"经世致用"思潮曾两度勃兴。一次起于明清鼎革之际。大明江山的断送,使"经历了天崩地坼的那一代人在尘埃落定之后不能不从世运追究到学风,并向儒学传统重求复兴之路。于是理学便成为一种渐被非议的东西"②。"清初迭经社会变乱、民族战争震撼的士子精英们,如黄宗羲、顾炎武、王夫之、傅山等人,自觉地以匡济天下自命,力矫王学末流的空疏误国,倡导崇尚实学,留心经世致用之术。"③所以,清季初年的学术研究

---

① 蒋方震:《中国五十年来军事变迁史》,来新夏主编:《中国近代史资料丛刊·北洋军阀》第一册,上海人民出版社1988年版,第1039页。

② 杨国强:《晚清的士人与世相》,生活·读书·新知三联书店2008年版,第52页。

③ 王先明:《近代新学——中国传统学术文化的嬗变与重构》,商务印书馆2000年版,第44页。

都带有明显的"致用"色彩,兵学也不例外。尤其是那些还心怀反清复明之念的文人士子,更是着力于研究实用军事知识以图匡复。如王余佑的《乾坤大略》、顾祖禹的《读史方舆纪要》等皆是以具体军事问题为讨论内容的著作。特别是《读史方舆纪要》,其核心就在于,通过历史案例详细论证不同地理形势下的战守、攻取机宜,绝无玄虚空谈之语,故梁启超先生称该书"体裁组织之严整明晰,古今著述中盖罕其比。……实为极有别裁之军事地理学,而其价值在以历史事实为根据"①。

但此后雍、乾两朝的统治者以绵密的文网,迫使学人为了避开危险而再次疏离现实。"凡当主权者喜欢干涉人民思想的时代,学者的聪明才力,只有全部用去注释古典"②,因为"诠释故训,究索名物,真所谓'于世无患,与人无争',学者可以自藏焉";再加上治经世之学者"既未能立见推行,则藏诸名山,终不免成为一种空论",③反被后起学人所诟病。于是,清初激荡一时的学术思潮在被过滤掉"通经致用"的宏旨之后,便只剩下纯粹的"征实之学"。这种实证精神本是经由针砭明儒空谈来路不明之性理的风气而发扬光大,但当它走向极端后却变异成"为考据而考据、为经学而治经学"的偏狭。本来作为"通经致用"之阶梯的考据、训诂、注疏、辨伪等,遂俨然成为治学的终极目标。大小士人钻入典籍之中,同古人一争是非、长短,不再过问世事民生。"夫清学所以能夺明学之席而与之代兴者,毋亦曰彼空而我实也？今纷纭于不可究诘之名物制度,则其为空也,与言心性者相去几何?"④而原本就让专制统治者所忌讳的兵学,更是脱离军事实际而异化为兵书典籍的校勘、考订与注释功夫。据学者统计,"雍、乾两朝 73 年有兵书 73 部,而其中注释、辑佚古兵书一类的约占四分之一"⑤。例如这一时期的孙子学,便以《孙子兵法》一书的成书时间、篇章数量、历史版本的考证以及文字校订等内容为主。⑥ 这对于整理、保存古代兵学典籍的意义自不待言。然而,兵学一旦变为兵书的版本文献学时,便也失去了其真正的价值。

不过,以儒学为核心的传统文化总有一种对危机的敏锐感知和迅速反应能力。这也是为何道咸之际,学术潮流又能随世运衰颓而再度为之一变

① 梁启超:《中国近三百年学术史》,东方出版社 2004 年版,第 343 页。

② 梁启超:《中国近三百年学术史》,东方出版社 2004 年版,第 22 页。

③ 梁启超:《清代学术概论》,朱维铮校注,中华书局 2010 年版,第 43 页。

④ 梁启超:《清代学术概论》,朱维铮校注,中华书局 2010 年版,第 106 页。

⑤ 邱心田、孔德骐:《清代前期军事史》,《中国军事通史》第 16 卷,军事科学出版社 1998 年版,第 690 页。

⑥ 皮明勇:《中国近代军事改革》,解放军出版社 2008 年版,第 196—198 页。

的关键所在。当积蓄已久的社会问题一一露出头来之后,“盛世”的光鲜被剥离殆尽,而点缀于其上却无干现实的乾嘉汉学也渐成后起者痛加掊击的对象。魏源毫不客气地质问前辈学人:“毕生治经,无一言益己,无一事可验诸治者乎?”①从光芒万丈到备受诟厉,汉学的没落,前后只不过一代人的光景。其中关键就在于一个“实”字。“清学以提倡一‘实’字而盛,以不能贯彻一‘实’字而衰”②,这不能不说是造化弄人。危机之下学术趋向的骤变也再次显示出,对于深受儒家入世精神浸淫的士人来说,“治平”始终是一种沦肌浃髓、无法磨灭的人生信条。特别是当时局每况愈下、生存受到威胁之际,这种心态就会越发激昂,有力地驱使他们去寻求救世之方。是故,“嘉道以还,积威日弛,人心已渐获解放,而当文恬武嬉之既极,稍有识者,咸知大乱之将至,追咎于学非所用,则最尊严之学阀,自不得不首当其冲”③。“经世致用”思想的再起,遂成为不可阻挡的大潮复归。

于此潮流转向之中,湖南士人实居于领先地位。乾嘉时期,汉学如日中天,唯独湖南别树一帜,自有其湘学之薪传。湘人曾言:“乾嘉之际汉学风靡一时,而湖湘学子大都犹专己守残,与湖外风气若不相涉。”④钱穆先生概述晚清湘学脉络时亦说:

> 清儒考证之学,盛起于吴、皖,而流衍于全国,独湖、湘之间被其风最稀。嘉、道之际有善化唐鉴镜海,以笃信程朱倡为正学……而善化贺长龄与唐氏相友善,倡为经世致用。邵阳魏默深受知于安化陶澍,为贺长龄编辑《经世文编》。湘阴左宗棠亦客陶氏,相与缔姻;而胡林翼则陶之子婿也。善化又有孙鼎臣芝房,亦治经世学,为刍论,至以洪、杨之乱,归罪于乾、嘉之汉学。湖、湘之间讲学者一时风气如此,此又一派也。⑤

由此可见,湖南士林多宗理学,受乾嘉汉学影响较少,且自有“经世”现实追求。再加上陶澍、贺长龄等封疆大吏,不仅志在务实,而且善于提携诱掖,湘中经世风气更盛。萧一山先生评论道:“曾国藩、胡林翼、左宗棠固皆

① (清)魏源:《魏源全集》第十二册,岳麓书社2004年版,第23页。

② 梁启超:《清代学术概论》,朱维铮校注,中华书局2010年版,第106页。

③ 梁启超:《清代学术概论》,朱维铮校注,中华书局2010年版,第107页。

④ 湖南省文献委员会编辑:《湖南文献汇编》第2辑,湖南省文献委员会1949年版,第111页。

⑤ 钱穆:《中国近三百年学术史》下册,商务印书馆1997年版,第638页。

标榜经世,受陶澍、贺长龄之熏陶者也。……中兴人才之盛,多萃于湖南者,则全由陶澍种其因。"[①]而贺长龄延魏源所辑《皇朝经世文编》更是堪称湘学经世之风的标志性文献,"数十年来风行海内,凡讲求经济者,无不奉此书为矩矱,几于家有其书"[②],令"三湘学人,诵习成风,士皆有用世之志"[③]。故湖南经世学的发展程度自然要远甚于他省。

而其中备受青睐的当属兵制、练勇、舆地等实用军事知识。诗人吴敏树便感叹道:"近日尤怪事,往往爱谈兵。"[④]鸦片战争以及国内民众不断揭竿而起的局面(这种现象在湖南相当频繁[⑤]),令湖南士人越发意识到大乱将至,所以他们积极研究兵学,以期烽火一起尚知如何保身家、护桑梓、卫社稷。如曾国藩,其虽已入仕,却依然讲求经世,"尤究心方舆之学,左图右书,钩校不倦,于山川险要、河漕水利诸大政详求折中"[⑥];左宗棠"胸罗古今地图兵法、本朝国章,切实讲求,精通时务"[⑦],罗泽南"所著地理水道书,多论兵家形要"[⑧],邹汉章"尤留心地图兵制之学",[⑨]李续宾则"深忧天下将乱,益精研兵事,恒以巨幅纸绘图,累数百"[⑩]。而刘蓉的一番话则很清楚地表明,湖湘诸生正在为即将到来的乱世作实用知识上的准备。他在给罗泽南的信中写道:"水利、边防、河患等书,此皆经世要务,不可不尽心讲求者。古人于时事、利病规画得失之故,莫不视为学问要切之事。故一旦出应世务,如取诸怀而应之。"[⑪]在他们的推动之下,已陷入琐碎考据、辑注却无裨实用的兵学,遂开始逐渐回归正轨,重新转向古代军制、战史等具体军事知识等方面的研究,由之也获得了在未来实践中演变发展的可能。从这个角度说,湖湘诸生后来投入兵事能有所举革,部分应归因于他们早年以"经

① 萧一山:《清代通史》卷下,中华书局 1985 年影印版,第 735、737 页。

② (清)俞樾:《皇朝经世文续编·序》,(清)葛士浚辑:《皇朝经世文续编》,沈云龙主编:《近代中国史料丛刊》第七十五辑(741),文海出版社 1972 年影印版,第 1 页。

③ 黄濬:《花随人圣庵摭忆》,上海古籍出版社 1983 年版,第 200 页。

④ (清)吴敏树:《感秋九首》,《吴敏树集·柈湖诗录》卷之一,岳麓书社 2012 年版,第 24 页。

⑤ 参见龙盛运:《湘军史稿》,四川人民出版社 1990 年版,第 25—27 页。

⑥ (清)黎庶昌:《曾国藩年谱(附事略、哀荣录)》卷一,岳麓书社 1986 年版,第 16 页。

⑦ (清)胡林翼:《致张亮基》,《胡林翼集》第二册《书牍·批札·家书·诗文联语》,岳麓书社 1999 年版,第 434 页。

⑧ (清)吴敏树:《寄罗罗山泽南观察》,《吴敏树集·柈湖诗录》卷之四,岳麓书社 2012 年版,第 142 页。

⑨ 光绪《湖南通志》卷一百八十九《国朝人物志》十五《新化》,《续修四库全书·史部·地理类》第六六六册,上海古籍出版社 1996 年影印版,第 129 页。

⑩ (清)梅英杰等:《湘军人物年谱》第一册,岳麓书社 1987 年版,第 106 页。

⑪ (清)刘蓉:《复罗仲岳书》,《养晦堂文诗集》卷五,沈云龙主编:《近代中国史料丛刊》第三十九辑(382),文海出版社 1969 年影印版,第 245 页。

世”精神在军事领域所下的学问功夫。所以,道咸之际的学术变迁对湘军战术及训练变革有着不可忽视的影响。

二、“我不知战,但知无走”

然而,若仅有经世之学,还并不足以成就湘军这种“书生用民兵以立武勋,自古以来未尝有也”①的“奇迹”。湖湘诸儒能以书生操杀人之业、立不世勋名,其间原因可谓纷繁复杂,甚至不乏机运的成分。然其最根本者,还在于一种卫道救世的人生信仰与价值追求。在儒家入世精神的熏陶之下,这些书生们皆有强烈的匡时之志,是其能够密切固结、锲而不舍的动力。王闿运曾评价曾国藩“少时汲汲皇皇,有侠动之志”②。所谓“侠动”,即有一番匡扶世事的心志。他在一封家书中表露了自己的人生志向:“君子之立志也,有民胞物与之量,有内圣外王之业,而后不忝于父母之生,不愧为天地之完人。”③

因此,面对烽火不息的乱世,以曾氏为代表的湖湘诸生不可能视若无睹:“君子所自勉者,方大臣际衰乱之世,处昏浊之朝,与庸竖佥壬相侪伍,既不忍纲常沦胥,生民涂炭,而思竭吾力以救之。”④且与以往不同之处在于,太平天国崇奉的“天父天兄之教”,使这些儒生们不仅要救世,更要卫道,进行一场捍卫儒学名教的“圣战”。湘军于咸丰四年(1854年)所发之《讨粤匪檄》,实为其“圣战”宣言。该檄文指出,因“粤匪窃外夷之绪,崇天主之教”,“举中国数千年礼义人伦诗书典则一旦扫地荡尽,此岂独我大清之变,乃开辟以来,名教之奇变,我孔子、孟子之所痛哭于九原”,故湘军之起,“不特纾君父宵旰之勤劳,而且慰孔孟人伦之隐痛;不特为百万生灵报枉杀之仇,而且为上下神祇雪被辱之憾”。⑤ 对此,萧一山先生评论道:“国藩之兴师,并非为区区一朝一家而效忠,实为拥护中国数千年固有之名教,其影响之大可想见也。”⑥正是此种“为信仰而战”的目标使得湘军将帅踔厉奋发、视死如归。故有人指出:“曾、胡与洪、杨之战,含有宗教战争之

---

① 蒋方震:《中国五十年来军事变迁史》,《中国近代史资料丛刊·北洋军阀》第一册,上海人民出版社1988年版,第1039页。

② 王闿运:《湘绮楼日记》,岳麓书社1997年版,第635页。

③ 《致澄弟温弟沅弟季弟》,《曾国藩全集·家书(一)》,岳麓书社1986年版,第39页。

④ (清)刘蓉:《养晦堂文诗集》卷五,文海出版社1969年影印版,第348—349页。

⑤ 《讨粤匪檄》,《曾文正公全集·文集》卷三,传忠书局同治十三年刊本,第1—2页。

⑥ 萧一山:《清代通史》卷下,中华书局1985年影印版,第134页。

意味。”①

不过,要维持这种信念,则又是单此一篇檄文所无能为力。语言的激越鼓荡,毕竟只能燃起一时的激情。且“卫道救世”对于个人而言,实为一个缺乏具体约束性的目标。湘军之能产生感召力,吸引越来越多的儒生士人投身其中,且持久坚韧、屡仆屡起,最关键者还在于其领袖人物具有坚定的志节,能够躬身践行他们所要捍卫的信条。正所谓“曾文正公以道德风义倡,天下名贤硕德蔚起湖湘间,电发飙举,斯亦千载一时之会也”②。“以道德风义倡”,最需要的是一种时常自省、严格自律的精神。而湘军诸位统帅能够做到这点,正是因其恪守程朱理学之故。借用刘长佑评价曾国藩的话来说,那就是“做过圣贤功夫”③。最典型的例子莫过于湘军将帅墨绖从戎之事。早在咸丰元年(1851年),江忠源正于家居父丧守孝,大学士赛尚阿奏调其随军赞画。曾国藩致书告诫说:

> 盖亦急于勤民而不及深思,而吾弟亦不免轻于一出。君子大节,当为世所取法,未可苟焉已也。所可幸者,闻尚在乌公幕府,未尝署一官领一职,犹为无害于义。将来功成之后,凡有保奏议叙,一概辞去。……如此则从戎以全忠,辞荣以全孝,乃为心安理得。若略得奖叙,则似为利而出,大节一亏,终身不得为完人矣。④

故江氏虽应召出山,但“要以三事,不领职,不带兵,不穿吉服,许可然后受命”,“约定大功告竣,不再保举,方敢留营,否则即日引去,亦失之东隅收之桑榆之意”;即便如此,也仍颇为自责:“然大节已亏,终不得为完人矣。”⑤此种由性理之学所产生的严格自律虽看似迂阔,却正是手无缚鸡之力、“于用兵行军之道本不素讲”⑥的儒生起而救世、坚忍不拔的精神支柱。罗泽南写道:“当天下无事之秋,士人率以文辞相尚,有言及身心性命之学者,人或为迂。一日有变,昔之所谓迂者,奋欲起而匡之救之,是殆所谓其愚

① 徐凌霄、徐一士:《曾胡谈荟》(与《曾胡治兵语录》合刊本),《民国笔记小说大观》第一辑,山西古籍出版社1995年版,第87页。

② (清)郭嵩焘:《名贤书札跋后》,《养知书屋诗文集》卷七,沈云龙主编:《近代中国史料丛刊》第十六辑(152),文海出版社1968年影印版,第297页。

③ 转引自萧一山:《清代通史》卷下,中华书局1985年影印版,第796页。

④ 《致江岷樵》,《曾文正公全集·书札》卷一,传忠书局光绪二年刊本,第36页。

⑤ (清)江忠源:《江忠烈公遗集》卷一,沈云龙主编:《近代中国史料丛刊续编》第九十九辑(984),文海出版社1983年影印版,第51—52页。

⑥ 《与刘霞仙》,《曾文正公全集·书札》卷一,传忠书局光绪二年刊本,第45页a。

不可及者欤！亦由其义理之说,素明于中故也。”①蔡锷将军则感叹:“咸同之际,粤寇蹂躏十余省,东南半壁沦陷殆尽。两公均一介书生,出身词林,一清宦、一僚吏,其于兵事一端,素未梦见。所供之役、所事之事,莫不与兵事背道而驰。乃为良心、血性二者所驱使,遂使其‘可能性’发展于绝顶。”②而“良心”、“血性”者,则无一不来自时刻追求“大节无亏”的理学修为。若无此种内在的坚毅与自觉,经世之志或于危难时刻烟消云散,或在欲望之下蜕化变质,难以长久维持。由此可言,湘军之兴与湖南士人独宗理学有着相当密切的联系。而湘军的崛起,反过来也使理学得以自证其绝非无裨实际之物。故梁启超先生曾言:“道咸之间,湘乡罗罗山(泽南),与其友同县刘霞仙(蓉)共讲程朱学,以教授子乡曲,而同县王璞山(鑫)、李迪庵(续宾)、希庵(续宜)皆罗山弟子,师弟弦歌诵讲,若将终身焉。及大乱起,罗山提一旅卫桑梓,已而出境讨贼死绥焉。璞山、迪庵先后殉,霞仙赞军幕,希庵独将,并立功名。自是一雪理学迂腐之俏,而湘学之名随湘军而大振。”③

义理之学的沦肌浃髓,使这些士人获得了坚定的人生信念,进而便能轻易勘破个人生死荣华,由辞章之儒一变而成为帕首提刀的悍将。曾国藩得知湘勇在南昌战败,“诸生见贼争搏战,死者七人”,不但未感难过,反而“颇悦,以为诸生果可任,非绿营巧懦者比也”。④ 此一“颇悦”,显示出这些敢于殉道的儒生身上所散发出的勇悍之气。己已不畏死,亦必不惜杀,于是勇悍之气就变成了腾腾杀气。曾国藩在给友人、兄弟的信中常言不以多杀为悔:

> 书生岂解好杀,要以时势所迫,非是则无以锄强暴而安我孱弱之民。
>
> 书生好杀,时势使然耳。⑤
>
> 既已带兵,自以杀贼为志,何必以多杀人为悔。此贼之多掳多杀,流毒南纪;天父天兄之教,天燕天豫之官,虽使周孔生今,无不力谋诛灭

---

① (清)罗泽南:《小学韵语·序》,璩鑫主编:《鸦片战争时期教育》,陈元辉主编:《中国近代教育史料汇编》,上海教育出版社 2007 年版,第 386 页。

② 蔡锷:《曾胡治兵语录》,《中国兵书集成》编委会编:《中国兵书集成》第 50 册,解放军出版社、辽沈书社 1992 年影印版,第 1179 页。“两公”指的是曾国藩与胡林翼。

③ 梁启超:《近代学风之地理的分布》,《梁启超全集》,北京出版社 1999 年版,第 4272—4273 页。圆括号内文字为引文原文所有。

④ (清)王定安:《湘军记》卷四《援守江西上篇》,朱纯点校,岳麓书社 1983 年版,第 44 页。

⑤ 《与魁荫亭太守》、《与江岷樵》,《曾文正公全集·书札》卷二,传忠书局光绪二年刊本,第 10 页 b、13 页 b。

之理；既谋诛灭，断无以多杀为悔之理。[①]

由信念而敢死敢杀，这些身带亢厉兵气的儒生便成了太平天国最难缠也最可怕的敌人。在他们“反复开说至千百语”、“以苦口滴杜鹃之血”[②]的“讨训”之下，“朴实山农”悉成血性敢死的强将悍卒：“我不知战，但知无走；平生久要，临难不苟”、“人怀忠愤，如报私仇；千磨百折，有进无休”。[③] 诚如《湘军记》所言：

> 原湘军创立之始，由二三儒生被服论道，以忠诚为天下倡。生徒子弟，日观月摩，渐而化之。于是耕氓市井，皆知重廉耻，急王事，以畏难苟活为羞，克敌战死为荣。[④]

此诚为湘军能够以“讲学之儒，奏戡乱之绩”[⑤]的关键所在，亦是其战术变革能够取得成效的重要前提（下节中将结合湘军战术对此作具体分析）。正如有学者所指出，单有兵学方面的知识并不足以成就湘军，“残酷而惨烈的战争，要求一切从军者必须具有刚勇、坚毅、顽强、奋斗的军人气质”[⑥]。正是这种混合着戾气、杀气与血性的“军人气质”，使湘军官兵战则敢于直面生死、立得定脚跟，即败亦能够百折不挠、屡仆屡起。否则，以初创之艰难、形势之复杂及对手之强大，湘军早已不复存在，更遑论其编制、战术上的更张。故此可言，湘军诸生所恪守的义理之学，实为其最宝贵的精神资源，并在军事实践中产生了重大影响。后人亦评论曰，湘军诸人能够“内之赞机务，外之握兵柄，遂以转移天下，至今称之，则不可谓非正学之效也”[⑦]。

正所谓“湘军自讲学而起，修道为教”[⑧]。曾、胡、左、罗等儒生士人“皆能本学术之立场以处事”[⑨]，不特将其所研究之兵学知识运用于实战，亦将

---

① 《致沅弟季弟》，《曾国藩全集·家书（一）》，岳麓书社1986年版，第737页。

② 《与张石卿制军》，《曾文正公全集·书札》卷二，传忠书局光绪二年刊本，第42页a。

③ 《林君殉难碑记》、《江忠烈公神道碑》，《曾文正公全集·文集》卷三，传忠书局同治十三年刊本，第36页b、73页b。

④ （清）王定安：《湘军记》卷一《粤湘战守篇》，岳麓书社1983年版，第2页。

⑤ （清）叶德辉：《答人书》，转引自罗志田：《近代湖南区域文化与戊戌新旧之争》，《近代史研究》1998年第5期。

⑥ 朱汉民：《湖湘士人的崇文尚武精神》，《中共宁波市委党校学报》2014年第3期。

⑦ （清）曾廉：《应诏上封事》，中国史学会主编：《中国近代史资料丛刊·戊戌变法》第二册，上海人民出版社1957年版，第493页。

⑧ （清）刘体智：《异辞录》，刘笃龄点校，中华书局1988年版，第23页。

⑨ 萧一山：《清代通史》卷下，中华书局1985年影印版，第738页。

其理学之心传化为湘军勇悍之兵气,“遂以治理学为干城”①,成一既有实用兵学知识为指导,又有轻死敢战精神作支撑的劲旅。由此看来,湘军能够实现“书生用民兵以立武勋”这一“奇迹”,实因其领导者有深厚的学术修为作其思想源泉与内在动力。此颇如罗泽南所说:“学术正则祸难有不难削平者,非徒恃乎征战已也。”②故湘军将帅的学术根基与志行节操,实为其“命脉所系、纪律之原始基础。近世言军事者,当勿忽视此类关节”③。

第二节 编制、武器与基本战术

一、编制与武器简述

曾国藩在回顾湘军源起时,说其“略仿戚元敬氏成法,束伍练技”④。然湘军并未完全仿照“戚家军”的编制,所师者实为戚继光重视编制以及“夫营阵之法,全在编派伍什队哨之际”⑤的理念,以革绿营“军兴调发,而将帅莫知营制;被调者,辄令绿营将官营出数十人,多者二百人,共成千人、三千人之军,将士各不相习”⑥的弊病。因此,湘军营制从咸丰二年(1852 年)练兵之始,直至咸丰十年(1860 年)才最后定型。⑦ 不过,在咸丰三年(1853 年)冬,曾国藩基本上已经确定将“旧制三百六十人为一营,兹添为五百人一营,每哨添火器二队”⑧,并定“营制五百人一营,每营四哨,每哨八队,火器占半,刀矛占半”⑨。这与后来曾国藩于咸丰十年在安徽祁门所最终确定的营制基本相同。参见图 2. 1。⑩

---

① 刘禺生:《世载堂杂忆》,钱实甫点校,中华书局 1960 年版,第 36 页。

② (清)罗泽南:《小学韵语 · 序》,璩鑫圭编:《鸦片战争时期教育》,上海教育出版社 2007 年版,第 386 页。

③ 王尔敏:《清季军事史论集》,广西师范大学出版社 2008 年版,第 232 页。

④ 《湘乡昭忠记》,《曾文正公全集 · 文集》卷四,传忠书局同治十三年刊本,第 17 页 a。

⑤ (明)戚继光:《束伍篇》,《纪效新书(十八卷本)》卷一,《中国兵书集成》第 18 册,解放军出版社、辽沈书社 1995 年影印版,第 87 页。

⑥ (清)王闿运:《湘军水陆战记(即湘军志)》卷十五《营制篇》,沈云龙主编:《近代中国史料丛刊》第二十二辑(217),文海出版社 1968 年影印版,第 185 页。

⑦ 湘军陆师本纯为步兵,后来因先后大败于太平军、捻军的骑兵,方于咸丰九年(1859 年)有建立骑兵部队的举措。参见《统筹全局清添练马队折》,《曾文正公全集 · 奏稿》卷十,传忠书局光绪二年刊本,第 43 页。由于湘军骑兵对当时战局以及后来中国军队战术并未产生很大影响,故这里仅讨论其步兵的编制、武器与战术。

⑧ 《复王璞山》,《曾文正公全集 · 书札》卷四,传忠书局光绪二年刊本,第 52 页 a。

⑨ 《与塔智亭》,《曾文正公全集 · 书札》卷五,传忠书局光绪二年刊本,第 10 页 a。

⑩ 《营制》,《曾文正公全集 · 杂著》卷二,传忠书局同治十三年刊本,第 36 页。

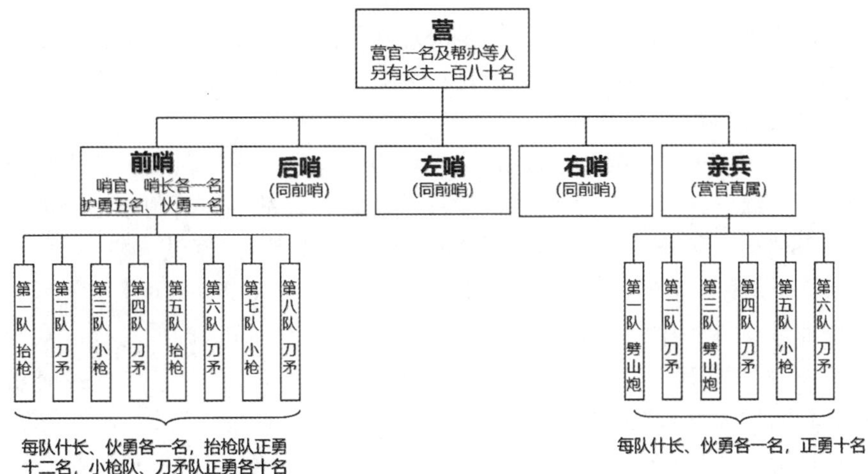

图 2.1　湘军营制

罗尔纲先生认为,同“戚家军”的编制相比,湘军营制只是“加以枝节的改变罢了”①。此一观点,若从营—哨—队的隶属层级原则来说,确可成立;但若就编制与战术的关系而言,之中的变化却非“枝节”二字可以概括。在戚继光调任北方镇守蓟门,所部装备了大量火器之后,其编制发生了一些变化。在将鸟铳手单独编成“局”(相当于现今的连级单位,具体参见第一章所述)之前,火器与冷兵器仍混编于最小单位——“队”(相当于班)之中:一队 12 人,队总、火兵各 1 名,鸟铳手兼长刀手 2 名,长柄快抢手 2 名,藤牌手 2 名,狼筅手 2 名,镗钯手兼火箭手 2 名。② 而湘军的火器与冷兵器则自成一“队”,编组在“哨”一级建制下。由于两者皆以编制为战斗队形的基础,所以这一细节差异自然就会导致战术上的不同。“戚家军”以火器手列前排,射击后分别退至队后改用冷兵器战斗:“铳、枪、火箭放过之后,牌为一层,筅为二层,钯为三层,长刀为四层,枪棍为五层”③;湘军则以火器与冷兵器混合交错、平行排开,同时进行战斗。这两种战斗队形各有利弊:从火力的持续性来看,湘军的编制能够使火器在进入近战搏斗阶段后仍然发挥作用,而且旁边有冷兵器手保护,可以使火器手更立得住脚;但由于火器各队

① 罗尔纲:《湘军兵志》,中华书局 1984 年版,第 78 页。

② (明)戚继光:《练伍法》,《练兵实纪》卷一,《中国兵书集成》第 19 册,解放军出版社、辽沈书社 1994 年影印版,第 71—72 页。

③ (明)戚继光:《练伍法》,《练兵实纪》卷一,《中国兵书集成》第 19 册,解放军出版社、辽沈书社 1994 年影印版,第 72 页。

之间隔有刀矛队,所以肯定会牺牲火力的密集程度。而对于当时无法精确射击的火器来说,弹丸的密度显然是决定其杀伤效果的关键。不过,湘军除小枪之外,各哨配有抬枪,每营还有劈山炮,这在一定程度上能够弥补火力不够密集的问题。

湘军所用火器主要为小枪、抬枪和劈山炮三种。据曾国藩所说,“湘勇枪炮系照绿营兵丁之法,但演放视绿营更勤耳”①。故湘军所用小枪应为绿营装备的兵丁鸟枪。兵丁鸟枪长六尺一寸(约2米),“素铁火机,受药三钱,铁子一钱”,并有一尺(约0.33米)铁叉作为射击支架。② 对于其射程与射击速率,史籍中似无明确记载。道光年间曾规定,“一人施放鸟枪以八十弓为率”③。故其理论射程应在“八十弓”(约132米)之上。《中西兵略指掌》称操演鸟枪时,“初放打由五六十步渐至百步及百余步外”④,亦可见其射程似应为百余步(150米左右)。不过需要指出的是,这些应该都是最理想状态下的数据,若考虑到当时火器制造工艺落后、保养不善、火药质量无法保证等具体问题,则实战中的射程肯定要大打折扣。比如,上一章第三节曾提到的绿营三叠阵,鸟枪便是待敌“至五十步之内”方开火射击,可见其能够保证杀伤力的有效射程应该在五十步左右(约75米)。⑤ 至于射击速率,有学者认为能达到一分钟两发。⑥ 但这一观点值得怀疑,因为除了普鲁士以严酷军律与操练使士兵每分钟能发射五发子弹外,其他欧洲军队在使用了燧发枪之后,一分钟也才能发射两发子弹。⑦ 而燧发枪由于不需要火绳点放,其速度肯定要快于火绳枪。因此,湘军的射速若能达到三分钟两发或两分钟一发已属相当可观。

抬枪则是一种大型鸟枪,长七尺五寸(约2.3米),“上穿皮带,一人将枪安于肩上,双手勒定皮带,又一人将枪尾托定,看准钩火,可发三百余步,吃药三两五钱,铅子重五钱,可装五个”⑧。由此可知,抬枪在理论上能够提

① 《复江长贵》,《曾国藩全集·书信(四)》,岳麓书社1994年版,第2530页。

② (清)昆冈等纂:《钦定大清会典图》卷九十八《武备》八《枪炮》一。

③ (清)昆冈等纂:《钦定大清会典事例》卷六百二十三《兵部》八十二《绿营处分例》。一弓等于五尺,约1.65米,八十弓即约132米。

④ (清)陈龙昌:《营规》,《中西兵略指掌》卷一,《续修四库全书·子部·兵家类》第九六九册,上海古籍出版社1996年影印版,第149页。一步约为1.5米左右。

⑤ 可参阅王兆春《中国火器史》(军事科学出版社1991年版)与茅海建《天朝的崩溃》(生活·读书·新知三联书店1995年版)两书,二者对此问题皆有详细讨论。

⑥ 吕小鲜:《第一次鸦片战争时期中英两军的武器和作战效能》,《历史档案》1988年第3期。

⑦ [美]T.N.杜普伊:《武器和战争的演变》,军事科学出版社1985年版,第191页。

⑧ 《筹办夷务始末(道光朝)》卷二十五,《续修四库全书》编纂委员会编:《续修四库全书·史部·纪事本末类》第四一四册,上海古籍出版社1996年影印版,第476页。

供四百余米的散弹杀伤火力。但同样根据绿营三叠阵的记载,其抬炮(即抬枪)乃“俟至百步内”才射击,故抬枪在实战中的杀伤距离很可能不会超过“百步”(约150米)。湘军抬枪部队的一个改进就是,曾国藩将每杆抬枪由三人改为四人进行操作,①以提高射击速率,加强压制火力。只可惜其射速,史无确载,就其枪管长、装弹多的特点,应该要慢于鸟枪。

湘军所用劈山炮是一种以散弹杀伤密集步兵的轻型火炮。② 曾国藩推其为“陆战利器,颇能击远”,“每炮用百余颗,多者或三四百颗,喷薄而出,如珠如雨,殆无隙地,当之辄碎,不仁之器,莫甚于此”。③ 乾隆时主持金川战事的张广泗曾奏称:“各营现有百子、劈山、威远等炮,仅能对敌于行阵之前,无益于摧坚之用。”④可见,劈山炮与百子炮、威远炮应为同一类型的轻型火炮,利于野战,不能攻城拔寨。据《武备志》载,威远炮“每用药八两,大铅子一枚,重三斤六两,小铅子一百,重六钱……垫高一寸平放,大铅子远可五六里,小铅子远二三里;垫高三寸,大铅子远十余里,小铅子四五里,阔四十余步”;百子炮则“约藏铅弹百枚……一架足抵强兵五十人”。⑤ 这与左宗棠说劈山炮“子可及四里”⑥似可互为印证。不过这或许只是最大射程而非有效射程,且基于当时的火药质量与火炮制造技术,“子可及四里”的情况应该比较罕见。因此综合推断,劈山炮的有效射程应在千余米,形成宽约60米的杀伤面。再考虑到其每次施放,都要先装填大量火药和数百颗铅子,射速应不高,数分钟始能射击一次。⑦

---

① 《与骆中丞》,《曾文正公全集·书札》卷三,传忠书局光绪二年刊本,第43页a。

② 湘军劈山炮队每队配备的火炮数量待考。左宗棠曾提及“选劈山炮六尊由十三兵管放”。《与李希庵》,《左宗棠全集》第十二册《书牍(一)》卷五,上海书店1986年影印版,第10411页。所以一队十二人操作的火炮最多不会超过六门。对此,学界观点也不尽相同。《淮军志》(中华书局1987年影印版,第98页)与《淮军装备研究》一文(载于周军、杨雨润主编:《李鸿章与中国近代化》,安徽人民出版社1989年版,第345页)认为湘军劈山炮队每队有四门火炮,而《清代后期军事史》(《中国军事通史》第17卷,军事科学出版社1998年版,第314页)则认为每队有两门火炮。但两种观点皆未列史料出处。

③ (清)王定安:《军谟》上,《求阙斋弟子记》卷二十三,沈云龙主编:《近代中国史料丛刊》第六辑(52),文海出版社1967年影印版,第1809、1810页。

④ 《平定金川方略》卷四,《西藏学汉文文献汇刻》第一辑,全国图书馆文献缩微复制中心1992年影印版,第85页。

⑤ (明)茅元仪:《军资乘·火·火器图说》,《武备志(二)》卷一百二十二,《四库禁毁书丛刊》编纂委员会:《四库禁毁书丛刊·子部》第二四册,北京出版社2000年影印版,第646、647页。

⑥ 任光亮、朱仲岳整理:《左宗棠未刊书牍》,岳麓书社1989年版,第20页。

⑦ 施渡桥主编:《清代后期军事史》,《中国军事通史》第17卷,军事科学出版社1997年版,第314页。

另外,湘军还配有一些投掷性的火器,例如火球,[①]曾国藩对此项训练亦有明文规定,要求"手抛火球,能至二十丈以外"[②]。此则颇类似于西方的掷弹兵部队,通过抛掷火球杀伤对方战线纵深的密集队伍,从而发挥后排士兵的作用。至于"戚家军"常用的"火箭",曾国藩认为"惟火箭平放则不能及远,仰空施放则越过敌营,由高处盘旋而下落入贼舟,火力已微,恐无大济"[③],故"无用,不必制"[④]。而对于藤牌之类防具,曾国藩则称其"不足以御炮子明矣,鸟枪子如梧子大者,或有法以御之;抬枪子、劈山炮子凡大如黄豆以上者,竟无拒御之法",所以其感叹"古来干盾、橹牌诸器皆可废矣"[⑤]。由此可见,由于火器威力的增强,盾牌、甲胄等传统防具开始逐渐失去价值,战争的样貌与往日相比已有相当之变化。

综合上述分析,就当时中国的武器水平而言,湘军的火力已颇为可观。其每哨以第一和第五为抬枪队实有战术上的考量而非随意编排,即以一队三杆抬枪分别作为半哨的压制性火器,类似于现代军队中配备机枪的火力班;而每营亲兵中的劈山炮队,则略相当于营属炮兵,为关键部位或方向的战斗提供支援火力;而每支火器队之侧必是刀矛队,其以刀矛护枪炮、冷热兵器同时作战的意图也颇为明显。故总体而言,湘军的编制设计与武器配备都有相当的战术考量在内,并非表面上看来那么简单。以往对其营制的研究一般只从制度的角度着眼,所以忽略了内中蕴含着的战术意义。

二、基本战术分析

同营制一样,湘军战术的发展也是一个在实战中不断演变、完善的过程。而且在细节上,各部统将还经常基于自己的经验与喜好进行特有的创制。故此处所讨论者,仅为湘军的基础战斗队形与一般战斗方法。

咸丰三年(1853年),曾国藩在组建湘军时对战术并未作出规定,只确定"队"一级单位"皆习戚氏之鸳鸯阵、三才阵,以求行伍不乱"[⑥]。不过其大体思路,从他给湘军将领王鑫的信中已可见端倪:

---

① 《陆军得胜歌》中说:"火球都要亲手制,六分净硝四分磺。"《曾文正公全集·杂著》卷一,传忠书局同治十三年刊本,第29页b。

② 《与骆中丞》,《曾文正公全集·书札》卷三,传忠书局光绪二年刊本,第43页a。

③ 《与邹叔绩》,《曾文正公全集·书札》卷二,传忠书局光绪二年刊本,第28页a。

④ 《与骆中丞》,《曾文正公全集·书札》卷三,传忠书局光绪二年刊本,第43页b。

⑤ (清)王定安:《军谟》上,《求阙斋弟子记》卷二十三,文海出版社1967年影印版,第1811—1812页。

⑥ 《与骆中丞》,《曾文正公全集·书札》卷三,传忠书局光绪二年刊本,第43页b。

阵法原无一定，然以一队言之，则以鸳鸯、三才二阵为要。以一营言之，则一正、两奇、一接应、一设伏，四者断不可缺一。

阵法初无定式，然总以握奇经之天、地、风、云、龙、虎、鸟、蛇为极善。兹以五百人定为四面相应阵，以为凡各阵法之根本。①

由于湘军"队"级单位的武器装备同"戚家军"已有很大不同，故似乎不可能照搬其"筅以救牌，长枪救筅、短兵救长枪"②这样的战斗方式。鸳鸯、三才两阵对湘军来说，更近似于纵队与横队的代名词。③ 进而可以推断，湘军的"队"级单位常用队形有两种：第一，在接战初期以及相持阶段，各队成鸳鸯阵，即纵队队形，④以保持纵深战斗力，亦便于战场机动；第二，在决胜阶段，各队成三才阵，即由纵队展开成横队，以充分发挥全军战斗力。当然，在具体的战场条件下，也有可能出现数队成鸳鸯阵，而数队成三才阵的情况，这取决于指挥官的临场应变，必不可能拘泥于某种定式。至于一营的战斗队形，即曾国藩所说"一正、两奇、一接应、一设伏"和"四面相应阵"，其实也是受到戚继光战术设计的启发。《纪效新书》写道：

战法亦有奇正，不过一头、两翼、一尾，中军为心，是谓握奇。心运四肢，当敌者为头迎锋，尾即继后与头更番间出不穷；两翼随之，自远而近迎合于前。但遇敌处即为头、为正兵，但在左右即为翼、为抄贼奇兵，但在后即为尾、为策应兵。⑤

---

① 《与王璞山》、《复王璞山》，《曾文正公全集·书札》卷四，传忠书局光绪二年刊本，第 11 页 b、52 页 b。

② (明)戚继光：《操令篇》，《纪效新书(十八卷本)》卷二，《中国兵书集成》第 18 册，解放军出版社、辽沈书社 1995 年影印版，第 115 页。

③ 根据《纪效新书》中的描述与图示，鸳鸯阵和三才阵确实也只是纵队与横队，并没有什么独特玄妙之处。参见(明)戚继光：《操令篇》，《纪效新书(十八卷本)》卷二，《中国兵书集成》第 18 册，解放军出版社、辽沈书社 1995 年影印版，第 114—119 页。对此，王尔敏先生评论道："国人久受说部影响，不知所谓阵者有若何神秘。设明其布式，不但觉其毫无神奇，而且也可能视为简陋。"王尔敏：《淮军志》，中华书局 1987 年影印版，第 207 页。其实，这也是传统兵书的一大特点。其常惯于用描述自然现象、动物、器物之类词语，而非抽象精确的概念，来表述各种战斗队形和方法。这不能不说是传统兵书或流于虚构杜撰或久而失其真意的一个重要原因。

④ 刀矛队和小枪队可能成纵深 5 人、正面 2 人的纵队，而抬枪队可能是三杆抬枪成单纵队以便于循环射击。

⑤ (明)戚继光：《操练篇》，《纪效新书(十八卷本)》卷八，《中国兵书集成》第 18 册，解放军出版社、辽沈书社 1995 年影印版，第 252 页。

不难看出,所谓“一正、两奇、一接应、一设伏”就相当于戚继光说的“一头、两翼、一尾”,即一营分为前敌、左翼、右翼以及接应四个部分,从而组成一个类似菱形的梯次队形,即所谓“四面相应阵”。如此,则敌军从前后左右无论任何一面攻来,都可形成“一头、两翼、一尾”与之接战。这一点若考察“戚家军”在南方同倭寇交战时期的战术便更易理解。其一营四哨,一哨四队,各队均成鸳鸯阵横向排开,间距为三步(1.65 米);第一哨为前层,第四哨在其后为接应,此两哨为接敌正面;第二、三哨分居左右翼,以两队攻敌侧后,两队在正兵之前设伏。战斗开始后,第一哨先行接敌,待其战酣,第四哨从其各队间隙中向前冲出与敌交战,两者更番轮替。两翼之兵亦如此轮番交替战斗,并寻找时机抄敌背后。有时,正兵也可佯装退却,诱敌深入,两边伏兵则冲出拦腰截击对手,佯退之兵则反身再战,对敌形成夹攻之势。① 参见图 2.2。②

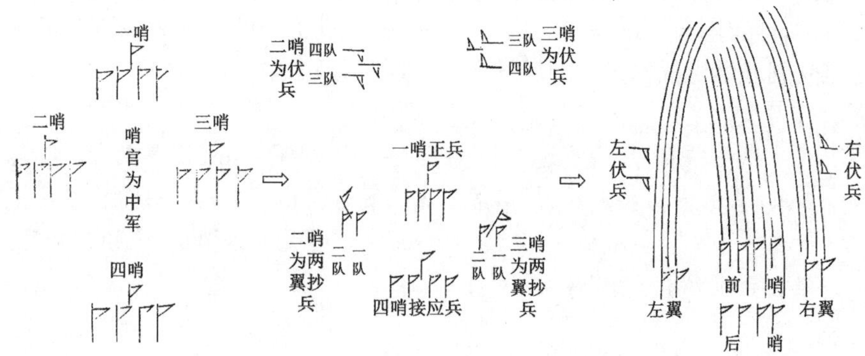

图 2.2　“戚家军”一营战斗队形

此为一营的战术,若有数营也与之类似:

> 前营正兵即大鸳鸯阵平平一字列开,以前哨为第一层,后哨为第二层,左哨为左翼,右哨为右翼;左营奇兵以前哨出左路抄贼为正兵,后哨为二层接应,左哨为左翼,右哨为右翼;其右营奇兵亦照前营,兵分于右,通每一层为平一字摆开。

① (明)戚继光:《操练篇》,《纪效新书(十八卷本)》卷八,《中国兵书集成》第 18 册,解放军出版社、辽沈书社 1995 年影印版,第 261—265 页。

② (明)戚继光:《操练篇》,《纪效新书(十八卷本)》卷八,《中国兵书集成》第 18 册,解放军出版社、辽沈书社 1995 年影印版,第 270—272 页。

与敌接战后：

> 第一层战酣，擂鼓少缓；又擂鼓，第二层急急冲过前层接战；前层少整队伍，鼓又少缓；又擂鼓，第一层又冲过第二层之前接战；原二层少整队伍。两翼奇兵一体间层，依令进战，整队与正兵同待，左右俱合之。①

一种战斗队形的价值就在于其是否能够应对各种战场情况，在尽可能短的时间内实现相应的转换。所以，这种菱形部署的意义就在于：面对任何方向出现的敌军，奇兵与正兵可以迅速转换，而且无论是营级单位还是哨级单位，都能始终保持前敌与接应、正面与两翼的互相配合，因而可以有效地保持纵深战斗力、灵活应对侧翼或侧后攻击；即便被包围，也能很快地组成方阵对敌。这也正是李靖所说的"握奇"真诠："阵间容阵，队间容队；以前为后，以后为前；进无速奔，退无遽走；四头八尾，触处为首；敌冲其中，两头皆救。"②

据此推断，湘军一营的基本战斗队形为：每哨各队一般成鸳鸯阵即纵队作为接敌队形，各队间距约为五尺（1.65 米左右）③；以前哨为第一梯队，后哨为第二梯队，前后交错呈棋盘格式排列，左右哨分为两翼，处于防御态势时还以两翼部分兵力作为伏兵；营官则自领亲兵在中央阵线之后指挥预备队，是为"握奇"。其大致如图 2.3 所示。④ 在此基础上，再组成全军的战斗队形。当敌军进入千米后，劈山炮开火以散弹进行第一次火力杀伤；待敌进至一百五十米左右，抬枪开始连环射击；敌入百米之内，小枪队亦开始以连环枪法进行射击；敌将近身，则刀矛队突出与之接战格斗，火器队则持续于侧后射击。当前哨有所伤亡和疲惫之后，后哨通过前哨各队间空隙向敌冲出，两者轮番交战。左右哨则负责两翼安全，并随正兵战斗前进。

通常情况下，湘军克敌制胜的主要手段是侧翼攻击和侧后包抄。如胡林翼所言："兵事之妙，古今以来，莫妙于拊其背，冲其腰，抄其尾。"⑤另者，

① （明）戚继光：《操练篇》，《纪效新书（十八卷本）》卷八，《中国兵书集成》第 18 册，解放军出版社、辽沈书社 1995 年影印版，第 210、213 页。

② 转引自（清）陈龙昌：《营规》，《中西兵略指掌》卷一，《续修四库全书·子部·兵家类》第九六九册，上海古籍出版社 1996 年影印版，第 149 页。

③ 为使"连环枪"射击时"不致拥挤"，"务令每行相距五尺，乃为行间容行"。（清）李绂：《演阵余论》，《皇朝经世文编》卷七十七《兵政》八《兵法》下，（清）魏源：《魏源全集》第十七册，岳麓书社 2004 年版，第 141 页。

④ 此图据上述推断所制。

⑤ （清）胡林翼：《致各帅》，《胡林翼集》第二册《书牍·批札·家书·诗文联语》，岳麓书社 1999 年版，第 434 页。

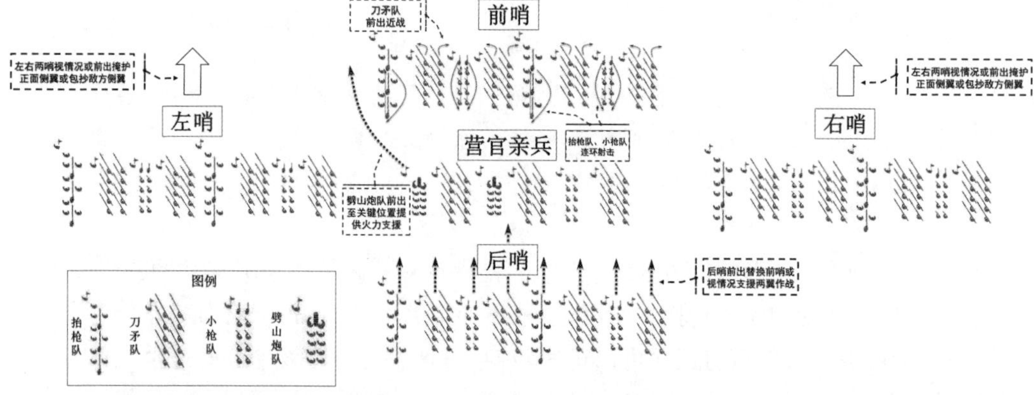

图 2.3　湘军一营战斗队形

则为伏兵掩杀,如“戚家军”一样,正兵佯退,伏兵从两边“呐喊跃出,或冲贼腰,或出贼后”①,正兵再回身接战,形成对敌的三面夹攻。不过,此一手段并不容易奏效,“必须贼未见时,先事遣发,亦必贼势迎头而来者乃可也”,“非上等好汉齐心齐力不可也,必须贼过我伏来,方听我号令而出,不大成则大败”。② 另外,湘军战术还有一独特之处在于,其偏向于以防守反击、后发制人的方式进行战斗,即采取防御姿态阻击、杀伤对手,以待其“再而衰三而竭”之后发动反攻。此即为曾国藩所说“以主待客、以静制动”之道:“宜贼来寻我,我不去寻贼,仆于用兵,深以主客二字为重,扑营则以营盘为主,扑者为客,临阵则以先呐喊放枪者为客,后呐喊放枪者为主”,“贼来寻我,以主待客也,主气常静,客气常动,客气先盛而后衰,主气先微而后壮,故善用兵者,最善为主,不喜作客”。③ 故湘军整体战斗方式与过程正如《陆军得胜歌》的描述:

> 第二打仗要细思,出队分开三大枝。中间一枝且扎住,左右两枝先出去。另把一枝打接应,再要一枝做埋伏。队伍排在山坡上,营官四处打瞭望。看他哪边是来路,看他哪边是去向。看他哪路有伏兵,看他哪路有强将。哪处来的真贼头,哪边做的假模样。件件看清件件说,说得

① (明)戚继光:《操练篇》,《纪效新书(十八卷本)》卷八,《中国兵书集成》第 18 册,解放军出版社、辽沈书社 1995 年影印版,第 265 页。

② (明)戚继光:《操练篇》,《纪效新书(十八卷本)》卷八,《中国兵书集成》第 18 册,解放军出版社、辽沈书社 1995 年影印版,第 211 页。

③ 《与罗伯宜》、《复刘馨室》,《曾文正公全集 · 书札》,传忠书局光绪二年刊本,卷六第 8 页 b、卷十五第 39 页 a。

人人都胆壮。他呐喊来我不喊,他放枪来我不放。他若扑来我不动,待他疲了再接仗。起手要阴后要阳,出队要弱收队强。初交手时如老鼠,越打越强如老虎。打散贼匪四山逃,追贼专从两边抄。①

霆军的战术,或许能提供一个参照。作为后起的湘系部队,霆军对原有编制、战术自然会有许多继承之处。不过,其统将鲍超也常有个人的匠心独运。例如营制。其一营有亲兵、中、前、后、左、右共6哨之多,每哨哨官1员,下辖10队,每队什长1名,正勇9名。② 至于每队配备,鲍超本欲以"抬枪百人为一队,鸟枪百人为一队",但因胡林翼反对而作罢,第一队至八队仍如湘制,第九、十两队则皆为刀矛。③ 而霆军战术则为鲍超在湘制基础上的改造:

鲍公不读兵书,自咸丰六年初募霆军五营,即精心独运创一阵法曰:三才阵。本五行生克制化之理以为运用。……其式一营勇丁六哨,每哨百人,临阵时酌留二三成队守营,余队分三路进兵,路各一哨,是为前敌之兵,所谓三才也。以两哨分列于后,或张两翼旁出包抄,或因前敌得势并力乘贼,或恐前敌不支出生力突起叠战,是为策应之兵。合前敌三路言之,实像五行。若遇四面受敌,则以四哨结为方阵,四面应之,以一哨居中策应,亦五行式也。此就一营出队而言,若五营同出,则以三营分三路进兵,路各一营,以两营分备接应……总不外三路进攻、两路接应之法。④

同曾国藩所说"一正、两奇、一接应、一设伏"相比,霆军的差异仅在于增强了第二梯队的兵力,由两哨而不是一哨作为接应兵力,因此总体上看来如五行布势一般。在"队"一级单位,以进步连环进行战斗:

十人为一棚,出七成队,则什长执旗引队,余六人鱼贯随进至应击

① (清)王定安纂:《曾文正公水陆行军练兵志》卷二,《中国兵书集成》编委会编:《中国兵书集成》第47册,解放军出版社、辽沈书社1992年影印版,第879页。

② (清)陈昌:《霆军纪略》卷十四,沈云龙主编:《近代中国史料丛刊》第十三辑(123),文海出版社1967年影印版,第906—907页。

③ (清)胡林翼:《札鲍游击超》,《胡林翼集》第二册《书牍·批札·家书·诗文联语》,岳麓书社1999年版,第947页。"抬枪百人为一队,鸟枪百人为一队"中的"一队"应是"一哨"之意。鲍超此议,应是想如戚继光那样将火器单独编组成更大单位。

④ (清)陈昌:《霆军纪略》卷十四,文海出版社1967年影印版,第885—887页。

贼处。若系枪队,则什长后之第一人执枪进至什长之侧,向贼施放,不中不发。发则随即装枪,不退一步。当第一人放枪甫毕,第二人已乘势出乎其前,依式放枪,其余三人递进如之,至第六人放枪甫毕,第一人又已乘势出乎其前为第二轮。即接放数轮,皆用此环进之法,有进无退,以渐逼敌,勇者不得独先,怯者不得独后。……矛队与枪队相间,分行齐出,枪队左右顾皆有矛,矛队左右顾皆有枪。敌逼近,枪不及施,则矛队奋力格斗;敌稍退,矛不中用,则枪队乘势轰击。当矛手鏖斗时,枪手亦乘间施放。矛队之前数人与贼搏战,后数人又乘势抛掷火弹烧贼。短长互用,奇正相生,无形格势禁、应接不暇之虑。他军当贼逼近时,每将劈山大炮运回阵后以防遗失。霆军则大炮不退,随枪矛队逐渐前移,相机点放,仍不外进步连环之法。①

这番记载印证了上文对湘军基础战斗队形的推论,即枪队与矛队相间横向排开同时进行战斗;当敌尚远用劈山炮和抬枪、鸟枪射击,待敌军接近,炮队后撤,刀矛队前排数人突出肉搏格斗,后排向敌线纵深投掷火球等燃烧爆炸类武器,枪队则于侧后持续施放。鲍超所作的改变,其关键就在于并非原地进行鸟枪连环射击,而是全队向前不断循环滚进,炮队亦随之跟进时刻支援步兵战斗,取主动进击的姿态。如图 2.4 所示。②

可见,此一战斗队形也不外戚继光所说的“一头、两翼、一尾”模式,而且同样可以通过各哨的转向,对前、后、左、右四面均成“三路进攻、两路策应”的接敌方式,也颇类五行不断循环转化的灵动之意。所以曾国藩称霆军战术为“两层大一字阵打进步连环”③、“惯用二字阵”等描述实乃“举似之词”。④ 若其真为两层横队的话,也就无法迅速改变战斗方向而获得战术上的灵活性。不过,曾国藩对这种“二字阵”似乎颇为赞赏,认为“打仗用二字阵最好,前一层打冲锋,后一层排立不动,最易取胜,屡试屡验”⑤。

另外,值得一提的是多隆阿所自创的实心方阵战术,一般为撤退或收兵之时以保完全之策。其一营结成前后左右皆向外的实心方阵,左右两面为火器队,以防敌包抄。运动时,横向首排通过方阵内的空隙处退至最后,面

① (清)陈昌:《霆军纪略》卷十四,文海出版社 1967 年影印版,第 887—889 页。
② 此图为参照《霆军纪略》(文海出版社 1967 年影印版)第 885—889 页内容所制。
③ (清)王定安:《求阙斋弟子记》卷二十三《军谟上》,文海出版社 1967 年影印版,第 1794 页。
④ (清)陈昌:《霆军纪略》卷十四,文海出版社 1967 年影印版,第 889 页。
⑤ 《致张敬堂》,《曾文正公全集·书札》卷二十五,传忠书局光绪二年刊本,第 27 页 a。

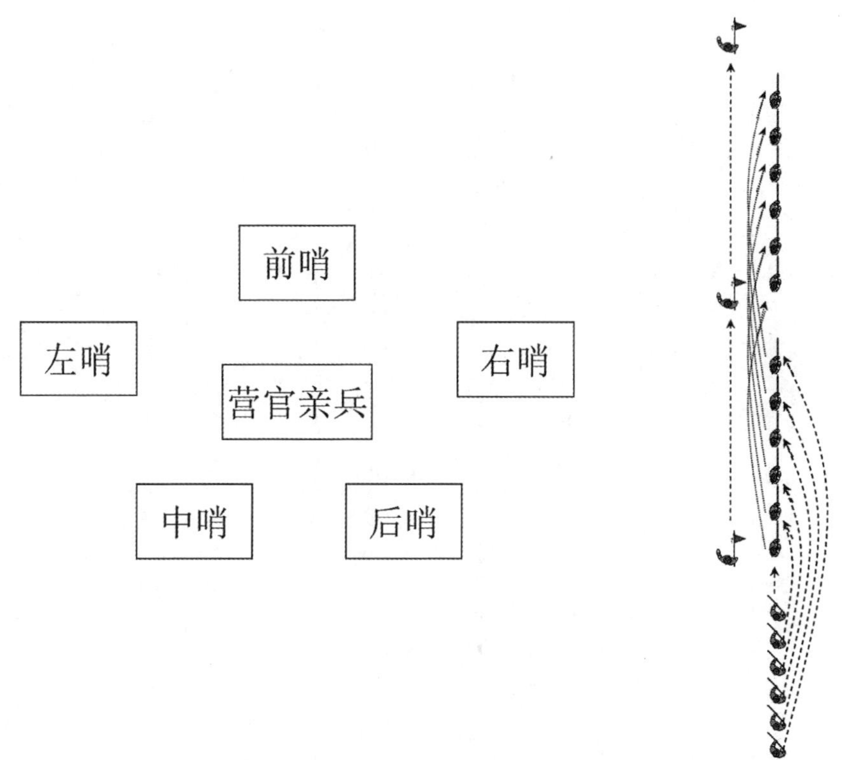

图 2.4　鲍超霆军一营队形及进步连环法

向归路;第二排左右两边的火器手各转向正面同刀矛手组成新的第一排;原本面朝归路的最后一排则火器手各转向左右,刀矛手转向前方。以此类推,整个方阵便可以在保持四面向敌的情况下,不断向后滚进。参见图 2.5。①不过,不难看出这种战斗方式的复杂与笨重,而且只能作纯粹的防御,基本上没有进攻性。

总而言之,湘军战术相较绿营最重要的变革之处就在于,其冷热兵器横向排开的战斗队形将火器的打击效果与冷兵器的冲击非常迅速、紧密地结合了起来。尽管绿营的"鸟枪三叠阵"(参见第一章第三节)同样是一种先火力打击再近战格斗的思路,但其每次战斗都会面临一个难题,即鸟枪和抬枪两层的后撤将浪费大量时间而错过最佳战机,并且会对整体战斗队形产生相当的破坏。特别是当士气低落之际,这种后撤便可能成为溃逃。而且

① 此图为参照《求阙斋弟子记》卷二十三《军谟上》(文海出版社 1967 年影印版)第 1797 页内容所制。

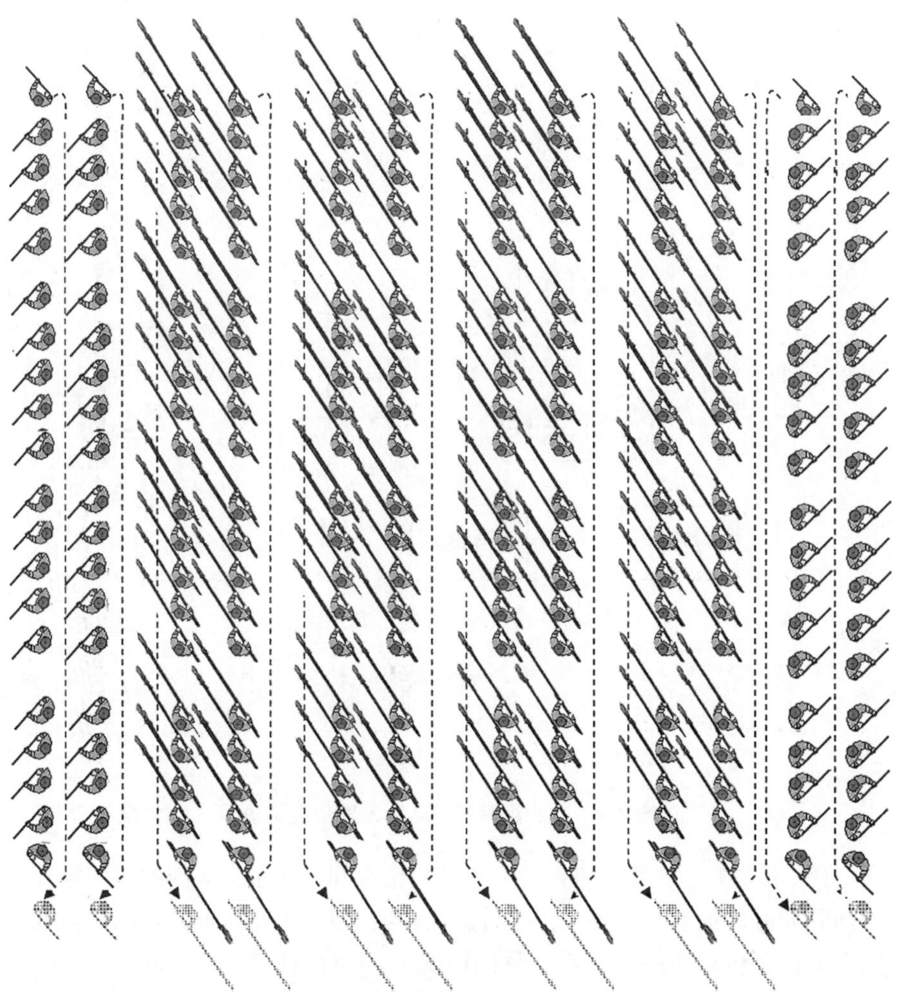

图 2.5 多隆阿礼军一营方阵

这种“三叠阵”在本质上仍是大单位组成的方阵,无法实施精细的队形变换与战斗指挥,所以难以迅速应对侧翼或侧后的威胁。相比之下,湘军的队形由队、哨等小型编制单位组成,因而能够灵活地实施机动、变向等战术动作。将火器与冷兵器各自编组为“队”级单位协同战斗,也显然要比前者大方阵的轮替更加稳定,更有可能实行精密的指挥。此正是湘军继承“戚家军”之束伍精神的意义所在。

当然,这种比较只是一种理论层面上的探讨。湘军战术之所以比绿营更为有效,并非纯因战斗队形与方法。绿营之“鸟枪三叠阵”也并非绝然无法取胜。如前文所说,湘军战术变革卓有成效的重要前提还在于它是一支

"有主义的军队"①。就当时所用火器精度与射速而言,不仅难以凭之克敌制胜,甚或无法遏制对手的冲锋。近身白刃格斗仍旧是决定胜负的最终方式。胡林翼很早就注意到了这点,他说:

> 兵因火器强,亦因火器弱。明季偏重火器,而兵益弱。……自英夷入犯中国,见其以火器胜,我亦遂因而偏重之。每营刀矛手少,火器手多。刀矛自大操三跳之外,惟有练习者,所练习不过火器而已。然十余日或数月始一操,一操只打三枪,命中者十不得一,是有偏重之名,究无偏重之实也。以此毫无可恃之技,临阵未见贼,气已馁矣。既开仗,心益惶,手益战矣。于是或装药忘却下子,或先下子而后装药,或装药下子而忘却发药,或开放百步外,一二枪不中则相与弃枪反走,又何怪每战必败乎?②

这段话很好地说明了前章所述之明朝军队广泛装备火器后战斗力不升反降的问题。而绿营在与太平军的交手中也常因此而致败。其"所恃仅有大小火器,均因胆怯远放,不能得力","贼俟我火药铅弹渐尽,然后蜂拥而来,我之枪炮已不可用,不得不弃之而走"。③《贼情汇纂》亦称,太平军"虽无技艺,然齐一心志,誓以死斗,我军往往不敌。……以敢死为技,以能耐劳苦忍饥渴为技……每遇我兵枪炮齐施时,皆伏贴于地,候弹稍稀,雀跃而猱进,转瞬已至枪兵之前,甚至举刀矛伤我一二人,此时我之火器已属无用,若刀矛兵退缩,鲜有不败者"④。

同样,湘军也要面对手中粗陋火器无法压制对手、必须白刃近战阻敌的问题。而且,曾国藩、罗泽南、李续宾等人喜好"以主待客、以静制动",规定"贼呐喊,我不呐喊;贼开枪,我不开枪;贼来冲扑时,扑一次,我也站立不动;扑两次,我也站立不动,稳到两个时辰,自然是大胜仗……刀矛对杀之时,要让贼先动手,我后动手"⑤。这种战法虽能以逸待劳、后发制人,但也

---

① 王尔敏:《淮军志》,中华书局1987年影印版,第223页。

② (清)胡林翼:《启陈剿盗十三条》,《胡林翼集》第二册《书牍·批札·家书·诗文联语》,岳麓书社1999年版,第109页。

③ (清)周天爵:《初到粤西详陈贼势军情疏》、(清)姚莹:《平贼事宜状上赛节相》,(清)盛康辑:《皇朝经世文续编》卷九十三《兵政》十九《剿匪》一,思补楼光绪二十三年刊本,第22页a、36页。

④ (清)张德坚:《贼情汇纂》卷五,中国史学会主编:《中国近代史资料丛刊·太平天国》第三册,上海人民出版社1957年版,第158—159页。

⑤ 《初定营规二十二条·开仗五条》,《曾文正公全集·杂著》卷一,传忠书局同治十三年刊本,第40页b—第41页a。

有其弊端。曾国藩自己便意识到“客气先盛”而“主气先微”,即开战时守方相比于攻方在声势、士气上要明显处于下风。因此,要在“誓以死斗”的太平军先开枪、先动手的轮番冲扑下“站立不动”,从而“稳到两个时辰”等来对方“再而衰三而竭”的反击机会,便需要极为强大的精神力量作为支撑。这是缺乏坚定信念的绿营、八旗所无法做到的。正是在这个地方,湘军将帅“以治理学为干城”体现出了重大的军事价值,使这支军队展露出与众不同的气质。由理学修为所熏陶、激发出的轻死敢战精神,令湘军官兵在对手先开枪、先动手的生死之际能够“但知无走”,立得住脚跟、稳得住队形并敢于白刃搏杀,如此方能真正实现“以主待客、以静制动”。否则即如绿营一样“临阵唯恃炮火,远见贼影即将炮火放尽,贼近则弃炮而逃”、“能披坚执锐者绝无其人”,[①]战斗队形的灵活、枪炮与刀矛的密切配合等便皆成空谈。再加之湘军对戚继光“束伍”理念的继承以及日常操练的回归,就使其不仅“敢战”而且“知战”。正如曾国藩在家书中自陈:“若兵勇无胆无艺,任凭好阵法,他也不管,临阵总是奔回。”[②]由此可见,“轻死敢战”的精神与“束伍练技”的理念实为湘军战术变革能够有所成效的两大关节。

第三节　实战表现与影响的扩展[③]

湘军于咸丰四年(1854年)春正式出师东征,但最初的战事却相当不顺。

在遭遇羊楼司、岳州等数次败绩之后,湘军只能收缩战线,退保省城长沙。太平军遂循江而上,占靖港、陷湘潭,对长沙形成南北包围的态势。就当时情况而言,湘军颇有甫一出师便全军覆没的危险。幸有塔齐布湘潭一战取胜,不仅补救了曾国藩的靖港大败,更使太平军损失惨重,被迫北撤,令“大局为之一转”[④]。此战虽非大规模野战,更多的是彼此营垒的争夺,然亦

---

① (清)李祖陶:《江西团练卮言》,(清)盛康辑:《皇朝经世文续编》卷八十二《兵政》八《团练》下,思补楼光绪二十三年刊本,第36页b。

② 《禀父》,《曾国藩全集·家书(一)》,岳麓书社1986年版,第248页。

③ 此处的重点在于一些典型战斗的战术分析,并非对湘军战史的全面论述,故对整个战争过程将不做详细的介绍。相关内容可参阅施渡桥等主编:《清代后期军事史》,《中国军事通史》第17卷,军事科学出版社1998年版;台湾“三军大学”编:《中国历代战争史》第十八册,军事译文出版社1983年版;崔之清主编:《太平天国战争全史》(全四卷),南京大学出版社2002年版。战局示意图可参见郭毅生主编:《太平天国历史地图集》,中国地图出版社1989年版,第73页;中国人民革命军事博物馆编著:《中国战争史地图集》,星球地图出版社2007年版,第183页。

④ (清)杜文澜:《曾节相平粤逆节略》,太平天国历史博物馆编:《太平天国史料丛编简辑》第一册,中华书局1961年版,第340页。

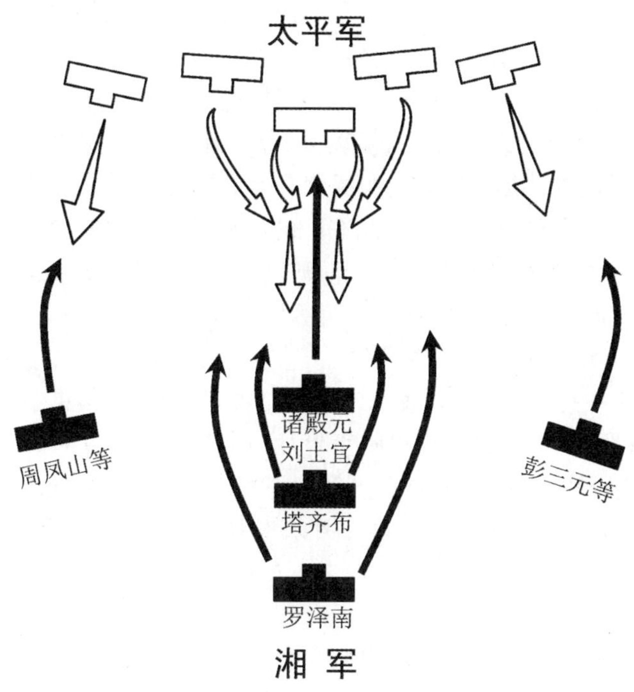

图 2.6　湘军与太平军城陵矶之战

能从中略窥湘军的战斗方式。例如其进攻时,分三路部署,兵勇"闻炮即伏,炮止即进,数伏数起,直逼贼营";前队"俳力鏖战,往来冲突",后队则"乘机抛掷火器"。防御时,则"兵勇伪退,诱贼逼近,从营后绕出,枪炮齐施"。① 可见其大体上符合上文的描述,且亦可发现在火力密集的情况下,湘军兵勇的接敌动作已颇有近代火器战争中起伏跃进的形态。

咸丰四年七月(1854 年 8 月),湘军在岳州(今岳阳市)城北城陵矶一带的战斗则较为典型地反映出了其战术部署的特点。譬如七月二十一日(8 月 14 日)的交战,"塔齐布亲督陆营进剿,派都司诸殿元,千总刘士宜,从中路进攻;游击周凤山,都司彭三元,保升守备童添云等,分左右两路抄截;其罗泽南所带湘勇择地埋伏,以备应援"。此明显为曾国藩所说"一正、两奇、一接应、一设伏"的部署模式。不过这一战也暴露出了其存在的隐患:中路正兵在不断攻击前进时,"左右两路以途径迂回,不能趱赴应援",以至

① 以上均引自《骆秉章等奏报水陆夹击湘潭情形并请奖赏出力官兵折》,中国第一历史档案馆编:《清政府镇压太平天国档案史料》第十三册,社会科学文献出版社 1994 年版,第 641—642 页。

前者成为孤注,陷入险境。幸塔齐布率亲兵及时增援,罗泽南部伏兵亦“突出横截,贼势稍却,中路败退之兵始回戈向前,转败为胜”。但中路诸、刘二将均已“力战阵亡”。[①] 参见图 2.6。曾国藩在家书中透露,即便是主将塔齐布也战至“身旁仅数十人”,援兵驰至“始得保全”。[②] 这就说明尽管在理论上,湘军的战斗队形与部署比起绿营有不少优长,但实战中更需要的还是指挥官的能力、各部分的配合以及军队的精神等具体的要素。若非塔齐布之英勇、援兵之及时,恐怕湘军已经溃败。不过,塔氏“每战匹马当先”、“屡被贼众狙伺追逼”的战斗风格同曾国藩稳扎稳打的思路还是有所背离,故后者常“以不宜冒险,迭次劝阻”。[③]

湘军另一主将罗泽南的战术风格则与塔齐布不同,其更偏好于曾国藩所说的“以静制动”之法。咸丰四年十月(1854 年 11 月)的半壁山之战于此便颇具代表性。初一(20 日),罗泽南率军逼近太平军半壁山防线并大败对手。初四(23 日),秦日纲亲率二万余人对罗泽南部(二千六百人左右)进行大举反击。

> 罗泽南与众将士约曰:贼众我寡,当以坚忍不拔胜之。即督勇目驻高阜之左,李续宾驻高阜之右,游击彭三元等排列江岸,都司普承尧等排列马铃山左坳,防贼分抄,均布一字阵,如不欲战者。然贼众屡放枪炮,呼声雷震,我军一炮不开,一声不应,相持约二时之久,贼复鸣鼓吹角,齐来扑阵,我军仍坚伏不动,俟贼锐气既竭,我军突起急攻,大呼冲阵,瞬息间已透重围。[④]

曾国藩在奏报十一月初七的濯港之战时也指出,“罗泽南自与此贼接仗以来,专用以静制动之法、每交锋对垒,贼党放枪数次,大呼数次,而我军坚伏不动,如不敢战,往往以此取胜”;此战亦复如是,“罗泽南仍饬诸军坚伏不起,相持五、六刻”之后,东西两路皆突然发动反冲锋击溃对手,并

---

① 以上均引自《骆秉章等奏报岳州水陆四获胜仗情形折》,《清政府镇压太平天国档案史料》第十五册,社会科学文献出版社 1994 年版,第 165 页。图 2.6 据上述内容所绘,不再加注。

② 《致澄弟温弟沅弟季弟》,《曾国藩全集·家书(一)》,岳麓书社 1986 年版,第 267 页。

③ 《湖南提督塔齐布因病出缺折》,《曾文正公全集·奏稿》卷六,传忠书局光绪二年刊本,第 1 页 b、2 页 a。

④ 《曾国藩等奏报水陆攻剿半壁山屡获胜仗折》,《清政府镇压太平天国档案史料》第十六册,社会科学文献出版社 1994 年版,第 72 页。

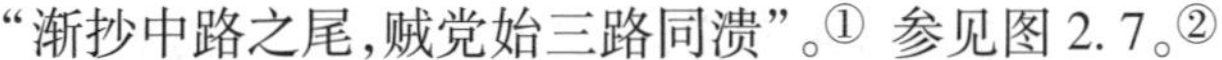

“渐抄中路之尾，贼党始三路同溃”。①参见图 2.7。②

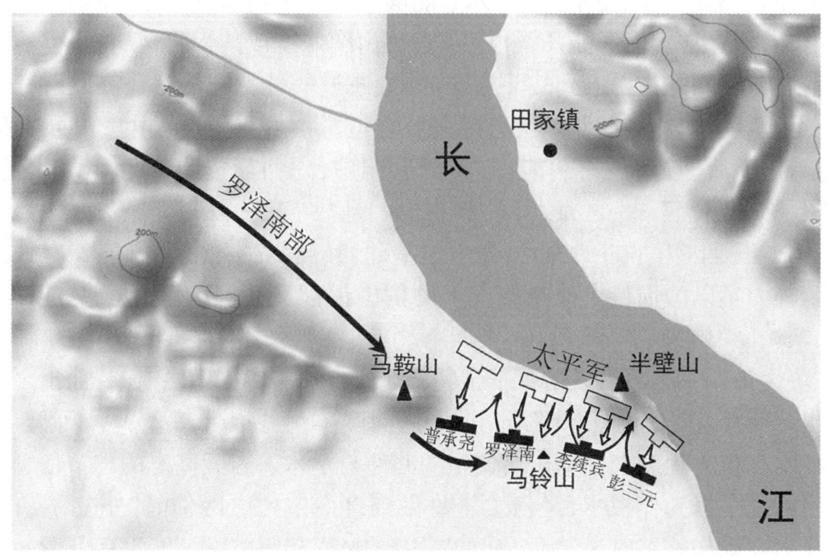

图 2.7　湘军与太平军半壁山之战

这两场战斗可以说是湘军野战中“以主待客、以静制动”的典型，充分利用防御优势杀伤、疲敝敌方有生力量，挫伤对手斗志，然后趁机发动冲锋。特别是濯港之战，将“以静制动”与“以正合以奇胜”结合了起来，亦即实现了攻守的快速转换。这也是湘军相较于绿营以及太平军的优势所在，③即更紧密地将枪炮齐发的火力效果与刀矛继进的突击格斗衔接起来，组成一

① 《曾国藩等奏报攻剿濯港孔垅驿获胜及水师进扼湖口折》，《清政府镇压太平天国档案史料》第十六册，社会科学文献出版社 1994 年版，第 354 页。

② 该图是以郭毅生主编：《太平天国历史地图集》（中国地图出版社 1989 年版）第 81 页所载示意图为参考，并结合相关史料所绘制而成。

③ 事实上，太平军在不断的战斗中也逐渐形成了其战术模式。“贼之惯技，有所谓螃蟹阵者，常分十余路围绕抄袭”。《骆秉章等奏报岳州水陆四获胜仗情形折》，《清政府镇压太平天国档案史料》第十五册，社会科学文献出版社 1994 年版，第 166 页。因其将军队分成三路横向排开，中路人数少，两翼人数多，形似螃蟹，故有此阵名。这种部署的目的就是增强两翼，主要以正面吸引对手，侧面包抄制胜：“其大阵包小阵法，或先以小阵拒我，后出大阵包我；或诈败诱追，伏兵四起，以包我军，皆贼之惯技。”（清）张德坚：《贼情汇纂》卷四，《中国近代史资料丛刊·太平天国》第三册，上海人民出版社 1957 年版，第 130 页。可见，太平军的战术部署也不外乎“一正两奇”、“以正合以奇胜”的原则，这同湘军并没有本质上的区别。但由于火器较少、士兵多为裹胁之众、缺乏训练等原因，其主要还是以冲扑近战获胜，所以对过分依赖火器的绿营兵会产生巨大的威慑，但当遇到湘军这样站得住阵脚、轮番施放枪炮再突起肉搏的战术，太平军便失去了往日的优势。

套以火力提供突击条件、以突击扩大战术效果的“组合拳”。此一战术看似无甚深妙,甚或有些简单,却非人人能够做到。胡林翼曾言:“兵事为儒学之至精,非寻常士流所能几及也。”①这些由醇儒变成的悍将,已将自己的人生信念与学问修为融入到战斗方式之中,通过一种特殊的途径在践行其志节、运用其学术。例如罗泽南自陈制胜之道“无他,熟读《大学》‘知止而后有定,定而后能静,静而后能安,安而后能虑,虑而后能得’数语,尽之矣。《左氏》‘再衰三竭’之言,其注脚也”②,是故“其临阵以坚忍胜,如其为学”③。正是因有平时的为人、为学作基础,其面临生死之际方能拥有强大的精神力量以为倚恃。他在给友人的信中说:“天理日以复,人欲日以净,正心、诚意、修身、齐家、治国、平天下之道,已尽备之于草野之中。及临大事、决大策,不动声色,已措天下于磐石之安。何者?其蓄之有素,而出之有本也。”④所以曾国藩评价罗泽南时,亦称其“本躬修以保四海”⑤。可见,湘军战术在很大程度上发轫于诸儒生的心性与学术。若无坚定的志节信念与深厚的理学修为作根本,又何尝容易做到直面生死之际仍能“坚立不动”?罗泽南在受伤临终时说:“危急时站得定,方算有用之学。”⑥此真可谓湘军战术之真诠,亦其胜于绿营、太平军的精神力量之所在。⑦

---

① (清)胡林翼:《复李鸿章》,《胡林翼集》第二册《书牍·批札·家书·诗文联语》,岳麓书社1999年版,第653页。

② 转引自钱基博:《近百年湖南学风》,求知书店1945年版,第17页。

③ 光绪《湖南通志》卷一百八十一《国朝人物志》七《湘乡》,《续修四库全书·史部·地理类》第六六五册,上海古籍出版社1996年影印版,第590页。

④ (清)罗泽南:《复某友书》,《罗泽南集》卷六,符静校点,岳麓书社2010年版,第99页。

⑤ 《罗忠节公神道碑》,《曾文正公全集·文集》卷四,传忠书局同治十三年刊本,第20页b。

⑥ 《胡林翼奏报罗泽南于武汉受伤殒命请加等赐恤片》,《清政府镇压太平天国档案史料》第十八册,社会科学文献出版社1995年版,第252页。

⑦ 罗泽南之弟子亦皆如乃师。如李续宜,“治兵只实做程朱主敬存诚功夫,终日静默,不妄言、不妄动……其临阵全是以静待动”,故“平日在军中与军士言只是定心法,无他兵法”,练的是“不动心、拿的定、站得住”。(清)方宗诚:《柏堂师友言行记》卷二,沈云龙主编:《近代中国史料丛刊》第二十二辑(216),文海出版社1968年影印版,第59页。不过,也有人在“坚立不动”上钻了牛角尖,以致无谓的损失。罗泽南的另一弟子刘腾鸿,同样继承了乃师的风格,“临阵则埋根行首,坚立如山,有名将之风”;但有时就稍显迂腐,如在武昌城下,其“呼贼以炮击之,贼发十余炮不中,坚坐良久乃还,在瑞州时亦如是,卒以殉难”,可谓毫无必要的牺牲。故曾国藩评论道:“此则刚毅太过,于好谋而成之道少有违耳。”(清)王定安纂:《曾文正公水陆行军练兵志》卷一,《中国兵书集成》第47册,解放军出版社、辽沈书社1992年影印版,第838页。而咸丰八年十月李续宾阵殁于三河,与此亦有一定关系。李部被太平军重围于三河镇附近,本有机会突围而出,且李续宾也已下达突围命令,但最终不愿有违“临危时站得定”的原则,“耻于溃围,谋复固守”,遂致全军混乱而覆灭。(清)王闿运:《湘军水陆战记(即湘军志)》卷三《湖北篇》,文海出版社1968年影印版,第50页。

不过,初期湘军虽然能够凭借战术上的优势常常以少胜多,在一年之内连克岳州、武汉等重镇,顺江东下,直抵九江城头。但以今日之标准衡之,仅为一支师级武装力量,其在战术上的胜利还不能对整个战局起到力挽狂澜的影响。特别是因湘军力量尚弱(塔齐布、罗泽南两支主力加上胡林翼部总共才一万五千人左右①),且几乎全部集中于九江坚城之下。如后来曾国藩自己所说"江北一路,尤非臣等一军所能为力"②,故其北线防御便不得不主要依靠湖广总督杨霈所统率的绿营部队。但是,"时杨霈所部新旧兵勇二万余,常疏列战功,实浮滑不足任,见贼则败衄"③,显然无法确保北线的安全。太平军很快就看出了清军北线的漏洞,"在城上语官军曰:'汝只有此一路耳。若有两路,吾亦不打江山矣'"④。故其于咸丰五年(1855年)初在长江北岸的大举反攻极为顺利,连陷黄梅、广济、蕲州、黄州等要地,并于当年二月再次攻克武汉,湘军一年来的战果全都付诸流水,故罗泽南称"东南大局,于是为之一变"⑤。其大略形式参见图2.8。⑥ 不仅如此,由于江西同湖南、湖北的主要通道皆为太平军所阻断,曾国藩所统九江一带之湘军已形孤立,"上下皆贼,而臣军坐困于中段"⑦。为了壮大湘军力量、摆脱困境,曾国藩曾上奏提出"湖北兵勇不可复用,在江北岸宜添劲旅"的建议,希望对鄂省绿营大加裁汰,以湘军成法在湖北"另立新军"。⑧ 但此时咸丰帝所关注者皆在武汉战事,仍将很大希望寄托于荆州将军官文以及杨霈所统率的八旗、绿营身上,⑨对于湘军特别是曾国藩则颇有抑制之意⑩,这一建议

---

① 《曾国藩等奏陈统筹全局布置水陆剿防事宜折》,《清政府镇压太平天国档案史料》第十七册,社会科学文献出版社1995年版,第169页。

② 《曾国藩等奏请饬袁甲三招练勇出至湖北攻剿片》,《清政府镇压太平天国档案史料》第十七册,社会科学文献出版社1995年版,第169页。

③ (清)王定安:《湘军记》卷三《规复湖北篇》,岳麓书社1983年版,第30—31页。

④ 转引自(清)罗泽南:《与刘孟容论水陆各分两军进攻书》,《罗泽南集》卷六,符静校点,岳麓书社2010年版,第106页。

⑤ (清)罗泽南:《与曾节帅论东南战守形势书》,《罗泽南集》卷六,符静校点,岳麓书社2010年版,第112页。

⑥ 郭毅生主编:《太平天国历史地图集》,中国地图出版社1989年版,第86页。

⑦ 《曾国藩等奏陈近日水陆军情并难以回师武汉攻剿折》,《清政府镇压太平天国档案史料》第十七册,社会科学文献出版社1995年版,第224页。

⑧ 《曾国藩奏陈湖北兵勇不可复用江北宜添劲旅折》,《清政府镇压太平天国档案史料》第十七册,社会科学文献出版社1995年版,第244、245页。

⑨ 参见《寄谕官文等著扎拉芬与杨霈合力下击并力保荆郡》,《清政府镇压太平天国档案史料》第十七册,社会科学文献出版社1995年版,第264—265页。

⑩ 曾国藩作为一犹如匹夫的在籍侍郎,居然能够一呼百应地组建一支军队,并且这支军队还具有惊人的战斗力,必然会引起统治者的疑惧,更何况是异族统治者。所以咸丰帝收回曾

自然不会得到允准。这种战略形势上的恶化以及政治上的掣肘,既使湘军战术上的优势失去了用武之地,也制约了其对于中国军事领域的进一步影响,而只能在一隅之地发挥相当有限的作用。

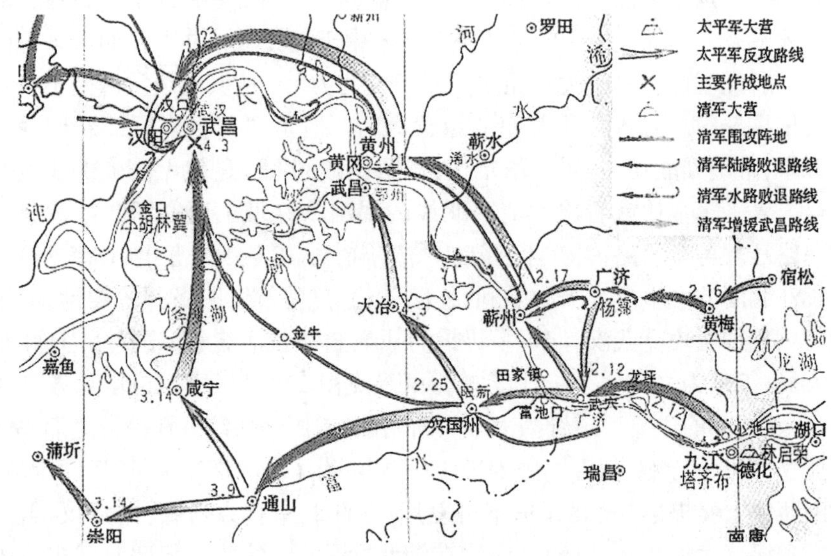

图 2.8 太平军发动反攻

这种困难的局面直到咸丰六年(1856 年)冬,胡林翼麾下湘军再度攻下武汉、顺江东下进围九江之后方得到改变。尽管湘军在这近两年的时间里坐困于南昌,特别是在兵力上左右支绌、捉襟见肘,但已署鄂抚的胡林翼却借手中权力大举扩充力量,鲍超的霆军亦组建于此时。① 另外,湖南于同年也先后向江西派出了两路援军以纾湘军之困。这就使湘军虽处于战略上的不利局面,但力量却比以往有所增强,逐渐壮大为一支战区级的武装,已经有能力主导鄂赣两省的战事,初步实现了曾国藩于咸丰五年(1855 年)提出

国藩抚鄂之命,使其不能调动一省的人力、物力、财力去扩充湘军,以至于曾国藩为了维持饷粮还不得不仰人鼻息。参见龙盛运:《湘军史稿》,四川人民出版社 1990 年版,第 170 页。故此"另立新军"的提议自然难获允准。另外,曾长期佐湘军诸帅幕的张曜孙在信中便指出湘军的困境:"方今将帅之能,兵勇之劲,以湖南为最,然曾帅官仅侍郎,中丞(胡林翼)位只巡抚,究苦权轻,若以总统之大权授之曾帅,恐廷议未必能及此,且较之勋戚重臣究亦有间。"《道咸同光名人手札》卷四,转引自王尔敏:《淮军志》,中华书局 1987 年影印版,第 8 页。"公是时以团练大臣越境讨敌,功高望重,文宗暨中外大僚皆嫉之。"柴小梵:《梵天庐丛录(一)》,《民国笔记小说大观》第四辑,山西古籍出版社、山西教育出版社 1999 年版,第 142 页。

① 龙盛运:《湘军史稿》,四川人民出版社 1990 年版,第 161 页。

的战略设想,[①]在长江中游南北两岸的鄂东、赣北地区均部署着湘军的主力部队[②]。如此一来,湘军就能够避免两年前战术胜利无法转化为战略优势的问题,从而使得各次战役、战斗的成果基本上都能有助于局势的好转。咸丰七年四月(1857年5月)展开的鄂东之战便显示了这一点。当时,由武汉沿长江南岸东下的李续宾部正围攻九江。陈玉成则集大军于鄂皖边界的宿松一带,试图重现两年前石达开北线突破、进逼武汉以解九江之围的战略迂回。[③] 但此时据守长江北岸鄂东地区的主力已非昔日绿营兵勇,而是鲍超、唐训方等由胡林翼在武汉组建、扩编与整训之后的湘军部队。故陈玉成的进军便受到顽强阻击,双方遂于黄梅、广济、蕲水等地展开激战。

其中表现较为抢眼的当属黄梅一路的鲍超霆军和蕲黄一带的李续宜部湘军。作为出身绿营的武将,鲍超的战术风格与塔齐布颇为类似,极勇于"冲锋陷阵,身先士卒,不避矢石"[④]。七月初一、初二(8月20、21日)的亿生寺之战,鲍超以霆军五营连同多隆阿马队数百骑便敢于向数倍于己的太平军发动攻势,"分中左右前后五路进攻黄蜡山等处贼巢",共计歼灭五六千人。故胡林翼称此役"为楚军罕见之奇捷"。[⑤] 鲍超及霆军遂一战成名。不过,在胡林翼这样讲求持重的儒帅看来,鲍超"世间忠勇,固推第一,然待其垒成以图之,实大吃亏之事"[⑥],故"每率队攻坚,胡文忠公尝

---

① 当时曾国藩向咸丰帝提出,若欲大局有所转机,"陆路需有劲兵四枝":长江以北两路,内一路驻防蕲水、广济、黄梅一带为最北线以防宿松、太湖之敌,外一路负责紧沿江岸的黄州、蕲州、武穴、小池口一线;长江以南两路,西一路防兴国州、通山、崇阳一带,东一路守东流、建德、饶池、徽宁四府。其中以北岸内一路和南岸东一路为最要。《曾国藩等奏陈统筹全局布置水陆剿防事宜折》,《清政府镇压太平天国档案史料》第十七册,社会科学文献出版社1995年版,第167—168页。

② 其大概部署情况为,北岸以王国才三千余人驻守黄梅一带是为内一路,由鲍超率五千人扼小池口是为外一路;南岸李续宾率万余人围困九江,刘腾鸿部万人围攻瑞州,是为赣北两支主力部队。《官文等奏复九江军情并请暂留王国才进剿皖省折》,《清政府镇压太平天国档案史料》第十九册,社会科学文献出版社1995年版,第306—307页。至此,长江中游两岸皆有湘军大支陆师可互为应援。

③ 早在该年二月初,太平军就已展开前哨攻势。胡林翼敏锐地指出,此举"实图援应九江,直踞黄梅,窥伺武汉,上扰德安,冀蹈前年故辙"。《官文等奏报宿太敌股上犯黄梅官军分道截剿获胜折》,《清政府镇压太平天国档案史料》第十九册,社会科学文献出版社1995年版,第233页。

④ (清)胡林翼:《乞免参将考验弓马片》,《胡林翼集》第一册《奏疏》,岳麓书社1999年版,第322页。

⑤ 《官文等奏报官军于黄梅蕲州黄州等处连日剿办获胜折》,《清政府镇压太平天国档案史料》第十九册,社会科学文献出版社1995年版,第541—542、544页。

⑥ (清)胡林翼:《致曾国藩》,《胡林翼集》第二册《书牍·批札·家书·诗文联语》,岳麓书社1999年版,第402页。

规戒之"[①]。相比之下,李续宾、李续宜兄弟则继承了罗泽南的作战风格,更符合胡林翼"必胜之道"的标准。[②] 如六月二十九日(7 月 18 日)的童司牌之战,李续宾部面对太平军的冲击,一仍以往战法,"严阵以待,俟贼逼近,以劈山炮轰之",然后"各营官督带弁勇奋力攻击"取得胜利。[③] 七月十二日(8 月 31 日)的孙家嘴一战,李续宜部亦如往日分三路进军,太平军三四千人迎击。湘军"屹立不动,乘其疲而击之,相持数时之久,贼焰渐衰,我军一股而前,马队纵横冲击,枪箭齐施,刀矛并进"将对手击溃。[④] 六天后的上巴河一战,湘军再度分三路大举进击蕲黄边界太平军基地,左路六营三千余人,右路只一营并团练作为疑兵,中路正面五营二千五百人,另有四营和骑兵作为预备队隐伏于中路之后。太平军也分三路迎战,其中以右路(当湘军左路)七八千人作为主攻,左路、中路均为牵制。李续宜令左路坚守抵御,自己则率预备队"向左路伏山而行,出其不意,奋击贼腰"。左路湘军见状也全力出击,成两面夹攻之势,太平军右翼大败溃逃。中路太平军欲救援,被相对之湘军中路各营击退;左翼太平军见有被围歼的危险,遂不战而退。[⑤] 由此可见,罗、李等儒将虽偏好"以静制动",但也并非仅以后发制人取胜,其"坚立不动"往往也可以吸引敌军主力,为预备队投入决定性的地点创造条件,所以这种战术思路似乎更能在减少损失的情况下取得胜利。胡林翼只称鲍超"忠勇罕匹"[⑥],而赞李续宜"智勇深沈"[⑦],或许正有本于此[⑧]。

---

① (清)陈昌:《霆军纪略》卷二,文海出版社 1967 年影印版,第 119 页。

② 胡林翼说:"先安排以待敌之求战,然后起而应之,乃必胜之道。盖敌求战,而我以静制动,以逸待劳,以整御散,必胜之道也。"蔡锷:《曾胡治兵语录》,《中国兵书集成》第 50 册,解放军出版社、辽沈书社 1992 年影印版,第 1213 页。可知胡林翼亦主"以主待客、以静制动"的战法。

③ 《官文等奏报官军进剿童司牌敌垒叠获胜仗折》,《清政府镇压太平天国档案史料》第十九册,社会科学文献出版社 1995 年版,第 515 页。

④ 《官文等奏报官军于黄梅蕲州黄州等处连日剿办获胜折》,《清政府镇压太平天国档案史料》第十九册,社会科学文献出版社 1995 年版,第 543 页。

⑤ 《官文等奏报黄州马步各军剿敌大胜巴河以上肃清折》,《清政府镇压太平天国档案史料》第十九册,社会科学文献出版社 1995 年版,第 565 页。

⑥ 《官文等奏报官军于黄梅蕲州黄州等处连日剿办获胜折》,《清政府镇压太平天国档案史料》第十九册,社会科学文献出版社 1995 年版,第 544 页。

⑦ 《官文等奏报黄州马步各军移营蕲水进剿叠胜折》,《清政府镇压太平天国档案史料》第十九册,社会科学文献出版社 1995 年版,第 587 页。

⑧ 胡林翼曾言:"统将须坐定能勇敢不算本领外,必须智勇足以知兵,器识足以服众,乃可胜任。总须'智'、'勇'二字相兼。"蔡锷:《曾胡治兵语录》,《中国兵书集成》第 50 册,解放军出版社、辽沈书社 1992 年影印版,第 1178 页。

这种大规模的野战,使湘军战术优势和坚强战斗意志再次得以彰显,而且对整个长江中游战局产生了关键的影响:湘军的胜利迫使陈玉成于咸丰七年八月(1857年9月)退回安徽,其进北救南计划失败;次年(1858年)初,陈玉成再次西进湖北,突入防御较弱的麻城一带,但同去年一样仍旧被湘军阻击而未能向纵深发展,这就在战略上决定了九江的命运,湘军的艰苦鏖战终于换来了战略上的重大成果。另外,此一阶段湘军将帅的作战思路也发生了改变。胡林翼、左宗棠等人已经认识到"贼之善战不如我,而其死守则过于我"①、"官军长于野战,短于攻城;贼长于守城,短于野战"②,故其重心已由强攻硬扑转向围城打援。此种思路的变化在围攻武汉时已初见端倪,③至进抵九江强攻月余后则更加明确。胡林翼在奏折中指出,鉴于经过太平军的长年经营,强行攻城"较四年臣等力攻九江时为尤难",故"反复愁思,惟有长堑围困之一策",④并且坚持先北后南、打援优先的原则,调动近半数围城部队渡江北上增援鄂东战区。⑤至咸丰十年(1860年)围安庆时,对此原则更是坚定不移,时常告诫前敌总指挥多隆阿"假如以万人围城……仍必须留二万余人或二万人作战兵、援兵及雕剿之兵,则满盘棋子均是活着","用兵之道,全军为上策,得土地次之;杀贼为上策,破援贼为大功,得城池次之。……不徒以得城为喜,而以破援贼为功"。⑥而围城之兵则建立对外和对内两道防线,因而援军欲破围、守军欲突围都得主动进攻其坚固的防御工事。这就使湘军由攻方反成守方,即实现由"客"向"主"的变

① (清)胡林翼:《札霆营鲍副将喻都司》,《胡林翼集》第二册《书牍·批札·家书·诗文联语》,岳麓书社1999年版,第957页。

② 《与王璞山》,《左宗棠全集》第十二册《书牍(一)》卷四,上海书店1986年影印版,第10275页。

③ 胡林翼在咸丰六年五月十五日(1856年6月17日)的奏报中称其自咸丰五年腊月至咸丰六年三月,"逐日督队仰攻,驱血肉之躯与炮石为敌,伤亡水陆勇丁三千余人",特别是"罗泽南及都守千把百余人节次阵亡"使胡改变了以前"执意不悔,欲以力取"的思路,"四月以后,乃禁约仰攻"改取围困战,断敌补给,遂使"水陆之贼直至近日乃援绝路穷"。《胡林翼奏陈久攻武汉二城未下之缘由折》,《清政府镇压太平天国档案史料》第十八册,社会科学文献出版社1995年版,第403页。

④ 《胡林翼奏报围攻九江并破小池口敌垒获胜情形折》,《清政府镇压太平天国档案史料》第十九册,社会科学文献出版社1995年版,第190页。

⑤ 胡林翼在奏折中说:"臣查九江城贼蛰伏不出,我军肉薄攻坚,终难得手,必须长围坐困,乃可永断接济。惟李续宾原统不过万人……近以北岸边界警报日至,又分去四千人渡江协剿,必俟北岸肃清乃可厚集兵力,专意浔阳。"《官文等奏报九江长围官军叠次攻剿获胜并水师深入失利折》,《清政府镇压太平天国档案史料》第十九册,社会科学文献出版社1995年版,第411页。可见其先北后南之意相当明确。

⑥ (清)胡林翼:《复多隆阿》,《胡林翼集》第二册《书牍·批札·家书·诗文联语》,岳麓书社1999年版,第552、585页。

化,进而可以利用防御优势大量杀伤对手,不仅实现了打援优先的目的,更通过“以主待客”减少己方损失,可以腾出更多的兵力作为预备力量。就整个战局来说,实际上就是一种以战术防御来实施战略进攻的思路。这也是为何湘军总能以少胜多地攻克安庆乃至金陵的原因。此种变化说明,经过多年的战争实践,湘军将帅对于如何充分发挥这支军队的战术优势并将之转化为战略价值具有了更深入的理解。这或许也是诸儒生经过实战洗礼后,由轻死敢战之悍将转变为运筹帷幄之统帅的一种表现。正因如此,尽管满洲统治者对湘军之崛起颇有疑虑,①但八旗、绿营实在不堪大任,为解决目前的危机,便不得不对湘军有所倚重。据时人记载,官文曾问建议参奏胡林翼的幕僚“诸君若提一军而御寇能如胡某乎？曰:不能。即我出而御寇能如胡某乎？曰:亦似不能”,故其总结道:“我无彼不能御敌,彼无我不能筹饷,若以细故介怀,国事谁为任之,诸君休矣。”②可见,满洲贵族为保住地位权势乃至身家性命,对湘军强大的战斗力还是颇为依赖。这也是湘军得以发展壮大的关键资本。而这种发展又使其战术上的胜利能够左右整个战局的走向,既为湘军将帅获取政治上的地位铺平了道路,也推动了湘军战术变革走出一隅,对整个中国军事领域产生影响。

这种影响在 19 世纪 60 年代初达到了一个高潮。咸丰十年(1860 年)江南大营的崩溃标志着绿营主力的瓦解,其再也无力支撑江南战局;而同年第二次鸦片战争的惨败,又使清廷最为精锐之八旗、蒙古铁骑元气大伤。面对东南大局的糜烂,渐具规模、声望日隆的湘军,便成了清政府以及广大地主士绅们最后的救命稻草。咸丰皇帝不得不于该年四月任命曾国藩署理两江总督,六月实授并加钦差大臣重寄,实际上等于承认了湘军在这场战争中的主导地位。至咸丰十一年(1861 年)夏攻克安庆后,湘军集团的影响力臻于鼎盛。据《湘军史稿》一书统计,1861—1864 年湘军将帅先后出任地方督抚者已达二十一人,支配了当时关内十八个行省的百分之七十;湘军总兵力也由十余万扩充至五十多万,③“东南数省莫不有湘军之旌旗,中外皆叹异焉”④,“湘军威名闻天下,中外交论其功,疆帅争疏请援”⑤。因此,湘军编

① “胡文忠公(林冀)巡抚湖北时,方手握重兵,朝廷忌之,特任官文督鄂,阴为监视。”陈赣一:《睇向斋秘录》,章伯锋、顾亚主编:《近代稗海》第十三辑,四川人民出版社 1989 年版,第 520 页。

② 震均:《天咫偶闻》卷七,沈云龙主编:《近代中国史料丛刊》第二十二辑(219),文海出版社 1968 年影印版,第 498 页。

③ 龙盛运:《湘军史稿》,四川人民出版社 1990 年版,第 286、288 页。

④ 《湘乡昭忠记》,《曾文正公全集·文集》卷四,传忠书局同治十三年刊本,第 18 页 a。

⑤ (清)王定安:《湘军记》卷六《规复安徽篇》,岳麓书社 1983 年版,第 82 页。

制、战术变革的影响遂扩展至当时中国的多数省份。“练军”当是较为典型的例子，其实质即为用湘军成法选练绿营兵勇。① 而鉴于湘军的惊人战绩，非湘系的地方大员也纷纷争求其营制、阵法，积极效仿以编练军队。李鸿章在给曾国藩的信中说：“鸿章到沪，各处求营制、营规、爱民歌、劝诫浅语甚多；行箧所携，不能遍给。刘守毅然翻刻，如闽抚徐树人先生每样要数十本，所属军吏无论已。停刻不能，停散则可，然有求者不得不应。”②可见湘军战术变革已不再局限于其所属武装，亦超出了其所在战区，逐渐波及全国，成为近代中国军事领域的一场重大变革。而与此同时，中西军事领域的交流碰撞也正逐渐展开，近代西方先进的武器装备、操法战术等器物制度随之不断流入。这些新鲜事物同湘军变革成果的相遇，便如两种活跃化学元素的结合一般发生了前所未有的反应，开启了近代中国战术及训练变革的一个新阶段。

小结：变革的意义与局限

若就整个中国的军事发展史而言，湘军的变革并非一种突破式的飞跃，而更多的是一次“复古”。正如曾国藩所说：“经世之道不出故纸之中。”③若将其放在当时世界军事潮流的背景下加以考察，那么湘军的战术基本上相当于西方 17 世纪的水平，已属陈旧落伍之物。如此说来，似乎这一变革便只剩下挽救王朝命运这样狭隘的意义。但本书坚持的观点是，任何历史人物都难以跳出自己所处的历史环境。作为传统儒生，湘军诸人所拥有的只能是历史的积淀和前人的思想遗产。即便荷兰的莫里斯，也同样以复兴罗马军制、战术为其变革的基础。因此，更核心的问题应该是：中西各自的历史遗产究竟有着怎样的差异，导致双方在复古之后却各异其趣，并且显示出了不同的走向、趋势与结果（这个问题将留待全书结语部分再详加分析）。从这个意义上说，评价湘军战术变革的价值，最关键的标准在于：是否在当时条件所允许的范围内有所进步。

这场变革实际上是社会危机促动下，“经世”思潮在军事领域的反映，所以湘军的战术、编制、训练等均本着实学实用的原则。曾国藩曾多次言及

① 相关内容参见罗尔纲：《湘军兵志》，中华书局 1984 年版，第 206—207 页；王尔敏：《清季军事史论集》，广西师范大学出版社 2008 年版，第 72—95 页。

② 《上曾制帅》，顾廷龙、戴逸主编：《李鸿章全集》第二十九册《信函（一）》，《国家清史编纂委员会文献丛刊》，安徽教育出版社 2008 年版，第 84 页。

③ 《答雷鹤皋》，《曾文正公全集·书札》卷一，传忠书局光绪二年刊本，第 24 页 b。

古代兵书兵史之不可信:“军事是极质之事,廿三史除班马外皆文人以意为之,不知用仗为何物,战阵为何事,浮词伪语随意编造,断不可信。……须尽弃故纸专从事点名看操查墙子诸事也”①;“古人论兵成法,亦千百中无什一之合,私心既深自愧叹,又因此颇疑古人之书皆装饰成文,而不可以尽信”②。左宗棠亦常言:“兵事均须从质实处着想,不必弄巧”;“兵事以质实为主”。③ 故其最可称道的意义就在于,使近代中国军事领域从兵书的注释稽考以及玄虚“花法”回归现实,并在实践中朝着更加符合战争规律的实用方向发展,为接受西方军事文明提供了物质与思想上的准备。

在战术内容方面,虽然湘军总体战术部署仿自“戚家军”,但在具体的战斗队形和方法上却有基于实战的改进,即将火器与冷兵器前后布列的纵队变为两者交错、并列排开的横队。④ 这在一定程度上牺牲了火力的密度,但却相当有助于保护火器手,最重要的是使他们能够更加放心地进行装填与射击,即胡林翼所说“火器精,可壮刀矛之先声;刀矛精,则火器有恃无恐”⑤。这种心理上的稳定对于减小因惊慌导致的失误、提高命中率和速率有着无法忽视的价值,颇有助于避免绿营部队战斗时所常见的火器手临阵慌乱、敌近则逃的问题。另外,这种部署、运作要比“戚家军”大三才阵以及绿营叠阵这样的大方阵较为简单易行,尤其是不需要在密集的队形中进行火器队与冷兵器队的前后交替。这种大规模的变动相当费时且易引起混乱。所以相对来说,湘军的战斗队形与程式是一种较为有利于火力打击与近战格斗流畅运转,并将二者效果紧密结合的体系。或许,也正由于湘军这种浅纵深的横队队形更符合实战需要与战术规律,故师法湘军的淮军在换装前膛式燧发枪之后,便能迅速地接受西方由“莫里斯横队”发展而来的线式战术。

在与战术息息相关的训练上,湘军不仅革除了绿营徒壮观瞻的“花

---

① (清)王定安:《求阙斋弟子记》卷二十三《军谟》上,文海出版社1967年影印版,第1775—1776页。

② 《复尹杏农》,《曾文正公全集·书札》卷二十九,传忠书局光绪二年刊本,第31页a。

③ 《复史士良》、《与广东惠潮嘉道张寿泉》,《左宗棠全集·书信(一)》,岳麓书社2014年版,第500、632页。

④ 需要补充说明的是,湘军的总体战术部署主要是取自《纪效新书》,而后来“戚家军”在北方练兵、大量运用火器之后,其战斗队形便与《纪效新书》中的内容有所不同,由原来的横队变为火器在前、冷兵器在后的纵队。参见第一章第一节内容。故谓湘军既是对“戚家军”战术的复古,却又有因时制宜的革新,正是对此而言,并无矛盾。

⑤ (清)胡林翼:《启陈剿盗十三条》,《胡林翼集》第二册《书牍·批札·家书·诗文联语》,岳麓书社1999年版,第110页。

法”,更是代之以严格的日常操练。① 不过,湘军训练制度中最具有现代意义的当属其颇为严密的作息、训练时间表。参见表 2. 1。② 这就将日常行止与训练任务同时间严格地结合起来,成为一种例行规制。此一举措使兵勇被约束在精心设计的时空网格之中,而难有偷懒散漫、游手好闲的可能。尤其在长期的围困战中,这种训练将极有助于维持军队士气和纪律。用法国社会学家福柯的话来说,时间表实际上就是一种身体规训的手段,它的三个主要方法“规定节奏、安排活动、调节重复周期”使“新的纪律毫无困难地出现在这些旧形式中”,并且“造成一段充分利用的时间”。③ 所以这种例行常规,亦即在潜移默化中培养服从精神与纪律意识的手段,由之所塑造出来的士兵便更具备职业素养和节律观念,方能于绿营之外塑造出一支更具职业化特征的军队。这种职业化虽主要服务于内战,但客观上也为对接近代西方军事思想与制度提供了载体。否则以绿营兵丁“不习战守,反供百役”④的状况,这种对接便无从谈起。若再考虑到编制,此一变革对中国军队现代化更是影响深远。湘军的“营、哨、队”结构并非具有多少现代价值,但其对于“束伍”理念的重视却极富历史意义:其后的军队编练都继承了这种赋予编制以战术价值的观念。这是近代中国军队职业化、正规化的一个必备条件,也是日后能够全面引进西方军制、战术的制度前提。若以绿营这样“此营一百,彼营五十”⑤的军队为平台,其过程将更加路漫漫而修远。⑥

① 其具体内容为:“一、练纵步上一丈高之屋,跳步越一丈宽之沟,以便踹破贼营;一、练手抛火球,能至二十丈以外;一、练脚系沙袋,每日能行百里;一、练每十人一队,皆习戚氏之鸳鸯阵,三才阵,以求行伍不乱。”《与骆中丞》,《曾文正公全集·书札》卷三,传忠书局光绪二年刊本,第 43 页。这种技战术训练的最终目的就在于:“练技艺者,刀矛能保身,能刺人,枪炮能命中,能及远;练阵法者,进则同进,站则同站,登山不乱,越水不杂。”《劝诫浅语十六条·劝诫营官四条》,《曾文正公全集·杂著》卷三,传忠书局同治十三年刊本,第 9 页 b。

② 《晓谕新募乡勇》,《曾文正公全集·杂著》卷一,传忠书局同治十三年刊本,第 23 页 a;《营规·日夜常课之规》,《曾文正公全集·杂著》卷二,传忠书局同治十三年刊本,第 40 页。因当时尚未采用现代计时方式,故表内点钟为估算,以作参考。

③ [法]米歇尔·福柯:《规训与惩罚:监狱的诞生》,刘北成、杨远婴译,生活·读书·新知三联书店 1999 年版,第 169—170 页。

④ 罗尔纲:《绿营兵志》,中华书局 1984 年版,第 257 页。

⑤ 《与江岷樵》,《曾文正公全集·书札》卷二,传忠书局光绪二年刊本,第 33 页 b。

⑥ 最直接的例子便是崇厚在天津以绿营为基础所练的洋枪队。李鸿章在同治九年(1870年)筹划天津防务的奏折中称:“同治初年,通商大臣崇厚就津沽通永镇协标内迭次挑练弁兵三千余名,操习洋枪炮队,筹增饷项,队伍技艺尚为整齐,自较原营额兵差强,惟未经大战,不习扎营,诚恐临事难恃。”《筹议天津设备事宜折》,《李鸿章全集》第四册《奏议(四)》,

表 2.1 湘军作息、训练时间表

时间		既定任务或训练项目
五更三点(约 4:12)		起床,三成队于营墙上站岗一次,放醒炮
黎明(5:00—6:00)		早操一次
午前	逢三、六、九日	全军技战术会操
	逢一、四、七日	战术训练;抬枪、鸟枪打靶训练
	逢二、八日	体能训练(跑坡、抢旗、跳坑)
	逢五、十日	连环枪法训练
午刻(12:00)		点名一次
午后		近战格斗训练(练拳、棒、刀、矛、钯、叉)
日斜(17:00—18:00)		晚操一次
掌灯(19:00)		三成队于营墙上站岗一次,放定更炮
二更前(21:00 前)		点名一次
夜间		一成队于营墙上站岗,若距敌近则派二成队站岗

因此,湘军的战术及训练变革可以说是近代中国军队在"经世致用"思想指导下、于长期战争实践中的一次自我更新。传统兵学在接受此番"经世"思潮的洗礼之后又回归了实际。而其中所蕴含之以解决现实军事问题为终极目标的学术精神,又为洋务运动时期汲取西方近代战术及训练知识提供了思想上的准备。故而可以认为,湘军的变革为绾接西方、转向现代化道路铺下了基石。此外,由于曾胡等人之学术"已由性理而达于经世",故经世实学具有深厚的理学修为以作根本,故不仅能真正发挥其战术的效果,于逆境中百折不挠、立不世勋业,且始终怀一澄清世道之苦心,"视军事政治为转移风气之手段,而军事政治并非其事业之目的也"。① 这是他们汲汲于事功之际,却不为功利所囿,始终能够保持着道德性理上的清醒与清明,

安徽教育出版社 2008 年版,第 206 页。所谓"差强"显然是顾及其颜面的委婉说法,而训练近十年之后仍然"临事难恃",可见洋枪队仅有虚名,比之绿营并无实质上的进步。另一个可以作为参照的例子便是"练军"。"练军"实际上就是以湘军制度操法来挑练绿营兵丁,欲使之得以革新,然其效果却令人大失所望。曾任直督主持"练军"的曾国藩早已看穿此举因"绿营废坏已极",实为敷衍应付,"欲用以闲执清议,并非果有备豫不虞深谋远虑也",并认为"今欲厘格积弊,一新壁垒,殊乏良策"。《复李中堂》,《曾文正公全集·书札》卷三十二,传忠书局光绪二年刊本,第 20 页 a。李鸿章也指出,直隶练军虽屡经挑选整顿,并装备了洋枪炸炮,但"以御外患实未敢信"。《筹议海防折·附议复条陈》,《李鸿章全集》第六册《奏议(六)》,安徽教育出版社 2008 年版,第 160 页。以复古为基础的湘军成法尚且无法振刷绿营,更何况颇异于中国传统的西方军制、战术。故若以绿营为基础来实现中国军队的现代化,其结果可想而知。

① 萧一山:《清代通史》卷下,中华书局 1985 年影印版,第 733、788 页。

亦是其能够力扶人心于将颓的原因,诚所谓“修德足以弥世乱也”。[①] 故有人指出,晚清之所以能够出现“中兴”的局面,正是有赖于这么一批学问修为深厚的儒生群体:“按道咸朝官,尚讲求学问文字。虽吏治窳败、军事废弛、因循苟且、民怨沸腾,特士大夫尚鲜奔竞卑鄙之风,故太平天国奄有东南、捻回起事西北,卒能削平大乱。自诩‘中兴’者,大半皆当时朝官中笃行励学之士有以启之也。”[②]

不过在肯定其意义的同时,也必然存在这么一个疑问:为什么它只能是中国军事现代化的铺垫,而不能成为此一进程的开端?本书提出的一种解释是,除了武器的落后之外,最关键的问题还在于缺乏一种科学的思维方式。本书不厌其烦要强调的就是,火器的大规模运用,已使战争方式比之冷兵器时代变得更加复杂与烦琐。因此,战术以及相应的编制、训练等内容,已非传统兵学依靠经验、直觉体悟的思维方式所能把握,而越发需要精确化、标准化的方法。换句话说,战术的科学性内容正越来越展现出重要意义。而湘军战术及训练变革却并未朝着这个方向发展。就训练而言,仍同“戚家军”一样为个人的武艺、技艺训练,依靠的是士兵的经验和习惯,无统一的规范和标准。就战术来说,无论是曾国藩所规定的“四面相应阵”,还是鲍超自创的“三才阵”,实际上都是对《风后握奇经》、五行学说等具有高度模糊性并任人申说的古代军事、哲学理论基于经验进行主观发挥之后的产物。[③] 诚然,这种“主观发挥”自非凭空杜撰,乃有本于兵书、服务于实战,这也是湘军所不同于绿营之处。但由于此一过程缺少概念界定、逻辑分析和精确计算,因而仍然只是一种基于个人经验与悟性而各异其趣的“主观意会”。从实战中可以清楚地看到,湘军不同部队的战术往往是将领个人偏好的反映。这并不是说现代战争中不存在各异的战术风格,但这种差异一般仅限于战术的艺术层面。其科学性的内容,例如怎样最有效率地运用

---

① 此为郭嵩焘叹曾国藩语,称其“不怨天不尤人,过则归己,功又不居,遇事辄内省诸身”,认为“经武戡乱之关键在是矣”。柴小梵:《梵天庐丛录(一)》,山西古籍出版社、山西教育出版社 1999 年版,第 149 页。

② 刘成禺:《世载堂杂忆》,中华书局 1960 年版,第 37 页。

③ 如《武经总要》便指出握奇经“经虽存,其图不传义矣”。(宋)曾公亮、(宋)丁度编纂:《武经总要·前集》卷八,《中国兵书集成》编委会编:《中国兵书集成》第 3 册,解放军出版社、辽沈书社 1988 年影印版,第 328 页。清人亦称“握奇经不详所由著,或云出于风后及太公望,又云乐毅、张良、韩信与为之。然古兵家不闻有握奇经,其书盖晚出也。”(清)谢应芝:《辩握奇经》,(清)盛康辑:《皇朝经世文续编》卷八十三《兵政》九《兵法》上,思补楼光绪二十三年刊本,第 20 页 a。可见《握奇经》所述并非明确的兵法战阵,历代将领乃以其个人之理解而成不同的阵法,甚至其本身亦有可能是后人杜撰之物。所以,湘军以之为阵法的基础,必然也只能以意会的方式进行再度演绎。

火器、如何最大化火力效果等一般标准,则应为绝大多数军队所共同遵循。而这些标准正来自逻辑分析、精确计算以及反复实验。由于缺乏此一过程,湘军的变革也就不会在战术的科学性层面上有实质的进步,火器的运用方式一直未能实现科学化、标准化。譬如罗泽南及李续宾、李续宜兄弟等儒将喜“以静制动”,故其能较好发挥火器的价值;塔齐布、鲍超等武夫好冲阵攻坚,火器便得不到那么充分的利用。而且即便是前者,其战术也都衍生自他们所坚持的儒家哲学理念、学术思想——这些显然都是传统思维方式的产物,所以几无标准、规范可言,往往只可意会不可言传,更无法通过精确的计算与实验过程加以改进。这便不难理解,为何湘军经过了十年的内战实践,在战术、训练上却始终“无定式”,没有产生一本军队训练手册或者战术条例。所有的训练、战斗经验基本上都靠将领之间的口口相传和揣摩领悟。或许,湘军将领们也根本不存在这种以严格逻辑分析、精确计算实验来改进战术的观念。因为在传统兵学思维中,战斗方法本来就不应该有标准或者条例,才符合“兵形如水”的理念。基于这种思维方式上的局限,湘军的变革虽使传统兵学回归实际,却无法在此基础上将之发展为近代军事科学。

另一个颇为值得讨论的问题,便是清代军队为何没有给火器装配刺刀。明代曾有人设计过可安插短剑的“子母铳”,①但似乎并未在军队中得到推广。戚继光所撰两本兵书,也都未曾提及鸟铳配有刺刀。清代会典同样没有相应的记载,可见清军鸟枪也未装配刺刀。但最令人奇怪的是,在两次鸦片战争中已经见识过带刺刀的洋枪之后,清军依然没有对自身的鸟枪做出相应的改变。即便是湘军这样久经战阵的军队,似乎对此也未有所反应。按常理而言,为鸟枪装上刺刀显然要比改进枪支的性能更加简单易行,但在数百年中,却始终没有人实现这一细微但却重大的改变。这显然不是武器制造技术落后或者一朝一代的腐朽、保守能够解释,而更多地显示出了一种思维方式的延续。刺刀在西方军队武器系统中的出现,源于其军事家对“如何最大化火器效果的同时又能保护火器手”这一战术问题进行不断逻辑分析与反复实验的结果。换言之,刺刀的出现实际上反映出西方军事家对于火器的战术革命性价值的高度关注。西方军队的战术及训练,实际上正是围绕着这一核心问题而不断发展演变的。刺刀则为此一发展演变过程中的重要发明。与之相反,由于传统兵法基本上产自兵家、名将的主观演绎,以诡道谋略为核心,所以“如何充分发挥火器效果”这一问题便难以成为焦点。即便有所涉及,也并不是以逻辑分析、精确计算、反复实验等方式

---

① 王兆春:《中国火器史》,军事科学出版社 1991 年版,第 141 页。

加以探求,主要还是依靠个人智慧的领悟、体会。所以湘军统帅们仍和中国历史上传统的军事家一样,更多的还是从"人"的层面,如智谋、经验、勇气乃至品质上寻求出路。这实则便是传统兵家重"人谋"不重技术的一贯理路,即以个人经验基础上的主观思辨作为制胜的核心手段,演变至近代的一种历史遗产。

这是一种历史的困境,并非某个朝代或某一时代人物的问题。要求这些士人抛弃由传统哲学理念演化而来的、以经验直觉为主要途径的思维方式,颇有难为古人之嫌。不过也因为如此,湘军的变革依然运行在传统轨道中,只有枝节上的增色创制,体现了旧学在危机下的实用化,却难以称得上现代化。若从学术思想的高度来说,这其实也反映了传统经世实学已经无法适应其所"经"之"世"的一种尴尬处境。正如王先明教授所指出:"道、咸间经世派虽然注重'专门之学',对于财赋、水利、吏治、典章、兵政、防务、荒政等方面的精深研究,包含着发展政治学、经济学、社会学、军事学、历史学的趋向。然而因为没有获得实证科学的有力支持,毕竟失之笼统,不能产生明确的近代学科分类的概念。在方法论上,经世学者讲究证据,注重归纳,却很少自觉地运用实验手段和数学语言,他们求治的目光过多地注重前代的政治经验,而很少着眼于建立当代的科学体系",因此,"如果没有输入新的学术文化因子,单凭经世之学自身的发展、变化,是难以走向近代'新学'的"。[①] 正是从这个意义上说,湘军的战术及训练变革无法被纳入晚清军事现代化的范畴。这一历程只有通过"输入新的学术文化因子",以使思想内核发生转变之后,方能得以开启。

---

① 王先明:《近代新学——中国传统学术文化的嬗变与重构》,商务印书馆2000年版,第73—74页。

第三章　转向:淮军改用“泰西阵法”

如果说湘军的崛起可以算是“奇迹”,那么淮军在苏沪战场上的表现亦可堪称“神奇”。其以新成之军,脱离母体,跨越千里而开辟新的战场,短短两年之内便已攻占苏、常,实出时人意料。[①] 其中缘由固然纷繁复杂,但军事因素无疑是关键所在。故本章的主要任务,就是阐述淮军在仿效“泰西阵法”之后战术方面发生的具体变化,并尝试通过典型个案讨论其驻防时期战术及训练的发展情况。

第一节　为何“坚意要学洋人”

一、孤军入死地:苏沪战场的环境

同治元年三月(1862 年 4 月),淮军乘英国轮船由安庆顺长江而下驶往上海。但船上的人们对这次远征似乎颇为忐忑。周馥后来回忆道:“当轮舟过金陵时,南岸下关、北岸九洑洲各贼凭垒观望。余与军士六百人同匿舱中,不敢露面。”[②]“不敢露面”的低姿态说明,这显然不是一次意气风发的征程。以新立之孤军而跨越敌境千里,本已是险招,更何况其目的地还是俨然成为“死地”[③]的上海。“时上海孤城,四面皆贼,兵众航海至,闻者桥舌”。[④] 当时清政府在苏南地区“仅保松江、上海两城,与黄浦以东三县而已。既而浦东之奉贤、南汇、川沙等城皆被贼扰,松江亦失而复得,上海屡受围逼,势岌岌”[⑤]。而绿营以及官绅所雇募的兵勇虽有数万之众,“然皆市井

---

① 曾国藩后来说:“少荃东下之初,仅命赴援沪城,意谓尽此兵力,或可保全海滨一隅。厥后拓地日广,卒将省垣克复,本非始愿所可及。”江世荣编注:《曾国藩未刊信稿》,中华书局 1959 年版,第 204 页。

② (清)周馥:《年谱》,《周悫慎公全集》第三十六册,秋浦周氏 1922 年刻本,第 7 页 a。

③ (清)陈澹然:《江表忠略》卷二《江苏将吏第三 · 程学启列传》,周骏富辑:《清代传记丛刊 · 名人类⑱》,明文书局 1985 年影印版,第 398 页。

④ 周家驹编:《周武壮公(盛传)遗书(附年谱)》卷首,沈云龙主编:《近代中国史料丛刊》第三十九辑(383),文海出版社 1969 年影印版,第 38 页。以下简称为《周武壮公遗书》。

⑤ (清)薛福成:《书合肥伯相李公用沪平吴》,丁凤麟、王欣之编:《薛福成选集》,上海人民出版社 1987 年版,第 259 页。

无赖,或窃盗,或通贼”,[①]每遇太平军则溃散抢掠,全然不足倚恃。所以,最主要的还是依靠英法两国在上海的驻军以及华尔的“常胜军”防守上海和松江两城。对此,苏州知府吴云感慨道:“沪城无西人,其能屹然否耶?言之可叹。”[②]

然而,西方武装力量的存在也并不能完全保证上海的安全。一则因实力有限,[③]所以常被太平军击败。其于1862年4—5月间曾为“使上海解围”[④]而主动发起攻势,连续攻占了外围的嘉定、青浦、奉贤等县。但当李秀成率主力于5—6月发动反攻时,英法联军以及“常胜军”便屡遭败绩,退出嘉定,丢掉青浦,连“常胜军”副领队法尔斯德也被太平军俘虏。自此以后,英法两军便不再主动出击,只以保卫上海及其近郊为限。[⑤] 可见洋兵虽然拥有先进武器,但由于兵力有限,故其面对太平军也并非具有绝对优势,甚至颇有畏战之意。左宗棠评论道:“青浦、嘉定二处发逆麕至,夷兵遽退,夷人之畏长毛亦与我同,委而去之,真情毕露。”[⑥]另外,英法联军也不愿多伤己兵而为清廷做嫁衣。淮军到上海后,李鸿章一直谨遵曾国藩师训,“不动不变,俟料理数月稍有头绪再出江耳”;其虽深明“若久住而无进战之期,必为洋人所轻”,但因淮军新集且兵力单薄,故不愿使之过早地投入战场以至有孤军深入之险,[⑦]所以多次以“兵勇未齐”、“人未到齐”回绝了联军“与之会剿”的要求。这使联军方面颇为不满,“形诸同色,谓即将守沪西兵撤归本国,并云外国人在此打仗,阵亡受伤兵将不少,所为何事,如中国不肯会

① (清)冯桂芬:《皖水迎师记》,太平天国历史博物馆编:《太平天国史料丛编简辑》第二册,中华书局1962年版,第225页。

② (清)吴云:《两罍轩尺牍》卷十二,沈云龙主编:《近代中国史料丛刊》第二十七辑(264),文海出版社1968年影印版,第1003页。

③ 1862年3月,英军方面约二千四百人,法军人数更少,华尔的“常胜军”也仅有千余人。参见[法]梅朋:《上海租界当局与太平天国运动》,范希衡译,南京大学历史系太平天国史研究室编:《江浙豫皖太平天国史料选编》,江苏人民出版社1983年版,第447—448页。直到该年10月,英法联军再次主动出击时所集结起来的“到现在为止从上海出发,向太平叛军实施攻击的一支最强大的部队”,总兵力也才四千五百多人。上海社会科学院历史研究所编译:《太平军在上海——〈北华捷报〉选译》,上海人民出版社1983年版,第371页。

④ [法]梅朋:《上海租界当局与太平天国运动》,《江浙豫皖太平天国史料选编》,江苏人民出版社1983年版,第452页。

⑤ 参见[法]梅朋:《上海租界当局与太平天国运动》,范希衡译,南京大学历史系太平天国史研究室编:《江浙豫皖太平天国史料选编》,江苏人民出版社1983年版,第462页。

⑥ 转引自《议复调印度兵助剿折》,《曾文正公全集·奏稿》卷十六,传忠书局光绪二年刊本,第29页a。

⑦ 《上曾相》,《李鸿章全集》第二十九册《信函(一)》,安徽教育出版社2008年版,第75页。

办,只得罢兵"。[①] 洋兵"畏缩太甚"、"拥兵数千,坐守洋泾浜"的局面,[②]使李鸿章深刻认识到"洋人不可专恃,沪防必须自强"[③],尚显薄弱的淮军必须独自承担起上海解围的重任。这种情况就迫使他须寻找一切手段提升淮军的战斗力,用尽可能小的代价迅速制胜,以获得在上海立足以及同联军打交道的资本。李鸿章后来回忆道:"我若自己军队不济,他决不肯出力相帮,否亦成喧宾夺主之势,不知要让他占了多少便宜。"[④]

另外值得注意的,是苏沪战场太平军的武器装备水平。由于其亦可从洋商处购得西式武器弹药,所以装备水平颇为可观。"商人并不严格挑选主顾,只要能出大价钱都是好的。……上海一家洋行在一八六二年四月一个月内就供给了革命军七百九十五门大炮和一万磅弹药"。[⑤] 围攻南京的曾国荃指出:"苏常来援之贼洋枪最多且子力能远及。闻忠酋身边护将尤多洋炮,我必以此物御之方有把握。"[⑥]李鸿章在同苏沪太平军交手之后也发现其"专恃洋枪,每进队必有数千杆冲击,猛不可当",故开始"令上海各营添练洋枪小队"。[⑦] 由此可见,对手拥有较多西式武器的情况,使得李鸿章必然会在这个方面同其展开竞赛,并因之推动淮军进一步学习西方近代战术与训练方法。

当然,客观形势总是要与主观决断相结合,才能产生特定的历史结果。因为面对同样局面的并非只是李鸿章及淮军而已。江苏巡抚薛焕所统之抚标绿营、左宗棠统率浙的楚军乃至李秀成部太平军,均有同西方军队共同作战或交战的经历,也都装备着一定数量的西式武器,但却未能如淮军一般"研西法之窾要,开华军之先声"[⑧]。所以,这种差别在相当程度上与军队主

---

① 《上曾制帅》,《李鸿章全集》第二十九册《信函(一)》,安徽教育出版社 2008 年版,第 77、79、88 页。

② 《上曾制军》,《李鸿章全集》第二十九册《信函(一)》,安徽教育出版社 2008 年版,第 93 页。

③ 《权衡沪镇缓急片》,《李鸿章全集》第一册《奏议(一)》,安徽教育出版社 2008 年版,第 29 页。

④ 吴永:《庚子西狩丛谈》卷四,沈云龙主编:《近代中国史料丛刊》第一辑(4),文海出版社 1966 年影印版,第 161 页。

⑤ [法]梅朋:《上海租界当局与太平天国运动》,《江浙豫皖太平天国史料选编》,江苏人民出版社 1983 年版,第 426 页。

⑥ (清)曾国荃:《与李少荃中丞》,《曾忠襄公书札》卷二,《续修四库全书·集部·别集类》第一五五四册,上海古籍出版社 2002 年影印版,第 540 页。

⑦ 《复曾九帅》,《李鸿章全集》第二十九册《信函(一)》,安徽教育出版社 2008 年版,第 114 页。

⑧ (清)薛福成:《书合肥伯相李公用沪平吴》,《薛福成选集》,上海人民出版社 1987 年版,第 262 页。

导者的特质有相当密切的关联。此即为何必须考察淮军统帅李鸿章个人经历与品性的缘由所在。

二、李鸿章的个人经历与品性学养

(一)“将兵淮甸”与“随赞曾军”

相比于曾、胡、左、罗等湘军领袖,李鸿章的经历显得比较特殊。李氏虽“起家翰林,在清秘堂里泡过一阵,但还没有等到他摸熟门径,就已被召去带兵了”,“义理、词章、考据等等,则从此渐成陌路”①。所以比诸前者,他的学术造诣和心性修为自然相当有限,亦落得个“翰林变作绿林”②的名声。但这段长达五年(咸丰三年至八年)的举办团练、同太平军作战的经历,也使李鸿章积累了大量的建军、治军和作战经验。③ 曾国藩曾致书李氏云:“知吾弟统领练勇,驱驰戎马,懋勋令望。……闻足下所带之勇精悍而有纪律,务望更加训练,束以戚氏之法,明年楚勇过皖,即与尊麾合成一军。”④可见李鸿章虽初练团勇,总体上还颇有章法,略见成效,深得曾国藩的期许。此种军事经历与成就即为其日后自统一军、独当一面的资本。此外,“将兵淮甸”⑤对于李鸿章的另一重大收获,在于同庐州府周边的地方团练建立了密切关系。这些团练起自肥西官僚士绅如李元华、张树声等人主持下乡民的“筑圩练兵自卫”⑥,只是一种民间武装。但由于该地区兵事不断,故后来淮军诸将领张树声、潘鼎新、刘铭传、周盛波、周盛传等“皆奔走其间,如是数年;虽未有成效,而战阵之事,练习日精”⑦。故而这些团练武装在火器运用上也已具备一定的基础,其整体战斗力要高于一般的地方民团。⑧ 这是淮军能够迅速成军并投入实战的一个重要前提。

① 杨国强:《义理与事功之间的徊徨——曾国藩、李鸿章及其时代》,生活·读书·新知三联书店 2008 年版,第 56 页。

② 刘体智:《异辞录》,中华书局 1988 年版,第 10 页。

③ 参见王尔敏:《淮军志》,中华书局 1987 年影印版,第 30—31 页;樊百川:《淮军史》,四川人民出版社 1994 年版,第 3—9 页。

④ 《与李少荃》,《曾文正公全集·书札》卷四,传忠书局光绪二年刊本,第 22 页。

⑤ 赵尔巽等:《清史稿》(第三十九册)卷四百十一《列传》一百九十八《李鸿章》,中华书局 1977 年版,第 12011 页。

⑥ 刘体智:《异辞录》,中华书局 1988 年版,第 27 页。

⑦ 柴小梵:《梵天庐丛录(一)》,山西古籍出版社、山西教育出版社 1999 年版,第 235 页。

⑧ 李鸿章于咸丰十一年十一月十一日(1861 年 12 月 12 日)给潘鼎新的信中称给付“火药三百斤、火绳三百盘、喷筒一百个,聊资接济”,并称曾国藩有意令潘部团练“照湘军营制”。年子敏编注:《李鸿章致潘鼎新书札》,中华书局 1960 年版,第 1 页。由此可见,当时肥西团练虽在编制组织上还比较松散,但其已装备了相当数量的火器进行战斗。

不过,李鸿章获得较为正规的军事知识和系统的军事历练还是在加入曾国藩幕府之后。其早年便以年家子的身份,“从曾国藩游,讲求经世之学”。[①] 曾氏对他颇为器重,常称之为“大有用之才”、“才可大用”,[②]待其入幕之后遂“特加青睐,于政治、军务悉心训诰,曲尽其熏陶之能事”[③]。李鸿章也多次提及于曾幕中所受到的教益:“在营中时,我老师总要等我辈大家同时吃饭。饭罢后,即围坐谈论,证经论史,娓娓不倦,都是于学问经济有益实用的话。吃一顿饭,胜过上一回课”;[④]“从前历佐诸帅,茫无指归,至此如识南针,获益非浅”[⑤]。尤其在兵事方面,李鸿章更是获得了以往办团练所难以获得的教导。除了“从曾国藩讨论军事数年”[⑥]之外,他还被派到曾国荃营中“练习军事”,学到了湘军的编制、训练和战斗方法,改变了“初办团时,专以浪战为能”[⑦]的习惯。因此,居于曾幕的这段经历对于李鸿章的军事能力、知识的提升产生了重大的影响,使之掌握了湘军的营制、营规、训练、战术等各方面的方法,为后来统率淮军征战苏沪并学习西方近代战术及训练方式打下了基础。诚如梁启超先生所言:“彼其偃蹇颠沛十余年,所以练其气,老其才,以为他日担当大事之用。而随赞曾军数年中,又鸿章最得力之实验学校,而终身受其用者也。”[⑧]

(二)“不解空言高论”的务实主义者

然而,真正决定淮军发展方向与精神特质的主要因素,还是李鸿章自身所独有的性格。否则其亦只能步趋湘军而已。同曾国藩“少时汲汲皇皇”一样,李鸿章亦有强烈的经世之心。他在道光二十三年(1843 年)准备入都应试之际曾写了《入都》十首以抒发心志。第一首述其雄心壮志:

丈夫只手把吴钩,意气高于百尺楼。
一万年来谁著史,三千里外欲封侯。

① 赵尔巽等:《清史稿》(第三十九册)卷四百十一《列传》一百九十八《李鸿章》,中华书局 1977 年版,第 12011 页。

② 《与江岷樵》、《与李小泉》,《曾文正公全集·书札》卷三,传忠书局光绪二年刊本,第 38 页 b、39 页 a。

③ 刘体智:《异辞录》,中华书局 1988 年版,第 21 页。

④ 吴永:《庚子西狩丛谈》卷四,文海出版社 1966 年影印版,第 156—157 页。

⑤ (清)薛福成:《李傅相入曾文正公幕府》,《庸庵笔记》卷一,丁凤麟、张贵道点校,江苏人民出版社 1983 年版,第 13 页。

⑥ 《初到上海复陈防剿事宜折》,《李鸿章全集》第一册《奏议(一)》,安徽教育出版社 2008 年版,第 4 页。

⑦ 刘体智:《异辞录》,中华书局 1988 年版,第 23 页。

⑧ 梁启超:《李鸿章传》,中华书局 2012 年版,第 18 页。

定须捷足随途骥,那有闲情逐野鸥。
笑指芦沟桥畔路,有人从此到瀛洲。

第二首则在欲展抱负之余显露些许忧虑:

频年伏枥向红尘,悔煞驹光二十春。
马是出群休恋栈,燕辞故垒更图新。
遍交海内知名士,去访京师有道人。
借此可求文字益,胡为抑郁老吾身。

第七首立誓争取功名:

一入都门已到家,征人北上日西斜。
槐厅谬附明经选,桂苑犹虚及第花。
世路恩仇收短剑,人情冷暖验笼纱。
倘无驷马高车日,誓不重回故里车。①

从这些律诗中不难发现,李鸿章年轻时常担心光阴虚度而功业未成,誓要出人头地、大有建树,其用世之意呼之欲出。但若比诸曾国藩的志向,则不难看出二者的差异。曾氏致其诸弟信中写道:

故其为忧也,以不如舜不如周公为忧也。以德不修学不讲为忧也。是故,顽民梗化则忧之,蛮夷猾夏则忧之,小人在位、贤才否闭则忧之,匹夫匹妇不被己泽则忧之。所谓悲天命而悯人穷,此君子之所忧也。若夫一身之屈伸,一家之饥饱,世俗之荣辱得失,贵贱毁誉,君子固不暇忧及此也。②

相形之下,李鸿章的入世志向则更多着眼于个人的功业与名位,明显流露出对于飞黄腾达的渴望。以此为念,自然就会时刻以实用为行事取舍的标准。正如有人所评论“以其重功利,所以倡率者,有异师门也”③,几无曾

① 《入都》,《李鸿章全集》第三十七册《诗文》,安徽教育出版社2008年版,第69—70页。
② 《致澄弟温弟沅弟季弟》,《曾国藩全集·家书(一)》,岳麓书社1986年版,第39页。
③ 徐凌霄、徐一士:《凌霄一士随笔》第三册,《民国笔记小说大观》第三辑,山西古籍出版社1997年版,第942页。

国藩那种“君子之道,莫大乎以忠诚为天下倡”[①]的世风人心之思,也少有“不愿为官,但愿为读书明理之君子”[②]的求学问道之念。故其为学,“只不过是跳跃科举入仕龙门的一种手段”。[③] 曾国藩叹道:“荫甫俞樾虽读书,奈过迂谨,少荃李鸿章英发,又奈不读书”;“李少荃拼命做官,俞荫甫拼命著书。”[④]“不读书”和“拼命做官”自是一种戏谑,但却非常生动地描绘出了李氏志不在学而在博取功名的意态。所以李氏的学术造诣相当有限,尤其在义理修为上同湘军诸领袖相去甚远。再加上很早便投入军务战事之中,士林人物的学问功夫、德性修养遂日趋褪去,而逐渐染上一种“痞气”。[⑤] 这反过来又强化了他思想中那种早已有之的“善于迁就的儒家务实主义成分”[⑥]。

这种“务实”的品性,使他会更自觉地从实用工具和技术的角度去寻求解决现实问题的办法,因而便造就了其对于西方武器、战术的敏锐嗅觉。李鸿章一到上海就立刻对西式枪炮产生了浓厚的兴趣,同时还“意识到西方近代武器,与西方军队训练方法,有着某种连带关系,必须两者兼采,而不能采此弃彼”[⑦]。故他在给曾国藩的信中说,和春、张国樑之绿营装备洋枪却全军覆没,并非洋枪不中用,而在于“未操练队伍”,所以不能发挥出真正的效果。[⑧] 这说明李鸿章在认知西方武器、战术方面确实要高出曾氏兄弟一筹。因为曾国荃虽然已“洋枪颇多”[⑨],且仍“索洋枪洋药甚切”[⑩],但他似乎从未关注到洋枪洋炮背后所存在着的西方战术及训练方法,而是只将其作为原有武器系统的一种补充,“以佐劈山炮、抬、小枪之所不逮”。[⑪] 如果说

---

① 《湘乡昭忠记》,《曾文正公全集·文集》卷四,传忠书局同治十三年刊本,第18页b。

② 《谕纪鸿》,《曾国藩全集·家书(一)》,岳麓书社1985年版,第324页。

③ 董丛林:《领袖导向与湘淮系势力的“异流”》,《近代史研究》1994年第2期。

④ 转引自萧一山:《清代通史》卷下,中华书局1985年影印版,第826页。

⑤ “痞气”即指“那种直露地为功利目的而不择手段行事的习气”。董丛林:《领袖导向与湘淮系势力的“异流”》,《近代史研究》1994年第2期。

⑥ [美]刘广京、朱昌峻编:《李鸿章评传——中国近代化的起始》,上海古籍出版社1995年版,第25页。

⑦ 龙盛运:《湘军史稿》,四川人民出版社1990年版,第319页。

⑧ 《上曾中堂》,《李鸿章全集》第二十九册《信函(一)》,安徽教育出版社2008年版,第152页。

⑨ 《复曾九帅》,《李鸿章全集》第二十九册《信函(一)》,安徽教育出版社2008年版,第114页。

⑩ 《致李少荃中丞》,《曾文正公全集·书札》卷二十,传忠书局光绪二年刊本,第7页b。

⑪ (清)曾国荃:《与伯兄》,《湘乡曾氏文献(八)》,吴相湘主编:《中国史学丛书》,台湾学生书局1965年影印版,第4851页。另外,戈登也曾抱怨道,曾国荃及其湘军将领只愿意“用他们自己的方式作战而不愿接受任何变革”。[美]R.J.史密斯:《十九世纪中国的常胜军:外国雇佣兵与清帝国官员》,中国社会科学出版社2003年版,第206页。

曾氏兄弟当时还不似李鸿章那样“有不平常的机会深刻了解西方武器和西洋军事人才”①的话,那么左宗棠在浙江战场上则不仅见识到西式枪炮的威力,更同以西式操法训练出来、采用西方战术的“常捷军”有共同作战的经历。但是,他却依然并不相信西方武器与方法,认为“今欲舍中国练兵之法而改用洋法、专用洋枪,则轻巧有余而力量不足,似亦非宜”②。就此可以发现,比诸湘军将帅对西方武器、操法和战术的认知程度,李鸿章确实独具慧眼。

再者,这种务实的品性也使李氏不似曾国藩那样,总是受到义理道德的羁绊而显出些许的“迂谨”。作为一个有信念的理学家,曾国藩时常自觉地从学问道德的角度来看待事物。他在咸丰十一年(1861 年)第一次见到望远镜时,惊叹其“果为精绝,看半里许之人物如在户庭咫尺之间”,但随后之感想并不是如何将之用于兵事,却反思“天下凡物加倍磨冶,皆能变换本质,别生精彩,何况人之于学?但能日新又新,百倍其功,一何患不变化气质,超凡入圣?”③格物所得非其功用,却是进德修身的感悟,可见曾国藩心中常有一份为学为人的警惕与自省,“一生不能逃出理学窠臼”。④ 然就事功论,这种思虑却会在一定程度上使他忽略器物的现实功用,降低其接受新异事物的意愿。比如,他常告诫乃弟曾国荃,若专恃洋枪,“则风气所趋,恐部下将士,人人有务外取巧之习,无反己守拙之道,或流于和、张之门径而不自觉,不可不深思,不可不猛省”、“须有宁拙毋巧、宁故毋新之意,而后可以持久”、“我军仍当以抬鸟刀矛及劈山炮为根本,譬之子弟于经书八股之外,兼工诗赋杂艺则佳,若借杂艺以抛弃经书八股,则浮矣”。⑤ 不难看出,他已赋予这些传统武器、方法以道德含义,即其所倡导之“去伪崇拙”的“拙诚”之道,时常担忧自身行为会破坏人心风气。所以在曾国藩看来,改用西式更为精妙、迅捷和省力的器物,颇有投机取巧之嫌,进而对之极为谨慎,深恐以此有违“守拙”的诚朴本色。至于西式训练、战术等等,那自然更是等而下之的东西。但这种担忧,却无法引起李鸿章这样“生平不解空言高论,只知

① [美]刘广京、朱昌峻编:《李鸿章评传——中国近代化的起始》,上海古籍出版社 1995 年版,第 20 页。

② 《答福州税务司美里登》,《左宗棠全集》第十二册《书牍(一)》卷七,上海书店 1986 年影印版,第 10702 页。

③ 《曾国藩全集·日记(一)》,岳麓书社 1987 年版,第 697 页。

④ 刘禺生:《世载堂杂忆》,中华书局 1960 年版,第 36 页。

⑤ 《致沅弟》,《曾国藩全集·家书(一)》,岳麓书社 1985 年版,第 869、876、881 页。

以实心办实事"[①]的实干人物的共鸣。其在向曾国藩解释洋枪好处的复信中,除附和一句"用兵在人不在器,自是至论"以外,重点则在强调洋人"其大炮之精纯,子药之细巧,器械之鲜明,队伍之雄整"、"别具精工妙用"这样的实际功效。[②] 可见在实用实效的标准下,李氏对于改用洋枪不但没有思想观念上的不适,反而视之为理所当然。无怪乎当曾国藩还在谆谆教导曾国荃的时候,李鸿章的淮军不仅已经开始以洋枪取代小枪,且亦始用西法训练了。[③]

在如何同洋人交往的问题上,两者的路数也大异其趣。李鸿章致曾国藩信中称华尔"允为我请外国铁匠制炸弹,代购洋枪",故"以全身笼络,欲结一人之心,以联各国之好";但却又对其颇为轻鄙,称之为"大抵蠢然一物",颇有操控撮弄之心。[④] 对此,曾国藩虽赞同"自当牢笼,使为我有",但对李鸿章使"权术"以"求人"的做法却深不以为然。他说:

> 用兵之道,最贵自立,不贵求人;驭将之道,最贵推诚,不贵权术。……若无自立推诚二者为本而徒以智术笼络,即驾驭同里将弁且不能久,况异国之人乎。区区愚虑尚希参酌用之。[⑤]

但李鸿章显然并未"参酌"这一"愚虑",后来一直还是以这种方式同洋人打"痞子腔",曾氏又再次劝其"还是用一个'诚'字……想来比'痞子腔'总靠得住一点"。[⑥] 不过,就用人成事的速度来说,前者的"推诚"似乎敌不过后者的"权术"。曾国藩后来也意识到这个问题,怅然反思道:"余昔在军营,不妄保举,不乱用钱,是以人心不附。"[⑦]但作为一位欲涤荡污浊世风的

---

① 《复醇邸详陈创修铁路本末》,《李鸿章全集》第三十四册《信函(六)》,安徽教育出版社2008年版,第541页。

② 《上曾中堂》,《李鸿章全集》第二十九册《信函(一)》,安徽教育出版社2008年版,第186页。

③ 参见王尔敏:《淮军志》,中华书局1987年影印版,第193—194页。

④ 《上曾帅》,《李鸿章全集》第二十九册《信函(一)》,安徽教育出版社2008年版,第111页。

⑤ 《复李少荃中丞》,《曾文正公全集·书札》卷十九,传忠书局光绪二年刊本,第32页a。

⑥ "'痞子腔'盖皖中土语,即油腔滑调之意。"吴永:《庚子西狩丛谈》卷四,文海出版社1966年影印版,第157—158页。可知李氏所谓打"痞子腔"实则仍是以"权术"、"智术"待人。另外,曾国藩反对以"智术"驭将待人实为其一贯理念,并非专言与洋人往来之道。他在给李榕的信中也说:"今既受统领重任,务祈细己之聪明,贬己之智术……处处出于至诚则人皆感悦而告之以善矣。"《致李申夫》,《曾文正公全集·书札》卷九,传忠书局光绪二年刊本,第46页。

⑦ 《致沅弟》,《曾国藩全集·家书(一)》,岳麓书社1985年版,第391页。

“抱道君子”，曾氏始终有着他自己不能逾越和破坏的原则，对必要时的机权行事总颇以为悔：“吾自信笃实人，只为阅历世途，饱更事变，略参些机权作用，把自家学坏了。……近日忧居猛省，一味向平实处用心，将自家笃实的本质还我真面、复我固有。”①李鸿章则无此种内在的制束，因而可以惯常于“时时以不肖之心待人”②、“以利禄驱众③”，可以运用各种手段来换取支持。④ 这或许也是李鸿章能迅速同华尔等洋人“颇要好”⑤、从而较为顺利获取西式武器的原因之一。

总而言之，曾、李二人在品性学养上的不同，在很大程度上导致了湘军和淮军武器、战术及训练变革速度与程度的差别。虽然后来随着认识的深入，曾国藩对于西式武器操法的态度已有相当明显的转变。他于同治末年致函李鸿章，请“深明洋兵秘奥”的淮将吴长庆来教导湘军训练洋枪队，希望“将来湘军阵法或能步淮将后尘”。⑥ 但湘军“于洋式军火每多不屑深求”⑦的风气已成，故最终未能成为晚清军队现代化的引领者。相比之下，李鸿章讲求实用所形成的思想弹性，使其能够很快地变通观念，由步趋湘军迅速转向“坚意要学洋人”⑧，故淮军的武器、操法和战术得以率先改换。这不仅为其获取了丰厚的政治军事资本，⑨也在一定程度上改变了晚清中国军队的面貌。

---

① 《致沅弟》，《曾国藩全集·家书（一）》，岳麓书社 1985 年版，第 363 页。

② 刘体智：《异辞录》，中华书局 1988 年版，第 10 页。

③ 赵尔巽等：《清史稿》（第三十九册）卷四百十一《列传》一百九十八《李鸿章》，中华书局 1977 年版，第 12022 页。

④ 《梵天庐丛录》记道：“各军克城，辄封存敌所囤米，据为私有。文忠出示收买……淮军统将，往往以此致富。”柴小梵：《梵天庐丛录（一）》，山西古籍出版社、山西教育出版社 1999 年版，第 238 页。据此即可概见李氏啖人以利而为己用的手段。而当曾国藩统淮军剿捻时，淮军诸将“视文正公儒将约束颇以为苦，遇有调度，阳奉阴违者颇多”。《归庐谈往录》，《清代野史》第四辑，巴蜀书社 1987 年版，第 230 页。两者驭将待人之道及其影响的不同由此便可见一斑。

⑤ 《上曾帅》，《李鸿章全集》第二十九册《信函（一）》，安徽教育出版社 2008 年版，第 111 页。

⑥ 《复李中堂》，《曾文正公全集·书札》卷三十三，传忠书局光绪二年刊本，第 45 页 a。

⑦ （清）张之洞：《教练广胜军专练洋战片》，苑书义等主编：《张之洞全集》第一册《奏议》卷一，河北人民出版社 1998 年版，第 313 页。

⑧ 年子敏编注：《李鸿章致潘鼎新书札》，中华书局 1960 年版，第 4 页。同治元年四月，李氏给曾国藩的回信中还称：“来示以选将、练兵、筹饷为政，点名、看操、查墙为工夫，敢不懔遵。”《上曾制帅》，《李鸿章全集》第二十九册《信函（一）》，安徽教育出版社 2008 年版，第 84 页。但不到半年，淮军已开始行西式操法，可见其变化之迅速。

⑨ 奕䜣对于李鸿章改用洋枪洋操颇为赞赏，称其“雇觅英、法洋弁，教练兵勇”，对于西洋火器则“不惜重资购求洋匠，设局派人学制”，“各营得此利器，足以摧坚破垒，所向克捷。大江以南逐次廓清，功效之速，无有过于是也”。《筹办夷务始末（同治朝）》卷二十五，《续修四库全书》编纂委员会编：《续修四库全书·史部·纪事本末类》第四一九册，上海古籍出版社 1996 年影印版，第 394 页。

第二节 淮军战术在实战中的变化

一、“泰西阵法”的具体内容

淮军“改用泰西阵法,鸣角出令皆夷语,则湘军所无”①,故其战术的改变早已成定论。不过缺憾之处在于,学界前辈如王尔敏、樊百川等学者对淮军所采用“泰西阵法”的具体内容似乎均未论及。这就导致我们只知道淮军战术变了,但对其“怎么变”以及“变成了什么”却少有了解。因此有必要对当时淮军所仿效的西式战术尤其是常胜军的战术作一简要交代,从而以之为理解淮军实战中战术演变的背景知识和参照对象。

据《淮军志》一书统计,淮军在同治初年所聘用的25名西式教官中,有16人来自常胜军。② 可见淮军所仿效者在很大程度上就是常胜军所用的战术。而后者的操练则是“按照英国通用的步兵操典进行的”③。因此,淮军改用的“泰西阵法”基本上就是19世纪中叶的英军战术。早在拿破仑战争时期,英国陆军便一直保持着自己的战术特色。尽管法军的散兵—纵队战术体系在实战中取得了很大的成功,但英军仍然保留着纵深为两人的线式队形,同时部署装备着来复枪的散兵部队(即轻步兵)作为掩护大队(即战列步兵)开进、展开和投入战斗的屏障,时常也发挥袭扰对手的作用。④ 其一营步兵的战斗队形如图3.1所示。⑤ 所以,英军战术基本上还是依赖于步兵火力的发挥,以减少纵深、增加正面的方式使更多的滑膛枪手投入战斗。这就使英军更倾向于在防御中最大限度地发挥火力而不是进行近战突击。不过,标准的英军战术也并非久拖不决的火枪对射,而是通过占据战场的关键地点或地形,迫使或诱使敌军主动出击;当敌军接近后,进行极为密

① (清)王定安:《湘军记》卷一《谋苏篇》,岳麓书社1983年版,第138页。

② 参见王尔敏:《淮军志》,中华书局1987年影印版,第198—199页。

③ [英]安德鲁·威尔逊:《“常胜军”:戈登在华战绩和镇压太平天国叛乱史》,雍家源译,北京太平天国历史研究会编:《太平天国史译丛》第三辑,中华书局1985年版,第225页。

④ 参见[美]T.N.杜普伊:《武器和战争的演变》,军事科学出版社1985年版,第209—210页。当时著名的军事史学家若米尼对此也曾指出:“任何一支欧洲军队(除英军外)都不敢用展开成两列的横队去冒险。”[瑞士]A.H.若米尼:《战争艺术概论》,刘聪、袁坚译,解放军出版社1986年版,第314页。

⑤ [美]罗伯特·布鲁斯等:《图解世界战争战法:装备、作战技能和战术(拿破仑时代:1792—1815)》,崔建树等译,宁夏人民出版社、中华书局2010年版,第46、49页。其每个步兵营辖10个连,约600—800人,整个队形的正面约175—230码(160—210米左右)。

集的排枪与炮火联合射击,致使对方阵线动摇乃至崩溃,再趁机发动刺刀冲锋以取得决定性的胜利。这种单薄的线式队形只适用于具有高度纪律性的军队,否则将很容易在交火中溃散或者被对方突破。①

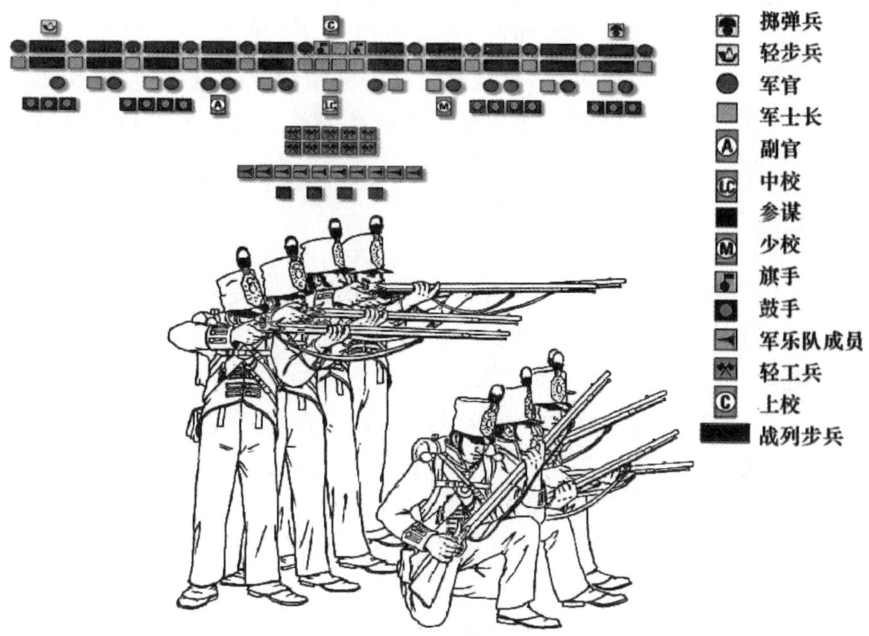

图 3.1　英军步兵营战斗队形

到了 19 世纪中叶,随着“米涅”式子弹的发明,射程更远、精度更高以及穿透力更强的来复枪——如李-恩菲尔德步枪,便取代了滑膛枪成为英军的制式武器。② 但其步兵操典直到 1857 年也没有多少变化,仍然规定各营同以往一样以线式队形进行战斗。所以在 1857—1859 年印度大起义的战场上,便出现了英印两军皆以线式战术交锋的场面——后者正是

① 参见 Gunther E. Rothenberg, *The Art of Warfare in the Age of Napoleon*, Indiana:Indiana University Press, 1980, pp.183-184。

② 来复枪即线膛枪,虽然早在 18 世纪末就已出现,但这种武器却一直存在着严重的的缺陷:为了保证密闭性使用同口径一样大或者更大的子弹,却因为膛线阻碍而难以装填,甚至往往需要用锤子来捶打推弹杆才能将枪弹推进到位;如果子弹小于口径,虽然装填方便,却无法保证枪膛的气密性而减弱了其威力。米涅弹是一种中空的圆锥形子弹,射击时火药气体会将其猛然撑大使之紧密地嵌住枪管内的膛线,所以既方便装弹,又能避免火药气体的外泄而保持动能。这就很好地解决了以往来复枪的问题,从而使之迅速成为当时军队的主要武器。这种步枪的最大射程能达到 1000 码左右(约 914 米)。参见《中国军事史》编写组编:《中国历代军事装备》,解放军出版社 2006 年版,第 360 页。

前者所训练出来。直到 1859 年,步兵操典才有了变化,首次规定步兵营必须熟练于散兵作战,担任散兵角色的部队将在成线式队形的主力之前 500 码(450 米左右)处负责侦查、掩护、防卫等任务。① 可见由于步兵轻武器性能的显著提升,分散配置的倾向开始露出端倪,散兵在进攻中将发挥更重要的作用。不过尽管如此,野战中的线式队形以及攻坚战斗中的纵队队形仍然具有支配地位,直到普法战争结束线式战术仍然风行一时,即便那时候后装步枪已经是西欧军队的标准装备。因为军官们害怕当士兵分散到敌人难以发现时,自己也将无法掌握他们的位置从而失去对军队的控制。②

了解了这一战术发展背景,便可知常胜军所采用的主要还是线式队形。再加上其多数步兵配备的是滑膛枪,只有一个营使用来复枪,③因而也不可能以散兵为主要战斗方式。当时挂名"常胜军督带正任"的吴煦曾描述道,常胜军的训练以"八十余人为一排,以外国二兵官一带一押,勇目执旗鼓总之,众勇鳞栉以进,行止疾徐唯管带兵官口令是遵,队伍井然,肃静毋哗"。④若对照上文所述以及图 3. 1 便可看出,这大致上就是一个步兵连成线式队形的情况。曾加入太平军与常胜军作战的英国人呤唎也写道,当太平军发动肉搏冲锋时,迎接他们的是"排山倒海的炮火和一阵阵的排枪"⑤。不过,由于当时主要是城寨营垒的攻防战,所以常胜军很少有机会进行野外会战。特别是在 1862 年春,参加英法联军攻占上海外围太平军据点的行动中,常胜军主要以其最精锐的来复枪营担当散兵突击队的角色,并为攻城部队提供火力掩护。例如 4 月 5 日的罗家港之战,由英法海军士兵组成的攻城主力部队列成密集的纵队,华尔则指挥常胜军依靠联军大炮的火力掩护进行散兵战斗。外国记者描写道,常胜军士兵"在墓地与丘陵掩护下成半圆形向前推进,终将叛军前线工事几乎包围起来"并歼灭其中的太平军,然后

---

① 参见 Michael Barthorp, *The British Army on Campaign 1816-1902(3):1856-1881*, London: Osprey Publishing, 1988, p.8。

② 参见[美]T.N.杜普伊:《武器和战争的演变》,军事科学出版社 1985 年版,第 218、241 页。

③ 参见[英]安德鲁·威尔逊:《"常胜军":戈登在华战绩和镇压太平天国叛乱史》,《太平天国史译丛》第三辑,中华书局 1985 年版,第 225 页。故可知淮军所用者大多数也是前装滑膛枪而非线膛枪,但也不是早期的燧发枪而是以火帽撞击起火,比火绳点火和燧石发火更加安全可靠、简便实用,可以全天候地使用,并且减少了不发火的故障概率。这种前装滑膛枪的最大射程一般为 200—300 码(约 180—270 米)。参见《中国军事史》编写组编:《中国历代军事装备》,解放军出版社 2006 年版,第 359、360 页。

④ 太平天国历史博物馆编:《吴煦档案选编》第三辑,江苏人民出版社 1984 年版,第 147 页。

⑤ [英]呤唎:《太平天国革命亲历记》下册,王维周译,中华书局 1962 年版,第 484 页。

“以良好的秩序从一个掩蔽物进至另一个掩蔽物”,最后“潜进至敌营一百码以内,他们以英国式的欢呼,从事一次极其勇敢的冲锋,迫使叛军放弃他们的外围工事”。在常胜军攻下这些外围工事之后,联军主力便向前推进,准备发动对城墙的攻击。[①] 这也正是英军操典中所规定的攻城作战的一般方式和程序。[②] 另据冯桂芬的记载,常胜军也时常采用“圆阵”:“华尔率五百人御敌……乃分其众为数圆阵,阵分五重,人四向。最内者平立,其外递俯,至最外者几踞地矣,皆以枪外指,望之者如馒首刺以针然。”[③]这其实就是将一营分成了数个由士兵构成的“圆形碉堡”,以应对人数众多的太平军的四面包围。因为实心小圆阵能够迅速组成,而且能够提高火力的密度,更重要的是能够增强部队的凝聚力与士气,所以常常能够以数百人击溃数千太平军的围攻。

通过上述讨论可见,即便从外在形式而言,这种“泰西阵法”同湘军的传统战术就存在着很大的不同,更不用说其演变轨迹中所蕴含的文化差异。因此,淮军改用“泰西阵法”,必然是一个随着武器的更换、编制的微调、经验的积累以及战场情况的变化,而不断在实战中慢慢磨合、悄然渐进的过程。在接下来对淮军实战表现的讨论中,我们便可以清楚地发现这一点。

二、参用西法:淮军战术的变化

同治元年四月(1862 年 5 月),李秀成亲率大军从南京重返苏沪战场。英法联军为保存自身实力,弃守嘉定退缩回上海,“从此不肯出击”,[④]遂使沪上门户大开,形势十分紧急。李鸿章不得不立即调回驻于浦东南桥、周浦的淮军,进扎于上海西南二十五里的虹桥一带,独立抵挡太平军向该城推进,同时也牵制其对青浦、松江两城的围攻。在经过一系列小规模遭遇战、追击战之后,五月二十一、二十二日(6 月 17、18 日)双方主力终于在新桥展开了一场激烈的攻防战。这也是淮军成立之后所打的第一场大规模会战。

---

① 上海社会科学院历史研究所编译:《太平军在上海——〈北华捷报〉选译》,上海人民出版社 1983 年版,第 291 页。

② 参见 Michael Barthorp, *The British Army on Campaign 1816-1902(3):1856-1881*, London: Osprey Publishing, 1988, p.8。

③ (清)冯桂芬:《副将华尔小传》,缪荃孙纂录:《续碑传集》(第五册)卷七十,周骏富辑:《清代传记丛刊·综录类④》,明文书局 1985 年影印版,第 105 页。

④ 《西兵退出嘉定折》,《李鸿章全集》第一册《奏议(一)》,安徽教育出版社 2008 年版,第 21 页。

淮军与太平军在上海附近地区战斗的总体形势可参见图 3. 2。①

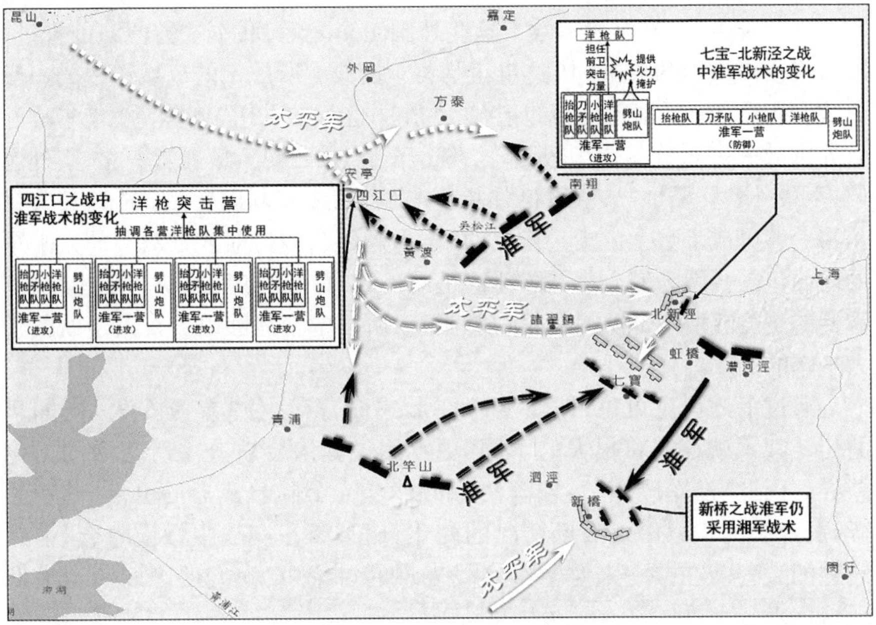

图 3. 2　淮军与太平军在上海附近地区的战斗

该日，太平军五六万人直扑驻守于新桥一线的淮军程学启部，对之进行四面围攻。程部开字营原隶属于曾国荃，故其战斗方式具有典型的湘军特色。面对太平军的冲锋，该营凭借营垒用劈山炮、抬枪、小枪组成的三层火力网进行拦阻；待敌进至营墙之后，全营进行火力齐射，然后“就开壁门，大呼冲杀”，将之击退。这很明显就是湘军惯用的凭垒防御、再乘对方混乱之际发动反冲锋的“以主待客”之法。只不过因其陷于重围，此时的出击，只是为重整营垒上的防守部署赢得时间，所以当太平军又“排墙抵进”时，出击的淮军便再次退入营中，“自辰至申，如是者八九次”。虽然战事吃紧，但这种攻防拉锯战牢牢地牵制住了太平军的主力，为淮军创造了战机。李鸿章于当天亲率淮军主力自虹桥出击进行反包围作战，“分派参将张遇春、游击陈飞熊、训导马先槐三营为左路，副将滕嗣林、同知张树声、游击张桂芳、守备吴长庆三营为右路，臣自督参将郭松林，都司吴斌、王占魁为后路，各带六成队进援”。这也正是湘军“出队分开三大枝”的战术部署模式。被围各

① 该图是以郭毅生主编《太平天国历史地图集》（中国地图出版社 1989 年版）第 131 页所载示意图为参考，并结合各次战斗史料记载所绘制而成。

营见援兵已到,乘机“各开营门一拥而出,横冲直刺内外夹剿”,遂取得一场大胜。[①] 就战术角度来说,此次大捷基本上是一场湘军式的胜利,特别是证明了湘军战术体系在利用营垒和有利阵地实施防御战斗方面的效果,所以程学启认为此役同安庆围城时的阻援防御战颇为类似。[②] 一位西方观察家写道:“经常听说,中国人不是一个好战的民族,没有军事天才;但是从他们构筑土方防御工事的敏捷,他们用以筑造这些营垒的技能,他们在选择阵地上所表现的判断力,他们用以招募大批士兵的能力,最有利地利用这些因素的有系统的方式,所有这种种足以证明,中国人在战术发展的限度内,是具有极大天才的。”[③]不过,湘军的武器战术体系对于孤军入死地的淮军而言却显得有些难以承受,对于意欲速成大功的李鸿章来说也并不能令其满意。因为此战虽然获胜,但淮军的损失颇为可观,光程学启开字营就“重伤八十余人,阵亡十人”,将近全营的五分之一,“各营伤亡亦百余人”。[④] 而这还很有可能是大幅缩水之后的伤亡数字。况且此役仅仅是首次会战,日后必然还将经历损失更为严重的攻坚作战。此外李鸿章也明白,沪上得以解围的关键其实还在于太平军“大股已赴援金陵,三两月内沪可无事”[⑤]。所以,在取得了这场令“我军可以自立,洋人可以慑威,吾师可稍放心,鸿章亦敢于学战”[⑥]的“大捷”之后,其装备西式武器、学习西方战术的愿望不但丝毫未减,反倒更显迫切。

新桥之战以后至该年六月底,潘鼎新、刘铭传等部连续占领了杭州湾沿岸的太平军据点并攻克金山卫,肃清浦东地区,为淮军全力经营浦西以进窥苏常解除了后顾之忧。[⑦] 所以在七月初,淮军主力便进驻北竿山一带,并于

① 以上描述均见于《李鸿章奏报官军连战皆捷松郡解围并沪防肃清折》,《清政府镇压太平天国档案史料》第二十四册,社会科学文献出版社 1999 年版,第 385 页;《松郡解围折》,《李鸿章全集》第一册《奏议(一)》,安徽教育出版社 2008 年版,第 26 页。

② 参见《复曾沅帅》,《李鸿章全集》第二十九册《信函(一)》,安徽教育出版社 2008 年版,第 94 页。

③ [英]安德鲁·威尔逊:《“常胜军”:戈登在华战绩和镇压太平天国叛乱史》,《太平天国史译丛》第三辑,中华书局 1985 年版,第 228—229 页。

④ 《李鸿章奏报官军连战皆捷松郡解围并沪防肃清折》,《清政府镇压太平天国档案史料》第二十四册,社会科学文献出版社 1999 年版,第 385 页;《松郡解围折》,《李鸿章全集》第一册《奏议(一)》,安徽教育出版社 2008 年版,第 26 页。

⑤ 《上曾制军》,《李鸿章全集》第二十九册《信函(一)》,安徽教育出版社 2008 年版,第 93 页。

⑥ 《上曾制军》,《李鸿章全集》第二十九册《信函(一)》,安徽教育出版社 2008 年版,第 92 页。

⑦ 参见《李鸿章奏报官军攻夺海塘敌卡攻克金山卫浦东全境肃清折》,《清政府镇压太平天国档案史料》第二十四册,社会科学文献出版社 1999 年版,第 442 页;《克复金山卫折》,《李鸿章全集》第一册《奏议(一)》,安徽教育出版社 2008 年版,第 45 页。

该月十五日(8 月 10 日)再次攻克青浦县城。① 七月底，太平军十万余众对青浦、北竿山一线展开反击，试图夺回青浦。由于这一地区淮军兵力雄厚(共约十一营五千五百多人)，故太平军大队转向其力量较为薄弱之处，进攻沪西要冲北新泾，将该处守军重重包围。李鸿章于上海仅有二三千人，无法解围，遂飞速调刘铭传等部由浦东回援，令程学启等由青浦、北竿山出泗泾、七宝以攻太平军后路。② 于是，双方便在七宝—北新泾一带展开会战。

同新桥之战的情形类似，这场战役也是淮军一部被围，凭营垒据守并牵制对方，主力则从外线发动解围战斗。但在细节上，却有值得注意的变化。虽然此前已有"程学启带洋枪队百人诱贼出巢"③之事，但显然洋枪队还并非战斗中的主力。而在两月后的这场七宝—北新泾会战中，洋枪队扮演了更加重要的角色。在七宝的战斗中，由于太平军已经占据该地，郭松林便率其松字营洋枪小队作为前卫"抵七宝痛击"，将守敌击退以掩护"程学启带各营大队踵至"。待太平军大队二万余人回扑时，程学启"于七宝街北横排五营，街南横排五营……我军壁立，俟其冲近，劈山炮、抬枪、洋枪齐发"击退其三次冲锋，然后发动反冲锋。④ 亲兵营营官韩正国正是于此时"自带洋枪小队冲锋"中受重伤殒命。⑤ 可见，洋枪队不仅已经出现在不少重要营头之中，更是被纳入了淮军的正式作战序列和整体战斗队形，与旧有火器进行火力齐射的配合。而且由于洋枪的性能——如枪身短便于机动、射程远、射速高以及装有刺刀等，⑥洋枪队开始担任前卫部队和突击力量。此役之后，

---

① 参见《李鸿章奏报官军克复青浦情形折》，《清政府镇压太平天国档案史料》第二十四册，社会科学文献出版社 1999 年版，第 486—487 页；《克复青浦县城折》，《李鸿章全集》第一册《奏议(一)》，安徽教育出版社 2008 年版，第 59—60 页。

② 参见《李鸿章奏报敌大股绕窜沪防现调兵援剿折》，《清政府镇压太平天国档案史料》第二十四册，社会科学文献出版社 1999 年版，第 507—508 页；《逆匪复逼沪防折》，《李鸿章全集》第一册《奏议(一)》，安徽教育出版社 2008 年版，第 65—66 页。

③ 《上曾制军》，《李鸿章全集》第二十九册《信函(一)》，安徽教育出版社 2008 年版，第 92 页。

④ 《上曾制军》，《李鸿章全集》第二十九册《信函(一)》，安徽教育出版社 2008 年版，第 109 页。

⑤ 《上曾帅》，《李鸿章全集》第二十九册《信函(一)》，安徽教育出版社 2008 年版，第 110 页。

⑥ 此时淮军所用洋枪并非欧洲军队普遍列装的前装线膛枪，而是比较老式的前装滑膛枪。所以李鸿章说其所购在中国已为上品的洋枪"在外国仍不中用"。《复沅帅》，《李鸿章全集》第二十九册《信函(一)》，安徽教育出版社 2008 年版，第 136 页。不过因为这种枪改由击发内装雷汞的火帽作为引燃发射药的装置，所以其稳定性比燧发枪大为提高。当然，由于这种击发枪只是在引火装置上有所不同，因而其射程与射速、精度与燧发枪相比并没有绝对的优势，一般每分钟也只能发射两三发子弹，有效射程约 300 码(270 米左右)，但较之火绳点火的鸟枪、抬枪则已属先进。参见[美]T.N.杜普伊：《武器和战争的演变》，军事科学出版社 1985 年版，第 210、223、238 页。

李鸿章发现苏沪太平军“专恃洋枪,每进队必有数千杆冲击,猛不可挡”,更加坚定了淮军“添练洋枪小队”的决心。他还总结了洋枪队同旧有火器之间的战术配合方式:当发动冲击时,“以劈山炮护洋枪队”,即用劈山炮队提供火力准备,压制太平军掩护洋枪队向前运动;处于防御时则“以劈山炮夹抬枪、小枪、洋枪队排齐进战,贼必瓦解”。[①] 这说明洋枪队的火力齐射与突击已经成为淮军战术中一个新的环节。

这一变化在九月中下旬的四江口之战中表现得更加明显。九月初二(10月24日)攻克嘉定之后,淮军主力已进扎黄渡、南翔一线。[②] 太平军迅速调集苏浙地区守军十余万人,由昆山发动大规模反攻以图扭转不利局面:北路由安亭经方泰指向南翔,欲断嘉定守军后路;南路进驻四江口,图攻黄渡,欲切断青浦、嘉定之间的联系。其北路进攻被击退,而南路则进展顺利,将淮军水陆四营围困于四江口。程学启以及由南翔增援的李鹤章部力战数日不能解围。[③] 李鸿章见形势危急,遂亲赴前线督战,并连夜檄调刘铭传抽浦东各营洋枪小队共四百人增援。九月二十二日(11月13日)清晨,淮军发动总攻击。程学启率六营为右路,郭松林统五营为左路,刘铭传指挥四营为中路,李鸿章掌握三营居中调度。在左路和中路的战斗中,淮军皆“以洋枪小队膝行而前”作为前卫突击部队,“击倒黄衣贼酋数名,贼众稍却”,大队趁机“冒烟直入,各毙悍贼数百”,一举突破太平军防线。太平军左翼(当淮军右路)抽队回救,亦被程学启率部击溃。淮军三路围杀,俘获歼灭太平军万余人,遂解四江口之围。[④] 此役之所以能够取得如此大捷,一个关键的原因就在于将各营洋枪小队抽调出来作为精锐部队集中使用,[⑤]从而以强大的火力撕开了对手的防线达成围歼。这就意味着,虽然洋枪小队隶属于各营之内以增强一营步兵的齐射火力,但在必要时也被临时编组成突击营

---

① 《复曾九帅》、《上曾揆帅》,《李鸿章全集》第二十九册《信函(一)》,安徽教育出版社2008年版,第114、117页。

② 参见《李鸿章奏报中外官军合力克复嘉定县城折》,《清政府镇压太平天国档案史料》第二十四册,社会科学文献出版社1999年版,第596页;《克复嘉定县城折》,《李鸿章全集》第一册《奏议(一)》,安徽教育出版社2008年版,第107页。

③ 参见《李鸿章奏报敌众围扑青浦嘉定及四江口被围现饬援剿折》,《清政府镇压太平天国档案史料》第二十四册,社会科学文献出版社1999年版,第596页;《逆贼围攻四江口折》,《李鸿章全集》第一册《奏议(一)》,安徽教育出版社2008年版,第107页。

④ 《李鸿章奏报督军援剿三战三捷并解四江口重围折》,《清政府镇压太平天国档案史料》第二十四册,社会科学文献出版社1999年版,第637页;《四江口解围折》,《李鸿章全集》第一册《奏议(一)》,安徽教育出版社2008年版,第118页。

⑤ 李鸿章在向曾国藩汇报战况时便指出“调浦东刘参将铭传精锐四五百人”。《上曾中堂》,《李鸿章全集》第二十九册《信函(一)》,安徽教育出版社2008年版,第147页。

作为撕开对方战线的尖刀部队。如此一来,淮军在进攻时便具备了更为完善的火力组合:远距离上劈山炮队提供火力准备,洋枪队借以向前推进并组织前卫火力线压制对手,掩护抬枪、小枪、刀矛所组成的大队进入战斗阵地;然后抬枪、小枪等火器队与洋枪队进行火力齐射,掩护刀矛队发动近战冲锋。相较之下,湘军则"用劈山炮多食群子,连环击之,以抵洋枪冲锋之威"的办法来压制太平军的洋枪火力。① 但问题在于,劈山炮队射速低、不便机动而且离不开刀矛手的保护,因此不可能迅速地向前推进。而抬枪、小枪队限于其武器的体型不便机动、射速慢以及没有刺刀等缺陷,也无法作为前卫火力屏障。这就使湘军只能让劈山炮队和战斗步兵短距离"步炮连环"交替推进以便互相保护,整个进攻战斗过程也随之变得相当缓慢笨重。再者,由于劈山炮在射击精确度、连续性等方面并不可靠,所以火力掩护的效果难以保证。这就使湘军在步兵前进后重整战斗队形这一段相当长的时间内存在着很大的风险,因为对手可以趁此机会发动突击。这些问题也是湘军为何更偏爱"以主待客、以静制动"的防守反击战法的一个重要原因:凭借营垒保护的防御战斗显然要比进攻更能从容地发挥火力杀伤效果。所以,淮军以湘军制度编组洋枪队作为突击部队,在一定程度上弥补了湘军野战进攻能力不足的缺陷。

四江口之战是同治元年双方在上海周边地区的最后一次大规模交锋。此役的胜利标志着淮军已经在青浦、嘉定一线站稳脚跟,获得了夺取昆山、太仓并进窥苏、常的前进基地。短短五个月内,苏沪战场局势便发生了逆转。此种战绩使清廷对李鸿章赞赏有加,实授其为江苏巡抚。② 李氏自然非常清楚这同淮军采用洋枪以及由此产生的战术变化有相当密切的关系,所以此后立即用缴获的千余杆洋枪继续添练洋枪队,③而且"择能战之将,其小枪队悉改为洋枪队,逐日操演洗刷,子路有较抬炮更远者",并令程学启开字三营"并改出洋枪队一营(每哨添劈山炮二队)"。④ 显然,这些举措

① 《致萧庆衍》,《曾国藩全集·书信(五)》,岳麓书社 1994 年版,第 3316 页。可见抬枪、鸟枪在射速上无法与洋枪抗衡。因而也可以推断,湘军在进攻装备着洋枪的太平军时,几乎不具备足够的火力掩护,因为劈山炮散弹射程有限而且难以运动,无法不断向前推进实现炮火延伸。

② 参见《同治元年十月十二日寄谕》,《李鸿章全集》第一册《奏议(一)》,安徽教育出版社 2008 年版,第 120 页。

③ 参见《复沅帅》,《李鸿章全集》第二十九册《信函(一)》,安徽教育出版社 2008 年版,第 149 页。

④ 《上曾中堂》,《李鸿章全集》第二十九册《信函(一)》,安徽教育出版社 2008 年版,第 152 页。

必然会导致淮军编制的变化:“小枪队悉改为洋枪队”使每个步兵营都能够编组出一支百余人的洋枪突击队(即现代军队中的“尖刀连”),而“并改出洋枪队一营(每哨添劈山炮二队)”则整编出了一支全员洋枪且劈山炮配属至哨一级(即连一级)的加强步兵营,无怪乎李鸿章说这样的洋枪营“临阵时一营可抵两营之用”。① 参见图 3. 3。② 而这种编制上的变化自然会导致湘军战斗队形不再适用,并进一步引发淮军战术的更张。③ 这就意味着,淮军学习“泰西阵法”的内容必将不会止步于此。

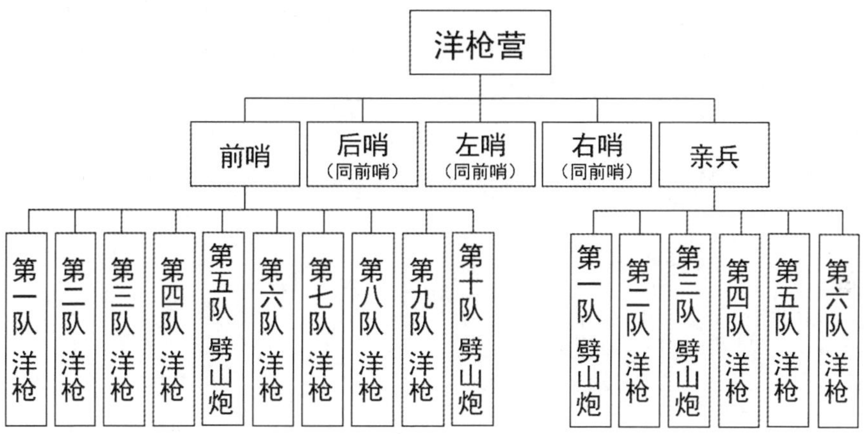

图 3. 3　淮军洋枪营编制结构

总体而言,淮军在这个阶段实战中的战术变化,还仅限于将洋枪“小队”(相当于步兵班或战斗小组)临时抽调编组进行运用的层次,并在湘式战法中“参用”西法,尚未形成新的战术体系。此外,李鸿章似乎也并非完全认可西法,仍然认为陆战非泰西所长,特别是对洋兵不筑营垒颇不以为然。④ 不过,

① 《上曾中堂》,《李鸿章全集》第二十九册《信函(一)》,安徽教育出版社 2008 年版,第 152 页。

② 《上曾中堂》,《李鸿章全集》第二十九册《信函(一)》,安徽教育出版社 2008 年版,第 152 页。

③ 程学启所部是淮军中最早改行西方操法、战术的营头。“枪队军士习英法二国号令,步骤弥精严,盖始于程学启所部。”转引自陆方、李之渤:《晚清淮系集团研究——淮军、淮将和李鸿章》,东北师范大学出版社 1993 年版,第 187 页。《江表忠略》中的程学启传也指出:“自夷将受募则用洋队,自豪谓中国乌有。学启耻焉,遂督所部习夷操,尽得其要领。”(清)陈澹然:《江表忠略》卷三《江苏将吏第三 · 程学启列传》,周骏富辑:《清代传记丛刊 · 名人类⑱》,明文书局 1985 年影印版,第 401 页。程部之所以能领风气之先并“尽得其要领”,与其最先编组出了全数装备洋枪的步兵营应有密切关系。

④ 《上海西兵情形片》,《李鸿章全集》第一册《奏议(一)》,安徽教育出版社 2008 年版,第 40 页。

正如《淮军志》一书指出:“太平军方面远在淮军之先已使用洋枪,而且数量颇多。其所以不能获胜,反为淮军所制者,在于淮军之有组织,也就是淮军用湘军编伍的定制参合西法运用洋枪的成法,而成为一种新的队伍。”①这一年三次战役所显示出来的战斗方式的变化,就是最好的证明。

三、融合中西:新战术初露端倪

进入同治二年(1863年),淮军展开了对苏州外围城镇的进攻。这一攻势的前奏是同治元年十一月(1863年1月)太平军将领骆国忠等人于常熟的献城倒戈。该城随即遭到太平军的围攻。为解常熟之围,李鸿章一方面调驻守浦东金山卫的刘铭传、潘鼎新等三千人乘轮船登陆常熟以北的福山镇,意图攻下该城打开出海通道;另一方面派程学启、李鹤章以及常胜军进逼太仓,“为围魏救赵之计”。② 以下所述历次战役、战斗的总体局势均可参见图3.4。③

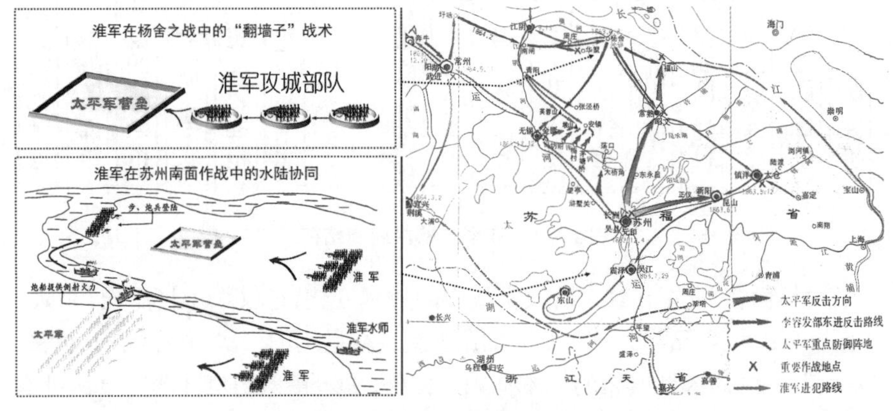

图3.4 淮军在苏南地区的攻势

自此役开始,淮军和常胜军有了比以往密切得多的作战配合,特别是在攻坚战斗中,双方的配合渐成一种模式。例如发生在福山的攻坚战,淮军将领刘秉璋、潘鼎新等人就同新任常胜军指挥官戈登进行战前会议,商讨各部的战斗任务,“约定常胜军以大炮轰击贼垒,各营专打援贼,兼挑奋勇数百人会合常胜军预备爬城”。战斗开始后,常胜军以火炮轰塌对方垒墙数尺,

---

① 王尔敏:《淮军志》,中华书局1987年影印版,第93页。

② 《上曾中堂》,《李鸿章全集》第二十九册《信函(一)》,安徽教育出版社2008年版,第190、197页。

③ 该图是以郭毅生主编《太平天国历史地图集》(中国地图出版社1989年版)第136页所载示意图为基础,并结合相关史料所改绘而成。

“副将张遇春挥令各营奋勇、外国兵官挥令常胜军拥至港边,贼犹凭墙开放枪炮,子落如雨。我军渡过浮桥,由倒墙阙处而进,贼尚抵死抗拒,我军刀砍矛刺尽歼之”。① 这一战斗过程以及战前计划说明,淮军仍然遵循湘军重视打援的思路,但因常胜军炮兵的火力支援,进攻中小型城寨、营垒不再是一件“长围坐困”的任务,也不需要如以往那样付出巨大伤亡。这种变化看似简单,但对于整个局势至关重要。因为若非迅速攻下福山且同时保存有生兵力,常熟便有被太平军重新夺回的可能,而淮军也无力抵挡太平守军和援军的反扑。无论出现哪种情况,无疑都将大大增加淮军进图苏州的难度。从这个意义上说,淮军战术的变化便具有了战略价值。在继之而后的太仓之战中,淮军更加娴熟地运用了这种被称为“炮轰步冲法”②的战术模式:“戈登排列大炮在西门外连环轰击城垣,毙贼甚多,该逆仍死拒不退,我军添炮四面开放,自巳至申,击倒城头悍贼不计其数,轰裂城垣十涂丈,各营奋勇抢越城壕。一拥而上,刀砍枪击,贼众披靡。”③显然,用于攻城的火炮已经大为增加,足以“四面开放”,不仅可轰塌城墙,还压制了城头守军的反击。对此,李鸿章坦承“克复太仓,实借戈登大炮之力”。④

当然不应忽略的是,淮军在这种“炮轰步冲”攻城战术之中保留了湘军的一个特点,那就是对于修筑营垒的坚持。淮军在攻城之前,都是以不断扎营的方式向敌方城寨接近。用潘鼎新的话说就是“翻墙子”:“先筑一垒守之,再前驻一垒,移后垒之兵于前,更调兵守后垒,如是者回环不已,直向敌垒而进,立于不败之地,古所云步步为营者是也”。⑤ 然其异于湘军之处则在于,淮军的“翻墙子”主要目的并不在于“以静制动”,而是将滚扎至敌城边的营垒作为攻城的冲锋阵地和炮兵阵地;若攻城不顺,便作为士兵节节后撤的依托和屏障。在这方面的一个负面案例,便是第一次攻太仓时常胜军(当时还在另一个英国军官奥伦的指挥之下)的黯然失败。它说明了攻城部队被击败后,缺乏具有防护作用的撤退依托以及炮兵阵地将造成多么严重的损失。《北华捷报》评论说,常胜军的一大错误就在于“将大炮放在靠

---

① 《李鸿章奏报福山克复常昭解围情形折》,《清政府镇压太平天国档案史料》第二十五册,社会科学文献出版社2001年版,第91页;《克复福山常昭解围折》,《李鸿章全集》第一册《奏议(一)》,安徽教育出版社2008年版,第230页。

② 金玉国:《中国战术史》,解放军出版社2003年版,第280页。

③ 《李鸿章奏报官军克复太仓州情形折》,《清政府镇压太平天国档案史料》第二十五册,社会科学文献出版社2001年版,第135—136页;《克复太仓州折》,《李鸿章全集》第一册《奏议(一)》,安徽教育出版社2008年版,第236页。

④ 《复曾沅帅》,《李鸿章全集》第二十九册《信函(一)》,安徽教育出版社2008年版,第221页。

⑤ 刘体智:《异辞录》,中华书局1988年版,第30页。

城墙最近的地方，那里没有什么掩蔽，以致守在大炮旁边的炮兵纷纷为敌军炮火所打倒”；攻城失败撤退时同样由于缺少掩护无法将火炮迅速转移，最终“放弃这几门大炮”，而且“沿路遭到敌人的追击，随时还须掉转头来向追兵开火，以阻其前进”。① 这种做法显然有悖于湘军稳扎稳打原则，或许也是李鸿章对洋兵不扎营一直不以为然的原因。四月末的杨舍之战则是一个攻城之前“步步为营”的典型。这也是刘铭传所部三门火炮组成的炮兵小队首次独立进行攻城作战。② 在发动总攻的前四天，刘铭传“先令得字、有字两营滚扎距杨厍二里许”。翌日“复调铭字正、右、后三营离城里许分扎，三更后，刘盛藻一于城之东北角筑一营垒，安置大炮”。第三天再“派铭字前营扼扎东门外……是夜二更后，刘铭传复令刁祖芗、刘东堂等各带二成队伍，乘黑暗中于城濠边偷筑一营，未曙，濠墙俱就。二十一日末刻，经刘铭传派令该营教习法国人毕乃尔、吕加等施放炸炮，轰倒贼之东北炮台丈余”。由此可见，淮军经常利用夜间偷筑等方式，步步为营地向前推进，为攻城火炮提供了一个较为安全的、可以近距离轰击城墙、压制城头守军的发射阵地；而各个方向上的攻城“敢死队”同敌方城墙的距离也被缩短至了千米之内，同时还具有了更为精准的炮火掩护。所以在战斗中，淮军这支独立炮队虽然在技术上、火力密集程度上均无法同常胜军相比，而且火力准备时间不足，步炮协同上尚欠熟练，遂致前队攻击受阻，“爬城弁勇阵亡十余名、受伤五十余名，纷纷退下”，但后续部队能够由城边营垒中源源不断地迅速赶到再次发动冲击，最终使守军无力招架而破城。③ 发生在此役数天前的昆山之战，本来也将以这种方式进行。在攻城之前，各支攻击部队均已“滚扎”至昆山城外的月河桥边，最近者“离城不过数十丈”。④ 在击败太平军增援

---

① 上海社会科学院历史研究所编译：《太平军在上海——〈北华捷报〉选译》，上海人民出版社 1983 年版，第 415 页。

② 李鸿章再向曾国藩汇报战况时说：“刘营有开花炮三尊，两法兵教习，遂见功效。”《上曾中堂》，《李鸿章全集》第二十九册《信函（一）》，安徽教育出版社 2008 年版，第 228 页。

③ 《李鸿章奏报水陆官军攻克江阴县属之杨厍汛城折》，《清政府镇压太平天国档案史料》第二十五册，社会科学文献出版社 2001 年版，第 220—221 页；《克复江阴县属之杨厍汛折》，《李鸿章全集》第一册《奏议（一）》，安徽教育出版社 2008 年版，第 287 页。“杨厍”即杨舍镇。

④ 《江苏巡抚李鸿章奏报太仓肃清官军进扎昆山城下攻剿获胜折》，《清政府镇压太平天国档案史料》第二十五册，社会科学文献出版社 2001 年版，第 153 页；《昆山获胜折》，《李鸿章全集》第一册《奏议（一）》，安徽教育出版社 2008 年版，第 246 页。按一丈为 3.33 米计算，淮军营盘离城最近者可能不到 300 米。而当时淮军装备的火炮基本上都是小型野战炮，其直射的最大射程为 300 码（约 274 米）；增大射角，有效射程约 1500 码（约 1371 米）。《中国军事史》编写组编：《中国历代军事装备》，解放军出版社 2006 年版，第 362 页。若淮军能将火炮运抵离城最近处进行射击，不论是直接轰击城墙，还是压制城头守军，都足以充分发挥炮火的威力。

部队后,戈登便欲开炮攻城。但程学启兵出妙招,借轮船由水路绕攻昆山通向苏州的后路要冲正仪镇,切断了守军退路。昆山城中太平军见后路被截,便倾巢而出试图冲破淮军防线,胜负关键遂由攻坚演变为野战。当这股出击的大部队被击败后,余下守军已无斗志,淮军趁机竖云梯攻城,在未借助常胜军大炮的情况下便将之攻克。① 李鸿章对于“未借戈登炮力克此坚城”感到“实非意料所及”。② 时人也称“是役也,始终不用西洋大炮”③以显示程学启的功劳,但实际上如果不是太平军主力贸然出击而是据城死守,淮军滚营而进,大炮轰击然后竖梯爬城的场面必然还会出现。

从当时的实际条件来说,扎营攻城确实有其实战价值。但若放在世界军事舞台上来看,这种滚营而进的手段反而可能会导致攻城部队因过于密集而成为守军城头大炮的活靶。从这个角度说,这种方式恰恰反映出了近代中国战争环境落后这样一个无奈的事实。不过无论如何,从以上表现来看,淮军滚营向前、步炮协同的攻城战术已经成型,比之湘军的“长围坐困”、“穴地攻城”方式已有相当的进步。当然,前提是淮军必须具有一支自己的西式炮队。作为一个精明的实干家,李鸿章对此自然非常清楚。虽然初到沪上李鸿章就对于西式火炮颇感兴趣,连连称赞其“攻营最为利器”、“落地开花炸弹真神技也”,④但当时淮军最主要的任务是保卫上海以及周边的城镇,对于西式大炮尚无绝对迫切的需要。然此一时彼一时,经过一年

① 参见《李鸿章奏报官军克复昆山新阳县城等情折》,《清政府镇压太平天国档案史料》第二十五册,社会科学文献出版社 2001 年版,第 192—193 页;《克复昆新折》,《李鸿章全集》第一册《奏议(一)》,安徽教育出版社 2008 年版,第 280—281 页。值得一提的是,在西方记者、作家所写的关于戈登的传记中,对昆山一战有着与李鸿章战报截然不同的说法。他们一致认为袭取正仪镇是戈登的决策,程学启对此并不同意;同时指出在正仪镇阻击昆山守军的只有常胜军第四步兵团的三百余名士兵,程学启部淮军并未参与此次行动。参见[英]贺翼柯:《戈登在中国》,王崇武、黎世清辑译:《太平天国史料译丛》第一辑,神州国光社 1954 年版,第 173—175 页;[英]安德鲁·威尔逊:《“常胜军”:戈登在华战绩和镇压太平天国叛乱史》,《太平天国史译丛》第三辑,中华书局 1985 年版,第 244—246 页;[英]伯纳特·M.艾伦:《戈登在中国》,孙梁辑译,上海古籍出版社 1995 年版,第 61—63 页。按常理推断,奇袭正仪实际上是一种军事冒险行动,因为很有可能受到来自苏州和昆山的两面夹击导致全军覆没,所以仅由三百余名常胜军担负这样重要的任务而淮军并不参与其中似乎不太可能。这些记载不可避免地存在着过分夸大戈登以及常胜军战绩的用意,故不可全信。不过作为了解此役战斗过程的一种参考亦无不可,毕竟李鸿章的战报应该也同样存在这种揽功诿过的可能性。

② 《上曾中堂》,《李鸿章全集》第二十九册《信函(一)》,安徽教育出版社 2008 年版,第 226 页。

③ (清)朱孔章:《中兴将帅别传》卷二十四上,岳麓书社 1989 年版,第 257 页。

④ 《上曾制帅》,《李鸿章全集》第二十九册《信函(一)》,安徽教育出版社 2008 年版,第 77、83 页。

的搏战,淮军已经转向主动进攻,意图打下苏州。这就意味着攻城拔寨的问题会越来越频繁地横亘在淮军面前,成为整个苏沪战局成败的关键。而太平军恰恰是筑垒防御方面的行家,并不比以扎营、“站墙子”为家传心法的湘军、淮军逊色多少。《北华捷报》曾评论道:

> 敌军对建立坚强的防御工事,曾在不小的程度上,表现出他们的才能……即使是受过外人训练的华兵,在太平军堡垒下面,也不是他们的对手。的确,连我们自己的海陆军当局也持有这种看法,他们认为我方如不拥有大炮,我军能否将太平军从这些堡垒驱逐出去,很成问题;至少是我军若不经受重大的损失,将不会成功。①

这就使西式炮队的重要性立即凸显出来。所以,提升淮军自身的攻坚能力,而不依赖常胜军的“几件炮火”②,已经成为李鸿章最为关切的内容。故其于致曾国藩信函中曾透露,“现雇洋人数名,分给各营教习;又募外国匠人,由香港购办造炮器具,丁雨生即来监工;又托法、英提督各代购大炮数尊,自本国寄回,大约今年底可渐集事”,认为“中土若于此加意,百年之后,长可自立”,希望“师门一倡率之”。③ 此后又坚决地告知潘鼎新:“总要我军能自收自放,然后出而攻战,可无敌于天下,莫专靠洋人做生活也。兄于炸炮一事,坚意要学洋人,同志诸君祈勉为之。”④这番决心对于近代中国军队兵种结构的变化以及协同战术的演进,都产生了深远的影响。

至于野战方面,随着大量洋枪部队的组建和投入作战,淮军战术也有了进一步发展。在福山、太仓、昆山等战役中,经常能够看到三四百名成建制的洋枪部队作为全军的主力阵列排开射击的场面。而原来的抬枪、鸟枪似乎已经很少获得出场表现的机会。在同治二年的这前四个月中,规模较大的一场野战便是上文所提及的昆山太平军出击同淮军程学启部的战斗。此次战斗,面对数万欲杀出一条血路的太平军,程学启将其最精锐之四百余人

① 上海社会科学院历史研究所编译:《太平军在上海——〈北华捷报〉选译》,上海人民出版社 1983 年版,第 293 页。

② 李鸿章常深以不能自立为憾,认为如果西人如“将外洋火器取回,恐此军亦归无用,盖常胜军粗立战功仅赖几件炮火”。《上曾中堂》,《李鸿章全集》第二十九册《信函(一)》,安徽教育出版社 2008 年版,第 187 页。

③ 《上曾中堂》,《李鸿章全集》第二十九册《信函(一)》,安徽教育出版社 2008 年版,第 217—218 页。

④ 年子敏编注:《李鸿章致潘鼎新书札》,中华书局 1960 年版,第 4 页。

组成的洋枪营——开字中营,排列于大路上用火力齐射迎击太平军的冲锋,待“贼不能支,纷纷回窜”时,又“自督洋枪突入贼队”。① 若对照前述英军及常胜军战术,便不难从这一简要描述中看出,此时淮军以营为单位的洋枪部队在野战时已经略显出西方线式战术的轮廓。

攻克昆山、杨舍后,李鸿章制订了进攻苏州的战略计划:北路以李鹤章、刘铭传从常熟进江阴、无锡,威胁苏州西北方向及其与常州乃至南京的交通线;中路以程学启统率,由昆山直指苏州;南路以太湖水师进吴江、平望;常胜军则由松江移驻昆山,作为战略预备队;另外还命潘鼎新、刘秉璋、杨鼎勋等部驻防金山卫至泖泾一线以御浙江太平军增援。② 与此同时,李秀成也返回了苏州,开始部署反攻行动。淮军趁李秀成主力还未全数到苏之际,先向布防于江阴、常熟、无锡三地交界的太平军侍、辅、护、潮四王所部发动了进攻,以破除其对常熟的压力,从而拉开了大战的序幕。

这场会战虽然并不具有决定性意义,但对于理解太平军武器、战术变化后淮军所面临的挑战还是颇有启发价值。在“各路滚营而进”击退阻击部队、逼近太平军防线之后,淮军于五月二十二日(7 月 7 日)分三路发动总攻:刘铭传铭字七营攻北涸为北路,滕嗣武等八营攻麦市桥为中路,郭松林率八营攻南涸为南路,李鹤章带预备队于顾山作为各路接应。战斗开始后,北路刘铭传部便“放炸炮三十七次”进行火力准备,但太平军相当灵活,从容易被击中的营垒“退伏营外濠中,以洋枪千余排列施放”,打伤淮军官弁士兵数十名,使之“不能进”。南路郭松林部则在水师掩护下“乘间越过南涸,径趋长泾”;太平军惊慌之余仍组织抵抗,聚集于街西“以洋枪排拒”,登时击毙带队冲锋的淮军参将一名,“郭松林愤极,与李长乐亲顶方桌门板”率部冲杀,方将太平军击败。此时,北涸太平军在击退铭字营的进攻之后还分兵南下增援南涸,试图切断南线淮军后路,幸亏接应各营赶到,前后夹击将其击败。直到第二天四更后,在各部淮军的协助下,“以各色火器偷扰贼营……各路火器齐发,枪炮如雨,该逆纷纷奔溃,水陆官军鼓噪而进,喊声震天,当被刘铭传攻破北涸贼营”。③ 这场战役有两点值得关注。一是太平军

① 《李鸿章奏报官军克复昆山新阳县城等情折》,《清政府镇压太平天国档案史料》第二十五册,社会科学文献出版社 2001 年版,第 193 页;《克复昆新折》,《李鸿章全集》第一册《奏议(一)》,安徽教育出版社 2008 年版,第 280 页。

② 参见《分路规取苏州折》,《李鸿章全集》第一册《奏议(一)》,安徽教育出版社 2008 年版,第 295 页。

③ 《击败江阴无锡援贼折》,《李鸿章全集》第一册《奏议(一)》,安徽教育出版社 2008 年版,第 304 页。

武器、战术的显著变化，其程度似乎并不亚于淮军。特别是其于野战中作为防御一方进行颇似线式队形的洋枪齐射场面，比诸太平军以往常用的“螃蟹阵”等密集方阵相比，更会令人感觉到装备西式武器之后其战斗方法的巨大变化。由之引出的第二个问题就是，当太平军也装备了大量洋枪并运用类似线式战术进行战斗时，淮军的武器与战术优势便大为缩水。那么，能否提供足够有效的远程压制火力，就成了淮军所面对的一个新课题。刘铭传所部虽然拥有西式火炮，但因其为加农炮而非榴弹炮，故炮弹落角较小，压制不了掩蔽于壕沟内的太平军。这就导致淮军的冲锋暴露在对方洋枪猛烈的火力之下难以继续前进。郭松林部之所以能强行突进，很大程度上要归功于水师的协助，分散了南涸太平军的注意力。当其深入长泾失去火力支援，单独面对该地守军的“洋枪排拒”时，便遭受了不小的损失，阵亡一员高级将领。最后郭松林等人亲冒枪弹再次发动冲锋，方才突破敌军防线。而在北面，直到各路人马动用“各色火器偷扰贼营”，分散守军火力之后，刘铭传部才趁夜色为掩护攻击得手。而这种缺乏有效远程火力压制的冲锋代价自然也不小，伤亡弁勇百余名。若考虑到战报中夸大歼敌、缩水伤亡的一贯笔法，这个数字应该是最保守的。这说明淮军在同李秀成手下精锐部队交手中能否取胜的关键，在于其是否拥有成熟的步炮协同战术体系。但至少在此战之前，淮军在炮队建设上的成果仍显不足。其中一部分原因在于组建炮队需要大量的经费。李鸿章曾致信潘鼎新，称将购“小而及远”的法国野战炮六尊，但因已买军火用款太巨，一时捉襟见肘，只能不断哀叹自己“近颇患贫”。[①] 从这种购置军火的状况也可以看出，李鸿章最初并无一套成体系的换装计划，直到实战中不断面临新的战术难题时才逐件添置。日后淮军的发展亦与此颇为类似。此外，能否在战斗胶着时发挥湘军那种不避枪弹、敢于冲锋近战的作风，有时也会成为胜负的关键。此役不能不令人产生这样一种印象，那就是出身湘军的郭松林多少继承了塔齐布、鲍超等绿营武将那种匹马陷阵、敢死敢杀的风格，故其所部虽然缺少火炮，但依旧能够突破太平军的洋枪火线。[②] 当时双方所运用的火器性能决定了近战格斗

① 年子敏编注：《李鸿章致潘鼎新书札》，中华书局 1960 年版，第 4—5 页。

② 战后李鸿章给曾国荃的信中说：“郭松林部将伤亡各一，而松林手刃至百数十人，满身白衣逆血溅尽，真壮士也。”《复曾沅帅》，《李鸿章全集》第二十九册《信函（一）》，安徽教育出版社 2008 年版，第 234 页。可见郭松林确实不亚于湘军塔、鲍等猛将之剽悍骁勇。尽管其为人落拓、贪财好色、暴戾恣睢，但仅就敢于肉搏近战这一点上说，确实要比刘铭传等淮系将领略胜一筹。其所部也随之“慓悍之名闻天下”。（清）郭嵩焘：《郭武壮公家传》，缪荃孙纂录：《续碑传集》（第四册）卷五十二，周骏富辑：《清代传记丛刊 · 综录类④》，明文书局 1985 年影印版，第 33 页。

仍然是决胜的重要手段。特别是遭遇战斗意志极为坚定的对手时,野战中敢于冲锋往往要比火枪对射的方式更能够迅速地解决战斗。也正因为如此,即便在同一乃至更晚些时期的西方战争中——譬如美国内战、普法战争,刺刀冲锋依旧受到青睐。从这个角度来说,淮军武器的不断西化并不意味着可以忽视近战肉搏的能力与意志,因为前者虽然提供了更好的准备条件却不能完全取代后者。故而淮军是否还能维持湘军那种坚定的战斗意志、剽悍的战斗风格,而不过分依赖火器甚至畏惧近战,便成了值得注意的问题。

在苏州东南两面的战斗,也面临着同样的困难。由于苏城周围水网密布,程学启所部淮军无法如北线那样通过滚营推进的方式在近敌之处布设炮兵阵地。这就要求其同水师船队进行协同,以登陆作战的方式保证兵力与火力的机动性。换句话说,无论是野战或是攻坚,该线淮军很难仅仅依靠“炮轰步冲”的方式轻松取胜。吴江战役展示了淮军如何在水陆配合的同时实现步炮协同。李鸿章本来计划由李朝斌的太湖水师负责进攻吴江一带,以切断苏州南部。但其因于九洑洲、七里洲等处的战斗中伤亡颇多,迟迟未能发起进攻。李鸿章遂改派程学启部以及常胜军借助黄翼升的淮扬水师图取吴江。六月十二日(7 月 27 日),淮军进攻吴江外围之花泾港。程学启先令水师列阵提供掩护火力,陆师择有利地点登岸,并马上将炮队展开,“以亲兵洋枪队护扎开花炮位”,“以开花炮向营轰打”。同时派水师炮船沿河拦阻苏州方向的援军,使炮兵能够从容地对敌军进行长时间的火力准备,“连放炸炮六十余次,轰倒石城四垛,垒贼慌乱,戈登轮船随到,赶开三四大炮,悉中要害。程学启督水陆将士一拥而上,该逆遂弃垒狂奔”,最终拿下该处太平军石垒,控制了太湖入口。次日,淮军继攻同里。淮军以同样方式登陆展开炮击,“程学启亲燃炸炮二十余次,击中贼目,贼为稍却,然犹死据不退”,只好令水师炮船抵近射击,“排炮齐轰,雷鸣雨落,贼无数,逆队遂乱。水陆将士乘势蹴之,贼乃尽弃炮械而走”,陆军则趁机跟进“以洋枪连环排击,轰毙溺毙三千余人,生擒五百余人”,遂攻下该镇。在苏州太平军援兵被击退后,吴江守军见大势已去,便开城投降。① 同昆山之战类似,淮军颇为飘忽不定的登陆作战使其火力具有了突然性和机动性,在一定程度上达到了突袭的效果。这或许也是其两次战斗伤亡总共不及百人的原因。

① 《江苏巡抚李鸿章奏报官军攻拔花泾港同里各处敌垒等情折》,《清政府镇压太平天国档案史料》第二十五册,社会科学文献出版社 2001 年版,第 256—258 页;《克复吴江震泽县城折》,《李鸿章全集》第一册《奏议(一)》,安徽教育出版社 2008 年版,第 311—312 页。

当然,该地太平军较少、战斗力不强尤其是士气较低也应当纳入考虑,但不能不说程学启在运用西式火炮方面确实显示了其因地制宜的灵活性,摸索出一套比较完善和熟练的多兵种战术配合体系。两天之后,嘉兴太平军数万人反攻吴江。程学启"派洋枪队千人,调集炮船二十只出城迎剿"。淮军在正面安置小开花炮两尊,"由正路打入"提供压制火力,炮船则沿河对太平军战斗队形进行侧向射击;在这些火力的掩护之下,淮军一支战术分队"由城左小路膝行而前,抄袭贼之后队",从而导致太平军发生混乱。程学启趁机指挥主力洋枪队向对方推进,在排枪齐射后"奋力猛冲",将其击溃,"擒斩悍贼三千余名,弁勇伤亡五十余名"。[①] 就其战斗过程,不难看出湘军那样"出队分开三大枝,中间一枝且扎住,左右两枝先出去"的战术部署模式,因一边为水网地形,改为炮船对敌军队形进行拦腰侧射。但巧妙之处就在于,正面的炮击吸引了对方的注意力,为两面包抄提供了很好的掩护,中间一路的洋枪队也因此得以顺利向前推进,较为充分地发挥出了火力和突击的效果,以微小的代价取得相当可观的战果。又如其在攻打苏州城外太平军营垒的战斗中,见正面难以突破,便"自督亲兵于中路设开花炮,派总兵陈有升、副将何安泰、参将张志邦督洋枪队守之"吸引守军注意;夜间三鼓时分,密遣"奋勇五百名,各带洋枪由断苇越水抄袭该逆后路,水师分两翼而进",并运载洋教习和炸炮至敌后"向贼营安设"。黎明发动总攻,"连放开花炮数十次……当将北首贼营轰开两缺口,贼仍死拒,程学启挥令洋枪队逾壕而进",将太平军后路之营攻占,并将南面退路切断,全数围歼该地守军,"统计斩杀二千余人"。[②] 此战规模不大,但却已将水路迂回、侧后登陆等多种机动形式融入其中,使"炮轰步冲"发挥了最大的效果。[③] 这实际上也可以说是程学启运用西方武器和战斗方式,来演绎"明修栈道、暗度陈仓"之类传统兵家谋略的范例。西式火器为湘军的这种部署提供了更强大的工具;而在另一方面,后者也给线式战术的运用提供了更有利的条件,这是程学启部在战斗中显得颇有章法且较为灵活的一个重要原因,故"当是

① 《近日军情片》,《李鸿章全集》第一册《奏议(一)》,安徽教育出版社 2008 年版,第 320 页。

② 《江苏巡抚李鸿章奏报官军攻毁太湖敌营并进攻江阴获胜折》,《清政府镇压太平天国档案史料》第二十五册,社会科学文献出版社 2001 年版,第 275—276 页;《进逼苏城并江阴获胜折》,《李鸿章全集》第一册《奏议(一)》,安徽教育出版社 2008 年版,第 328 页。

③ 程学启曾说:"苏河纷扰,善用之可当十万大兵,不善则十万疆寇耳。"(清)陈澹然:《江表忠略》卷二《江苏将吏第三 · 程学启列传》,周骏富辑:《清代传记丛刊 · 名人类⑱》,明文书局 1985 年影印版,第 400 页。显然,其对于如何运用水网运输调度,使西式枪炮火力具有机动性和突然性方面已颇有心得。

时淮军以公部为最强,威震东南”[1],即便戈登这样睥睨中国军队的洋将对其用兵行阵也颇为“推服”[2]。

同样是清除城外太平军要塞,北面李鹤章、刘铭传所部在江阴一带的战术就显得比较单一,基本上依赖“炮轰步冲”的办法,并且在火力准备的力度与冲锋时机的把握上还略差火候。其往往于“炸炮对营轰击”、太平军却仍“死守不出,复以洋枪密堵炮口”之时,各部便“拔桩越濠”发动冲锋,“贼排放洋枪,复以刀矛迎刺”导致冲锋部队“颇有伤亡”;最后只是因淮军兵力充足,能够连续冲击,“弁勇裹创拥进,贼遂不支”,方将敌营攻破。[3] 如此一来,伤亡自然增加不少。不过也应该承认,虽然其运用西方武器、战术不如程学启部灵动,但比之北涸之战则更显敢于拼杀的锐气。而且当时李鹤章、刘铭传所部拥有的火炮基本上都是小型野战炮。李鸿章说:“敝营所能设法购得者,仅止食十二磅开花子之炮数尊而已。刘镇铭传欲攻江阴,近始在商船购觅三十二磅子之炮二尊。”[4]由此可知,直到该年八月江阴攻城前,刘铭传部方装备大口径攻城炮。故此时其炮位较小,导致火力准备效果不如借助常胜军大口径火炮的程学启部。

经过近八个月的换装改组和实战磨炼,特别是通过与装备较为优良的太平军诸王所部反复较量之后,淮系陆军基本上采用了与西式武器相适应的战斗方式。营级步兵单位采用线式队形或类似战术进行排枪齐射然后刺刀冲锋的场面已屡见不鲜;营以上单位以及各兵种之间的配合协同在总体上也差强人意,有时还能出现奇正相生、虚实变化以提高西式枪炮战术效果的创制。这就使中国军队在学习、运用西式战术的同时,能将之与计谋策略、湘军惯用战术部署等传统兵学内容巧妙结合起来,避免了线式战术所固有的死板、机械的弊病。在这个过程中,淮军也逐渐发展成为一支集团军级规模的武装力量,下辖程学启、刘铭传、郭松林、李鹤章以及驻防浦东的潘鼎新等

---

① (清)朱孔章:《中兴将帅别传》卷二十四上,岳麓书社 1989 年版,第 328 页。

② (清)钱勖:《吴中平寇记》卷七,《四库未收书辑刊》编纂委员会编:《四库未收书辑刊》史 03 辑 · 13 册,北京出版社 1997 年影印版,第 190 页。

③ 《江苏巡抚李鸿章奏报官军攻毁太湖敌营并进攻江苏获胜折》,《清政府镇压太平天国档案史料》第二十五册,社会科学文献出版社 2001 年版,第 278 页;《进逼苏城并江阴获胜折》,《李鸿章全集》第一册《奏议(一)》,安徽教育出版社 2008 年版,第 329 页。

④ 《致浙江抚台曾》,《李鸿章全集》第二十九册《信函(一)》,安徽教育出版社 2008 年版,第 244 页。十二磅以下属轻炮,一般用于野战;二十四磅以上的为重炮,多用于攻城或装备要塞。参见刘申宁:《淮军装备研究》,周军、杨雨润主编:《李鸿章与中国近代化》,安徽人民出版社 1989 年版,第 349 页。

数个兵团。① 不过,随着江阴、苏州、无锡、常州等重镇攻防战的展开,面对忠王李秀成、侍王李世贤、护王陈坤书等苏南太平军最精锐力量的大举反扑,围绕着这些坚城要塞的打援、攻坚作战才是对淮军新战术体系的真正考验。

四、自成体系:新战术粗具规模

最先打响的江阴战役,再次暴露出刘铭传等部淮军过分依赖西式火器,而在战术部署上不够缜密、灵活的问题。在常州太平军将至的情况下,刘铭传并没有做好打援的准备,"欲乘援贼未到"凭新购置的三十二磅大炮迅速攻下江阴。同治二年七月十四日(1863 年 8 月 27 日)刘铭传、周盛波两部"会攻东门,连施巨炮,将城垛击塌。……惟城头枪炮甚密,我军间有伤亡。刘铭传以炸炮分攻北门,督令兵勇竖梯登城。亦以伤亡较多,未能攻入"。正在此屡攻不下之际,十六日(29 日)常州太平军开到,配合守军反将攻城部队"四面合围"。周盛波、周盛传兄弟指挥盛字各营,以哨为单位分拨各个方向凭借洋枪排射进行拦阻,终将援军击溃。但其主力并未受到重创,仍然不时发动攻击。淮军只能先与之周旋,暂时停止攻城。这种机械的猛轰硬冲与仓猝的招架支应,使铭、盛各营伤亡均不在少数。攻江阴十三天,"精锐伤亡逾千",前敌总指挥李鹤章不得不调集驻守福山、常熟的后备部队前来增援。② 另外,又令郭松林部向无锡、江阴交界的祝塘、璜塘、周庄一带攻击前进,会合前者同往江阴助战。③

实践总是最好的学校。江阴城久攻不下、太平援军大至的现实迫使淮军将领们开始意识到这是一场硬仗,必须仔细筹划布置,不再如以往一样单凭洋枪大炮的狂轰滥炸便能轻易取胜。李鹤章、刘铭传在"周览江城周围贼势"之后,回到了湘军那套先打援兵再攻坚城的路子上来,并制订了一面

---

① 李鸿章在汇报攻取苏州的战略计划时就指出"臣军水陆添募及收抚各城降众已逾四万",其中浦东驻军二十营:潘鼎新所部八营驻金山卫,刘秉璋所部七营扎�六泾,杨鼎勋五营驻张堰。《分路规取苏州折》,《李鸿章全集》第一册《奏议(一)》,安徽教育出版社 2008 年版,第 295 页。据郭嵩焘的记载,淮军当时部署在西面的三大支主力中,负责进攻苏州的程学启部共有陆军十四营,水师五营;驻扎常熟、江阴、无锡交界的李鹤章部有陆军二十九营,其中前敌机动兵力十七营,配给水师一营,后备部队及各地驻军十二营;驻杨舍之刘铭传指挥陆军铭字七营,另有水师两营。(清)郭嵩焘:《郭嵩焘日记》第二卷,湖南人民出版社 1981 年版,第 104—106 页。这种兵力部署状况也说明苏州一带的作战比北线更需要水师提供火力和运输上的支持。

② 《江阴击败援贼片》,《李鸿章全集》第一册《奏议(一)》,安徽教育出版社 2008 年版,第 336 页。

③ 参见《亲督各军攻克荡口片》,《李鸿章全集》第一册《奏议(一)》,安徽教育出版社 2008 年版,第 336—337 页。

诱敌、一面包抄的作战计划。七月二十九日(9 月 11 日),淮军发动攻击。郭松林所部向敌后绕越,刘铭传各营则于正面展开诱太平军出战,自辰至巳与其排枪互射、火炮对轰,吸引了对方的注意力。午间时分,郭部已迂回至既定地点,“忽自山后翻上,逆众疑从天降,拼命迎战,郭松林大呼杀入,横冲直突。该逆尾队撤动,头队遂乱。刘铭传、张树珊麾众直捣中坚,贼遂大溃。各军追杀,人马自相蹂践,死者山积”。淮军乘胜将城外木栅、石营、土垒、木卡百余座一律扫荡,太平军援兵溃散殆尽。此后两天再度攻城,“炮力所及,城垛望楼大半坍毁,贼众慌怯之甚……众心实已离散”,有一股太平军愿为内应引淮军登城,江阴遂克。[①] 此役“除阵亡外,受重伤者已逾千人,呻吟相向”[②]。这样的伤亡数量比诸太仓、昆山等处攻城战,可谓损失惨重。据李鸿章奏报所描述,其中大部分来自攻坚。这一方面有炮兵技术不够熟练、射击精度不高导致压制城头火力效果不佳的原因;[③]但另一方面也显露出淮军将领在装备重炮之后产生了一定程度的轻敌、侥幸心理,认为可以凭借火炮在对方援军到达之前迅速破城。不过实战的结果破除了这种虚幻的印象,使其回归实际,从改进战术着手,将声东击西、攻其不备的策略融合进了近代火器战术之中,郭松林部善于近战与刘铭传部精于枪炮的特点也能密切结合、相得益彰,发挥出了较好的杀伤效果。因此总体而言,北线淮军于此役的表现亦算可圈可点,其战术水准较之以往已有所改进。但同时应该看到的是,在将领的各自导向之下,不同营头之间的发展方向已各异其趣。这说明,李鸿章并没有为这支总人数超过四万的军队制定一套装备与训练的标准,而是任统领以各人偏好自行其是。

八月底九月初开始的苏州—无锡战役应该是苏沪战场上规模较大的一次野战。攻下江阴之后,李鸿章决定先攻无锡,切断苏州最后一条陆上通道(另两条为南路通往吴江、平望,东路通往昆山,均已被程学启部扼住),故令刘铭传带所部九营进扎江、常、锡三交界的青旸镇,警戒常州方向;周盛波带所部六营进扎无锡之芙蓉山,郭松林带六营进扎无锡之堠山,作为第一线攻击力量;张树声、滕嗣武带十营进扎张泾桥,为郭、周两部后路援应;此外

---

① 《李鸿章奏报官军击退常州无锡援贼克复江阴县城折》,《清政府镇压太平天国档案史料》第二十五册,社会科学文献出版社 2001 年版,第 293—294 页;《克复江阴折》,《李鸿章全集》第一册《奏议(一)》,安徽教育出版社 2008 年版,第 338—339 页。

② 《防剿大略情形折》,《李鸿章全集》第一册《奏议(一)》,安徽教育出版社 2008 年版,第 341 页。

③ 李鸿章曾说刘铭传所部弁勇正在学习操作三十二磅大炮的方法,还需半年或可出师,可见其炮兵技术还欠火候。参见《致浙江抚台曾》,《李鸿章全集》第二十九册《信函(一)》,安徽教育出版社 2008 年版,第 244 页。

还派黄中元率督标正副、抚标正营共三营进扎荡口前之大桥角，以防苏州太平军出攻常熟。① 从这样的战役布置来看，淮军主力基本集中于无锡东、北两面与江阴交界地带，攻取苏州的关键遂转移为这场会战的成败。这场会战的总体形势仍可参见图 3.4。

战役的第一阶段主要沿着京杭大运河东岸一线展开。经过数次前哨战，八月二十八日（10 月 10 日），双方发生大规模战斗。太平军分三路进攻，左路由高桥绕抄芙蓉山淮军之后，中路进击东亭、塘头；右路为主攻方向，侍王李世贤与璋王林绍璋率四五万人进至坊前、梅村一带。淮军亦分三路迎战，并以驻张泾桥部队中的六营为预备队，集中劈山炮支援洋枪营进行突击，从中路东亭一带突破太平军阵线并向东卷击，协同郭松林部"前后夹击，擒斩千人"，太平军右路遂溃。与此同时，其左路进攻也被周盛波所部击退。② 李秀成见正面无法击败淮军，便集中十余万兵力并三十二磅大炮三四尊进攻对手力量较为薄弱的大桥角一带，试图打开苏州—常熟通道，威胁淮军后方基地，迫使其撤兵回援。此计若成，则可迅速盘活全局。二十九日至三十日（11—12 日）上午，太平军以重炮连续轰击淮军营墙。"抚标正营后哨炮台为炸炮打平，前哨营墙轰平数丈"，随后太平军发起冲锋，步兵爬墙攻垒。淮军发挥出继承自湘军的看家本领，凭借营垒防御优势大量杀伤对手，在"洋人亲领贼众以藤牌遮蔽，屡次爬入"之际将其击退。但自身损失也极为惨重，但抚标正营的伤亡就在百人以上，"帐房大半烧碎，锅碗均被击破……阵亡之勇仅存片骨，炸伤之勇手足多无，若非营哨各官誓众与营存亡，何堪设想"。在太平军屡攻不破之时，张树声、滕嗣林所部半数兵力由张泾急行军四十余里赶到增援，立即发动反击。张树珊率四营洋枪队展开成线式队形向中路太平军"排向冲击"，张树声、滕嗣林分别带三营攻其左右，并伺机从旁抄击。太平军被迫稍退重整队形，中路淮军迅速抵近抛掷火球，掩护大队向前推进；左右两路也借烟雾弥漫"以洋枪马队十徐匹狂呼而进，往来驰突，贼纷纷溃败"，进而突破对手两翼形成合围，太平军因之全线崩溃。翌日，又前往黄埭追击，以洋枪"排列大队"辅以水师火力支援，再次击败对手，两天下来共歼灭太平军万人以上。李秀成的突袭彻底失败。与此同时，郭松林亦击败乘机进攻堠山的太平军。其见"洋枪队屡冲不动"，便亲领部众"各持火弹喷筒向前施放，烧伤贼匪百余名"；在此掩护下，

① 参见《防剿大略情形折》，《李鸿章全集》第一册《奏议（一）》，安徽教育出版社 2008 年版，第 341—342 页。原文中"缑山"应为"堠山"，今为"吼山"。

② 《无锡大捷折》，《李鸿章全集》第一册《奏议（一）》，安徽教育出版社 2008 年版，第 350—351 页。

“李长乐、颜邦桂督洋枪队一拥而上,连环排击”,太平军阵线发生动摇,遂被郭松林带队杀入而溃败。① 会战大致过程如图 3.5 所示。②

图 3.5 苏州—无锡战役第一阶段

这些战斗给人留下最深刻的印象,显然是淮军对于各种新旧火器的综合运用以及各类步兵的相互配合。其洋枪队与劈山炮队“步炮连环”向前推进的模式已相当纯熟,能够迅速突破对方战线的薄弱部位;除此之外,还以抛投火球、发射喷筒的方式作为近距离压制火器,以补劈山炮火力不及或不到之处,颇类似近代西方掷弹兵部队或者是现代战争中火焰喷射小组的作用。甚至还出现了装备洋枪的骑兵小队冲击、扰乱对方阵线为步兵冲锋创造条件的战斗方式。因此可以说,淮军在实战中已经渐渐摸索出了一套以洋枪为主融合其他各种火器作用的战术体系,并且在运用上也颇显得心

① 《无锡大捷折》,《李鸿章全集》第一册《奏议(一)》,安徽教育出版社 2008 年版,第 351—352 页。

② 该图是以郭毅生主编《太平天国历史地图集》(中国地图出版社 1989 年版)第 112 页所载示意图为基础,并根据上述战斗过程改绘而成,图 3.6 与图 3.7 来源与此相同,故不再重复加注。

应手。在兵团战术方面，不仅各部配合较为紧密及时，也能机动、灵活地运用火力突击效果，机变百出地进行中路突破或者侧翼包抄，使太平军疲于招架、陷于被动。① 而且不能忽视的一点在于，同样面对重炮轰击，淮军显然要比太平军具备更坚定的战斗意志。正如前文所反复强调，这种敢死敢战的精神，是一切战术得以施展的根本前提。李鸿章也指出，大桥角之战“幸黄中元督军死守勿去”方能“转获大捷”。② 若其于太平军巨炮猛轰之下便迅速瓦解、溃逃，即便淮军的新战术系统再成熟完善，整个战局或许也会为之一变。

淮军战术体系的完善成型及其顽强的战斗意志，对苏州战场的战略形势产生了直接的影响。这场会战的失利让李秀成所萃集的太平军精锐锋芒顿挫，失去了一举扭转不利局势的难得机会。此后其虽再度调集八九万人马，但一直无力组织起有效的攻势，只能沿运河东岸“步步立营，用逸待劳”，意图诱使淮军主动出击。但李鹤章也令各营“扎营对敌，不可浪战”，双方便在该地形成对峙局面。③

战役的第二阶段始于九月中下旬。苏州外围的程学启部经八、九两个月的作战已攻占了城南宝带桥、五龙桥，并多次击退李秀成部以及浙江嘉兴开来的援军，基本上截断了苏城南面、东面各门的对外通道，守军只剩下北面各门可供出入。④ 李鸿章原计划先攻克无锡，进而对苏州形成远距离的战略包围。但因李鹤章部与李秀成等援军在大运河一线相持不下，一时难

① 这一点也是太平军最大的问题所在，各王部队往往各自为战，缺乏战役层面的周密布置，便成左打一枪、右放一炮的“添油战术”，难以发挥出合力，因而淮军就能应对自如。最典型的例子当属此战，若高桥、坊前、梅村一带战斗与突袭大桥角能同时发起，那么张树声、滕嗣武所部便很难有机会及时赶来援救大桥角守军。一位外国观察家评论道：“各头目间的互相猜忌，是采取庞大的联合行动的障碍，因而导致他们的被各个击破。每个王尽管勇猛，不过是乌合之众的头目，几乎全然不懂如何进行有组织的战争，只想到小规模战斗和抢劫。……江南战役有点像普奥两国在波西米亚作战的情况。一方占有武器和战术上的优势，而另一方却缺少高级将领之间的真诚合作。”[英]安德鲁·威尔逊：《“常胜军”：戈登在华战绩和镇压太平天国叛乱史》，《太平天国史译丛》第三辑，中华书局 1985 年版，第 230 页。由此可见，接受过湘军军事教育、训练的淮军将领在战术意识、指挥能力上确实要比太平军更胜一筹。

② 《上曾中堂》，《李鸿章全集》第二十九册《信函（一）》，安徽教育出版社 2008 年版，第 258 页。

③ 《无锡击败援贼片》，《李鸿章全集》第一册《奏议（一）》，安徽教育出版社 2008 年版，第 360 页。

④ 参见《江苏巡抚李鸿章奏报水陆官军进逼苏州城根攻克宝带桥敌垒折》，《清政府镇压太平天国档案史料》第二十五册，社会科学文献出版社 2001 年版，第 315—316 页；《进攻苏城克宝带桥石垒折》、《近日苏州吴江军情片》、《攻克五龙桥并击退嘉湖援贼折》，《李鸿章全集》第一册《奏议（一）》，安徽教育出版社 2008 年版，第 344—345、354、359 页。

以达到这个目的,遂幡然变计,改令程学启部和常胜军向苏城北郊作浅近的战术包围,插入守军与援军之间将二者分割开来,尽快切断苏州的对外联系。此役的规模也随之扩大为程学启与李鹤章两个战役兵团①之间的配合作战。

九月二十日(11 月 1 日),程学启部并常胜军开始进攻苏城北面近郊。其一面以围城各营出队牵制守军,一面利用河网水路迅速将攻击部队机动至蠡口附近登陆。戈登以大量火炮连续轰击太平军营墙,"程学启督水陆各军四面环攻两时之久,贼众不支,庞发带炮队由营后逾墙而进,陈忠德带枪队由营旁进袭,立将贼营攻毁,该逆无路可逃,遂令各军用洋枪悉数毙之,计杀悍贼千余人"。淮军遂占领该处立营据守。十月初一(11 月 11 日)再进攻黄埭太平军营垒,以常胜军分攻敌营左右,程学启派两营淮军攻南面,两营警戒苏城守军,其余水陆各营进抵黄埭以西防御李秀成部由茅塘桥回援。各部就位之后,"程学启、戈登督放开花炮乱落如雨,乘势越壕而入,手刃悍贼多名。黄翼升复令水师登岸夹击,贼众纷纷逃窜。各军围而杀之,无得脱者。当攻毁贼垒四座,擒斩二千余人"。② 此次战斗虽然规模不大,但从其部署上看可谓细致缜密:对外建立多个方向的警戒防线,使攻坚可以从容、充分地进行火力准备;而且多面合击,令太平军无从措手组织防御,不仅减小伤亡而且攻拔营寨非常迅速。这显示出程学启部和常胜军之间在配合协同以及各种战术的运用上已极为稳练老道。不过从全局上看,这一面的攻势进展较为顺利,很大一部分功劳要记在北线淮军身上。因为此线的战斗吸引了太平军绝大多数的主力部队。自九月十四日(10 月 25 日)起,在与李秀成、李世贤等太平军扎营对峙并连续击退对手进攻之后,"李鹤章与刘铭传、郭松林、张树声、周盛波等熟商,以贼虽众而实怯,宜分路滚营前进一痛惩之"。九月二十九日(11 月 10 日),该部淮军发起主动进攻,以周盛波、刘铭传部为右路进击东亭至坊前一线的李世贤部,郭松林、张树声部为左路攻击梅村、茅塘桥的李秀成部,李鹤章统预备队居中接应。其中,左路

① 在近代西方军事编制系统中,师、旅一级称为战术兵团,军称为高级战术兵团。参见马骏、吴广权:《外国武装力量发展史》,航空工业出版社 2006 年版,第 107—108 页。但以此来对应淮军编制似乎并不合适,故此处以之为参考,将略相当于师旅一级、在战役中担负某一路战斗任务的部队称为战术兵团,例如刘铭传、周盛波、张树声、郭松林等人所辖大支营头;将近似军级支队能够独当一条战线的力量称为战役兵团,如上述各部所组成的由李鹤章担任前敌指挥的北线淮军、负责围攻苏州的程学启部淮军以及驻守苏浙交界的浦东淮军。

② 《苏州无锡连获大胜折》,《李鸿章全集》第一册《奏议(一)》,安徽教育出版社 2008 年版,第 367 页。

战斗最为激烈,郭松林进攻梅村“大呼陷阵,用洋枪连环排击,贼大溃走,立将梅村贼垒十余座踏平”,歼灭五六千人,迫使李秀成亲率卫队千人由茅塘桥前来增援,“郭松林亲督枪队冲进,忠逆且战且走,追抵茅塘桥贼垒”,因冲锋过猛受伤,遂撤兵回营。① 此战淮军运用排枪火力向前推进,然后择要地扎营的方式一步步压缩李秀成内线机动的空间,使其无法对南北两线淮军实施各个击破。这便是程学启能够较为轻松地进一步插入太平军援军与守军之间的重要原因。正如李鸿章在战报中所总结:“先以坚壁勿战挫其气,继以滚营并进遏其锋。连日迭受惩创,恶焰渐衰,臣仍飞饬李鹤章、刘铭传等稳扎稳打,并令程学启、戈登由浒关一带抄截苏、锡交通之路,以收前后夹击之效。”②可见其对于整个战役有较为明确的计划,并能协调南北两个战役兵团的行动。而李秀成虽能出奇用谋、“诡怪百出”,③但他始终无法如李鸿章那样有效地指挥各支部队的作战,进而不能在时间或者空间上集中使用兵力。这是太平军内线作战不仅未能各个击破,反而越打越陷于被动的根源。

十月初二(11 月 12 日),李鹤章令各部再度出击,以郭松林进坊前一带为中路,张树声攻茅塘桥为左路,周盛波向东亭进击李世贤部,掩护全军的右侧后。太平军亦分三路迎击但被迅速击溃。李秀成不得不再次挥兵来援,却依然在对手娴熟的战斗配合下败北。淮军因此得以继续“次第滚扎,日以半队出仗,借护筑垒”④。在这样步步为营的进逼之下,李秀成、李世贤所部援军始终被牵制在东亭、坊前、茅塘桥一带,不敢南下阻止程学启部在苏城北面攻营拔寨。所以,十月初九(11 月 19 日),程部与常胜军遂能以绝对优势的兵力、火力连续攻破浒墅关、虎丘太平军营垒,直追到苏城北面之阊门乃止,从而切断了其最后一条陆上交通干道。李秀成见形势危急,于十二日(22 日)勉强抽兵回救,但很快就被程学启击退。⑤ 而在北面,李鹤章则趁对方分兵之际,于同日集结刘铭传、郭松林、张树声三支战术兵团,并于

① 《苏州无锡连获大胜折》,《李鸿章全集》第一册《奏议(一)》,安徽教育出版社 2008 年版,第 367—368 页。

② 《苏州无锡连获大胜折》,《李鸿章全集》第一册《奏议(一)》,安徽教育出版社 2008 年版,第 368 页。浒关即苏州西北之浒墅关。

③ 《上曾中堂》,《李鸿章全集》第二十九册《信函(一)》,安徽教育出版社 2008 年版,第 256 页。

④ 《无锡击退援贼折》,《李鸿章全集》第一册《奏议(一)》,安徽教育出版社 2008 年版,第 379 页。

⑤ 参见《攻克浒关虎邱贼营折》,《李鸿章全集》第一册《奏议(一)》,安徽教育出版社 2008 年版,第 373 页。

次日夜间全力进攻李世贤所部,“乘夜三面环攻……攻进一头营,悉歼其众。其后各垒,节节奔走,我军层层扑进,随烧随追,侍逆在后扎队扼踞浮桥,我军凭河以洋枪排轰”,一举将之击溃,攻占东亭等地,并乘胜击破李秀成所部在茅塘桥各营,将太平援军“连营数十里,一律毁尽,连日擒斩、轰毙、溺毙贼匪逾万”。李世贤退回宜兴、溧阳,李秀成则后撤至望亭一带,准备由山中小路退入苏州据守。① 该役大致过程如图 3.6 所示。至此,这场大会战便以淮军的完胜而告结束。

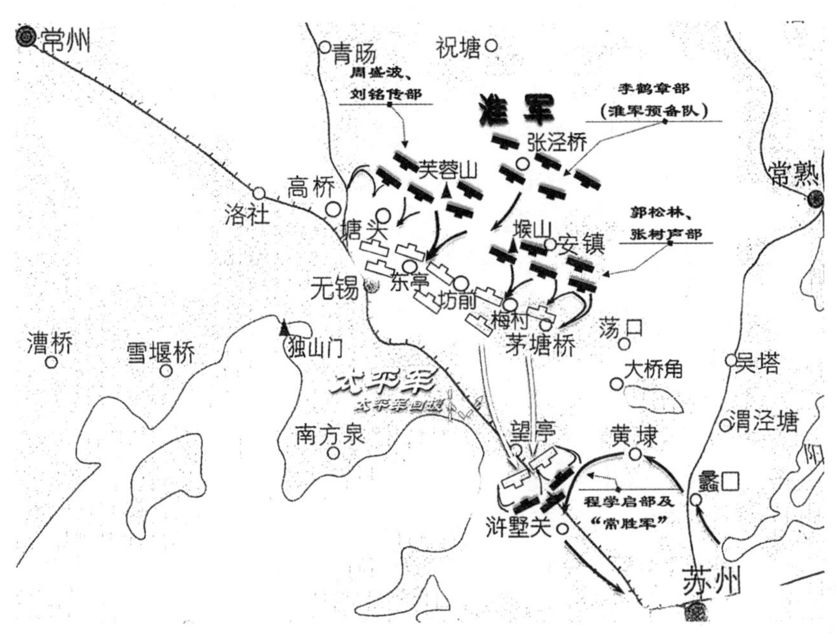

图 3.6 苏州—无锡战役第二阶段

实际上在第一阶段的战斗中,淮军就已表现出融合中西、灵活自如地运用近代枪炮的能力,证明其战术体系于实战中的基本成型。这一体系虽为“西化”之后的产物,但其中也纳入了许多传承自湘军的特长,如“一头、两翼、一尾”的部署模式、连营滚扎的近敌方式以及投掷火球进行突破的战斗方法等,使其在能发挥近代火器效果的同时也能更适用于自身。淮军的战术也因此要远胜于同样装备着泰西枪炮的对手。但这种战术优势的价值,在于它能否转化为对全局的有利效果。正如早期的湘军那样,尽管其取得了绝大多数战斗的胜利,但在整个战略局势上却经常陷于被动。淮军虽然可

① 《无锡击退援贼折》,《李鸿章全集》第一册《奏议(一)》,安徽教育出版社 2008 年版,第 380 页。

以迅速扩充,不似湘军有缺兵少将之苦,但依然存在各营、各兵团的胜利是否能够相得益彰的问题。这也是对淮军改用西式武器战术之后的一次综合考验。而苏州—无锡战役的过程证明,这支改用"泰西阵法"的军队具备这样的能力,其各次战术胜利基本上能够实现相互呼应,从而获致战略价值。譬如第二阶段淮军两个战役兵团的紧密配合,便将各自战术胜利有效衔接在了一起,发挥出显著的全局效果。① 这一点其实并不容易做到,因为战术上的优势往往会使指挥官迷失其中而不见全局。湘军名将李续宾在三河镇全军覆没的例子或许能够提供一些参考。李续宾所部即为原来的罗泽南兵团,战斗力极强,连战连捷、攻无不克。但也正因为如此,其过分专注于自身不断的战术胜利,忽视同鲍超霆军、多隆阿礼军这两个兵团进行配合,导致推进过远,最后被太平军陈玉成、李秀成等多部联合包围歼灭。这一战例非常深刻地说明,不能运用战术优势取得战略价值,那么即便其战术再精妙、战斗力再出众也毫无意义。这也是一支军队成熟与否的一个重要标志。

苏州被合围之后,淮军与常胜军便开始攻击城外依河而建的石垒长墙,以接近城墙发挥火炮的威力。太平军凭借着这些精心修筑的外围工事,使淮军在付出伤亡五百余人的代价后方才得手。③ 但由于苏城外援之路已绝,"太平军的首领们却很清楚地看到,苏州城的陷落只是时间问题罢了"。随后便有十月二十四日至二十六日(12 月 4—6 日)纳王部云宽等刺杀幕王谭绍光、开门献城以及淮军杀降等一系列轰动事件。戈登对于杀降一事极为愤怒,宣称不再听命于李鸿章随同淮军作战,并率常胜军径回昆山营地。④ 但这似乎并未对淮军的进一步作战产生太大影响。在占领苏州后十

---

① 西方作家、记者所写关于戈登的传记经常会过分夸大其对于这场战争的主导地位,通篇只有关于常胜军的战斗描述,认为淮军只不过起着留守据点、提供补给军费的辅助作用。例如贺翼柯就认为攻克苏州"乃是戈登带着常胜军夺取一个又一个的据点以后,便用李氏手下的清军来守卫,而引至苏州投降的一切战略和战斗都是戈登筹划的"。[英]贺翼柯:《戈登在中国》,王崇武、黎世清辑译:《太平天国史料译丛》第一辑,神州国光社 1954 年版,第 225 页。但实际上,戈登承认常胜军"人员少得做不成任何事情",希望拥有一支更大的军队。转引自[美]R.J.史密斯:《十九世纪中国的常胜军:外国雇佣兵与清帝国官员》,中国社会科学出版社 2003 年版,第 175 页。因此,认为常胜军单独承担起苏州地区作战任务的观点应是言过其实。再据戈登、李恒嵩给李鸿章的战报以及程学启致戈登的信札来看,双方确共同参与战斗,只不过淮军在火炮、轮船等方面确实还离不开常胜军的协助,仍需向其学习、借调,但亦绝非留守后方的配角。参见金毓黻等编:《太平天国史料》,中华书局 1955 年版,第 349—350、354、380—399 页。

③ 参见《攻踏苏州城外贼垒折》,《李鸿章全集》第一册《奏议(一)》,安徽教育出版社 2008 年版,第 383 页。

④ [英]安德鲁·威尔逊:《"常胜军":戈登在华战绩和镇压太平天国叛乱史》,《太平天国史译丛》第三辑,中华书局 1985 年版,第 230、274 页。

日之内,其便攻下了无锡。[①] 淮军在野战、攻坚等各种作战中所表现出来的战斗力使李鸿章信心满满,不仅对戈登不愿参战并不在意,指出其“兵力可敷防剿,无须该军协助。……常胜军所恃只有炮火,此外实无他长”[②];而且对戈登因杀降一事“屡称对仗”也“甚不惧怯”,认为常胜军“除炸炮外,攻剿不若我军”。[③] 此等说法虽有刻意贬低之意,但也可从一个侧面窥见淮军此时的战斗力确已今非昔比。实际上,李鸿章在拿下无锡之后,已决定派程学启部南下,会同潘鼎新、刘秉璋等浦东各营进攻浙西的嘉兴,与浙江战区的左宗棠集团形成南北夹击之势;令李鹤章、刘铭传等西攻常州、宜兴,与曾国荃、鲍超等湘军各部东西对进。[④] 如此一来,淮军便成了这场战争中分割苏、浙太平军的战略枢纽,并开始了其在苏南战区的最后两场大规模战役。

在南线,程学启部于同治二年十一月二十二日(1864 年 1 月 1 日)进抵“苏浙枢纽”的平望城外与太平军交火。是夜,太平军趁对手初至进行夜袭。淮军闻警“密令各勇潜伏芦苇,伺贼渐进,发喊迎贼,排放洋枪,乱掷火弹,我军水陆枪炮齐起,贼复退回”。次日黎明,淮军部署完毕开始进攻敌军营垒。但战斗进展却并不顺利,淮军炮队在洋弁备雷指挥下“放炸炮数十,各勇随烟拥进,贼亦枪炮齐发,近者辄倒”。见攻击受阻,“程学启连开大小炸炮五百余,毙悍贼多名”,这才压制住了太平军的反击火力,使冲锋部队得以攻入。[⑤] 这次战斗一方面反映出程部淮军在战斗队形的展开、变换相当迅速熟练,能够在敌军展开偷袭时迅速地进入指定位置并组成线式横队进行齐射。[⑥] 若非久经战阵之军,应该难以做到这一点。但另一方面,也显示出其炮火密度及准度与常胜军相比还有一定差距,必须以倾泻大量炮弹的方式加以弥补。譬如程部在拔除嘉兴城外营垒时,“连开炸炮千余,

---

① 参见《克复无锡金匮折》,《李鸿章全集》第一册《奏议(一)》,安徽教育出版社 2008 年版,第 396—397 页。

② 《筹处置常胜军片》,《李鸿章全集》第一册《奏议(一)》,安徽教育出版社 2008 年版,第 407—408 页。

③ 《上曾揆帅》,《李鸿章全集》第二十九册《信函(一)》,安徽教育出版社 2008 年版,第 272 页。

④ 《筹办大略片》,《李鸿章全集》第一册《奏议(一)》,安徽教育出版社 2008 年版,第 398—399 页。

⑤ 《攻克平望镇九里桥黎里等贼垒折》,《李鸿章全集》第一册《奏议(一)》,安徽教育出版社 2008 年版,第 412 页。

⑥ 此处可用常胜军作一参考,其战斗队形的训练“把重点放在速度上,而不苛求队形的绝对整齐。训练士兵迅速集合,次序颠倒在所不问”。[英]安德鲁·威尔逊:《“常胜军”:戈登在华战绩和镇压太平天国叛乱史》,《太平天国史译丛》第三辑,中华书局 1985 年版,第 226 页。想必程学启部也与之类似,故而队形组成、变换较快。

甫将营墙攻塌”方才将之攻克,但兵勇伤亡高达五六百名之多。[①] 至攻城时,这一问题更为显著。同治三年一月二十八日(1864 年 3 月 6 日),淮军开始大炮轰城,“自辰至未已塌城垣十余丈”。但太平军“拼死抵拒,洋枪雨下,各将士仍冒险拥上,贼以整桶火药燃泼下城,我军万难立足”,不仅兵勇伤亡数百,连程学启手下悍将何安泰也中枪阵亡。[②] 受此重创,程学启不得不暂停攻城进行休整,直到二月十六日(3 月 23 日)才会合由东面进击的潘鼎新、刘秉璋等重启攻势。淮军“滚营扎逼北门城根,护设开花大炮猛攻三昼夜,轰坍城垣百数十丈”,但守军依然“拼死堵击,矢石、枪炮、药桶、喷筒迸落如雨,程学启悬重赏购死士数百,爬城四次不得上”。[③] 面对此一难题,程学启再次显示出其战法上的机变灵活,令兵勇于炮击过后“诈为欲登,贼以枪密攒缺口,我军乘势连开炸炮”。这一战斗程序上的突然改变,使守军一下子暴露在攻城炮火之下,因而取得了更好的杀伤效果。不过,太平军战斗意志极为坚定,随死随填,淮军在“伤亡枕籍”后依然未能攻入。程学启见状愤极,亲自带队冲锋,遂被枪弹击中倒地。此举大大激发了淮军斗志,各将均不顾代价“裹创奋进”。守军在大量伤亡后也力渐不支,难以持续抵挡一波又一波的连续冲击,终于被淮军攻入城内。[④] 嘉兴此役除了击退湖州太平援军之外没有出现大规模的野战,基本上都是营垒与城镇的攻坚。而且不同于苏州攻坚的是,嘉兴守军战斗意志极为顽强,即便城墙已被轰塌多处,仍旧死战不退。因此,淮军武器、战术的优势已无法使其轻易获胜,更需灵活的打法和剽悍的军风。这其实也为衡量淮军武器、战术的变革程度提供了一些启示:其所装备的西式枪炮数量、比例并不能真正说明这支军队的战斗力,更重要的指标在于能否合理、巧妙地应对各种实战需要,是否具备足够坚定的战斗精神以作为运用这些武器、战术的前提。另外,此役程学启的阵亡对于淮军乃至晚清军队的变革来说,都是一个巨大的损失。正如

---

① 《李鸿章奏报进窥嘉兴分路攻克营垒情形片》,《清政府镇压太平天国档案史料》第二十五册,社会科学文献出版社 2001 年版,第 439—440 页;《围攻嘉兴片》,《李鸿章全集》第一册《奏议(一)》,安徽教育出版社 2008 年版,第 446 页。

② 《李鸿章奏报猛攻嘉兴情形片》,《清政府镇压太平天国档案史料》第二十五册,社会科学文献出版社 2001 年版,第 454 页;《猛攻嘉兴片》,《李鸿章全集》第一册《奏议(一)》,安徽教育出版社 2008 年版,第 454 页。

③ 《李鸿章奏报克复嘉兴府城及程学启受伤片》,《清政府镇压太平天国档案史料》第二十五册,社会科学文献出版社 2001 年版,第 455 页;《克复嘉兴程学启受伤片》,《李鸿章全集》第一册《奏议(一)》,安徽教育出版社 2008 年版,第 454 页。

④ 《克复嘉兴详细情形折》,《李鸿章全集》第一册《奏议(一)》,安徽教育出版社 2008 年版,第 463 页。

李鸿章所指出,程学启入沪见西洋枪炮、兵法之后便“留心讲求,每与臣言外夷轻视中国,必须练兵自强,取彼之长,去吾之短”,其所部“操习洋枪数千枝,整齐变化已与洋兵相埒”,并“发愤学习炸炮,阴结洋弁之精于炮事者,与之昼夜研究炮具及木心药性、准头用法,往往自出新意”,认为“设使天假之年,功业讵止于此”。① 若揆诸程部各次战役的表现,可知此言非虚。戈登对程学启的军事才能同样敬重有加,曾有将常胜军交其指挥的想法,②并认为“程将军是改革中国军队的最佳人选”;即便是对中国人少有好感的《北华捷报》也肯定了程学启对于西方武器、技术和战术的理解、运用能力。③ 这就不难理解,当甲午战争惨败之后,李鸿章为何会发出“程方中若在,何忧劲敌为”④的叹息。不过这其实也说明,同传统中国军队一样,淮军的发展水平很大程度上依赖于将领的见识与能力。一旦程学启等名将逐渐阵殁凋零,其由实战积累的技战术经验便随之堙没,无法成为一种可以被继承、理解和掌握的知识体系。

北面的常州战役则是淮军在苏南战场历时最久的一场大会战,⑤而且波折横生。从攻坚到打援,从围攻到解围,淮军承受了多种作战任务的挑战并在其中连续快速地转换角色。其各级部队及指挥官的战术能力与战斗精神也因此受到了全方位的考验。

此战大致可分为三个阶段,可参见图3.7。第一阶段的争夺主要围绕着常州外围据点展开。同治二年(1863年)十一月初至该月下旬,淮军李鹤章、刘铭传两部便进围常州,连续攻拔西北、东南一带太平军营垒,击败城中守军及句容方向太平军援军的反扑;并因城东北奔牛镇守军的投降而直接掐断了常州与丹阳的联系。如此一来,常城就只剩下西门这唯一的对外通道未被围堵。⑥ 为打破常州之围,丹阳太平军集结近十万之众并装有三十

---

① 《为程学启请恤折》,《李鸿章全集》第一册《奏议(一)》,安徽教育出版社2008年版,第478页。

② 参见《上曾中堂》,《李鸿章全集》第二十九册《信函(一)》,安徽教育出版社2008年版,第270页。

③ 转引自[美]R.J.史密斯:《十九世纪中国的常胜军:外国雇佣兵与清帝国官员》,中国社会科学出版社2003年版,第205页。

④ 转引自(清)吴汝纶:《程忠烈公神道碑》,缪荃孙纂录:《续碑传集》(第三册)卷五十一,周骏富辑:《清代传记丛刊·综录类④》,明文书局1985年影印版,第835页。

⑤ 苏州战役若以同治二年八月中旬淮军进攻宝带桥以及无锡外围算起,至该年十月二十四日苏州投降,前后也不到三个月的时间。常州一役从同年十一月初打响,直至次年四月初六方才攻克,整整半年之久。

⑥ 参见《进围常州折》、《常州获胜片》,《李鸿章全集》第一册《奏议(一)》,安徽教育出版社2008年版,第406—407、415页。

二磅大炮的汽轮，四面进围奔牛。最初淮军低估了这股援兵破奔牛、解常州之围的决心，只抽调攻城部队二千人往救，故被对手伏击击败，损失二百余人退回。此时，淮军方才决定先集中力量打援，从攻城部队中调派八营兵力向奔牛连营滚扎，但也只能击退前来围攻自身的太平军而已，无法打穿对方包围圈。鉴于形势严峻，李鸿章飞檄浦东淮军以及各处驻军赶赴增援。① 在淮军调兵遣将的同时，李秀成、李世贤等部太平军也陆续开至奔牛附近，双方的决战一触即发。同治二年十二月十四日（1864 年 1 月 22 日），淮军分三路发动进攻。左路郭松林部首先推进，"贼二万余迎拒，我军排枪猛进，毙贼数百"。中路刘铭传部先以其炮队为左路提供火力准备，"用炸炮轰倒逆垒丈"掩护其突击部队"以藤牌膝行至炮洞外，连抛火弹，烧走放炮之贼"，攻破左路当面敌营；随后刘铭传以及右路滕嗣武、黄中元部也攻下了当面太平军营垒，向奔牛突进。太平军复以二三万人包抄淮军中路，率先突破的郭松林部则折回卷击敌后，"先以马队数十突人贼阵驰骤，贼大惊，董凤高以排枪蹙之，各鸟兽散，不及归营，径向奔牛、当阳一路遁走"。奔牛守军见援军大至，遂"开营冲出，分路阻杀"。前后夹击之下，太平军大败，被歼灭近万人。② 奔牛之围得解，一则在于守军意志坚定，能于数十倍敌军围攻下苦撑达半月之久；二则还在于解围部队野战中明显的战术优势。淮军各兵团不仅对新式战术已相当稳练，而且配合上也颇有默契，如刘铭传部为善于冲击的郭松林部提供火力支援，而后者的迅速突破反过来又能对前者的推进施以援手。所以无论在单打独斗还是协同配合方面，太平军均已无法望其项背。

第二阶段。进入同治三年（1864 年），淮军虽击败大股援兵，但自身兵力已显不敷分布，一时难以攻拔常州西门外敌营，形成全面合围。此时戈登已同李鸿章和解，愿率常胜军往攻宜兴。故李鸿章拨出郭松林等部水陆十四营配合常胜军进攻宜兴。这一方面是为了满足戈登急于再次投入作战的愿望，另一方面此举也可以从战略上收紧对常州的包围圈。不过尽管李鸿章很明确此路"但可以为奇兵，不可以为正兵"③，但淮军水陆十余营调赴宜兴必然会导致常州一带战线的松动。所以，是年正月底至二月初，当淮军和常胜军于西路高歌猛进，连续攻克宜兴、占领溧阳之际，丹阳、句容等地援解

① 参见《常州今日军情片》，《李鸿章全集》第一册《奏议（一）》，安徽教育出版社 2008 年版，第 420—421 页。

② 《奔牛解围折》，《李鸿章全集》第一册《奏议（一）》，安徽教育出版社 2008 年版，第 423—424 页。

③ 《分路进剿折》，《李鸿章全集》第一册《奏议（一）》，安徽教育出版社 2008 年版，第 437 页。

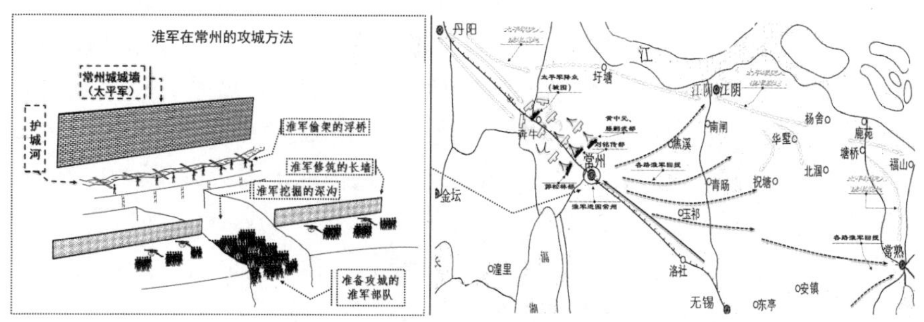

图 3.7　常州战役

常州的太平军便趁机穿过淮军战线空当，沿长江南岸圩塘、夏港进击江阴，并沿周庄、杨舍进至福山、围攻常熟，达到深入淮军腹地的目标。李鸿章急忙飞调郭松林部火速回援，令围城部队坚壁勿战，并抽调各处驻防兵力赶赴常熟防守。① 太平军突然间涌入淮军防御较为薄弱的后方城镇，确实打乱了对方的战役部署，令其不得不四处分兵围堵。但问题在于，其战术能力的有限直接导致了这种机动并不能真正扭转局势。一方面，太平军以十倍于守军的主力部队围攻常熟，不仅未能攻克，反被对方出击攻破其围城营垒；另一方面，虽以逸待劳却又无法击败日夜兼程赶到的郭松林部援军，在其“枪炮连环排击”之下迅速溃退。常熟之围也因此而解。② 此后，各路淮军陆续开到，逐渐将阑入的太平军挤压到江阴、常熟之间的华墅、周庄、云亭、花山一带，并于三月初七（4 月 12 日）将之大部歼灭，逃回常州、丹阳者仅二三千人。③ 同样的围城打援作战，但结果却大相径庭。这说明此时淮军已经具有绝对的战术优势，故太平军即便装备有西式枪炮，但在攻坚、野战上也均无胜机。所以，这种出其不意的机动，最多只能延缓失败却不能力挽狂澜。而在丧失了这仅有的活兵劲旅之后，太平军再也无力进行运动战解围，常州战役也进入了最后的主体攻坚阶段。

---

① 参见《收复溧阳并江常锡次第解围折》，《李鸿章全集》第一册《奏议（一）》，安徽教育出版社 2008 年版，第 450—451 页。

② 参见《江苏巡抚李鸿章奏报收复溧阳调军援剿江阴常熟无锡获胜折》，《清政府镇压太平天国档案史料》第二十五册，社会科学文献出版社 2001 年版，第 452—453 页；《收复溧阳并江常锡次第解围折》，《李鸿章全集》第一册《奏议（一）》，安徽教育出版社 2008 年版，第 450—451 页。

③ 参见《江苏巡抚李鸿章奏报督饬各军兜剿杨厍一带窜股沿江腹地肃清折》，《清政府镇压太平天国档案史料》第二十五册，社会科学文献出版社 2001 年版，第 493—494 页；《沿江腹地肃清折》，《李鸿章全集》第一册《奏议（一）》，安徽教育出版社 2008 年版，第 470—471 页。

第三阶段。由于消灭了大量援军,淮军终于三月中旬攻克常城西门外守军营垒,完全切断了该城对外通道,并准备攻城。不过,李鸿章经嘉兴一战的惨痛损失,似乎对巨炮攻坚变得极为谨慎,认为"常城系各路败贼精锐所集,与臣军搏战最久,稔知炸炮可以攻坚,而爬城队伍可以死拒……虽轰破城垣,竟未得入,转多伤亡,况常贼约有十万,内除老弱数万,其两广悍众,积年死党,一旦穷蹙无归,势必拼死拒守,为万死一生之计",故其申明"设轰坍城垣,仍爬不进,惟有围困数月,待其粮尽自毙,另抽游击之师,专剿援贼"。① 这显然是为回归湘军长围坐困的方法打下伏笔。而就在半年之前,李鸿章还颇为自信地告知曾国荃:"西人用大炮攻城,实为神妙,但须大小开花炮十数尊,又有放实心弹巨炮二三尊,庶高下并落,中边俱透,使其垛楼尽坍,立脚不住,然后以选锋树梯而登,万无一挫。"②这种前后的变化说明,实战教训让李鸿章对西式枪炮的运用有了更深刻也更现实的认知。淮军对常州的首次攻城则再次强化了这种认识。三月二十一日(4 月 26 日)开始,淮军便集中所有火炮分门轰击,夜以继日直到次日午刻,将城墙轰塌数十丈。但在近一天的狂轰滥炸之后,太平军依然"随坍随堵,随死随上",淮军"屡次扑过城濠抢登,均被城头砖石枪矛药桶击回,将士伤亡颇多,常胜军外国弁目亦伤亡十名"。最后各炮队弹药用罄,伤亡惨重,只能暂时收队休整。李鸿章也不得不称守军"凶狡实所罕见",并再次重申"设再轰打不进,即长围困之,多方误之,当有聚歼之一日"。③

也正是这种更为清醒的认识,让淮军着力改进攻城方法,在准备工作上下足了功夫。首先,集结充足的兵力。李鸿章将程学启旧部全数由浙西调至常州,而且几乎集结了所有可用的机动兵力准备攻城,使各主攻方向都有前后两波冲锋兵力:"以常胜军前次伤亡过多,难当头敌,派郭松林、杨鼎勋所部奋勇爬戈登所击缺口,而以常胜军应之;派刘士奇、王永胜各挑奋勇自爬所击缺口,而以道员张树声所部应之。"其次,在攻城掩体与工具上大做文章。淮军此次将滚营抵近对手城墙的方式发展到了极致,趁夜间"于城濠外预筑长墙百数十丈,使兵勇有所护身,炮位可以移近",并"于长墙下开

① 《李鸿章奏报督军围攻常州踏平西门外营垒情形折》,《清政府镇压太平天国档案史料》第二十五册,社会科学文献出版社 2001 年版,第 526—528 页;《常州合围折》,《李鸿章全集》第一册《奏议(一)》,安徽教育出版社 2008 年版,第 475—476 页。

② 《致浙江抚台曾》,《李鸿章全集》第二十九册《信函(一)》,安徽教育出版社 2008 年版,第 244 页。

③ 《李鸿章奏报常州近日军情片》,《清政府镇压太平天国档案史料》第二十五册,社会科学文献出版社 2001 年版,第 569—570 页;《常州合围折》,《李鸿章全集》第一册《奏议(一)》,安徽教育出版社 2008 年版,第 481 页。

一深沟,暗通城河,可容二三千人,夜间密派弃勇由沟内出搭浮桥……三四夜而浮桥已搭成六道”。[①] 如此,由于距离缩短,攻城火炮对城墙以及守军的压制效果便可得到强化;而近至护城河的出发位置和已架设的渡河浮桥,都大大缩短了冲锋士兵接近墙体的时间。这实际上是以中国军队善于坑道作业的特长,[②]对以西式火炮攻城方式的有效改进,使淮军的攻坚战术得以进一步完善。[③] 一切就绪之后,四月初五(5 月 10 日),淮军再次展开炮击直至次日午刻,各将南北城墙轰塌十数丈,城内屋瓦皆飞,太平军几乎无处立足。李鸿章见时机成熟,挥令各部冲锋,拼杀十余回合,守军渐渐不支,终被淮军登城。但战斗并未结束,城内太平军或“扎立石卡,以枪炮对击”,或“埋伏僻巷,持矛格斗”。淮军“自未正登城,垛战、巷战直至酉末,始将贼众全股擒杀,无得脱者”,遂攻克该城,结束了艰苦漫长的常州战役。[④]

常州的攻克标志着淮军在苏南战事的基本收官,此时距其入沪正好两年。在这段并不算长的时期内,淮军由一隅偏师成长为江南劲旅,连克苏省名城重镇,战绩之大且速就连湘军也难以企及。对此,有学者认为淮军实乃“倚靠常胜军才得攻陷太平天国苏州各地”[⑤]。但这种观点似乎无法解释常胜军未参与的数次战役——如刘铭传部克江阴、李鹤章部克无锡、程学启部克嘉兴等究竟如何取得胜利;而且应该指出的是,在不少战役中,常胜军也常有败绩,如太仓之战、常州之战常胜军都遭到过重大失利,故均由淮军作为主力。因此,淮军之速成大功最根本的原因还在于其战斗力的突飞猛进。

从上述战役情况的分析中并不难发现,淮军的战斗方式因武器的改换以及向常胜军的学习,已经发生了显著的变化。在营级战术方面,淮军的战

① 《李鸿章奏报督饬各军四面围攻克复常州府城折》,《清政府镇压太平天国档案史料》第二十五册,社会科学文献出版社 2001 年版,第 571 页;《克复常州折》,《李鸿章全集》第一册《奏议(一)》,安徽教育出版社 2008 年版,第 488—489 页。

② “作为坑道兵,中国人的能力完全比得上欧洲人。他们工作得很出色。由于恬淡冷漠的天性,他们保持异常的镇静;不管损失多大,他们从不像欧洲人那样,在炮声震天的情况下,变得焦躁不安。”[英]安德鲁·威尔逊:《“常胜军”:戈登在华战绩和镇压太平天国叛乱史》,北京太平天国历史研究会编:《太平天国史译丛》第三辑,中华书局 1985 年版,第 226 页。

③ 李鸿章在给曾国藩的信中也指出,如果攻打南京城,除了必须调集两三支炮队外,还必须“辅以地道数处”才有把握。《复曾中堂》,《李鸿章全集》第二十九册《信函(一)》,安徽教育出版社 2008 年版,第 322 页。可见淮军攻城战术已经有所改进,不再只是单纯的“炮轰步冲”。

④ 《李鸿章奏报督饬各军四面围攻克复常州府城折》,《清政府镇压太平天国档案史料》第二十五册,社会科学文献出版社 2001 年版,第 571—572 页;《克复常州折》,《李鸿章全集》第一册《奏议(一)》,安徽教育出版社 2008 年版,第 489 页。

⑤ 罗尔纲:《晚清兵志·淮军志》,中华书局 1997 年版,第 67 页。

斗队形由以往五人纵深横队变为二人到三人的线式队形;战斗程序由劈山炮支援下进步连环的缓慢推进,转变为持洋枪的前卫散兵迅速跃进,掩护大队向前运动,然后排枪齐射,最后刺刀冲锋。不过,淮军也并非完全照搬西方军队(主要是英军)战斗方式,而是在实战磨合后将之融入湘式战术体系之中,例如战斗开始前连营滚扎的近敌方式、以“一头、两翼、一尾”的模式来部署战斗队形以及前卫散兵运用火球、喷筒之类原有火器以补洋枪之不足等等,再辅以中国军队善于坑道、筑垒作业的优长,使其战术转向成为一个在传统框架下融合中西的过程,并在实战中逐渐摸索出一套能够应对各种战场需要、符合近代中国军队实际情况的新体系。在此基础上,各战术兵团还能灵活地施展“暗度陈仓”、“声东击西”等手段,密切协同地进行迂回、包抄、突破、奇袭,较充分地发挥出西式枪炮的战场杀伤效果。这才是为何同样装备近代火器的苏州太平军在战斗中越来越难以击败对手的原因所在。

五、平捻作战:新体系趋于完善[1]

太平天国战事结束之后,淮军又成为同捻军作战的主力。当时善战之兵唯湘、淮两支,而湘军曾国荃所部“裁撤将毕”,鲍超所部哗溃大半“难以复用”,故“办捻不能不专资淮勇之力”。[2] 于是,淮军便再次面临大规模的实战考验。

然此次对手的战斗方式与苏南太平军却截然相反。太平军老于步战,擅长城寨的攻守;而捻军的主力则为骑兵,用竹矛为兵器,以马上突驰冲锋为能事。时人记载,捻军“器械专用竹矛,至二丈四、五尺之长,遇我军火器齐发,辄猱伏,马上亦俯,枪过即疾进,不及装第二枪已至前,我军手足不及措,因是多为所败”[3]。但其亦有步兵配合作战,且“步贼亦乘骑临阵,下马持矛搏战”作正面进攻;与此同时,捻军骑兵则“分抄官军之后”。[4] 故曾国藩认为“捻之长技约有四端”,其中两点“一曰步贼长竿于枪子如雨之中冒烟冲进,二曰马贼周围包裹速而且匀”。[5] 这种战术的关键就在于以步兵从正面吸引或牵制住对手,骑兵利用其高速机动能力在对手还来不及反应之

① 此处仅择取若干战斗进行分析,完整战史请参阅郭豫明:《捻军史》,上海人民出版社 2001 年版。

② 《皖军被困派兵援剿折》,《曾文正公全集·奏稿》卷二十二,传忠书局光绪二年刊本,第 53 页 b。

③ 江世荣主编:《捻军史料丛刊》第一集,商务印书馆 1957 年版,第 137—138 页。

④ 中国史学会主编:《中国近代史资料丛刊·捻军》第四册,上海人民出版社 1957 年版,第 173 页。

⑤ 《致沅弟》,《曾国藩全集·家书(三)》,岳麓书社 1986 年版,第 1311 页。

前实现两翼合围。捻军则因步兵亦配有马匹,所以能够在战略上具备高度的机动性,掌握交战与否的主动权,进而拖垮对手并从中寻机歼敌。名将僧格林沁所部于高楼寨被捻军包围歼灭,正是以此种方式达成。①

但淮军同捻军交锋的初期,却经常能取得胜利。自曾国藩督师以至同治四年(1865 年)末,铭、树、盛、鼎等大支营头均有击败捻军的记录。例如潘鼎新所部于山东丰县附近与捻军的战斗,对手马、步二万余人“四面围裹,更番冲突”,鼎军则“屹立不动,俟贼逼近,将洋枪连环施放,炸炮迎头轰击,贼阵溃乱”,歼敌一千余人;②再如铭军河南扶沟之战,捻军“马步大队万余人分三大枝将我军包抄,中军围裹尤密,刘铭传传令结阵自固,四面环击……我军伏地猱进,施放排枪,刘铭传令李锡增、马汝霖等连开炸炮打入贼阵,该匪骇而狂奔”,亦被歼灭千余。③ 不难看出,这些胜仗的共同之处,一则在于淮军预有准备、列阵待敌,故能充分发挥枪炮的杀伤力;二则捻军无死斗之意,遇对手队形严整、火力密集则迅速撤出战斗。然此并非因淮军战术上已占据绝对优势,更多还是双方战略所致。曾国藩鉴于僧格林沁穷追之败,制订了更加保守稳慎的计划。他认为,“惟臣细观贼情,已成流寇行径。若贼流而官兵与之俱流,节节尾追,著著落后。……虽终岁奔波,终无大损于贼”,进而强调在捻军必经之地驻扎重兵,“变尾追之局为拦头之师;以有定之兵,制无定之寇”。④ 故形成了于安徽临淮、江苏徐州、山东济宁、河南周口设立重兵,连点成线,将捻军限制在四镇区域内遏其流动的“以静制动”之法。⑤ 如此,诸军虽“无疲于奔命之虞”⑥,但“因为驻防地广兵少,而且清军集中于主要城市,其他广大地区的兵力必然相对减弱,这就给新捻军留下继续活动的余地”⑦。再加上各军均处于静待敌至的姿态并不全力追击,专职追剿的游击之师又“久未办成”⑧,捻军反而比以往获得了

---

① 参见罗尔纲:《太平天国新军的运动战》,商务印书馆 1989 年版,第 30—33 页。

② 《官军叠胜该逆仍窜山东折》,《曾文正公全集·奏稿》卷二十三,传忠书局光绪二年刊本,第 22 页 a。

③ 《宁陵扶沟等处胜仗折》,《曾文正公全集·奏稿》卷二十三,传忠书局光绪二年刊本,第 27 页。

④ 《钦奉谕旨复陈折》,《曾文正公全集·奏稿》卷二十二,传忠书局光绪二年刊本,第 68 页。

⑤ 四镇驻军分别为刘铭传屯周口,张树声屯徐州,刘松山屯临淮,潘鼎新屯济宁。(清)王闿运:《湘军水陆战记(即湘军志)》卷十四《平捻篇》,文海出版社 1968 年影印版,第 177 页。

⑥ 《贼众全萃皖境先赴临淮折》,《曾文正公全集·奏稿》卷二十二,传忠书局光绪二年刊本,第 58 页 b。

⑦ 郭豫明:《捻军史》,上海人民出版社 2001 年版,第 380 页。

⑧ 《铭军叠胜逼贼东窜现筹布置折》,《曾文正公全集·奏稿》卷二十三,传忠书局光绪二年刊本,第 15 页 a。

更大的活动自由。所以依其"善战而不轻试其锋,必待官兵找他,他不先找官兵"[①]的特点,捻军自然不会在尚能回旋自如的情况下同淮军展开决战。

捻军仍于各省间往返出没,使得地方大员对曾国藩颇有怨言,"谤议盈路"。[②] 清廷也认为此一策略过于持重,谕令其"未可株守一隅,致误事机"[③]。迫于各方面压力,曾国藩不得不有所动作,除四镇之兵仍旧"镇驻不动以备贼匪流窜时迎头截击",以李昭庆新组建之马队与刘铭传所部铭军"同作两枝游兵,仿照僧格林沁之法,与该逆纵横追逐使之不得休息"。[④] 但要将之加以落实却并不容易。当时曾国藩掌握的马队共有三支:一为僧格林沁旧部共一千七百七十二人,但皆"驱驰太久,伤病甚多"[⑤];一为察哈尔新调来马队一千人,再者为李昭庆新募两淮马勇,但这两支"其数无多,其技尤劣,不敢驱之向敌"[⑥]。这就意味着其与对手"纵横追逐"的主要力量仍然是步兵。以往"以有定制无定"之时,缺乏能战骑兵所导致的问题也就仅限于无法扩张战果而已。但当淮军采取主动追击的态势之后,此一兵种上的短板便会带来严重后果。

由于淮军在战略上开始转向主动追击对手,骑兵经常会因为追敌过猛而脱离步兵。这就给了捻军马队依靠速度优势分别歼灭的机会。特别是步兵,"在炮兵的支援下,只要保持队形,沉着坚定,就没有理由惧怕与骑兵作战;但步兵无论由于什么原因而队形混乱时,就会成为向它冲来的骑兵的猎物",因而其"力量最弱的时机即由一种战术队形变换为另一种战术队形的时机"。[⑦] 这就意味着淮军步队若于追击或者高速机动中缺乏得力马队在前方、外围游护,便极易在由行军队形转向战斗队形之时遭到对手的突袭。如作为"游击之师"的李昭庆部骑兵,在捻军佯败的情况下继续追击,"马队追逼过猛,陷入贼中",步队三营赶到后亦被对手骑兵"左右旋绕"而包围。直到李昭庆动用了几乎所有的后备马步力量方才迫使捻军撤走,解开重围,

---

① 《致沅弟》,《曾国藩全集·家书(三)》,岳麓书社 1985 年版,第 1311 页。

② (清)王闿运:《湘军水陆战记(即湘军志)》卷十四《平捻篇》,文海出版社 1968 年影印版,第 178 页。

③ 《(钦定)平定七省方略·剿平捻匪方略》卷二百四十六,中国书店 1985 年影印版,第 21 页 b。

④ 《宁陵扶沟等处胜仗折》,《曾文正公全集·奏稿》卷二十三,传忠书局光绪二年刊本,第 28 页 a。

⑤ 《移驻徐州整理马队并陈近日军情折》,《曾文正公全集·奏稿》卷二十三,传忠书局光绪二年刊本,第 10 页 b。

⑥ 《铭军叠胜逼贼东窜现筹布置折》,《曾文正公全集·奏稿》卷二十三,传忠书局光绪二年刊本,第 15 页 a。

⑦ 《马克思恩格斯军事文集》第一卷,战士出版社 1981 年版,第 473—474、447 页。

但重伤营官两名,阵亡哨官一名,弁勇伤亡高达二三百人之多。[①] 刘铭传也遭遇了类似的情况,其马队三营在“贼即回奔”乘胜追杀之时,遭到捻军马步二万余人的伏击而撤回,与后面赶来接应的两营步兵一起被对手包围。幸亏铭军拥有强大炮队,“刘铭传令毕乃尔等连开炸炮,贼阵始乱”,为其反击提供了有效的火力准备。之后“各军奋力齐进,贼乃大挫,夺路狂奔”,最终解围,但亦阵亡将领一名,伤亡数十人。[②] 淮军在这两场战斗中虽只略微受挫,但主要还是因为捻军未受紧逼、仍无与其决战的打算,故当淮军主力部队赶到并投入战斗之后,便迅速撤出战斗。而淮军骑兵过于弱小,既无法独当一面,又难以有效掩护步兵机动的问题则已有所显露。

曾国藩督师一年未见成效,捻军仍旧于中原地区往返流动、来回穿梭,这令清廷相当不满:“捻匪滋扰日久,蔓延愈广,迄未大受惩创,若不力筹进剿,军务将何日蒇事”,令其“督饬湘淮各营视贼所向,尽力穷追,不得专恃防守,任贼纵横”。[③] 故曾国藩采纳刘铭传所提出的“聚兵防河”之策,在河南境内的贾鲁河沿岸屯驻重兵、依河据守,“使贼骑稍有遮拦”,借此阻止捻军由豫北进入山东地区。[④] 在缺乏强大骑兵的情况下,以河流、湖泊等地形地物来阻碍捻军的流动确是权宜之计。正如曾国藩所奏称:“臣处马队不敌贼骑,战事既无把握,不能不兼筹防事。”[⑤]但该计划仍旧是“以静制动”的翻版,过于强调拦截防御而忽视战略上的主动出击,这就使捻军可以任意选择突破口;且其所设计的防线过长,湘淮军不敷分布,不得不依赖于战斗力较弱的豫军、皖军协防,因而存在很大的隐患。后来捻军正是选取了豫军驻防地段实施突破,使这条缺乏战略纵深的防线很快便土崩瓦解。

贾鲁河防线的崩溃使清廷对曾国藩失去了耐心,进而导致曾、李易位。李鸿章在接管战事伊始,就有意采取更加主动的战略。他同样认为“至捻

① 参见《汇报山东近日军情相机调度折》,《曾文正公全集·奏稿》卷二十四,传忠书局光绪二年刊本,第26—27页。

② 《铭树两军在豫皖剿贼获胜折》,《曾文正公全集·奏稿》卷二十四,传忠书局光绪二年刊本,第31页a。

③ 《(钦定)平定七省方略·剿平捻匪方略》卷二百五十八,中国书店1985年影印版,第21页b—22页a。

④ 参见《汇报军情檄调各军防剿折》,《曾文正公全集·奏稿》卷二十四,传忠书局光绪二年刊本,52页。

⑤ 《防守沙河贾鲁河片》,《曾文正公全集·奏稿》卷二十四,传忠书局光绪二年刊本,第54页a。

逆久成流寇，臣军打仗虽尚得力，而马队太少，不及贼马之多且悍”，因此指出曾国藩以河遏骑之策确能“使地势收窄，贼势较蹙，较易兜剿”；但也指出“贾鲁河、沙河，地段太长，人力难齐，终办不成。为今之计，自应用谋设间，徐图制贼。或蹙之于山深水复之处，弃地以诱其人，然后各省之军合力，三四面围困之”。[1] 这一战略虽然亦不出以天然屏障限制捻军骑兵驱驰的意思，但却比曾国藩一味拦截更有进攻性，旨在于将对手逼入绝地使之无法流动周旋而加以围歼。所以当东捻军于同治五年(1866 年)末进入湖北之后，李鸿章便与左宗棠、曾国荃计划实施“臼口之围”，即欲利用西、南两面有汉水阻隔，北面有大洪山堵拦，东面虽较为开阔，但亦河湖分叉有险可守的地理条件，将捻军歼灭于汉水北岸。[2]

这就要求作为主要机动兵力的淮军各部必须更为主动地寻敌追击，不可能如以往那样“以静制动”，较为从容地列阵待敌。另外，东捻军的回旋空间在对手改取“扼地兜剿”策略后有所缩减，为避免被合围就必须准备会战以歼灭尾追之敌。双方策略的变化，就使淮军缺乏强大骑兵的弱点在战斗中凸显了出来。最先遭遇重创的是郭松林部。东捻军利用对手追击心切，在罗家集一带设下埋伏，“伏马队丛林口而以步众散布村庄”。郭松林部发动进攻，对方步兵由正面迎战，骑兵则立即冲出向其两翼包抄，“马步抄裹，愈积愈厚”，将之团团包围。[3] 此役该军被歼灭四千余人，阵亡数名大将，其损失程度几乎可以同李续宾三河之败相提并论。而究其原因，表面上是中敌埋伏，但根源上还是由于步兵进攻时缺乏骑兵的保护，故而很快就被对方合围，以致覆军杀将。同治六年(1867 年)正月，铭军的尹漋河之战亦与之类似。该军留两营守护辎重，遂渡司马河(今天门河)与捻军交战。后者佯败撤退，铭军“分追五六里，贼忽以奇兵蹑我后”。刘铭传“恐后路力单失辎重，乃分前敌步队三营、马队三营回顾后路”。捻军见机突然回扑，使铭军措手不及，所派回顾后路之军“未得渡，马队又惊”。铭军便于此仓促之中分三路迎敌。捻军主力骑兵先攻其左路刘盛藻部，利用速度优势趁其未及展开时将之“全队包裹”；刘铭传见左路“势将不支”，抽调三营往救，但左路已溃，援兵也陷入重围。铭军阵线因此被撕裂，中路、右路俱陷入重围之中。右军却“奋击不得出”，统领唐殿奎及两名营官阵亡，“军士殁者六百

① 《谢署钦差大臣沥陈大略折》，《李鸿章全集》第二册《奏议(二)》，安徽教育出版社 2008 年版，第 554 页。

② 参见董丛林：《尹隆河之役及其影响》，《历史教学》1988 年第 9 期。

③ (清)王定安：《求阙斋弟子记》卷十二《剿捻》中，文海出版社 1967 年影印版，第 960 页。

余人”,中军且战且退,幸亏鲍超部赶到方转败为胜。① 参见图 3. 8。②

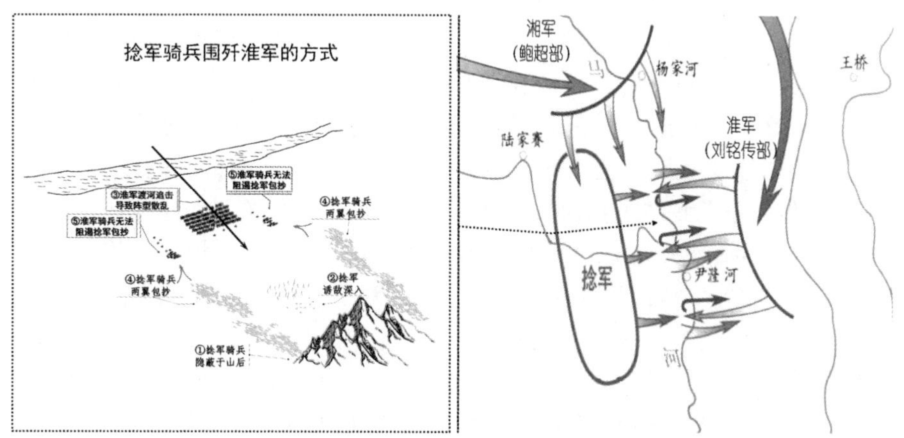

图 3. 8　淮军与东捻军尹潍河之战

从这场会战中可以看到,淮军所部马队在对手回扑时便发生了惊慌,在接下来的战斗中也几乎未发挥作用,以至于步兵没有时间由机动队形转换为战斗队形,故而不仅侧翼完全暴露,也无法发挥枪炮火力拦阻捻军骑兵的包抄。《异辞录》总结捻军战术时认为“捻匪自初起以迄于亡,均以抄掠为生,不与官兵战。追之急,则择一平原之地,面有深河,以为之蔽;背倚高阜,以为陷阱。贼匿阜侧,先以残兵羸马诱官军渡河。既渡,军稍乱,乃纵骑出击,驰逐过河,迫之于平原,蹂之以马足,虽有猛将精兵,罔不挫败。”③然其屡试不爽之根源,还在于淮军缺少得力马队能够抵挡甚至是牵制捻军骑兵,为步兵队形的展开与变换提供时间。正如恩格斯所指出:“在敌人视界内编成能够击退骑兵攻击的战斗队形的一切尝试,都完全是枉费心机的。任何有战斗力的骑兵,不等这些营的队形变换完成四分之一的时候,就早已冲到这种营的中央了。”④尹潍河之战虽然由败转胜,但捻军借机突围,欲“逼之不流,蹙之渐紧”⑤的目标也因之未能实现。可见淮军无法有效抵御骑兵

① 以上均见(清)周世澄:《淮军平捻记》卷三,沈云龙主编:《近代中国史料丛刊》第五辑(42),文海出版社 1967 年影印版,第 76—77 页。

② 该图是以中国人民革命军事博物馆编著《中国战争史地图集》(星球地图出版社 2007 年版)第 194 页所载示意图为基础,并结合相关史料所改绘而成。

③ 刘体智:《异辞录》,中华书局 1988 年版,第 49 页。

④ 《马克思恩格斯军事文集》第一卷,战士出版社 1981 年版,第 407 页。

⑤ 《陈明办贼大致暂难亲赴前敌折》,《李鸿章全集》第三册《奏议(三)》,安徽教育出版社 2008 年版,第 51 页。

这一战术能力的缺陷,直接导致“扼地兜剿”这种进攻性战略暂时还无法奏效。

此后,李鸿章对军队进行了改组,一方面继续“添练马队”;另一方面将树字马步六营、善庆满洲骑兵归由刘铭传指挥,以组成一个强大兵团,弥补其“马队尚单”的弱点。[①] 另外,其战术上也有了改进,特别是强调步骑“相辅而行”[②],以避免因追击而导致步骑分离被各个围歼的情况;要求步兵保持队形严整并能够迅速转换战斗队形,“行列必须疏整,为出队修队之地,贼败之后,即欲乘势穷追,万不可散漫队伍”。[③] 所以三个月之后,铭军于黄安再度与捻军交战时,其战术已有所改观。对手依然以骑兵绕抄铭军侧后,刘铭传也同样分三路接战,但各路步兵均有骑兵保护其侧翼,与对方马队“搏战四五合,戈矛相及,彼此不分”,故步兵具备足够时间展开战斗队形,充分发挥火力优势将捻军步兵击败。捻军骑兵也就难因之以为继而撤退。[④] 到了该年十月,铭军骑兵已粗具规模。山东潍县松树山一战,刘铭传仍部署为三路,每路步兵均有五营骑兵辅助协同,所以能够防止捻军骑兵的迂回包抄。尽管铭军骑兵只能与对手相持十余回合而无法将之击败,但铭军步兵已获得足够的时间向前机动,“迭放排枪”。在铭军火力得以充分发挥的情况下,捻军骑兵很快就难以支撑而撤退。更值得注意的是,铭军在以步骑协同击败对手骑兵之后,还将各路马队集中使用合击捻军步兵,将之“擒斩殆尽”。[⑤] 这说明,铭军马队不仅能够协同步队,更已具备了单独冲击对手步兵的实力,为双方战术能力高下易位的一个显著信号。再考察同月的赣榆之战,亦是因为马队抵挡住了捻军骑兵主力的冲击方才获胜。刘铭传亲率铭军步兵同赖文光所率捻军步兵交战,令善庆指挥马队抵挡任化邦捻军骑兵。“任逆殊死斗,其党皆发捻百战之余,穷兽之搏猛鸷异常。善庆恐马队为其冲动,令各旗弁兵下马结阵拒战,而以洋枪排击”。刘铭传在击败捻军步兵之后,挥令“全军皆萃于任逆”,最后因任化邦被降人潘贵升从

---

① 《善庆马队归并铭军片》、《派员赴口外购马片》,《李鸿章全集》第三册《奏议(三)》,安徽教育出版社 2008 年版,第 81 页。

② 中国史学会主编:《中国近代史资料丛刊·捻军》第五册,上海人民出版社 1957 年版,第 383 页。

③ 中国史学会主编:《中国近代史资料丛刊·捻军》第五册,上海人民出版社 1957 年版,第 379 页。

④ 参见《各军追贼黄安铭军迎击大胜折》,《李鸿章全集》第三册《奏议(三)》,安徽教育出版社 2008 年版,第 63 页。

⑤ 《铭军安潍大胜赖逆被创略尽折》,《李鸿章全集》第三册《奏议(三)》,安徽教育出版社 2008 年版,第 121 页。

后击杀,捻军“大惊噪遂大奔”。[①] 此战铭军虽因对方将领阵亡而最终取胜,但并不能掩盖淮军骑兵战斗力提升、步骑配合更趋熟练的事实。而捻军一旦无法实施以正(步)合、以奇(骑)胜的打法,只能与对手步对步、骑对骑作正面冲突,其胜算也就大为下降。

东捻军受此大创之后便一蹶不振,连战连败,不复以往纵横决荡的气势,被淮军各部逼向山东寿光附近南北洋河与弥河之间的海滨地区,“无路可遁,期与我军决一死战”。[②] 在这场决战中,双方马步捉对厮杀。就在骑兵“交锋数次、相持不下”之际,淮军左路铭军发挥其火力优势,“枪炮雨下,前贼死伤枕藉”,使当面捻军步队纷纷溃败;右路郭松林部与敌“鏖战两时之久,贼犹猛进不退”,最后在杨鼎勋所部策应下,郭松林率马步三营绕至捻军背后,使之“腹背受敌,全抛器械而逃”。[③] 由此足见,捻军兵种上的优势已经荡然无存,不仅很难再以骑兵包抄对手,而且本来火力就处于下风的步兵,其侧翼都已缺乏掩护,被淮军迂回。如此一来,捻军在战斗中取胜的机会便微乎其微。这种战术上的劣势决定了捻军已不可能突破对方的层层围剿,故而很快就被消灭。

学界一般都将淮军平捻的胜利归因于曾国藩、李鸿章的“画河圈地”之策。[④] 但从上述分析可以看到,淮军之所以能够取得最终的胜利,最直接的原因还是在兵种结构进一步完善基础上的战术改进,尤其是骑兵战斗力的增强、步骑协同作战方式的成熟,决定了捻军越来越无法在战斗中取胜。所以其于湖北能通过罗家集、尹漋河之战突破“臼口之围”,而被困于山东之时却始终无法歼灭身后追兵以获得更大的回旋空间。换句话说,淮军战略上的成功,根本还在于战术上的改进,否则捻军打几个歼灭战,消灭对方“游击之师”,“画河圈地”之策也就必然成为水月镜花。因此,淮军在平捻诸役中最显著的战术改进,无疑为骑兵强化所带来的步骑炮协同体系的完善。不过应该看到的是,对于内战而言,淮军在骑兵方面的发展确有现实价值。然而从世界军事发展潮流来说,这却是背其道而行之。因为随着后装线膛枪炮技术的发展,火器杀伤力、射程、射速等都有了非常明显的提高,本

---

① (清)周世澄:《淮军平捻记》卷六,文海出版社 1967 年影印版,第 140—141 页。

② (清)王定安:《求阙斋弟子记》卷十三《剿捻》下,文海出版社 1967 年影印版,第 1002 页。

③ 《各军迭胜贼股瓦散折》,《李鸿章全集》第三册《奏议(三)》,安徽教育出版社 2008 年版,第 163—164 页;(清)王定安:《求阙斋弟子记》卷十三《剿捻》下,文海出版社 1967 年影印版,第 1003—1004 页。

④ 罗尔纲:《太平天国新军的运动战》,商务印书馆 1989 年版,第 44—47 页;江地:《捻军史研究与调查》,齐鲁书社 1986 年版,第 45—48 页。

来“相对于装备了刺刀的滑膛枪手来讲便是一种较弱的武器系统的骑兵,在士兵们装备了后膛线膛枪后便失去了其绝大部分战术价值”①。再者,淮军步兵为抵御捻军马队冲击,还出现了强调密集战斗队形的趋势,“每营必结为团阵而行,亦系学捻逆之结多阵也,以凭四面抵御”。② 潘鼎新甚至曾建议仿照戚继光、孙承宗车战之法,因曾国藩认为“若以之临敌,终患推挽不灵,未敢尝试”而作罢。③ 此外,捻军骑兵的威力也使不少人产生了一种错误的印象。王定安在《湘军记》中写道:

余昔从曾公游,有诏询西夷和战事。公曰:“夷可与战乎?”余对曰:“可。”公问:“何恃?”对曰:“某不知其何恃。然观公所部七万人,皆用西洋枪炮,中国利器无出其右者,而屡挫于捻。捻仅用长矛二丈,飞腾入阵,枪炮不得再施。知捻之可以胜官军,则知西夷之可以战也。”④

这种观点甚至直到十余年后,依然还为盛军统帅周盛传所相信。可见近代中国战争环境的整体落后,对于淮军战术及训练的进一步变革实有相当的负面影响。此外,这番评论也从一个侧面说明,时人依然并未意识到,同一种武器很有可能由于运用方式、训练水平的不同而产生实战效能上的差距。当时的淮军虽基本上都装备了西式枪炮,而且形成了自己的战术体系,但在具体的操作、战斗细节上仍然并未充分发挥出这些武器的效率,以至于以冷兵器为主的捻军骑兵依然能与之抗衡,甚至可以战而胜之。而相比之下,同样装备水平(前装滑膛枪炮)的西方军队却很少会出现这种状况。这个问题在淮军成为驻防部队、脱离实战之后,表现得更为明显。

第三节　盛军小站练兵:淮系防军的个案研究

一、“利器足与西洋相埒”

为了考察战后淮军的战术及训练状况,本节将聚焦一支声名远扬的淮

① [美]阿彻·琼斯:《西方战争艺术》,中国青年出版社 2001 年版,第 292 页。

② 中国史学会主编:《中国近代史资料丛刊·捻军》第五册,上海人民出版社 1957 年版,第 379 页。

③ 《曾文正公全集·批牍》卷三,传忠书局光绪二年刊本,第 21 页 b。

④ (清)王定安:《湘军记》卷十六《平捻篇》,岳麓书社 1983 年版,第 261 页。

系防军——盛军。盛军最早时原为周盛波、周盛传兄弟所组织的合肥西乡团练,“筑堡练兵,与张树声、刘铭传相为掎角”。① 同治元年(1862年)李鸿章统兵赴沪,将周氏昆仲纳入帐下,作为其抚标亲兵营哨官。② 后随淮军兵力的扩充,且因二周勇猛善战,陆续成立盛字营和传字营,遂成规模较大的营头之一,同刘铭传之铭军、潘鼎新之鼎军、张树声之树军三者并称“淮上四军”③。到同治十年(1871年)盛军调赴直隶、进驻天津马厂之时,连同其所节制的唐仁廉仁军两营共有马步二十三营。④ 光绪元年(1875年),除马队仍驻马厂外,盛军步队移防新农镇,仍保持马步二十三营之数。⑤ 其构成情况参见表3.1。⑥ 光绪三年(1877年)南北淮军兵数各裁二成。次年,仁军裁撤一营,余部随唐仁廉赴通永镇总兵任;盛军则裁前军全部、左右两军皆裁左营,共计五营。但周盛传“虽奉文指裁某营,而去弱留强事资综核。乃集阅诸勇,惟汰老弱以符裁额”⑦,即各营均裁汰老弱,而将应裁五营剩余壮勇补入未裁之营。经过此次裁军,盛军编成便保持在亲军马步小队两营,步队十一营,马队五营之数。⑧ 直到光绪十年(1884年)中法战争期间,才新募十营,但未并入盛军之中而是独自编组。⑨

① 光绪《续修庐州府志(二)》卷四十八《武功传》三,《中国地方志集成·安徽府县志辑③》,江苏古籍出版社1998年影印版,第157页。

② 参见《年谱》,《周武壮公遗书》卷首,文海出版社1969年影印版,第38页。

③ 《周武壮公遗书·跋》,文海出版社1969年影印版,第1287页。

④ 参见《覆陈畿辅边防折》,《李鸿章全集》第五册《奏议(五)》,安徽教育出版社2008年版,第267页。这是不包括周盛传直辖亲军马步小队的营数。据光绪《续修天津府志》载,盛军移驻天津时的部队构成为“中军六营,左军三营,仁军二营,马队五营,马步小队二营……前军三营,右军三营,老左一营”。光绪《重修天津府志》卷三十六《经政》十《兵防》,《续修四库全书·史部·地理类》第六九一册,上海古籍出版社1996年影印版,第23页。

⑤ 参见《年谱》,《周武壮公遗书》卷首,文海出版社1969年影印版,第87页;《周盛传陈济清互调片》,《李鸿章全集》第六册《奏议(六)》,安徽教育出版社2008年版,第330页。

⑥ 该表中盛、仁两军步队编成与主官情况所用主要资料为盛军修筑新城时的任务分配计划。参见《详陈新城蒇事情形》,《周武壮公遗书》卷六,文海出版社1969年影印版,第632—633页。马队情况主要依据年谱中关于马厂减河造桥工程的记录。参见《年谱》,《周武壮公遗书》卷首,文海出版社1969年影印版,第106—107页。另外,天津市博物馆所藏《盛字全军屯田图》中所标示的营盘名称亦与此完全相符。参见郭鸿林:《清代周盛传小站屯垦述略》,《古今农业》1991年第3期。其余若干处须特别说明的,再于表中单独加注。

⑦ 《年谱》,《周武壮公遗书》卷首,文海出版社1969年影印版,第98—99页。

⑧ 参见《力筹战备折》,《李鸿章全集》第十册《奏议(十)》,安徽教育出版社2008年版,第487页。

⑨ 参见《年谱》,《周武壮公遗书》卷首,文海出版社1969年影印版,第119页;《请饬周盛波募勇来津片》,《李鸿章全集》第十册《奏议(十)》,安徽教育出版社2008年版,第518页。

表 3.1　盛军各部构成及主官名表

盛军:周盛传(直辖亲军马步小队两营)					
中军:周盛传	前军:周寿昌	左军:贾起盛	右军:卫汝贵	马队:吕本元	仁军:唐仁廉
盛正营:周家泰	正营:周寿昌	正营:贾起盛	正营:卫汝贵	正营:吕本元	正营:唐仁廉
传正营:周盛佑	左营:张海龙	左营:刘安泰	老左营:宋冠军	前营:孙吉武①	左营:初发祥
前营:姚礼士②	右营:张九林	右营:郑才盛	新左营:杜万青	后营:吴永发	
后营:孙显寅③			右营:张兆海	左营:万建勋	
右营:周家瑞				右营:栗万传	
副营:王正国④					

自淮军入沪作战开始,盛军(当时为盛字营)就是李鸿章的嫡系主力之一,所以也是较早装备西式火器、采用西式战术的营头。到淮军攻克苏、常时,该部已成为一支"专恃枪炮军火制敌角胜"⑤的兵团。至平定捻军、驻防天津成为拱卫畿辅的机动部队之后,盛军更是因"利器足与西洋相埒,遂为各省防军之冠"⑥而名噪一时,甚至连"日本人、德国人、英国人和美国人对他的军队的报道基本上都是一片赞扬之声"⑦。这很大程度上要归功于周盛传对于西式武器的关注和提倡。在淮军诸将中,周盛传是一个比较有趋新意识和求知精神的人物,"于泰西器械,必穷其良楛所在"。⑧ 这就使他非常清楚地认识到"西洋尚机巧,火器坚利绝伦,我若狃于往者剿匪之常胜,

① 《减河工酌保将弁片》,《周武壮公遗书》卷二下,文海出版社 1969 年影印版,第 353 页。

② 姚礼士和张九林两人均因光绪三年(1877 年)盛军哗变而被开革。《剿平煽勇滋事之会匪折》,《李鸿章全集》第七册《奏议(七)》,安徽教育出版社 2008 年版,第 299 页。中军前营营官改为李安堂。参见《遵保将才禀》,《周武壮公遗书》卷二下,文海出版社 1969 年影印版,第 348 页。

③ 《遵保将才禀》,《周武壮公遗书》卷二下,文海出版社 1969 年影印版,第 348 页。

④ 后改为周盛忠。参见《减河工酌保将弁片》,《周武壮公遗书》卷二下,文海出版社 1969 年影印版,第 353 页。

⑤ 《刘铭传等军暂难赴豫远征折》,《李鸿章全集》第一册《奏议(一)》,安徽教育出版社 2008 年版,第 613 页。

⑥ 《复查盛庆两军折》,《李鸿章全集》第十册《奏议(十)》,安徽教育出版社 2008 年版,第 23 页。

⑦ [美]费正清、[美]刘广京主编:《剑桥中国晚清史:1800—1911》下卷,中国社会科学院历史研究所编译室译,中国社会出版社 1985 年版,第 287—288 页。引文中的"他"指周盛传。

⑧ (清)冯煦:《周武壮公神道碑》,缪荃孙纂录:《续碑传集》(第四册)卷五十二,周富骏辑:《清代传记丛刊·综录类④》,明文书局 1985 年影印版,第 48 页。

恃旧有之军械,思与之敌,言战固不如言和矣”①。故而多次向李鸿章进言,指出“洋人枪炮既利,训练又精,自系一时劲敌,迥非昔年发捻可比。我军若狃于前次取胜,犹以刀矛为利,固属不能御敌。即以稍钝洋枪御之,亦恐不能取胜”,请其多购置新式枪械。② 经由周盛传的积极倡导和促动,盛军虽久居承平、长养不战,但武备的更新方面却一直在向西方看齐。光绪元年(1875 年)开始更换后装线膛枪炮,“奉发格林、四磅各炮及士乃得、呍啫士得枪万枝”,③至光绪三年(1877 年)基本换装完毕,④并于是年将中军前营、中军右营和中军副营改组为中军炮队三营。⑤ 光绪六年(1880 年)伊犁危机期间,开始换装哈治开斯连发枪。① 各枪主要性能如表 3.2 所示。②

表 3.2　盛军所用枪械基本性能

枪名	口径(毫米)	表尺射程(米)	射速(发/每分钟)
士乃得兵枪	13.6	1386	12
亨利—马梯尼	11.6	1333	18
毛瑟	12	1467	15

① 转引自(清)吴大澄:《周武壮公墓志铭》,缪荃孙纂录:《续碑传集》(第四册)卷五十二,周富骏辑:《清代传记丛刊 · 综录类④》,明文书局 1985 年影印版,第 54—55 页。

② 《战守条议》,《周武壮公遗书》卷一,文海出版社 1969 年影印版,第 231 页。

③ 《年谱》,《周武壮公遗书》卷首,文海出版社 1969 年影印版,第 90 页。

④ 参见《奏报阅伍情形折》,《李鸿章全集》第七册《奏议(七)》,安徽教育出版社 2008 年版,第 309 页。

⑤ 对此,《周武壮公遗书》中并未明确记载,乃综合史料推断得出。第一,《储换炮车鞍套禀》中有“管带炮队副将李安堂等禀”记载,这就说明由李安堂担任营官的中军前营已改编为炮队无疑。第二,《合操情形禀》中记有汉纳根至小站时盛军全军的战斗部署:“中军炮队三营居前,以本营之枪排列接护炮队。枪队各营接炮队三营之后,右军三营在右,左军两营合中军后营在左,马队五营附于左右。马步小队与中军两正营列后。”由此可知,这里所说的中军炮队三营显然是除了后营与盛字、传字两正营之外的中军前营、右营和副营。以上各则参见《周武壮公遗书》卷三、四,文海出版社 1969 年影印版,第 421、538—539 页。还应指出的是,根据上述结论,王尔敏《清代勇营制度》一文所标盛军野战布式图中各营番号似有误。而且,该文认为盛军“至少尚有前军二营,后军三营”的观点也值得商榷。参见王尔敏:《清季军事史论集》,广西师范大学出版社 2008 年版,第 50—51 页。因为前军于 1878 年的裁军中已全数裁撤;即便是 1894 年当盛军布防平壤时,也没有出现过前军与后军的番号。参见《日清战争实记选择》,戚其章主编:《中国近代史资料丛刊续编 · 中日战争》第八册,中华书局 1994 年版,第 45 页。

① 参见《年谱》,《周武壮公遗书》卷首,文海出版社 1969 年影印版,第 108 页。

② 《较枪购枪情形禀》,《周武壮公遗书》卷三,文海出版社 1969 年影印版,第 448、451—453 页;汪声玲:《芦阳剩稿 · 枪表》,转引自刘凤翰:《武卫军》,“中央研究院”近代史研究所 1978 年版,第 165—166 页。

续表

枪名	口径(毫米)	表尺射程(米)	射速(发/每分钟)
哈治开斯兵枪	11.2	1600	20
呍啫士得马枪	11.1	1200	24

武器的改换也引发了编制上的调整。淮军在改用洋枪西法之后,其营制相对于湘军已略有改变,“于间添洋枪炮队一二哨……则一营有七八百名不等”。[①] 故盛军步兵一营有6哨,大约有700人左右。[②] 然至19世纪70年代初,还并非皆为枪队,[③]直到后膛枪换装完成之后,每营领枪560杆,才实现了全军的火器化。[④] 其仿德国炮兵营制所组建的克虏伯炮营,其编制变化更大,每营配炮6尊,每炮有什长兵丁共24名,全营共有炮勇144名。[⑤] 此外,每营还配有枪勇200名左右作护炮之用。[⑥] 由此可以看出,盛军之炮营实际上是炮队与枪队混编。若单就火炮配备而言,炮队一营约相当于德军一个炮兵连,即李鸿章所说“查德国营制,以炮六尊为一小营”[⑦]。至于骑兵,其编制则基本上没有变化,每营5哨,约250名马勇;[⑧]不过与以往不同在于,各营骑兵均配备温彻斯特马枪(即“呍啫士得枪”),也实现了全面的火器化。[⑨]

盛军所换装的格林炮,其实就是美国人理查德·加特林发明的加特林机枪,而炮队所用者皆为德国克虏伯兵工厂所制造的克虏伯后膛钢炮(射程约3000米)。[⑩] 就世界范围而言,后装枪到1866年的普法战争才被普军

---

① 《军需用款酌量变通片》,《李鸿章全集》第二册《奏议(二)》,安徽教育出版社2008年版,第25页。

② 参见《遵查驼骡确数禀》,《周武壮公遗书》卷三,文海出版社1969年影印版,第477页。

③ 参见《操练各枪情形禀》,《周武壮公遗书》卷四,文海出版社1969年影印版,第511页。

④ 参见《请给枪油禀》,《周武壮公遗书》卷三,文海出版社1969年影印版,第456页。之所以只有560名战斗员,是因为1877年南北淮军已各裁二成。

⑤ 参见[德]来春石泰述:《德国军制述要》,[德]锡乐巴、沈敦和译,小仓山房光绪二十七年石印本,第2页a。

⑥ 参见《请给枪油禀》,《周武壮公遗书》卷三,文海出版社1969年影印版,第456页。

⑦ 《创办克鹿卜炮车马干片》,《李鸿章全集》第七册《奏议(七)》,安徽教育出版社2008年版,第310页。

⑧ 参见《遵查驼骡确数禀》,《周武壮公遗书》卷三,文海出版社1969年影印版,第477页;《日方记载的中日战争资料》,《中国近代史资料丛刊续编·中日战争》第七册,中华书局1996年版,第398页。

⑨ 参见《讲求操防谕》,《周武壮公遗书》外集一,文海出版社1969年影印版,第913页

⑩ 参见王兆春:《中国火器史》,军事科学出版社1991年版,第393页。

大规模用于战场,至19世纪70年代其发展方达到鼎盛时期,后装火炮亦是如此。而后装连发枪则是到了80年代机集弹仓的发明才得以全面投入运用。[①] 可见,盛军之武器装备同西方军队相比并不落后。这也是为何李鸿章总是引以为傲,称之为“臣部最得力之师”[②]的原因。

二、从学英到学德:战术及训练的变化

盛军的训练主要包括基础身体和队列动作、武器操作和战斗队形的分合变换等等。然其内容随着武器的换装以及中西军事交流的深入而发生变化。19世纪60年代末至70年代初,盛军的单兵技术训练除洋枪操作之外,仍然包括刀矛格斗的训练。编于同治十年(1871年)的《盛军训勇歌》写道:“第七技艺要勤操,操了矛杆又操刀。”[③]到光绪五年(1879年),盛军基本上实现了全军火器化之后,各兵种的军事技术训练内容就完全变为枪炮的操作、射击以及拼刺。[④] 在这个过程中,周盛传也起了至关重要的主导作用。他对西式枪炮的性能及其操作技术有相当深入的研究,时常向李鸿章汇报各种西式枪械校试情况、射击用靶的选取以及操作细节等各方面情况。因而他下发的一系列训练条令,如《操枪程式》、《操练枪炮事宜谕》、《严定枪程谕》、《严操悬靶谕》、《精求悬靶谕》等,对于枪炮操作、保养、维修和储存等方面都作了详细具体规定。[⑤] 尤其突出的是订立于光绪元年(1875年)的《操枪程式》,对后膛枪的“阴阳向背风雨晦明之数,剖析微芒,于是北洋练法恒为他军则”[⑥]。

在战术训练方面,由于淮军最早仿效的是英式操练,同英军一样采用的是线式战斗队形,展开成纵深为两人的横队。因此,盛军于小站练兵的早期(19世纪70年代),其所训练的基本战斗方式仍是线式队形下的排枪齐射,然后刺刀冲锋。《讲求操防谕》规定:“操打冲锋,一排下去先走一千四百步……就一字阵为说,须要合脚步一点不湾[弯],临到之时叫口令放排枪,

---

① 参见《中国军事史》编写组编:《中国历代军事装备》,解放军出版社2006年版,第364、366、374页。

② 《复奏周盛传参款片》,《李鸿章全集》第十册《奏议(十)》,安徽教育出版社2008年版,第419页。

③ 《盛军训勇歌》,《周武壮公遗书》外集一,文海出版社1969年影印版,第988页。

④ 参见《讲求操防谕》,《周武壮公遗书》外集一,文海出版社1969年影印版,第908—913页。

⑤ 以上各则可参见《周武壮公遗书》外集一,文海出版社1969年影印版,第901—905、914—919页。

⑥ (清)冯煦:《周武壮公神道碑》,缪荃孙纂录:《续碑传集》(第四册)卷五十二,周富骏辑:《清代传记丛刊·综录类④》,明文书局1985年影印版,第49页。

尤须严整不得参乱。"[①]所谓一字阵,即横队队形。至19世纪70年代末,由于德军在普法战争后称雄一时,淮军开始转向学德,盛军各营亦"先后改归德操",周盛传为此禀请李鸿章将从德国学成归来的查连标派回盛军"专司教导操法,以资熟手",[②]"这实在是淮军练兵史上一个重大的转捩点"。[③]不过此时所学,仅为德式的直腿正步摆演,即俗称所谓"鸭步",[④]重点还只在于更为整肃严谨的德式队列操练,[⑤]而尚未涉及战术的改换。如周盛传所说,盛军所要仿效的是一种队列的操练方式:"尝考外国军操,皆以肃静整齐为主,虽万人合队步伐不紊,进止不嚣。"[⑥]因此,盛军基本上仍然保持着原来的线式战术。这从周盛传向汉纳根"请示西法"的全军合操中便能一见其端倪。在此次全军合操中,盛军步兵各营均成线式横队展开,即所谓"一营结一大排";炮兵在步兵距冲锋处还有五六里(2.5—3公里)之时开始进行三轮排炮射击;每一轮射击后,步兵趁机向前推进;继而"马队伏起,两面包抄而前,追击约七八里依次收队"。[⑦] 其战斗部署大致如图3.9所示,[⑧]其战斗队形可参见图3.10。[⑨]

盛军战术再度发生变化是在中法战争时期。光绪十年(1884年),李鸿章聘请一批德国军官来华充当淮军教习。在此期间,充任盛军总教习的德国军官李保多次向周盛传提议"散操法度要多加操练"[⑩]。另一位德国高级将领密次藩也指出"步队交锋时不可令一营成紧队",嫌盛军队形"太聚"。对此,周盛传也表示同意,认为"近日西洋军火猛利,若成紧队,则枪炮所及伤损必多,故必须用散开行走法",并规定战斗中"俟前敌散开,后面者补入

① 《讲求操防谕》,《周武壮公遗书》外集一,文海出版社1969年影印版,第910页。因为该条令中有"我军学习洋操十有余年"一语,故可知其大概颁发于19世纪70年代上半期。

② 《请拨德教习片》,《周武壮公遗书》卷四,文海出版社1969年影印版,第490—491页。

③ 王家俭:《清史研究论薮》,文史哲出版社1994年版,第368页。

④ 张荫麟:《泰莱甲午中日海战见闻记》,中国史学会主编:《中国近代史资料丛刊·中日战争》第六册,新知识出版社1956年版,第53页。恩格斯则称之为"鹅步"。《马克思恩格斯军事文集》第一卷,战士出版社1981年版,第409页。

⑤ 德军队列操练的严谨甚至是机械刻板,自腓特烈大帝以来就在欧洲闻名遐迩。其操练的高度准确性和严格程度,令外国观察者交口称赞。参见[美]彼得·帕雷特主编:《现代战略的缔造者:从马基雅维利到核时代》,世界知识出版社2006年版,第92页。

⑥ 《合操情形禀》,《周武壮公遗书》卷四,文海出版社1969年影印版,第538页。

⑦ 《合操情形禀》,《周武壮公遗书》卷四,文海出版社1969年影印版,第539页。

⑧ 该图根据上述所绘。

⑨ 该图藏于威海市档案馆,见http://dag.weihai.cn/onlineDetails? fileManagementld=1。

⑩ 《议覆总教习德参将李保条陈》,《周武壮公遗书》卷四,文海出版社1969年影印版,第560页。

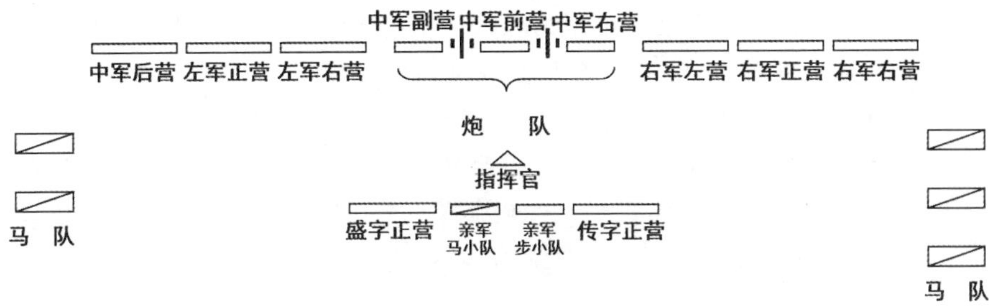

图 3.9　盛军战术部署

图 3.10　北洋海军水兵作战队形

火线之中发枪,或令一齐前冲,皆可制胜”。[①] 由此可见,盛军在一定程度上改变了以往密集的线式队形,出现了士兵疏开的趋势。不过,因为士兵仍然被要求固定在横队中,以保持整齐的方式推进,所以实际上是一种疏开的线式队形。这并不同于“在敌火威胁下,兵力以一定间隔横向展开,采用跃进方式接敌和冲击”[②]的散兵战术。一名日本军官对清军在甲午战争中战斗方式的描述,可以为此提供很好的参考:

---

① 以上均见《议覆德国兵机院总办密次藩条陈》,《周武壮公遗书》卷四,文海出版社 1969 年影印版,第 572 页。

② 杨志远、彭燕眉主编:《战术学》,军事科学出版社 2002 年版,第 109 页。

(清军)战斗时一列横队,虽然没有整然的秩序,可是又好像有一定的章法。……他们经常用的队形是在散开的一队中挥舞大旗开火,开火为随意射击,没有一齐射击,他们的队形到处都有薄弱的一线,没有预备队。但是称作总预备队的,是经常担任总指挥官的护卫,在散兵线的后方若干米的位置上。退却的时候,这个预备队先退,散兵则无秩序的溃逃。……他们不考虑利用地形地物,从不用跪射、卧射,一律站着射击,这是为了经常保持队形的整齐。①

不过,周盛传认为淮军在野战中还难以与西方军队相抗衡。在中法战争期间,他在上李鸿章的条陈中指出:"洋人炮火精利,若恃勇轻进,伤损必多。一战偶摧,全局皆动。危虑何可胜言。惟有以静制动之法较为稳妥。"②因而他相当关注盛军防御能力的训练。盛军在防御工事修筑的训练上非常讲究,每兵皆配有铁锨,并进行测速挖壕,以渐次提高效率。③ 故当德将密次藩建议应操练速筑工事以助防御时,周盛传颇为自得地回应道:"久经督率弁勇操演挖沟并较量时刻以定优劣,历经呈报在案。"④除野战防御工事外,周盛传对营垒建设也颇为重视,在如何抵御敌炮轰击、隐蔽守军等方面都有非常详细的设计。例如,他在营垒的构造中便考虑到"敌若以田鸡炸炮从空坠击"的问题而增加了顶部防护。⑤ 甲午战争时,盛军曾在平壤外围据垒同日军鏖战。据日方记载,其炮弹都准确地在清军堡垒上爆炸,却未能使清军因之溃散,⑥可见当年周盛传的训练与设计确有助益。

在训练方式上,周盛传规定:"各营操练必须限定时刻,以期精熟而免旷误。早操七点钟起,九点钟止;晚操三点钟起,四点钟止;中间自十一点钟起,讲求打靶端架等事。"⑦相比于曾国藩的《日夜常课之规七条》,这一规定并不完善,但其对于点钟的运用却是一种进步。因为将此一更为精确的

---

① [日]亀井兹明:《血证——甲午战争亲历记》,高永学、孙常信译,中央民族大学出版社1997年版,第231页。该描述的对象是守卫旅顺的清军,其中的主力便是长期效力于盛军的卫汝成所统率的成字五营,故而颇能为盛军的战斗方式提供一种参照。

② 《续陈法事八条》,《周武壮公遗书》卷一,文海出版社1969年影印版,第258页。

③ 参见《操锹情形禀》,《周武壮公遗书》卷四,文海出版社1969年影印版,第536—537页。

④ 《议覆德国兵机院总办密次藩条陈》,《周武壮公遗书》卷四,文海出版社1969年影印版,第573页。

⑤ 参见《续陈法事八条》,《周武壮公遗书》卷一,文海出版社1969年影印版,第258—260页。"田鸡炸炮"即臼炮,近代迫击炮的雏形。

⑥ 参见《日清战争实记选择》,《中国近代史资料丛刊续编·中日战争》第八册,中华书局1994年版,第51页。

⑦ 《讲求操防谕》,《周武壮公遗书》外集一,文海出版社1969年影印版,第908页。

计时方式运用于军事训练的做法，对于军队训练规范化程度的提升具有一定价值。这也为后来新式训练能够顺利采用点钟、分钟作为时间度量方式提供了基础。不过，盛军的训练内容却并未统一。《操练绘图谕》规定：“自立脚以至操完步法手法、分合进退之间以及过桥各种阵法，务须逐一绘图，并将口令旁注，何种操法最难练习，亦著详悉注明。每营各绘各图……以凭考核。”①可见其主要是以各营自行操练为主，全军合练的机会并不多，各营之间的配合、步骑炮三者间的协同程度必然无法同战时相比。② 盛军的全军合操方式，据《大操定式谕》规定，乃是“大队操演摆列行阵，当有一定法度，庶进退分合之间可以整齐划一”，左、右、中各军都有既定的位置和既定颜色的大旗，按照周盛传挥动不同颜色旗帜所表示的命令行动。③

三、貌新实旧的“西法练兵”

（一）新问题、老办法：从一条作战建议说起

若以当时多数中国军队为参照，周盛传主导之下的盛军在当时北洋淮系防、练之中，确实为技精器良之劲旅，“足为勇营最高代表”。④ 但正是这支被中外广为称道的畿辅精锐之师，在周盛传去世（1885 年）后不到十年便于甲午战场上一败涂地、不复成军。对此，时人一般归咎于统帅后继无人。缪荃孙曾叹曰：“数年之间，防日、防俄、防法，从未有以一舸犯天津者，猛虎在山，藜藿不采，其威在也。迨公殁而海疆从此多故矣。”⑤刘体智也感慨周氏病殁后“淮军命运，于以终焉”⑥。但实际情况是否真的如此呢？我们不妨从周盛传所提出的一条作战建议说起。

在中法战争时期，周盛传曾多次向李鸿章提出，应招募敢死之徒，发给肉厚节满圆劲毛竹竿，外用漆丝缠裹，上以镔铁为刃，以之为奇兵对敌冲锋，作为应对法军优势枪炮的方法。然此议所本依然是同捻军作战时所获得的

---

① 《操练绘图谕》，《周武壮公遗书》外集一，文海出版社 1969 年影印版，第 906 页。

② 盛军步、骑两兵种分驻马厂和小站，而且有各项修筑屯田任务，所以到 1879 年汉纳根来华阅盛军合练时，其已“久未合操，变化操纵亦尚须加意演求”，故周盛传饬令趁马步再会操两次方令马队回防马厂。《合操情形禀》，《周武壮公遗书》卷四，文海出版社 1969 年影印版，第 539 页。除此之外，周盛传全集中便再未出现全军合操的记录，这从一个侧面也反映出其次数并不多。

③ 《大操定式谕》，《周武壮公遗书》外集一，文海出版社 1969 年影印版，第 964 页。

④ 王尔敏：《清季军事史论集》，广西师范大学出版社 2008 年版，第 43 页。

⑤ 缪荃孙：《周武壮公遗书序》，《艺风堂文集》卷五，沈云龙主编：《近代中国史料丛刊》第九十五辑（945），文海出版社 1973 年影印版，第 7 页。

⑥ 刘体智：《异辞录》，中华书局 1988 年版，第 92 页。

经验:“从前捻匪任逆马队、牛逆步队最为骁悍,横冲直压,往往枪炮未发,万骑已纵横荡决不可复当。谓宜取其遗意,以我剽疾制其精练。”①这同上节所述王定安认为“西夷之可以战也”的思路正好如出一辙。其实,略作思考便可知此法之不足恃。首先值得怀疑的是这些只经过一两个月训练、为口粮军饷而来的“勇敢之士”究竟有多少战斗力。周盛传也自承所招之人为“市井之徒”,但其认为“但使慓悍以军令约束者皆可应用”。② 即便如其所想,这些“奇兵”真能在军令下勇往直前,起到“以我剽疾制其精练”的作用吗?由于后装枪炮开始大规模投入实战,“到了1870年,一支进攻的军队想靠近敌军已很不容易。普鲁士的步兵袭击法军阵地,法国的轻骑兵进攻普鲁士的阵地,都是伤亡惨重。……1870年后,靠近敌人的难度更大了”。③ 故不难推知,这些手持简陋冷兵器的“奇兵”,在装备后膛枪炮的法军面前将会有怎样的命运。

这不禁让人感到奇怪,为什么周盛传在长期倡导西式武器操法之后,却会提出这样陈旧且不可行的建议?本书提出的一种解释就是,周盛传的“西法练兵”,实则更多的是形制上的仿效,而未深入地去关注、理解甚至研究西方的军事思想与理论。换言之,他并没有真正地吸收这些新的思想资源,从而使其知识结构产生实质上的新陈代谢。所以,一旦遇到新问题,他所习惯的也是所仅有的办法,依然还是以往经验中的那几件“旧东西”。

(二)借西法之形制、沿中土之实弊

其实应该承认,周盛传确实愿意学习西法。但是他思维方式上的局限,却使这种学习未能更新其既有的思想观念。要理解这一现象,可以通过考察周盛传同西方军官的交流过程来寻找答案。前文已略微述及,德国军官曾建议盛军用“散开行走法”即散兵战术,周盛传也表示同意。但实际上他在向李鸿章的汇报中却认为,德人所言无非是淮军以往操练的“散星阵”。④ 据周氏自己所说:“散星阵”实乃淮军步兵为抵御捻军马队侧后冲击而组成的圆阵。⑤ 其所谓“散开”是指各排由密集横队变成前后有所间隔的圆形方

---

① 《筹备战俄禀》,《周武壮公遗书》卷一,文海出版社1969年影印版,第169—170页。

② 《筹办大沽北塘新城防务条议》,《周武壮公遗书》卷一,文海出版社1969年影印版,第208页。

③ [英]迈克尔·霍华德:《欧洲历史上的战争》,辽宁教育出版社1998年版,第107页。

④ 《议覆德国兵机院总办密次藩条陈》,《周武壮公遗书》卷四,文海出版社1969年影印版,第572页。“散星阵”即“撒星阵”。

⑤ 参见《议覆总教习德参将李保条陈》,《周武壮公遗书》卷四,文海出版社1969年影印版,第560页。此种战斗队形很可能即学自常胜军,故周盛传说十余年前即有此阵法。具体可参见本章第一节。

阵,而并非士兵间距的拉开。这同“增大各兵间之间隔,取疏散之队形”①的散兵战术并不是同一个概念。这一点通过对比图 3.11② 与图 3.12③ 就很容易理解。再者,对于德国军官所提出“中国多平地,须操前后三道壕垒之法”以加大防线纵深的建议,周盛传则将其理解为“防营均筑三层厚垣”,④即建有三道城墙的营垒以层层抵御敌方攻坚之意。⑤ 如此理解,纵深防御便被视为“墨守城垣,附郭而屯”⑥的株守营垒。而这种理路也是以原来同太平军、捻军作战经验为基础所演变而来。诸如此类的理解偏差,在《周武壮公遗书》中还有不少。可见,周盛传同西方教习的交流,几乎都非常自然地用以往的经验作为认知起点,对他们的建议进行改造,使之符合自身既有的知识结构。换句话说,这种认知方式以改造新异之物来使其适应自身思想观念与知识结构,而非以前者的逻辑或者特性来扩充、更新后者。如此一来,新知就被异化、扭曲而包裹在旧经验、旧想法之中,变得不再具有被仔细辨识和深入研究的价值。⑦

这就使周盛传的思想处于矛盾的状态。通过与西方军队的接触,他早已意识到“中国操法诚不及外洋之精”,但在具体的方法上他又觉得西方教习所言也不过如此,中土早已有之,并不是什么真正的“新知”,并不值得仔细学习研究。所以他在热衷于请教洋人之余,却又觉得不需要他们指手画脚:“窥该洋员之意,亦知卑军习操已非一朝,不过量为指授以完教习之责。”⑧周盛传甚至认为德国教习的批评“实缘德胜法人之后,雄视五洲,此辈应募来华,不免傲然自恃”,故而与之“稍事辨折,藉以平其心志以恰其情”。⑨ 德国教习轻视中国军队应属可以想见,然周盛传的态度多少也显示

① [日]森五六:《近世战斗法之变革与现代战斗法之概要》,李元凯译,《军事杂志》1928 年第 5 期。

② 引自(清)潘鼎新:《洋枪队大操图说·撒星阵图说》,同治七年刊七。“撒星阵”即周盛传所说之“散星阵”。

③ 引自陈克、岳宏主编:《新军旧影:清末新军照片文献资料选》,天津古籍出版社 2008 年版,第 48 页。

④ 《议覆德国兵机院总办密次藩条陈》,《周武壮公遗书》卷四,文海出版社 1969 年影印版,第 573 页。

⑤ 参见《续陈法事八条》,《周武壮公遗书》卷一,文海出版社 1969 年影印版,第 260 页。

⑥ 姚锡光:《东方兵事纪略》,《中国近代史资料丛刊·中日战争》第一册,新知识出版社 1956 年版,第 21 页。

⑦ 这也是传统士大夫认知西方新事物的一贯方式。参见萧功秦:《儒家文化的困境——中国近代士大夫与西方挑战》,四川人民出版社 1986 年版,第 66—71 页。

⑧ 《洋将操练情形禀》,《周武壮公遗书》卷四,文海出版社 1969 年影印版,第 546 页。

⑨ 《洋将操练情形禀》,《周武壮公遗书》卷四,文海出版社 1969 年影印版,第 548 页。

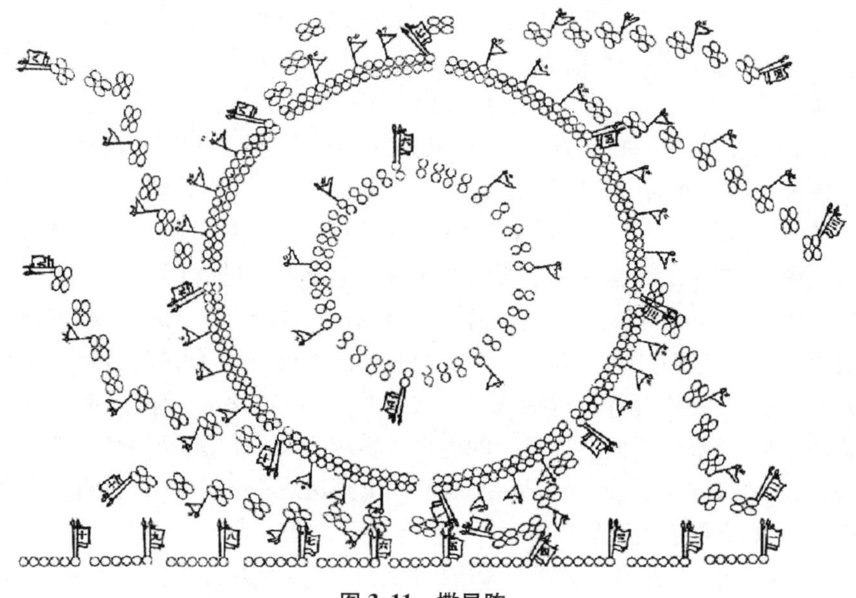

图 3.11　撒星阵

图 3.12　北洋新军的散兵队形

出其师心自用的一面。

因此,他用来练兵的所谓“西法”,在相当程度上都是其自身所理解、附会出来的东西,在实质上与传统军队建设、训练并没有太多不同。比如在军队建设上,周盛传就依然秉持“有事则兵无事则农”的传统观念,难以理解军队职业化之于近代战争的重要性。[①] 周盛传虽位寄专阃,但对社会事务相当关注,时有“为小民兴利”[②]之想。他不仅自己捐资兴建公祠、义学,而且积极率领盛军参与大量的社会生产建设活动,例如开河、屯田、造桥、植树等等,对小站当地乃至整个天津地区都作出了重大贡献。然而,这种长期频繁的社会生产建设活动,便使盛军的训练成为一个时断时续的过程。该军一年十二个月的安排为:“十、冬、腊、正、二五个月不能工作为闲月……三、四、五、六、七、八、九七个月为忙月,不暇多操。”[③]可见一年之中,盛军有半数以上的时间“不暇多操”,基本上只有端架、打靶等个人技术训练。而且据周盛传给李鸿章的汇报中说,这七个月的时间里实际上也就打靶十二次,每次五发子弹而已。[④] 即便是另外五个月,由于严寒已至、风雪天气日渐增多,其训练时间自然也并不充分。宋庆在甲午前线的报告中便指出“盛军勇队在小站一带屯田多年,耕种时多,训练时少”是其溃败的一个重要原因。[⑤] 就传统战争来说,这种寓兵于农的建设方式一方面既有利于国计民生;另一方面又能自储军实,所以即便到近代乃至现代中国都还有类似的举措。但问题在于,盛军的定位是一支装备大量西式武器的野战机动部队,其最主要的任务在于运用这些近代武器以在战争中克敌制胜。而且今时不同往日,“随着战争科学技术日益朝专门化方面发展,以及军事行动的后勤工作的日益复杂化……只有受过多年教育并具有丰富经验的人,才能掌握最新式的大炮和工兵装置……武器的成本和使用它们所需要的训练也改变了过去那种平时农民犁地种田,战时拿起长矛便能作战的状况,出现了职业士兵和水兵,从此战争也就不再是非专业人员的事了”。[⑥] 而将大量时间、精力投入耕种、修筑等非军事活动的盛军官兵,显然少有实现技战术专业化的可能。由此产生的另一项弊病就是,缺乏连续的专业化严格训练将会导致

① 所谓“军队职业化”,就是指军人成为一种职业。他们通过长时间的教育、训练以获取军事领域所必需的专业知识和技能,并将专门从事该事领域的工作。所以在职业军队中,军人必须是军事知识技术领域的专家,掌握着其他群体所没有的特殊能力。现代职业军人大概需要花费其职业生涯的三分之一时间来接受军事教育,也许还要花费比其他任何职业更长的时间来实践这些专业知识。参见陈明明:《所有的子弹都有归宿:发展中国家的军人政治研究》,天津人民出版社 2003 年版,第 14—15 页。

② 《年谱》,《周武壮公遗书》卷首,文海出版社 1969 年影印版,第 89 页。

③ 《详覆炮操禀》,《周武壮公遗书》卷四,文海出版社 1969 年影印版,第 530 页。

④ 参见《覆陈节省枪弹禀》,《周武壮公遗书》卷四,文海出版社 1969 年影印版,第 516 页。

⑤ (清)宋庆:《帮办北洋军务四川提督宋庆覆奏查办卫汝贵等被参各情折》,《中国近代史资料丛刊·中日战争》第三册,新知识出版社 1956 年版,第 257 页。

⑥ [美]查尔斯·H.科茨、罗兰·J.佩里格林:《军事社会学——美国军事制度与军事生活之研究》,北京大学国防学会译,国防大学出版社 1986 年版,第 217—218 页。

军队纪律的松弛乃至崩溃。盛军作为一支募勇而成的军队,要求其士兵具有多高的个人素质与道德水准并没有太大的意义,因为军队不可能脱离其所处的社会现实。其实,18 世纪腓特烈大帝那支威震欧洲的普鲁士军队,与盛军相比在兵员素质上并没有本质的区别:士兵来自社会底层,缺少忠诚、勇气和主动性等这些现代军人必需的素质,而只将从军当作谋生的行当。但两支军队的差距主要来自训练的正规化程度。日复一日严格操练除了能够提高技战术水平之外,还有一项隐性的效果就是:将纪律落实到日常的各种行为之中,使服从命令成为一种本能反应,从而逐渐塑造出与普通民众不同的举止乃至观念。这就意味着,要建设一支真正的军队,“其必不可少的第一步,都是从身体上将年轻人与‘普通’社会,与其习俗,与其诱惑,与其成员千丝万缕的联系隔离开来”。[①] 这正是普鲁士军队能“将没有生气的原材料铸成机器般的营队”[②]的根本原因,也是普军技战术训练的保障。而相形之下,盛军长期的非军事活动则极大地削弱了官兵职业军人性格的养成,甚至不如具有严密训练时间表的湘军。长期不穿“号衣”[③]的农耕修筑活动,潜移默化地渗入兵勇内心形成一种沉淀,改造了他们的举止和想法,使之显示出差役、工匠、农民等一般社会成员的习惯和取向。所以军中常有人“上街闲游”,甚至还有人在营中“蓄养孩童,呼为幼子”。[④] 光绪三年(1877 年),盛军的哗变显然与此也有相当程度的关系,否则李鸿章也不必令周盛传“将河工屯田暂行停缓,专事操练,认真整顿用备调遣”[⑤]。罗尔纲先生批评绿营差操不分之弊,其实用来评论盛军也同样若合符节:“不知一个人的外表虽可换,他的行为,积习成性,却不可更移,断没有只是穿上应差衣帽时才换上差役的行径,到了应差回来,把那些应差的衣帽脱了,再穿上号衣,还是一个军人的道理。”[⑥]因此,盛军虽然于武器装备上持续地更新换代,但其官兵却在不断退化,越来越缺乏职业军人应有的专业技术和行为

① [以]马丁·范克勒韦尔德:《战争的文化》,李阳译,生活·读书·新知三联书店 2010 年版,第 48 页。

② [美]彼得·帕雷特等主编:《现代战略的缔造者:从马基雅维利到核时代》,世界知识出版社 2006 年版,第 86 页。

③ 《禁勇采樵谕》规定:“兵勇号衣均宜查照收存,非遇差操时不得听其穿著。”《周武壮公遗书》外集一,文海出版社 1969 年影印版,第 883 页。

④ 《区明勇服论》、《禁养幼童谕》,《周武壮公遗书》外集一,文海出版社 1969 年影印版,第 957 页。

⑤ 《剿平煽勇滋事之会匪折》,《李鸿章全集》第七册《奏议(七)》,安徽教育出版社 2008 年版,第 299 页。

⑥ 罗尔纲:《绿营兵志》,中华书局 1984 年版,第 263 页。

方式,盛军在战争中“见贼即溃”[①]也就并非不可想象。

其次在军队训练方面,周盛传依旧坚信官兵的技艺和勇气是最重要的,而不能理解近代战争中军人角色的转变。在近代战争中,由于军队已从武士的结合转变为一部构成严密、分工细致的“战斗机器”,所以各级军官的职能已经不同于冷兵器时代。[②] 他们被要求成为有能力控制与管理这一战斗机器的操作者,而并非以往冲锋在前的勇士。使用武器的技巧、坚定的意志和无畏的勇气尽管仍有其价值,却已经不足以决定战斗的胜负;全面的筹划、合理的指挥以及精密的控制,才是制胜的关键。由此,“戎马生涯呈现出新的面貌,军队的日常生活发生了深刻的变化。……昔日非正规的英雄式的军事活动方式也逐渐消亡了”。[③] 然而在周盛传眼中,军官个人的战斗技能与勇气仍然是核心标准:只要枪法精准、勇猛无畏即为良将之才,并不需要特定的军事知识。这实际上也是对他个人经验与形象的一种自我认同。因此,周盛传并不认可西方教习观念中指挥官的角色。德国教习李保提出:“凡接仗、操演等事,西法向归哨官、哨长督率;若华营则哨官等与兵勇同伍,似不合法,宜临时责成哨官等主持变化,勇兵须视哨官之指挥;哨官等不得形同木偶,须调度一哨勇丁,不能倚恃教操者调度”,并认为营、哨官不宜持步枪战斗而应持手枪、指挥刀进行指挥。对此,周盛传反驳道:

> 现正讲求操练,全恃营哨官为之表率。若营哨官全不习枪,何以率下。且闻西人谈及德国太子尚能单手打枪,为该国臣民所不及。由此类推,安有哨官可不打枪之理?又谓哨官不应与兵勇同伍。须知绿营武备废弛,即为将领官习太重,不与士卒同甘共苦,今正宜力矫此弊。……本军哨官皆令与兵勇一律操练,兵与将相习,临时方好调度,又何与兵勇同伍之足虑。西国兵法亦有营官在三五里外设电线以调度前敌者;此法虽可少伤将领,但营官不亲临督阵,恐兵勇之气难振,心亦难齐,终非良法。[④]

---

① (清)宋庆:《宋提督来电》,《清光绪朝中日交涉史料》卷23,故宫博物院文献馆1932年编印,第20页。

② 其实,在这部“战斗机器”中,即便是普通士兵的角色也已不同于以往:他们不再被要求成为技艺娴熟的武士,而被训练成能够最有效率地运用武器装备的“工人”。这一点将在第四章第三节中结合新建陆军的训练方式作详细分析。

③ [美]麦尼尔:《竞逐富强:西方军事的现代化历程》,学林出版社1996年版,第136页。

④ 《议覆总教习德参将李保条陈》,《周武壮公遗书》卷四,文海出版社1969年影印版,第557—559页。

在这种思想的主导之下,军官们在表面上似乎也同士兵一起进行了西式训练,但他们从中学到的是如操枪手法、行进步法之类的皮毛之物,却大都缺乏如何在各种情况下布置战斗队形、实施战术机动等基本指挥知识。① 换言之,他们并不真正理解西法中所蕴含着的军事原则和规律,而只是一种形式上或者动作上的模仿。曾在天津观察过淮军的德国人恩斯诺评论道:“虽然引进现代武器使中国军队的实力有显著增长,但是中国人的保守和中国军官强烈的抵触情绪,阻止了他们在战术方面有任何根本性变革。……中国人坚信,欧洲军队的成功仅仅在于他们有更好的武器装备。事实是,欧洲军队的强大主要在于严格的军纪、优秀的指挥官和更高明的军事策略。就连人称最具战斗力的、李鸿章的军队在军事策略培训方面的程度也低得可怜。”②这就决定了盛军以各营各绘阵图的方式所进行的战术训练,虽然有着西方军队的口令、队列之类,但实则却是一种披着西法外衣的“花法”。一方面,由缺乏近代军事知识的军官所绘制出来的阵图,自然不会是以军事规律为依据,多半只能是凭借其自身经验和偏好所演绎、杜撰出来的东西,本质上同以往各种徒壮观瞻的练法相去不远;另一方面,这种事先画好阵图的战术训练,其实质就在于一个“摆”字,即官兵根据阵图排列出上面所绘队形阵式,然后再依口令或者旗帜,按既定的路线或走动或跑动,进行各种变化。所以在这种训练中,即便军官缺乏必要的军事知识与指挥能力,也同样能够摆演出“整齐划一”③的壮观场面。这一点颇如美国学者鲍威尔所说:“新技术的推广,距离它的来源越远,越容易受老一套的腐蚀。显然,中国人对严整的普鲁士操法,比对西方战略战术更为喜欢。他们宁愿借重表面文饰而不借重基本原则。”④一位英国军官曾于19世纪70年代观察过福建巡抚丁日昌组建的洋操队,他的描述或许能为了解盛军的训练状况提供某种程度的参考:

从操练来说,他们究竟只是装扮着军队在玩耍而已。我们可以容

① 盛军军官的考核,通常只有枪炮命中这一项内容。李鸿章曾于光绪三年(1877年)检阅盛军,“将统领营哨各官逐加面试”,但所试者也只是“一律令其打靶”。《奏报阅伍情形折》,《李鸿章全集》第七册《奏议(七)》,安徽教育出版社2008年版,第309页。

② [德]恩斯诺:《清末商业及国情考察记》,[美]熊健、李国庆译,国家图书馆出版社2014年版,第247—248页。

③ 这也是周盛传对于全军训练最为看重的一项内容。《大操定式谕》,《周武壮公遗书》外集一,文海出版社1969年影印版,第964页。

④ [美]拉尔夫·尔·鲍威尔:《1895—1912年中国军事力量的兴起》,中华书局1979年版,第24页。

易看到,他们对他们所表演的滑稽角色的真正目的实际上毫无所知。……而且,就是我们假设他们能够做出复杂的演习的话,我们晓得,最善意的士兵如果没有能胜任的军官,他们能做什么呢?①

1885 年,醇亲王奕譞巡视北洋海防,阅看盛军操演。周馥记载道,盛军“步伐整齐,一丝不乱。凡开枪,马上起立进退,分合旋转,一人呼之,无不如响赴节,王甚为嘉赏”。后来奕譞在奏报中也以“步伐整齐,一律严整”作为认定淮系各支陆军部队训练得力之依据。② 显然,这种训练中军官的任务只在于喊口令,并带领士兵遵循事先规定好的套路运动即可,并不是一种模拟实战的演习,反而有几分类似于花式队列的表演。如此便不难理解,这支军队及其军官们为何无法将训练的内容运用到战场之上,而只能选择自己最熟悉的老办法,“仍欲以剿击发捻旧法御劲敌”。③ 故曾观察过盛军会操的汉纳根失望地指出:“一千八百七十九年,余初渡华海,尽应中朝之聘,将整饬戎行以御俄也。为日未久,即觉其营伍中,但率扫荡发匪之旧法,绝无奇谋深算。至于泰西武备新学,更梦想所不到。”④而曾参加甲午战争的日军将领野津道贯则嘲笑淮军指挥官“都是多年在国内以发匪、捻匪、回匪或马贼之凶暴无赖的贼匪为好对手进行战斗。这等支那将校,虽历经百战,但他们的对手仅是这样的贼匪,所以支那将校虽有梁山泊式的赌徒头目的勇气,但有关 19 世纪实用的维新战术知识却极其缺乏甚至绝对没有”。⑤ 这两番评论虽不无偏颇,却也切中要害。郑观应在甲午战后也有类

---

① [英]寿尔:《田凫号航行记》,张雁深摘译,中国史学会主编:《中国近代史资料丛刊·洋务运动》第八册,上海人民出版社 1961 年版,第 383 页。能够由此见彼的原因在于,丁日昌对于西式武器技术、操法战法的热衷程度似乎并不亚于周盛传。参见吕实强:《丁日昌与自强运动》,“中央研究院”近代史研究所专刊(30)1972 年版,第 187 页。

② (清)周馥:《醇亲王巡阅北洋海防日记》,中国社会科学院近代史研究所编:《近代史资料》总第 47 号,中国社会科学出版社 1982 年版,第 14、24 页。德国人李希霍芬也曾评价湘淮军说:“中国兵的座右铭是枪法好。……他们的军官也认为他们看到的外国军队的操练与演练根本没必要,重要的只有一点,那就是善射。”[德]费迪南德·冯·李希霍芬:《李希霍芬中国旅行日记》下册,[德]E.蒂森选编,李岩、王彦会译,商务印书馆 2016 年版,第 610、612 页。这说明,无论是周盛传、李鸿章还是清政府,其所关注的主要还是军官的枪炮操作以及场面的雄整可观,而对他们战术知识、指挥能力的考察则相当忽视。

③ 袁世凯:《袁世凯禀》,《中国近代史资料丛刊·中日战争》第五册,新知识出版社 1956 年版,第 219 页。

④ [德]汉纳根:《德汉纳根军门语录》,[美]林乐知译述,蔡尔康札记,《中国近代史资料丛刊·中日战争》第七册,新知识出版社 1956 年版,第 537 页。

⑤ [日]野津道贯:《支那征伐胜利之要素》,《日清交战录》第 11 号,(东京)春阳堂明治廿七年版,第 3 页。

似的批评：

> 虽中国亦仿西法练兵，计已十余年，而仍不能强者，因将帅非武备学堂出身，未谙韬略，又无胆识，惟延西人教习口号，步伐整齐、枪炮命中而已。不知此特兵法之绪余也。①

当然，不能忽视的一个基本事实就是，天津武备学堂之设正出自周盛传的建议。但若细究其初衷便可发现，此一建议似乎更多的是作为避免将领受学于西方教习的折中方案。除李保之外，德国军官博郎也曾建议："教习者惟先教统带、营官，待其既熟，然后使之分教弁勇，乃有身使臂、臂使指之妙。"但周盛传则以"若合诸将日聚教习之前，听其指示，是将领受学于教习反不暇自教其弁勇，似亦非此时长计"为由加以拒绝；进而提出设立武备学堂，"挑选慓健而又精细之弁勇送院学习，以期成就将才，为异日自强之本，各军仍可照常操练，不致大费更张"；此外，他还指出："如欲为目前救急之图……照该国成法稍事变通，多挑弁勇剋期教操，不必限以人数，亦不必多教将领。"②从这番回应中不难看出，周盛传最希望的其实还是"不致大费更张"、"不必多教将领"。至于武备学生"成就将才，为异日自强之本"则更是敷衍之辞，因为周盛传从未把掌握相关知识的教习纳入盛军的晋升体制之内。③ 查连标是一个典型例子。他于1876年以弁勇身份留学德国，三年后年返回盛军充任教习。周盛传在报告中指出，查连标"实力实心，极著成效，且察其于洋人操法实有讲求，非同浮慕"④。但即便如此，直到中法战争时，他依然还只是一名低级军官。⑤ 作为晚清首批赴欧学习军事的军官尚且遭如此冷落，武备学生在淮军中能否"成就将才，为异日自强之本"更是可想而知。因此，近代军事思想观念及其背后的科学思维方式，便一直未能

① 夏东元编：《郑观应集》上册，上海人民出版社1982年版，第870页。

② 《洋操情形禀》，《周武壮公遗书》卷四，文海出版社1969年影印版，第551—553页。

③ 周盛传颁布的军官选拔条令规定："于散勇中选什长，于什长中选哨长，于哨长中选帮办、哨官"，并没有教习的晋升渠道。《选拔将校谕》，《周武壮公遗书》外集一，文海出版社1969年影印版，第953页。

④ 《请给查教习津贴片》，《周武壮公遗书》卷二，文海出版社1969年影印版，第369页。

⑤ 由周盛传仍称其为"查弁连标"便可得知查连标并未得到晋升。《洋操情形禀》，《周武壮公遗书》卷四，文海出版社1969年影印版，第550页。另外，在周氏遗集所收历次奏保将才的报告中，也从未出现过查连标的名字。其原因除了周盛传自身思想观念之外，或许也正如一些学者所说，还在于他不愿触动盛军既有的内部关系和人事结构。参见［美］刘广京、朱昌崚编：《李鸿章评传——中国近代化的起始》，上海古籍出版社1995年版，第163页。

随着这些新式人才的出现而成为军队建设训练的主导。① 对此,蒋百里将军评论道:

> 天津设武备学堂,然学生毕业后,无指挥军队之权,仅仅当军营中之教习,赏罚不属,而日聒于其侧,大为军中所排斥,故甲午以前学生无能任用者。甚矣,蜕化之难也。盖官僚之末流其弊必至于萎,既无敌人以警其前,积资负功者坐食禄,无大过终不能易其位。向也以战为教,今无战则无教耳,故新进之士终不能为所容焉。②

严复先生则更尖锐地指出:

> 曩者法越之事,北洋延募德酋数十人,洎条约既成,无所用之,乃分遣各营以为教习。彼见吾军事多不可者,时请更张。各统领恶其害己也,群然噪而逐之。上游筹所以慰安此数十人者,于是乎有武备学堂之设。既设之后,虽学生年有出入,尚未闻培成何才,更不闻如何器使。此则北洋练兵练将不用西法之明征。夫盗西法之虚声,而沿中土之实弊。③

(三) 旧法附会新知:传统思维方式的局限

平心而论,周盛传并非刻意“盗西法之虚声”来博取美名。他坦承“中国操法诚不及外洋之精”,④故经常寻机向西人请教操法战法。当他听闻“汉纳根至新城,当即驰诣城中与之周览炮台及内外城防处所”,并另日约其至小站“调集马步队分操,请示西法”。⑤ 中法战争期间,德国教习来华,周盛传更是常与之“虚衷商榷”,并称赞“该洋员等于军中得失利病直言指摘,绝无敷衍粉饰之谈,实堪钦敬”。⑥ 由此足见周氏不仅颇有求知趋新的

---

① 在李鸿章历次为武备学生请奖的奏折中可以看到,其所肄习者为“天文、地舆、格致、测绘、算化诸学”,并能逐渐“洞悉窍要”、“融会贯通、一律娴熟”,故该学堂学生于自然科学知识的学习过程中,应该也在一定程度上接受了逻辑分析与实验研究为特点的认知方式。顾廷龙、戴逸主编:《李鸿章全集》第十二、十三、十四册,安徽教育出版社 2008 年版,第 241、343、397—398 页。

② 蒋方震:《中国五十年来军事变迁史》,《中国近代史资料丛刊 · 北洋军阀》第一册,上海人民出版社 1988 年版,第 1044 页。

③ 严复:《救亡决论》,《中国近代史资料丛刊 · 戊戌变法》第三册,上海人民出版社 1957 年版,第 68 页。

④ 《洋操情形禀》,《周武壮公遗书》卷四,文海出版社 1969 年影印版,第 550 页。

⑤ 《合操情形禀》,《周武壮公遗书》卷四,文海出版社 1969 年影印版,第 538 页。

⑥ 《洋将会操情形禀》,《周武壮公遗书》卷四,文海出版社 1969 年影印版,第 545 页。

精神,更有不避批评的胸襟。除军事之外,他还经常于闲暇时思考各种自然现象,同友人甚至洋人探讨、辩论格致之理。因而其对于神鬼之说极不以为然。例如,他驳斥人遭雷击为天谴之说纯属无稽之谈,认为这是不知避雷所致;也曾指出所谓“鬼火”实为磷火,与灾祥鬼神无关。这在当时对于一个武人来说已相当难能可贵。但在格物的过程中,周盛传也经常自觉地运用传统思维方式来理解其所未知。譬如,他认为人之所以比鸟兽虫鱼聪明,是因为“人首在上以吸取灵气”,鸟兽“首不能仰,得灵气较少”。[①] 这恰如林语堂先生所说:“在推测自然与人体的奥秘时,中国人在很大程度上要依靠直觉。”[②]而其结果就是,以“灵气”之类传统概念来解释人与鸟兽虫鱼的生理区别,得到的当然只是貌新实旧的“格致之理”。

与之类似,由于缺乏概念界定、逻辑分析这样的科学认知方式,周盛传基于个人经验的主观发挥,在没有实战检验的条件下便很容易偏离真知。以往经验中错误或者过时的东西也会被保存下来,成为附会新知的思想障碍。因而周盛传虽时常向西人请教,但经其主观改造、过滤之后,剩下的也就只是包裹着西式外衣的旧法。这决定了他真正能够接受的还是枪炮操作、步法队列这些效果直观可见的外在之物,却并不能理解近代军事思想或者理论,从而实现自身知识结构的更新。故一旦涉及该层面的问题,周盛传便会自觉地以既有经验、观念作为评判取舍的标尺,对西人的建议合意则取、不合则去,甚至还时常嘲讽他们不懂战法。[③] 此一优越感与自信心便来自这种认知方式。而且两者还会互相强化,成为一张改造、扭曲新知的“过滤网”。诚如美国学者史密斯所说:“尽管周盛传有着强烈的趋新意识,但他始终受到淮军的体制结构以及于其中所得到经验的束缚。因此,他终究无法解决军事改革中自我定位、态度和方法上的基本矛盾。”[④]作为这支军队的主导者,周盛传在思想观念上的矛盾也决定了盛军的变革始终只能停留在“不致大费更张”的地方,思想观念的新陈代谢始终难以完成。因而近代武器装备始终缺少与之匹配的人与思想,很少能够遵循其自身的逻辑发挥出应有的价值。由之也不难推想,那些较盛军尚为逊色的淮系防军、练军

① 《格物琐记》,《周武壮公遗书》别集一,文海出版社 1969 年影印版,第 1173—1185 页。

② 林语堂:《中国人》(全译本),郝志东、沈益洪译,学林出版社 1994 年版,第 101 页。

③ 戈登于伊犁危机时期再度来华,对于如何同西方强敌作战提出了不少建议。周盛传则对之一概否定,并视之为“可笑”、“似尚未得西人行军之妙”。《覆陈戈登条议》,《周武壮公遗书》卷一,文海出版社 1969 年影印版,第 220—221 页。

④ Richard J. Smith, “The Reform of Military Education In Late Ch'ing China, 1842-1895”, *Journal of the North China Branch of the Royal Asiatic Society*, Vol. 18, No. 2(1978), p. 31.

对于近代军事观念与知识会有何种程度的隔膜。而经过了这种长达三十年的“自强”之后，近代中国人不得不咽下“橘逾淮而为枳”的苦涩果实，开始寻求更有效的军队现代化之路。

小结：淮军“西法练兵”缘何功败垂成

淮军的组建与参战本来只是曾国藩全局战略的一个部分而已。谁知无心插柳之下，不仅成全了李鸿章的事功，更是促成了晚清军队战术及训练变革中的一次关键转向。

实战的需要永远是军队改革最原始的动力。面对苏沪战场的险恶环境以及太平军咄咄逼人之势，淮军不得不迅速做出转变。其初至上海时，一切规制无不出湘军范围。如虹桥首战，处处可见湘式战术的特征。然此战取胜之不易，使李鸿章意识到欲克敌制胜、由上海一隅规复苏常，非有所更张必不可得。所以，至北新泾—七宝和四江口之战时，淮军洋枪小队的编练遂使其原有战术呈现出新的变化，出现了洋枪与抬枪、鸟枪等旧式火器排齐进战，乃至洋枪小队突击冲锋的场面。这一阶段虽只是参用西法，然淮军战斗力之提升、制胜之迅捷，都使李鸿章坚定了学习西方的决心，开始组建配备劈山炮的洋枪步兵营。此种全新战斗编组，自然将带来更大幅度的战术转变。次年的昆、太战役也证明了这一点。战斗中三四百名成建制的洋枪步兵，列成线式横队进行排枪齐射并向前推进的方式已越来越稀松平常。抬枪、鸟枪等旧式火器似乎愈少有登场亮相的机会。不过，这个时期淮军战术上最为重大的突破在于步炮协同战斗方式的逐渐形成。经过近八个月的实战磨炼，程学启等将领已能因地制宜、灵活机变地运用西式火炮支援步兵的野战或者攻坚，逐渐摸索出了一套适合于近代中国军队的多兵种合成战术体系。这一体系在苏州—无锡和常州两次决定性战役中受到了全面的考验。两次大战的过程与结果表明，随着洋枪的普遍列装以及若干炮队的组建，淮军这套融合中西的新体系确实已经能够应对各种作战任务和战场情况，以至于官兵对此也已见多不怪、“皆视为无奇”。[①] 而且，实战中各将领更是能将传统中国军队善于筑垒挖壕的特长与近代火器战术巧妙结合，在改用“泰西阵法”的同时也在对它进行丰富与完善，一改其机械死板而使之变得灵动精巧。向来轻视中国军队的《北华捷报》甚至认为，苏州杀降事件

① 《复曾中堂》，《李鸿章全集》第二十九册《信函（一）》，安徽教育出版社 2008 年版，第 322 页。

后若常胜军与淮军程学启部发生火并,其将会有"可悲的命运"。[①] 曾国藩在检阅淮军后于日记中写道,其"操演阵法,纯用洋人规矩,号令亦仿照洋人声口。步伐极整齐,枪炮极娴熟,平日所见步队不逮此远矣"[②]。由此可见,淮军此一武器与战术转变的效果委实惊人。

但问题在于:为什么淮军在经历近代火器的长期实战之后,却连最基本的战术条例、训练规范都没有形成?在军队的武器、战术以及训练均获致前所未有的革新之后,中国近代军事科学为何却并未随之出现?若从表面上看,似乎是由于太平天国与捻军起义被平定之后,便无大规模战争,因而承平既久以致疏于兵事。所谓"向也以战为教,今无战则无教耳"[③]。然而,战争毕竟不是人类社会的常态,军队战术及训练的发展不可能仅仅依赖实战获取。其更需要的,是一种能够从实战经验中萃取出军事规律、原则、方法,并对之加以分析、实验与改进的思想工具。

本章之所以要大费笔墨地讨论淮军在苏沪战场上的战术变化,就是要说明,在实战条件下,淮军将帅其实也能通过全新的战争经验,形成一套适合于自身、结合中西的战术体系。换句话说,中国军队在经验层面上不仅能够基本掌握近代火器的战斗方法,而且还有相当的创造性与灵活性。但是,一旦进入和平时期,这些经验与创造便很快随风而去,或者最终演变为各种"花法"。原因就在于,时人缺乏一种有效的思维工具,能够用来对以往战争经验进行事物性质、规律层面的分析、论证,从而提炼构建出具有严谨逻辑和精确概念的战术原则乃至军事思想体系。这就导致淮军在实战中形成的新战术无论多么精妙、灵活,实际上仍然还停留在一种"只可意会"的个人经验层面上,需要通过直觉、揣摩加以把握,无法经由明确界定的术语加以表述、学习乃至改进。这也是淮军始终未形成一部近代操典反而仍旧由各支部队各绘阵图、各练各法的原因所在。潘鼎新曾于19世纪60年代末著有《洋枪队大操图说》一书,总结了如何抵御捻军骑兵的各种密集阵型,算是淮军中比较接近于操典的东西。但若细观该书便可发现,它其实更类似于传统的兵书阵图,只不过其中所用武器为西式枪炮而已。书中所绘各种阵法,实际上还是潘鼎新以个人经验为基础的主观演绎,缺乏任何可被实验检验、概念界定的规范化特征。例如,书中所列六花阵、梅花阵、八字阵、

① 《北华捷报》1864年6月18日,转引自[美]R.J.史密斯:《十九世纪中国的常胜军:外国雇佣兵与清帝国官员》,中国社会科学出版社2003年版,第196页。

② 《曾国藩全集·日记(二)》,岳麓书社1987年版,第1183页。

③ 蒋方震:《中国五十年来军事变迁史》,《中国近代史资料丛刊·北洋军阀》第一册,上海人民出版社1988年版,第1044页。

八卦阵、双龙阵等等,从名称上便可知其仍不出传统玄虚阵法的窠臼:不仅形式繁复、不易机动变化,而且也并不实用。恩格斯曾指出:步兵“即使在编成简单的方队时……这也不是一件轻而易举的事;而要用这种方法把一个营编成十字队形、八角队形或其他一些奇特的队形,那又是多么困难!”①以“八字阵”为例,它需要前面各列横队如门一般左右朝外打开,以供最后一排进至最前方投入战斗。这实际上就是既要保持队形纵深,又要用以往的进步连环法来进行各列横队的排枪齐射。此一阵法虽看似形象巧妙,但运作过程相当复杂,不仅难以充分迅速地发挥火力,而且队形密集、易生混乱,用于平时操练或可壮观瞻,投入实战则必然自乱阵脚。参见图 3. 13。②到了 1872 年,丁日昌又组织编绘了《枪炮操练图说》作为全军训练指南。但此书同样将近代战术加以改造附会于传统的阵法之中,也不是一部真正的近代训练教范。故 19 世纪 80 年代初,李凤苞在翻译欧洲战术著作之后深有感触地指出:“咸同以来,各省练军竞尚西国操法,习其分合进退,颇能步伐整齐,而间或能用己意,多设旗帜,甚至杜撰阵势,渐至徒饰观瞻。”③甲午战后,盛宣怀在上李鸿章的练兵条议中也说:“中国近来各营何尝不学德操,然号令、步伐仅为美观,以故一经战阵,毫无用处。”④

显然,在未经实战的前提下,缺乏严谨的概念界定、逻辑分析和实验检验的思维方法而只靠主观臆想所得之物,便很容易脱离现实,成为中看不中用的虚套。再加上整体战争环境和武器技术的落后,以往经验中存在的错误或者过时的东西,便因此被保留下来,在不知不觉中过滤、扭曲了新的思想资源。即便是周盛传这样具有趋新精神的统帅,也习惯于以既有经验来附会近代军事思想。所以,其用以练兵的所谓“西法”实为经过自身筛选、改造之后的产物,徒有形式而无近代军事科学的实质。这就导致周盛传能学到的仍只是枪炮操作、队列操练等直观可见之物,对西方军事思想、理念却少有认真辨识、研究的兴趣。至于其他淮军将领,更是“师心自用,以为昔年曾经战阵,即无不能御之敌,承讹袭谬,沿而不改”⑤。故亦不难理解,洋务运动时期在对西方军事书籍的翻译活动中,军事理论方面要明显少于

① 《马克思恩格斯军事文集》第一卷,战士出版社 1981 年版,第 407 页。

② 图文见(清)潘鼎新:《洋枪队大操图说·八字阵图说》,同治七年刊本。

③ (清)李凤苞:《陆操新义·译后记》,转引自皮明勇:《中国近代军事改革》,解放军出版社 2008 年版,第 284 页。

④ 陈旭麓、顾廷龙、汪熙主编,季平子、齐国华编:《盛宣怀档案资料》第一卷《甲午中日战争》下,上海人民出版社 2016 年版,第 373 页。

⑤ 中国社会科学院近代史研究所编:《清末新军编练沿革》,中华书局 1978 年版,第 8—9 页。

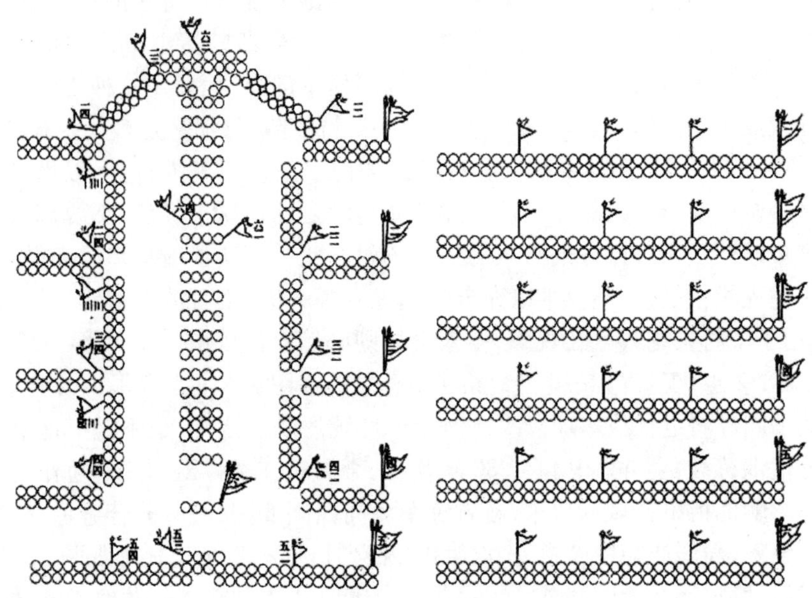

图 3.13　八字阵

武器技术类的译著。[①] 少有的几部理论译著，如《陆操新义》、《临阵管见》等论述西方战术及训练方法的书籍，也皆未能引起淮军将帅的关注。[②] 日本明治时期的思想家福泽谕吉曾指出，枪炮之类“外在文明”，“用人力可以制造，用金钱可以购买，是有形事物中的最显著者，也是容易中的最容易者”，“即使仿效了，也不能算是文明”；“外在的文明易取，内在的文明难求，谋求一国的文明，应该先攻其难而后取其易……假如把次序颠倒过来，在未得到难者之前先取其易，不但不起作用，往往反而有害”。[③] 因此，若内在的传统思维观念未能实现实质性的改变，无论淮军装备多么先进的武器、学习哪个国家的操法战术，也只能是“新瓶装旧酒”，有其形而无其实，仍是一支披着“西法”外衣的旧式军队。

这也是当时中国人接纳“西学”的问题之一。“中体西用”不仅限于中西交流的内容，更意味着以传统思维方法认知西方思想文化知识、观念的模式。因为“中学”正是传统思维方式的产物，以之为“体”，直觉意会自然就是时人看待、理解西方的重要手段。因此，这种学习一开始，偏差就随之产

① 孙立峰：《晚清编译德国军事著作活动考评》，《德国研究》2007 年第 2 期。

② 参见皮明勇：《德国与晚清军事变革》，《军事历史》1990 年第 3 期。

③ ［日］福泽谕吉：《文明论概略》，商务印书馆 1959 年版，第 12 页。

生了。主观意会使人们跃过新事物的概念界定、分解综合等分析过程,只要“认为那些近代西方异质事物所表现出来的特征性状,与他们熟悉的某一传统概念的含义雷同或大体吻合,按照他们习惯的思维方法,他们就可以直接使用这一传统概念作为表征该客体对象的术语”。① 除了在新式学堂以及少数洋务知识分子那里得到真正的研究之外,许多近代的知识、思想、观念便被融入传统思想文化中那些具有高度模糊性的词语之内加以定位和理解。例如,对西方译著颇感兴趣、欲借此“刮阿蒙一重目”的洪弃生,在谈论《陆操新义》时就认为,其中所论“不出《尚书》中‘步伐止齐’之范围。我中国迩来置古贤大法于不讲,遂堕兵制,乃日事步西人后尘”②。即便是上海格致书院的学生,也难脱此一思维窠臼,经常自然而然地以中附西。有人曰:

> 《易》言地载神气,神气风霆,风霆流形,百物露生,则电学所由祖也。《尧典》四仲中星之次,璇玑玉衡之仪,则天学所由祖也。《毛诗》之草木鸟兽,虫鱼琐屑,则动物、植物之学所由祖也。《春秋》之日食月蚀,星陨岁差,则测算之学所由祖也。③

如此附会之后,“西学中源”就成了自然的结论。于是,传统的文化优越感便与这种思维方式互相强化、相互固结,成为一张异化、改造新知的“过滤网”。因此,时人的思想观念、知识结构不仅未被近代科学知识理论所重塑,反倒将后者加以改换和变易,使之“逐渐变成为自己的一个部分,把它们安放在自己原有体系的特定部位上,模糊和消蚀掉那些与本系统绝对不能相容的部分、成分、因素,从而使之丧失原意。总之,是吸取接收之后加一番改造,使之同化于本系统。就近现代中西文化说,这倒是最值得注意的‘中体西用’的演化,即‘西学’被吸收进来,加以同化,成为‘中学’的从属部分,结果‘中学’的核心和系统倒并无根本变化”④。洋务运动“数十年中,思想界无丝毫变化”⑤,没有出现如日本那样学习西方文化的热潮,或许与此不无关系。

---

① 萧功秦:《儒家文化的困境——中国近代士大夫与西方挑战》,四川人民出版社 1986 年版,第 66 页。

② 洪弃生:《寄鹤斋选集(一)·书札》,《台湾文献史料丛刊》第 8 辑,台湾大通书局 1987 年版,第 188—189 页。

③ 《格致书院课艺》第 5 册,转引自熊月之:《西学东渐与晚清社会》,上海人民出版社 1994 年版,第 370—371 页。

④ 李泽厚:《中国现代思想史论》,东方出版社 1987 年版,第 323 页。

⑤ 梁启超:《清代学术概论》,朱维铮校注,中华书局 2010 年版,第 145 页。

另外,值得思考的还有军队精神信念方面的问题。如前文所不断强调的,任何战术发挥效果的一个重要条件在于军队具备坚定的信念,而一支军队的信念、精神则取决于其主导者的特质。曾国藩说,一个社会的风气主要决定于"为人上者":

> 风俗之厚薄奚自乎?自乎一二人之心之所向而已。……此一二人者之心向义,则众人与之赴义。一二人之心向利,则众人与之赴利。众人所驱,势之所归,虽有大力莫之敢逆。故曰挠万物者莫疾乎风。风俗之于人心,始乎微而终乎不可御者也。有以仁义倡者,其徒党亦死仁义而不顾;有以功利倡者,其徒党亦死功利而不返。①

早期湘军能够越战越强,与此有莫大关系。到后来随着罗泽南、李续宾、刘腾鸿等儒生的逐渐凋零,且规模日大、人员愈杂,以往那种"修道为教"、"上马杀贼、下马讲学"的情况已属少见,故其作战亦已难如初时之强悍。而淮军则是自起便为事功,无任何精神上之追求。李鸿章也没有曾国藩那样的道德人心之思,其统兵入沪一意只为建功立业。这种动机使他少去了许多思想上的羁绊,能够迅速仿效泰西武器战术,但也因此而惯于以利禄驱人的手段。其曾坦言不讳曰:"天下熙熙攘攘,皆为利耳。"②统帅"心向利",自然会塑造出"众人与之赴利"的价值趋向,所以淮军从开始就是一支以利禄作维系、缺乏崇高理想的军队。官兵皆"抱负浅而嗜欲深",③其战时能为掳掠而勇猛,平时无此则成疲敝涣散之众,④战斗意志也随之逐渐退化萎缩。一支军队最彻底的失败就在于其精神上的真空,不存在任何愿意为之牺牲的信念。故可理解,为何甲午之战,"中国士兵习惯是当敌人接近时,迅速将全部子弹打光,然后随着官长迅速后退"。⑤ 亲历甲午之战的袁世凯在致盛宣怀的电报中也说,清军火炮"一败即弃",步枪"子弹佩每二

① 《原才》,《曾文正公全集·文集》卷二,传忠书局同治十三年刊本,第 2 页。

② 转引自周馥:《负暄闲语》卷上,《周悫慎公全集》第三十五册,秋浦周氏 1922 年刻本,第 42 页。

③ 王尔敏:《淮军志》,中华书局 1987 年影印版,第 221 页。

④ 据赵烈文《能静居日记》载,淮军驻防后"坐营无掠夺之利,办公薪水仅足日用,不得不设法渔猎,将习巧宦而士有离心"。(清)赵烈文:《能静居日记》第五册,吴相湘主编:《中国史学丛书》,台湾学生书局 1964 年影印版,第 2904 页。

⑤ [英]莫利安·哈瑞斯、苏丝·哈瑞斯合著:《日本皇军兴亡记》,叶廷燊译,台湾金禾出版社 1994 年版,第 55—56 页,转引自关捷等编:《中日甲午战争全史》第三卷《战争篇》下,吉林人民出版社 2005 年版,第 706 页。

百,不足十分钟用”,且“只知托平乱打,不起码牌,故弹及近,难命中。有用弹数十条,伤寇十余人者,何能御敌”。[①] 据学者研究,甲午战争中日军被俘一共才 11 人,战死 1132 人,伤病万余人;相较之下,清军除死伤数万之外,被击溃或者自溃者就达到了数万,被俘 1681 人。[②] 而淮军作为其中的主力,占据了溃兵中的大部,由此即可窥见其战斗意志之低下。在此种情形之下,淮军所谓“西法”练兵、采用“泰西阵法”,就不啻为空中楼阁,皆无可恃。

若以之观诸李鸿章所主持的洋务事业,又何尝不是如此。洋务运动最基本的立足点就在于西方器物技术的“致用性”[③]。这既是中西对接的切入点,也是洋务派官僚仿效西方练兵制器的最重要依据。然虽同样举办洋务,李鸿章作为一个更纯粹的实干家,显然要比曾国藩、左宗棠等湘军诸帅更容易走出传统义理道德的限制,更加热衷于追求实用价值,从而也比他们在中国的现代化事业上留下了更多的印记。张之洞曾感叹:

> 无怪乎合肥之得志也!遍观中外大小臣工,学问非不好,品行非不好,即心术亦未必都不好。然问以大小炮数百种,后膛精枪亦数百种,形式若何,运用若何,某宜水,某宜陆,某利攻,某利守,某利山林,某利平地,其左右前后之炮界何在,昂度低度若何,平线若何,抛物线若何,速率若何,热度若何,远近击力若何,以及水雷旱雷炮台地营一切攻守之具,无一人能知,且并其名亦不能辨,又况西人政事法度之美备,有十倍精于此者。某国当与,某国当拒,某国善良,某国凶狡,吾之联之而备之者,其道何在,宜更无人知之矣。稍知之者,惟一合肥。国家不用之而谁用乎?[④]

但与此同时,李鸿章又在“致用”中走得太远,以至于深陷其中不能自拔,“因事功淹没了人格而见弱”。[⑤] 在他看来,实用实功成了衡量人与物的

---

① 陈旭麓、顾廷龙、汪熙主编,季平子、齐国华编:《盛宣怀档案资料》第一卷《甲午中日战争》上,上海人民出版社 2016 年版,第 327 页。

② 参见皮明勇:《中国近代军事改革》,解放军出版社 2008 年版,第 85 页。

③ 王先明:《近代新学——中国传统学术文化的嬗变与重构》,商务印书馆 2000 年版,第 106 页。

④ 转引自(清)谭嗣同:《上欧阳中鹄书》,蔡尚思、方行编:《谭嗣同全集》上册,中华书局 1981 年版,第 158 页。

⑤ 杨国强:《义理与事功之间的徊徨——曾国藩、李鸿章及其时代》,生活·读书·新知三联书店 2008 年版,第 210 页。

核心尺度。故出身翰林的李鸿章才会冒出“孔子不会打洋枪，今不足贵也”[①]、“未见圣人留下几件好算数器艺来”[②]和“董子‘正其谊，不谋其利’，立论太高”[③]这样的非圣言论。可见，如果缺少了实用功能，即便是古之圣贤在他眼中也会黯然失色。至于一般之义理说教对他而言，自然就更是“空言高论”、可以弃之如敝屣的东西。曾国藩评其“实处多而虚处少”，[④]或许正是就此而言。然而，“若舍经术而专言经世，其弊有不可言者”。[⑤] 汲汲于事功的价值取向，导致了李鸿章行事择人“但论功利而不论气节，但论材能而不论人品”[⑥]。过分宣讲利害所召来的，多数只能是营私渔利之辈，继而导致“向第背夫义而从利耳，今则显然逐利，并不知有义之名”[⑦]的人心不古。所谓“洋务”，也就成了一个缺乏制束的利薮，日趋蜕变为利己肥私的工具：“凡属洋务人员，例可获优缺，擢高官；而每为上游所器重，侧席谘求；其在同僚中，亦以识洋务为荣，嚣嚣然自鸣得意。于是钻营奔竞，几以洋务为终南捷径。”[⑧]故有人评论道：“北洋官场风气之坏，鸿章不能无责。盖察吏用人，渐重华饰，国藩贞朴之风稍替矣。……师门衣钵，于兹有愧，袁世凯、杨士骧，继督畿辅，踵事增华，北洋官场风气，日趋浮靡，皆号为宗法鸿章焉。”[⑨]李鸿章在“自强”的过程中过分地宣讲利害，导致洋务事业于其手中越来越缺少一种精神上的感召力和凝聚力。从这个意义上说，御史余联沅以反对修铁路为题指责李鸿章“以利误国家”，[⑩]除了保守之外，其实也反映出传统士大夫对李鸿章重功利、轻道谊之做派发自内心的嫌恶。在这个问题上，缺乏足够义理修为的李鸿章明显不及湘军诸帅远见卓识。曾国藩说：

---

① 刘体智读《曾文正公手书日记》眉批引刘秉璋语，转引自杨国强：《义理与事功之间的徊徨——曾国藩、李鸿章及其时代》，生活·读书·新知三联书店 2008 年版，第 199 页。

② 《复署赣抚刘仲良中丞》，《李鸿章全集》第三十一册《信函（三）》，安徽教育出版社 2008 年版，第 174 页。

③ 转引自周馥：《处事》，《周悫慎公全集》第三十五册《负暄闲语》卷上，秋浦周氏 1922 年刻本，第 42 页。

④ （清）赵烈文：《能静居日记》第三册，台湾学生书局 1964 年影印版，第 1885 页。

⑤ 钱穆：《中国近三百年学术史》下册，商务印书馆 1997 年版，第 653 页。

⑥ 辜鸿铭：《张文襄幕府纪闻》（与《近代轶闻》合刊本），《民国笔记小说大观》第一辑，山西古籍出版社 1995 年版，第 17 页。

⑦ （清）刘锡鸿：《读郭廉使论时事疏偶笔》，《中国近代史资料丛刊·洋务运动》第一册，上海人民出版社 1961 年版，第 290 页。

⑧ （清）王韬：《弢园文录外编》，辽宁人民出版社 1994 年版，第 47 页。

⑨ 徐凌霄、徐一士：《凌霄一士随笔》第一册，山西古籍出版社 1997 年版，第 284—285 页。

⑩ 《光绪十四年十二月八日河南道监察御史余联沅奏》，《中国近代史资料丛刊·洋务运动》第六册，上海人民出版社 1961 年版，第 207 页。

治世之道专以致贤养民为本,其风气之正与否则丝毫皆推本于一己之身与心,一举一动,一语一默,人皆化之以成风气。故为人上者专重修身,以下之效之者速而且广也。①

德而无才以辅之则近于愚人;才而无德以主之则近于小人。……二者既不可兼,与其无德而近于小人,毋宁无才而近于愚人。自修之方,观人之术,皆以此为衡可矣。②

左宗棠也指出:

人不可无才,然心术究是制事根本。心术不正,而才具觉优,则所谓才者亦只长恶济奸,自便其私而已,于实事何益?③

而罗泽南的一番议论若用来评论李鸿章及其事功,则可谓一语破的:

学问之道,至今日卑陋极矣。词章之士,奉对偶普律之文,以为掇科名之利器。未得,则珍若金玉;既得,则弃若敝屣。修己治人之道,全不为之留心。即或有一二特异之士,语品行,则涉于福田果报,藉修身为邀福之具,不知其为性之所固有,分之所当为矣;语经济,则惟考求乎海防、河务、盐法、水利,以待用于斯世。明德新民之学,视为迂疏矣。迹其所学,似胜于窃取富贵者之所为;究其所为,要皆从功利上起见。是以所见日陋,所行亦日卑。不知君子之学,淑身淑世,为性分内所当为者而已。……苟不务此,徒向枝叶上用功,纵做得伟然可观,终是三代以下品诣,三代以下作用。况乎以利己之心行之,尤终不能有成也哉。④

李鸿章曾言:“我办了一辈子的事,练兵也,海军也,都是纸糊的老虎,何尝实能放手办理?”⑤其话中不无抱怨清廷及顽固派掣肘之意。然则其事

① 《曾文正公全集·求阙斋日记类钞》卷上,传忠书局光绪二年刊本,第 52 页 a。

② 《笔记十二篇·才德》,《曾文正公全集·杂著》卷四,传忠书局同治十三年刊本,第 31 页。

③ 《甘州府龙守锡庆禀遵札禀明刘县丞文斗情节由》,《左宗棠全集》第十六册《批札》卷六,上海书店 1986 年影印版,第 14322 页。

④ (清)罗泽南:《与郭意城书》,《罗泽南集》卷六,符静校点,岳麓书社 2010 年版,第 104—105 页。

⑤ 吴永:《庚子西狩丛谈》卷四,文海出版社 1966 年影印版,第 155 页。

功所以“终不能有成”,又何尝不是他鄙薄道德义理所生污漫之风的一种反噬?军队闪亮的枪炮之后没有信念为依托,事功光鲜的外表之下缺乏精神作支柱,又如何能够使之不退化成“纸糊的老虎”?张佩纶曾致书曰:“变法尤在变人,若仍用时相私人以为才,仍取泰西唾余以为法,徒使千圣百王所留之礼义廉耻扫地无余,卒人心不古,徒法不行,国仍不保。”①可惜李氏作为“与晚清时局最有关系者”②,却未能认识及此。这不仅是中国军事现代化的不幸,更是整个近代中国的大不幸。其影响之深、之巨,绝非一时一事所能以为限。民国时亦有人曾评论李鸿章之功罪:

盖自曾左胡沈皆尚气节,重廉洁,而李文忠之在北洋,不免招权纳贿,植党营私,故北洋风气最坏。即今日之军阀,仍是当日余孽,此曾文正公所谓始乎微终乎巨者也。……每进便捷肆应之才,而黜厚重沈默之士。不知便捷肆应之才,其所成就之事有裨于一时一地者甚小,而黜厚重沈默之士,其转移视听,使人心风俗日坏,而阴以为祸家国者甚大。民国成立以来,聪明机警强干精细者皆不乏人,而不旋踵败亡随之者。此孟子所谓“盆成括,小有才,未闻君子之大道,则足以杀其躯”者也。……李文忠因方寸之地不能莹澈,故所用之人,但初求其能治事,继则并其不能治事者而亦用之。……今之所以砼砼不止于此者,非与已死之李文忠为难,乃因李氏之道(以为天下事皆可以智、力、财三者得之)传之袁项城,专用能治事之人,又为历年大吏之所标榜,其结果亦以方寸未能莹澈,并其不能治事者而亦用之,……能得事者又皆“小有才未闻大道足以杀其躯”,此天下汹汹所以永无宁日也。诚以甲午之罪蔽之李文忠,即治事之才亦因其终于偾事而不兴之。③

诚哉斯言!

① (清)张佩纶:《涧于集·书牍》卷六,《续修四库全书·集部·别集类》第一五六六册,上海古籍出版社2002年影印版,第573页。

② 萧一山:《清代通史》卷下,中华书局1985年影印版,第824页。

③ 转引自王芸生:《六十年来中国与日本》第二卷,《民国丛书》第三编第24册,上海书店出版社1991年影印版,第398—400页。

第四章　激变：甲午之后小站练兵的改弦更张

中日甲午战争的惨败，令当时的国人产生了前所未有的危机意识。批判洋务运动、要求更深入和主动地学习西方进行变革自救，成了当时社会上的主流声音。在此潮流之下，军队变革又走在了最前端，于是便有袁世凯小站练兵之事。学界一般认为，这支新建陆军是中国军队现代化的起点，对中国近代军事发展产生了深远影响。但实际上，我们对这支军队究竟如何作战、如何训练等具体内容还知之甚少。因此也就无法回答这么一个问题：与淮军相比，新建陆军的“西法练兵”到底存在何种本质上的不同，以至于可以被视为中国军队现代化的开端？故本章将围绕这一核心问题，对新建陆军的战术及训练进行一番分析与讨论。

第一节　惨败之后的思想震动

一、“争言西学”：危机引发的思想亟变

甲午战败对中国人产生的思想震动实乃前所未有。虽然“庚申之变”时，曾国藩就已“念夷人纵横中原，无以御之，为之忧悸”，①胡林翼则见洋人轮船而吐血坠马，不数月逝于军中。② 但其范围仍仅限于这一批先知先觉者，“十八行省之民，又不知痛痒，未尝改其顽固嚣张之习”。③ 而甲午败于日本这样向为中土所轻的“蕞尔小国”，却让许多士人学子的安全感和自信心从云端跌入深渊，产生了强烈的危机意识。康有为后来在保国会上的演说虽有耸人听闻之嫌，却也多少道出了时人的感受：

> 吾中国四万万人，无贵无贱，当今日在覆屋之下，漏舟之中，薪火之上，如笼中之鸟，釜底之鱼，牢中之囚，为奴隶，为牛马，为犬羊，听人驱

① 《曾国藩全集·日记(一)》，岳麓书社 1987 年版，第 669 页。

② 《洪杨异闻·胡林翼之远虑》，《清代野史》第六辑，巴蜀书社 1987 年版，第 285 页。

③ 梁启超：《戊戌政变记》，《中国近代史资料丛刊·戊戌变法》第一册，上海人民出版社 1957 年版，第 296 页。

使,听人割宰,此四千年中二十朝未有之奇变。①

强烈的危机感激发出了同等强烈的求生意识,并进而转化为寻求救国之道的极度迫切。这种生存危机以及由此导致的文化自信的急剧下降,对于近代中国思维观念的转变至关重要。由于意会领悟的思维方式能够自然而然地将未知事物改造为传统文化中既有的术语、词语,这就产生了一种假象,似乎中华文化之外不再有任何新事物、新知识值得深入辨识和研究。因而,人们便逐渐获得了一种文化优越心理,"似乎感到整个可知的世界已被祖先穷尽,人类哲学的最终真谛已被道破"。② 这种心理又会反过来强化传统的致思路径:既然中华文化如此优越,那么以古代圣贤言教为标准来判断、附会新异之物自然也就顺理成章。两者遂能相互依附,形成一种内部的、封闭的自我循环,主动地过滤、改造、扭曲新知识、新思想,使既有之思想内核始终得不到更新,并最终演化出强大的思维惯性。因此,只有切断两者之间的引导—强化关联,人们才能跳出这个自我满足、无需外求的思维怪圈。③ 而甲午惨败所带来的思想震动和自信失落,则令这一循环出现了一条巨大的"裂缝"。在生存危机的反衬之下,传统文化在人们心中那无所不能的形象开始崩塌。救国图存,成了更重要的评判标准。这种心态的变化,使时人渐能以一种抛开旧物、真意求知的低姿态来对待西方的科学知识和思想文化。所以谭嗣同在"馈而忘食,既寝而累兴,绕屋彷徨,未知所出"之后,终下定决心"不敢专己而非人,不敢讳短而疾长,不敢徇一孔之见而封于旧说,不敢不舍己从人取于人以为善"。④ 即便是那些较为保守的士人,其思想也有了痛苦但明确的转变:

窃思中夏被先圣先王之深,崇尚王道,一旦用夷变夏,人心本难自安。但以时事孔棘,亟在燃眉,参用西法,可速图效,转贫弱为富强,亦维持世变不得已之苦心也。而必黜之,亦未免拘于墟耳。⑤

---

① 康有为:《京师保国会第一次演说》,汤志钧编:《康有为政论集》上册,中华书局 1981 年版,第 237 页。

② 林语堂:《中国人》(全译本),学林出版社 1994 年版,第 142 页。

③ 参见萧功秦:《儒家文化的困境——中国近代士大夫与西方挑战》,四川人民出版社 1986 年版,第 125 页。

④ (清)谭嗣同:《上欧阳中鹄书》,《谭嗣同全集》上册,中华书局 1981 年版,第 168 页。

⑤ (清)张罗澄:《时务论》,转引自王先明:《近代新学——中国传统学术文化的嬗变与重构》,商务印书馆 2000 年版,第 130 页。

为了迅速"转贫弱为富强",只好"参用西法"。这种"不得已之苦心"说明,时势确实比人强。严峻的现实终于还是迫使着人们开始摆脱由文化优越感所产生的沉重思维惰性,开始在"西学"、"西法"面前放低身段,"开始倾向于承认,也许是痛苦地被迫承认,至少是在实用知识与技术层面上,西洋是比中国强,甚至东洋也比中国强,也不能不承认中国必须改革,而且改革的方向就是学习西洋甚至是仿效东洋"。① 许多人第一次真正有意去了解和探求这些以往不屑与闻的东西,"研究西洋文化实为匡时治国的要图"渐渐成为有志之士的一种共识。② 以至于一代经学大师俞樾都对自己的学生慨叹道,最近三年中,时局一变,风气大开,人人争言西学。③ 这是近代中国思维观念得以重构的关键所在。因为人们在学习、研究西方思想文化与科学知识的同时,实际上也就潜移默化地认可甚或接受了其背后的思维方式。而那些先知先觉者如严复,则开始批判传统认知模式对科学的阻碍作用,"以翻译西学著作为己任,为国人昭示科学思维的价值,成为中国近代思维方式转型的关键"。④ 这是甲午战争之后西方思想文化观念之影响远超洋务运动时期的一大原因。

二、"低心学西法":军事领域的反思

这种态度的转变,在当时最受关注的"强兵"问题上表现得尤为明显。批判传统兵学、提倡学习西方军事学术的声音此起彼伏。刊印于光绪二十三年(1897 年)的《中西兵略指掌》便指出:

> 中国谈兵家无虑百数,惟《孙子》十三篇、戚氏《纪效新书》至今通行,称为切实。但孙子论多玄空微妙,非上智不能领取;戚书出自前明,虽曾文正公尝为推许,其所可采者,要不过操练遗意。此外欲求所谓折衷戎行、会通今昔守之要而机宜悉当者,殆不多见。良以数十年来,西国枪炮盛行战阵之间,旧日成法已难胶执,诚兵事变幻一大关键也。

该书又以此比照西方军事著作,认为其:

---

① 葛兆光:《1895 年的中国:思想史上的象征意义》,《开放时代》2001 年第 1 期。

② 郭汉民:《晚清社会思潮研究》,中国社会科学出版社 2003 年版,第 129 页。

③ 转引自刘大年:《评近代经学》,朱诚如、王天有主编:《明清论丛》第 1 辑,紫禁城出版社 1999 年版,第 35 页。

④ 曾昭式:《西方逻辑东渐与中国近代思维方式的嬗变》,《中国哲学史》2003 年第 2 期。

于炮队马队步队并用交仗各法,靡不引申详明……分条缕述,如眉之列,如烛之照,谈兵似此,方完得"实事求是"四字。尽阅历有得之言,无一语稍涉掉空影响,步步着紧,句句可行,尤足以补孙、戚两家之略。以之行军,洵度世金针也。①

徐建寅则更直接地批判传统兵书杜撰臆想之弊:

泰西各国讲求兵学,久有成法,愈新而器械愈利、兵学愈精。……中国士子,素未讲求此学。古来兵书,半多空谈,不切实用。戚氏《纪效新书》虽稍述实事而语焉不详,难以取法;有志之士欲讲兵学莫得门径,无从探讨。……一旦启衅疆场,两国陈兵原野,枪炮先施、锋刃既接,军之胜败立见,国之存亡以决。若非平日以实心行实事,实力讲实学,确有根据,绝无虚浮者,曷能固兵心以操胜机、握成算以挫敌焰?岂肤词空言、杜撰臆说避剿袭陈言之讥,博自出心裁之美以致淆混志士之趣向,甚且贻误大局之要楗者所可同日而语耶?②

如是这般批判传统兵学、力主完全采用西法的议论,实乃前所未见之事。尽管曾国藩已怀疑古人论兵有编造、虚饰之嫌,但其还是以传统兵学为主要思想资源来创制湘军战术。而这样批判传统兵学"玄空微妙"、"半多空谈,不切实用"、"肤词空言、杜撰臆说",称赞西方军事著作"实事求是",正显示出晚清中国军事思想领域的一种急剧转向。实战的失败使人们意识到,传统兵书里那种个人凭空意会所得之物只能是玄虚空谈,无俾于实际;真正的"兵学"应该是"自募选、训练以及布阵运用,下至军士起居饮食之微,凡军所需一切有关于军者",③即关于军队训练、战斗、指挥、后勤等方面的具体内容。这就意味着在军事领域中,那些以往被视为不值一提的知识技能已开始被视为一门学问,值得进行仔细的学习研究。这在很大程度上也改变了传统的军事人才观,军官必须掌握近代军事知识成了一种朝野上下比较普遍的看法:"至于训练操防,尤以

① (清)陈龙昌:《军防》,《中西兵略指掌》卷二十,《续修四库全书·子部·兵家类》第九六九册,上海古籍出版社1996年影印版,第396—397页。

② (清)徐建寅:《兵学新书·凡例》,《中国兵书集成》编委会编:《中国兵书集成》第49册,解放军出版社、辽沈书社1993年影印版,第725—726页。

③ (清)张罗澄:《兵学新书·叙》,《中国兵书集成》编委会编:《中国兵书集成》第49册,解放军出版社、辽沈书社1993年影印版,第721—722页。

营伍学堂为储材之根本。"[①]而有意思的是,当初李鸿章奏请创办天津武备学堂时,清廷的回复是:"兵法以致死为先,故技艺可学而胆气难学。夫胆气者,致死之谓也。武备学堂之设,不过练习技艺而已。至于两军相见,肉薄血战,中国自有敢死之士,非洋人所能教习也。该督务当挑选将才,毋得专用西法。"[②]前后态度之不同,真可谓判若霄壤。

故甲午之后对"西法"态度的变化,实为中国军事现代化过程中的一个思想转捩点。这种思想趋向也决定了该时期新军在编练过程中的"仿行西法",无论内容还是形式上都会与洋务时期的淮系防军存在很大不同。借用吴汝纶致袁世凯信中的话来说,那就是:"诸将能一变自是之旧习,肯低心学西法,便是中国转弱为强之兆。"[③]就事后观之,"转弱为强"似乎并未实现;但小站新军倒确实是在这种"低心学西法"的态度影响下,成为晚清中国军队现代化的先导。

第二节　袁世凯其人:主导者的特质

一、早年军事经历

相比于李鸿章,袁世凯的早年经历显得更为特别。尽管其出生于官宦世家、书香门第,但当时正值乱世,烽火遍地的成长环境对于袁氏有极大的影响。"项当蒙、亳四面,皖匪出入,岁不知凡几",袁家"倡率里人,筑堡保卫,每遇警,诸孙年十五以上能执兵者咸使登陴"。[④] 这种环境使袁世凯自幼便对兵事耳濡目染:"公方五龄,家人负之登陴,纵观万众沸腾,略无惧色。"[⑤]再加上自其叔祖袁甲三开始,袁氏一族就为军功世家,这自然会对袁世凯有所熏陶。例如其嗣父袁保庆便长期参赞军务,并著有《自义琐言》一书,记其治兵为官之心得体会。其中一则曰:"古今将兵皆言'赏罚',不曰'罚赏'。而曰'赏罚',盖必先有恩以结之,而后加之以威,乃无怨也。不然

① 《上谕》,《中国近代史资料丛刊·戊戌变法》第二册,上海人民出版社1957年版,第111页。

② 中国第一历史档案馆编:《光绪朝硃批奏折》第52辑,中华书局1995年版,第362页。

③ (清)吴汝纶:《吴汝纶尺牍》,徐寿凯、施培毅校点,黄山书社1990年版,第77页。

④ 丁振铎编辑:《项城袁氏家集》第八册,沈云龙主编:《袁世凯史料汇刊》,文海出版社1966年影印版,第5595页。

⑤ 沈祖宪、吴闿生编纂:《容庵弟子记》卷一,沈云龙主编:《袁世凯史料汇刊》,文海出版社1966年影印版,第1页。

则叛离随之。……赏先于罚在平日,而威胜于爱在临时也。"[①]若以之观诸袁世凯日后"一手拿着官和钱,一手拿着刀"[②]的练兵手段,便不难发现其中一脉相承的路数。同时,这种家庭出身与成长环境也逐渐培养出了袁氏对于实务知识的偏好与能力。譬如,从其堂叔袁保恒在京时,他不仅留心时事,而且在实际事务上显示出相当之才干,故袁保恒在家书中称其为"中上美材",[③]并令之随往河南办理赈务,"有密要事案均令往查,并参佐一切"。[④] 但他在读书为学方面得到的评语则是"资分并不高而浮动非常"。[⑤]后来袁世凯也自言其"少不喜读书,留心兵事"。[⑥]

所以当他投入庆军之后,很快就以其处理事务的实干才能,得到了吴长庆的赏识。张謇回忆道,袁世凯虽以读书为苦,但"偶令其办理寻常事务,井井有条,似颇干练"。[⑦] 也就是在这个时期,袁世凯开始真正学到了一些西式操练、战法知识。袁静雪回忆:

> 我父亲自从到了庆军,对于军队上的一切事情特别有兴趣。他暗下决心,一定要循着这个途径干下去,以便为自己将来的建功立业打下基础。因此,他事事留心,不辞劳苦,从而渐渐地取得了吴长庆的好感。
>
> ……
>
> 我父亲是没有受过军事教育的,但是他自从投效吴长庆的庆军以后,对军事上的事情处处留心。他一方面细心钻研有关操典、战术一类的军事书籍,另一方面,不论部队出操或是野外演习,他都跟着观看。他所以这样做,表面上说是监督查考,实际上却是跟着学习。他觉得"这比起做文章来,到底容易多了"。就这样,他渐渐地由外行转变成为内行。[⑧]

以后来训练朝鲜新军的情况看,袁世凯确实从较为讲求西法的吴长庆

① 丁振铎编辑:《项城袁氏家集》第四册,文海出版社1966年影印版,第2405页。
② 袁静雪:《我的父亲袁世凯》,《文史资料选辑》第74辑,文史资料出版社1981年版,第129页。
③ 丁振铎编辑:《项城袁氏家集》第八册,文海出版社1966年影印版,第5476页。
④ 沈祖宪、吴闿生编纂:《容庵弟子记》卷一,文海出版社1966年影印版,第4页。
⑤ 丁振铎编辑:《项城袁氏家集》第八册,文海出版社1966年影印版,第5418页。
⑥ 转引自刘凤翰:《新建陆军》,"中央研究院"近代史研究所1967年版,第8页。
⑦ 刘厚生:《张謇传记》,上海书店出版社1985年版,第7页。
⑧ 袁静雪:《我的父亲袁世凯》,《文史资料选辑》第74辑,文史资料出版社1981年版,第126、128页。

那里学到了不少东西。当时亦佐幕于吴长庆的王伯恭在《蜷庐随笔》一书中描述道:

> 王以五百人属其督练,慰亭欣然受命,延一王姓新自德国归者为之教习,终日在大院中排班进退,慰亭凭几观之,余亦时得寓目焉。……慰亭使译者传谕五百人云:"中国练兵非汝国儿戏比,苟不听约束者,立刻军法从事。"五百人咸股栗听命。每日操演时,王教习持鞭睨其旁,呼曰:"左足起",五百人悉举左足,高下如一,有参差者即挥鞭痛抶。步伐进退前后左右如之,放枪举响亦如之。教练甫半月,慰亭请国王及吴帅阅操,居然可观。国王大悦,吴帅赏战衣人各一袭。于是慰亭有能军名,国王且咨合肥,谓其才可独当一面云。①

朝方非常认可这次练兵的效果:"袁慰廷率新建营兵入后苑,上亲临看调,一月之间,步法颇整,于枪亦熟,可知教练之有法也。"②不过,尽管袁世凯因之获知兵之名,但其实也不难发现其方法仍是淮军那种以"整齐可观"为目的的操练,只不过因为朝鲜军队原来的训练有如"儿戏",所以这种整齐划一的雄壮场面已足以令朝鲜上下大开眼界。故袁世凯此时对于"西法"的认识还相当有限,直到亲历甲午的惨败。

实战永远是最好的老师。若非目睹甲午淮军之重创,袁世凯或许还会满足于其所掌握并借以成名的淮式"西法练兵"。这场战争对于袁氏触动之大是被不少人所忽略的。其驻朝鲜十余年,最难缠的对手就是日本,战前还差点为日人所谋害。③ 所以无论就民族大义还是个人感情而言,袁世凯眼见清军连战连溃并随之一路后撤,其苦闷之情想必不会亚于当时的任何人。他在家书中痛言:"天也! 命也! 痛愤亦无可说。……京堂之大国束手为小丑所困,讵非天乎? 然亦由谋之不臧,平时不能绸缪也。"④作为一个欲有建树之人,袁世凯在耻辱愤懑之余,自然而然就会有所反省、有意更张。所以吴汝纶说袁世凯"激于去年挠败之辱,奋然以练兵自任,取资西法,奖

① 王伯恭:《蜷庐随笔》,沈云龙主编:《近代中国史料丛刊》第二十四辑(235),文海出版社1968年影印版,第10页。

② 转引自刘凤翰:《新建陆军》,"中央研究院"近代史研究所1967年版,第12页。

③ 参见苏同炳:《中国近代史上的关键人物》下册,百花文艺出版社2000年版,第680页。

④ 《致从弟袁世承函》,骆宝善、刘路生主编:《袁世凯全集》第三卷,《国家清史编纂委员会文献丛刊》,河南大学出版社2013年版,第457页。

率军人"[①]确实相当准确。袁世凯在给盛宣怀的一封电报中便批判淮军所谓"西法练兵"无俾实际,强调真正讲求西法:

洋人用兵,概分四排。队前一排散打,败则退至第三排后整队。以二队按步散进接应,轮流不断。后排亦可防抄包、傍击。又后队数十里驻兵设防,遏退兵,整残卒,虽败不溃。各军平时操练亦有此法,然临阵多用非所学,每照击土匪法,挑奋勇为一簇,马奔直前,宛同孤注。喘息未定,簇后不敢放枪,恐自击。只恃簇前数十人乱打。且簇拥易中弹,因难制胜。……请禀帅饬各军均照西人用法认真领略,应免溃乱。挑奋勇只可出奇旁击,未可对敌。现枪炮甚利,必须分排散打,否则战无不溃。

故其建言:

宜速延名教习募学徒千人,教兵官认真讲究西法,另改军制,为将来计。此军务绝非老军务所能得手。枪炮全不知用,何能战。倘若为然,弟愿任监督,必有以报。[②]

此外,袁世凯还上书当时的军机大臣李鸿藻,力言军队训练方式的改革:

必须使统将以下均解器械之用法、战阵之指挥、敌人之伎俩,冀渐能自保。仍一面广设学堂,精选生徒,延西人著名习武备者为之师,严加督课,明定升阶。数年成业,即检派夙将中年力尚富者,分带出洋游历学习,归来分殿最予以兵柄,庶将弁得力而军政可望起色。[③]

由以上材料不难看出,实战的教训让袁世凯意识到"西法练兵"绝非操枪射击、列队摆阵、步伐整齐那么简单,其中还有许多知识必须认真讲求。

---

① (清)吴汝纶:《吴汝纶尺牍》,黄山书社1990年版,第123页。

② 以上两则电报均引自沈祖宪辑录:《养寿园电稿》,沈云龙主编:《袁世凯史料汇刊》,文海出版社1966年影印版,第149—150、183—184页。

③ 中国史学会主编:《中国近代史资料丛刊·中日战争》第五册,新知识出版社1956年版,第218—219页。

譬如，袁世凯显然认识到，改用散兵战术“分排散打”，并不是为了可壮观瞻或者同西方看齐，而实在是因“现枪炮甚利”所必需的更合理、更实用的战斗方式。所以他在日后练兵过程中，就很少出现周盛传那样以经验附会西法或者只知其然不知其所以然的情况；而是积极提倡近代军事教育，对近代战术进行深入研究，并以此类人才作为军队的核心力量。故有日人评论道：“袁氏于日清战役后深有警觉，故以尽力改进支那为先务，就此事言，较之其他之显宦，已高出一筹。可知彼延聘西人讲求洋式训练，购备泰西军器，实于支那近世军队中开一新纪元。”①

总而言之，袁世凯早年曾以淮军方法在朝鲜练兵而得名，故其亲历甲午战败之后的思想变化，必然是一种前后对照反思的产物，更能窥破以往淮军练兵的问题所在。因此，他所提出的练兵建议虽有为己谋职进身之图，但我们也无法否认其中所蕴含的真实与深刻。也正是有了这种经历以及此一思想变化，善于接受新鲜事物、解决现实问题的袁世凯，便很快地于编练新军方面走在了时人前列。

二、个人行事风格

除了经历之外，袁世凯在练兵上能够真正地实现改弦更张，其个人性情以及为人处世的特点亦为个中关键。袁世凯少时即显示出一个纨绔子弟的习性，“喜游览山水”，“嗜酒好骑马，日饮数斗，驰骋郊愿，值考试，又喜为人捉刀，士林有微辞”。②《袁世凯轶事》、《袁世凯轶事续录》两本书还记其好冶游，花天酒地，流连忘返。③ 这两本野史虽非全然可信，然以袁氏性情之顽劣好动来说，想必此事也非完全杜撰。因此，袁世凯显然不是一个能够收束心性、潜心读书之人。这就导致其不仅学问几无根底，即便是八股制艺也不得其门径，多次应试不第，由科举“正途”猎取功名的机会变得相当渺茫。此亦为袁世凯毅然“倾箧举所作诗文付之一炬”④而投入军旅的根本动机。他很清楚，科考入仕路已不通，这些词章文句对自身的功业也就毫无价值，精于实际事务、发挥实干特长成了唯一的途径。故其对于实务的偏好与关注，虽有家庭环境的熏陶，但并非原生的兴趣和最初的选择。从“正途”改

---

① ［日］内藤顺太郎：《袁世凯正传》，张振秋译，广益书局 1914 年版，第 6 页。

② 沈祖宪、吴闿生编纂：《容庵弟子记》卷一，文海出版社 1966 年影印版，第 2、6 页。

③ 佚名：《袁世凯正传 · 袁世凯轶事》，沈云龙主编：《袁世凯史料汇刊续集》，文海出版社 1966 年影印版，第 159—160 页；野史氏编辑：《袁世凯轶事续录》，上海文艺编译社 1916 年版，第 4 页。

④ 沈祖宪、吴闿生编纂：《容庵弟子记》卷一，文海出版社 1966 年影印版，第 7 页。

为“偏道”、从文官变为武将,“实为环境所迫”,①为求功名而不得不如是。

当然,有志于功名无可厚非。但是,这种欲求在袁世凯身上却生长得特别旺盛,甚至要远过于“实用主义者”李鸿章。李鸿章对于袁世凯而言可谓恩重如山。正是其超然拔擢,袁氏方得有机会在驻朝十余年间大展身手,奠定了一生事业的基础。甚至甲午战后,李鸿章还全力维护袁世凯免受启衅之责难。② 可见,“李能知袁为人物,栽培之功较曾之于李,有过之而无不及”③。然而,当李鸿章因马关缔约而成为众矢之的时,袁世凯则幡然改换门庭,替翁同龢做说客,劝李氏乞休、为翁腾出协办大学士之位。耳闻此番对话的吴永感叹道:“项城先固出公门下,颇受奖植;此时公在闲地,而常熟方得权用事,不免有炎凉去就之世故。”④这种做法恐怕是讲求实际如李鸿章者所未曾想也不敢想的。故有人论袁世凯“重利害而轻是非”,⑤诚为确评。不过,此处重点并非对袁世凯进行道德评判,而只是想借以说明:相比于李鸿章,袁世凯对实用功利更加趋之若鹜,因此也更加易于做出彻底的变通,可以毫无情感或者观念上的窒碍而抛弃已经失去价值的人与物,并接受任何具有实际利益的东西。这就使他非常善于认清时势发展的方向,不怯于通过全面的改弦更张来把握机会。所以,袁世凯在甲午战争中亲见成败利钝之后,自然就会抛弃以往的经验而迅速服膺于西法的功效,并因之显示出了胜于常人的眼光。⑥ 这就可以理解他为何特别强调将领“切勿胶执成见”、必须着力于学习西法:

> 照得此次军兴,不乏猛将。然战无不败,守无不失,其故何也?良以敌兵仿照西法训练綦精。我军仍拘旧习,不思变通。彼巧我拙,彼利我钝,遂至莫能相抗。……今日讲求西法,实属刻不容缓,本军各将领内亦多有身临前敌,角逐数月者,于敌之所以胜取,我之所以败失,应已

---

① [美]宓亨利:《革命中的中国》,1913年芝加哥版,第22页,转引自[美]拉尔夫·尔·鲍威尔:《1895—1912年中国军事力量的兴起》,中华书局1979年版,第44页。

② “中日和约既定,恭亲王一日问合肥云:‘吾闻此次兵衅,悉由袁世凯鼓荡而成,此言信否?’合肥对曰:‘事已过去,请王爷不必追究,横竖皆鸿章之过耳。’恭亲王遂嘿然而罢。”王伯恭:《蜷庐随笔》,文海出版社1968年影印版,第26页。

③ [日]佐藤铁治郎著,孔祥吉、[日]村田雄二郎整理:《一个日本记者笔下的袁世凯》,天津古籍出版社2005年版,第206页。

④ 吴永:《庚子西狩丛谈》卷四,文海出版社1966年影印版,第163—164页。

⑤ 徐凌霄、徐一士:《凌霄一士随笔》第一册,山西古籍出版社1997年版,第25页。

⑥ 盛宣怀在甲午战败后曾给李鸿章上过一封改练新军的密禀,认为“袁世凯有智略,肯讲西法”,是当时少数几个堪用来练兵的人才。陈旭麓、顾廷龙、汪熙主编,季平子、齐国华编:《盛宣怀档案资料》第一卷《甲午中日战争》下,上海人民出版社2016年版,第370页。

知之甚详。如知之而不思力改故辙,是何异于恶湿居下。嗣后仰各统带督饬各队管带等随时与督操官将操练枪械,及行军、用兵、布置、攻守各法,切实讲求,躬亲学习,切勿胶执成见,自循覆辙。[①]

这种不遗余力的倡导同以往周盛传"不必多教将领"的看法恰成鲜明的对照,故而其对于新建陆军官兵抛开旧经验、旧观念和旧思维,以学习的姿态去认知近代西方军事知识,关系极大。

此外,袁世凯还有一些重要的性格、行为特点,也事关练兵成败。一则敢于任事,不避劳苦。其少虽无行不学,却也非娇生惯养之人。当他随袁保庆赴河南赈灾时,"驰驱冰雪之中,面手皴裂,然不稍懈";后随庆军渡海赴朝,"中途潮退,舟膠于滩",袁世凯及丁汝昌"赤足履砂石,行里许迨登岸,两足皆破",所以丁汝昌笑称"纨绔少年亦能若是耶"。[②] 张謇也回忆当时"黎明登岸,慰廷颇勇敢"。[③] 此可印证袁氏确有勇于担当、吃苦耐劳的精神。这种个性决定了他在日后的练兵中定然不会甘心当一个外行,而会积极地接受和倡导近代西方军事知识,以成为该领域的主导者。这也是其不辞辛劳,亲自带队进行操练、演习的原因。袁世凯接掌练兵之事后,便"每日与士卒共奔走"。[④] 他在家书里倾诉此间之苦状道:"连日考阅各队,甚忙,昨始考完,仍须分考,直无暇时,苦哉";"在操场看阅未完即病,颇不能支";"近来时带各营操演行军对敌诸法,跑得头晕眼黑,尚能耐劳";"天天考阅行军操法,昨始完事,甚疲惫,真不能支;""连日少凉,又忙操练,每夜半即出,苦哉!"[⑤]故必须承认,袁世凯对于小站练兵确实投入了巨大的心血。

二则老于笼络人心,驱人为己所用。袁世凯年轻时便显示出其具有不惜钱财买结人心的器识,"慷慨好施与,以善为乐,寒士多依为生"。[⑥] 即便是恶袁之胡思敬,也不得不承认:"其横绝古今,为诸奸所不及者,敢于用

① 袁世凯:《劝谕将领讲习西法》,《新建陆军兵略录存》卷四,沈云龙主编:《袁世凯史料汇刊》,文海出版社 1966 年影印版,第 301—302 页。

② 沈祖宪、吴闿生编纂:《容庵弟子记》卷一,文海出版社 1966 年影印版,第 4、8—9 页。

③ 张謇:《啬翁自订年谱》,张謇研究中心、南通市图书馆编:《张謇全集》第六卷,江苏古籍出版社 1994 年版,第 844 页。

④ 袁世凯:《致太常寺少卿铁路公司督办盛宣怀函》,《袁世凯全集》第四卷,河南大学出版社 2013 年版,第 49 页。

⑤ 袁世凯:《致从弟袁世承函》,《袁世凯全集》第四卷,河南大学出版社 2013 年版,第 48、49、56、64、67 页。

⑥ 沈祖宪、吴闿生编纂:《容庵弟子记》卷一,文海出版社 1966 年影印版,第 6 页。

财,视黄金直如土块;敢于用人,不念私仇,不限流品,不论资格而已。名利为天下所争趋,故小人皆乐为效力。”①故袁世凯能以优薪厚饷招揽众多天津武备学堂学生入其彀中,正是他这种行事风格的表现。② 从这个角度讲,武备学生之所以能身价倍增、地位日隆,进而形成学习新式兵学的热潮、引起近代中国军事领域的革新,与袁世凯的善于诱掖、慨于奖励不无关系。

三则处事果决,敢用霹雳手段。袁世凯行事雷厉风行,少有瞻顾游移。其于庆军中整饬军纪,并不因自己仅为一新进少年而畏手畏脚,即便对于吴长庆之旧部老兵也敢于杀罚。军中“因为世凯年轻资浅,对他都不满意”,③但其不以为意,仍旧“择官弁中约束尤疏者,撤办数人”,④毫不手软。有人论曰:“谋定而后,行以坚毅,固袁氏所长耳。”⑤故当袁世凯自己练兵时,自然更加不会手下留情。其所定《简明军律》二十一条中,处斩的禁令竟达二十条之多。⑥ 对于军官,袁世凯也并不宽纵,对营哨官弁因违反禁令或者训练不力者开革、杖责、降职、记过的事情屡见不鲜。即便是那些洋教习,袁世凯也不容其肆意妄为,敢于申斥惩处。其曾颁布《禁殴部曲》一条,规定“凡有过犯,按律惩治,方昭平允,如果妄施拳脚,殴辱部下,殊于体统有乖”,不许官弁私自用刑。⑦ 但洋员伯罗恩不遵禁令,连续掌掴号兵,袁世凯下令申斥,并扣其月薪二十分之一作为惩罚。⑧ 这当然仅为象征性的处罚,毕竟编练新军还有赖这些洋教习之力,袁世凯自不愿过多开罪,但也体现了其维护军纪、树立权威的姿态。同样,他能在淮军旧将的不满声中拔擢重用武备学生,亦为其惯有之魄力使然。当然,袁世凯果决之余也不失圆融。他在超拔武备学生的同时,亦尽量避免激化矛盾,还不断进行劝解调和。他在训条中称:

近查我军官弁,约有两途,一由武备学堂出身,一由军营战功选拔。

---

① 胡思敬:《退庐全集·大盗窃国记》,沈云龙主编:《近代中国史料丛刊》第四十五辑(445),文海出版社 1970 年影印版,第 1356 页。

② 相比于淮军,新建陆军饷制的变化,虽使士兵的收入有所提高,但其重点是中下级军官待遇的改善。因其基层军官数量要远远多于淮军,故需大幅提高待遇来吸引人才,尤其是天津武备学堂的学生。参见赵鲁臻:《晚清军队的近代化变迁——新建陆军对湘淮勇营的继承与发展》,《社会科学家》2013 年第 7 期。

③ 刘厚生:《张謇传记》,上海书店出版社 1985 年版,第 9 页。

④ 沈祖宪、吴闿生编纂:《容庵弟子记》卷一,文海出版社 1966 年影印版,第 10 页。

⑤ 徐凌霄、徐一士:《凌霄一士随笔》第一册,山西古籍出版社 1997 年版,第 25 页。

⑥ 《简明军律》,《新建陆军兵略录存》卷三,文海出版社 1966 年影印版,第 265—267 页。

⑦ 《禁殴部曲》,《新建陆军兵略录存》卷三,文海出版社 1966 年影印版,第 275 页。

⑧ 《饬罚洋员擅责号兵》,《新建陆军兵略录存》卷三,文海出版社 1966 年影印版,第 287 页。

其由武备出者,每自负其技能学术;其由战功起者,恒自矜其资望勋劳。坐是意见互歧、难以浃洽,殊犯兵家大忌。此皆各循一己之私,非能公忠体国、深明大义者也。……本督办推诚相待、一秉大公,赏罚分明、绝无偏倚。尔等若各存意见、不肯和衷共济,必致猜嫌互起、贻误戎机,何以报朝廷豢养之恩?何以副本督办期望之意?自今以往,务力崇敦睦之谊,破除畛域之私。其素有战功者经事较多,阅历即为学问,凡新进诸生未经战阵者,正可奉为先路之导,而不得藐视老成;娴习武备者肄业即久,兵学具有端倪,凡宿于行伍未通西法者,亦可引为集益之资,而不得轻玩后进。两途相辅,各取所长,事无不济。①

这种协调新旧、不分畛域的姿态,一方面尊重了行伍夙将的资历,减少了重用新人的阻力;另一方面,实际上也将武备学生提到了与旧军官平起平坐、公平竞争的地位,这是以往淮军中所不能想见的。1896 年 3 月 19 日的《申报》评论说,自胡燏芬练定武军,开始选用武备学生为营官;而袁世凯接手后更加重用,"由是学生直如泰山北斗之高不可攀,而学堂几等于终南之捷径"。② 日本记者佐藤铁治郎在其所撰袁世凯传记中也指出,在当时的中国"武学尤为人所轻贱,袁皆竭力提倡,优其奖励,许人以不次超迁,于是五六品文官以及举贡生监则愿入堂肄业。支那此风之开,实自袁始"。③

综上观之,袁世凯学问修为几无根底,但以实务成功名的愿望极强,再加上家庭环境的塑造、危机日迫的触动以及早年经历的影响,使他对于近代军事这一最实用领域的关注和接受程度,比诸李鸿章还要有过之而无不及。这是他比李氏在西法练兵上走得更远、更彻底的关键所在。加之其处事果敢精明,工于权术,利禄与铁腕同施,因而颇能得人用事,小站练兵之有所成效也就不足为怪。

第三节　新建陆军的编制、训练及战术

一、编制、武备的变化及其意义

研究新建陆军的战术,首先应有必要了解其编制与武备情况。此处也

① 《劝谕将士和衷》,《新建陆军兵略录存》卷四,文海出版社 1966 年影印版,第 302—305 页。

② 《津沽近事》,《申报》1896 年 3 月 19 日(总第 8230 号)。

③ [日]佐藤铁治郎著,孔祥吉、[日]村田雄二郎整理:《一个日本记者笔下的袁世凯》,天津古籍出版社 2005 年版,第 120 页。

借之对受到学界关注的军制变革、武器更新的意义再作一番探讨。袁世凯的编练计划为:

> 拟分练步队八营计八千人,炮队两营计两千人,马队两营每营五百人计一千人,工程队一营计一千人,共计一万二千人,步队为主,炮队辅之,马队巡护,工程队提供杂役。……又拟将一军分为两翼,设统领二人管辖;每步队两千、炮队两千、马队一千,更各设分统一人分领训练。①

这种下分 2 翼、每翼有 2 个分统、每个分统有 2 个营的结构,其实就相当于 1 个师级单位下辖 2 个步兵旅,每旅辖 2 个步兵团,每团辖 2 个步兵营,再辅之以若干营的炮兵和骑兵。但因规模太大、军饷有限,实际上新建陆军在小站期间只有步兵 5 营、炮兵 1 营、骑兵 1 营和工程兵半营。所以其步兵左翼两分统暂各只辖 1 营,右翼一分统辖 1 营,另一分统辖 2 营;炮兵、骑兵分统各只辖 1 营。在营一级编制上,步兵每营约 1000 人,辖 4 队(连),每队 3 哨(排),每哨 6 棚(班)。炮队 1 营,营辖 3 队,每队 3 哨,重炮队有克虏伯 75 毫米重炮 18 尊,每哨管 6 尊,辖 9 棚;快炮队有格鲁森 57 毫米山炮 24 尊,每哨管 8 尊,辖 8 棚;马炮队有马拉格鲁森 57 毫米快炮 18 尊,每哨管 6 尊,辖 6 棚。马队 1 营,辖 4 队,每队 3 哨,每哨 4 棚。工程队半营,辖 6 司,司辖若干队(工程营中的"队"相当于棚)。② 参见图 4. 1。③ 新建陆军步、骑、炮各营之队以上军官名单参见表 4. 1。④

---

① 《上督办军务处原禀 · 营制饷章附》,《新建陆军兵略录存》卷一,文海出版社 1966 年影印版,第 30 页。

② 《上督办军务处原禀 · 营制饷章附》,《新建陆军兵略录存》卷一,文海出版社 1966 年影印版,第 32—52 页。

③ 各兵种编制结构图转引自刘凤翰:《新建陆军》,"中央研究院"近代史研究所 1967 年版,第 56、59、63 页。此处加以整合重制。

④ 主要资料来源为《小站练兵营务札》,骆宝善、刘路生主编:《袁世凯全集》第四卷,河南大学出版社 2013 年版;中国社会科学院近代史研究所编:《清末新军编练沿革》,中华书局 1978 年版;秦国经主编:《清代官员履历档案全编》第 6、7、8 卷,华东师范大学出版社 1997 年版;中国第一历史档案馆:《光绪年间官员履历单选载》,《历史档案》1985 年第 1 期;《新建陆军兵略录存》;《直报》1896 年 2 月 8 日(总第 325 号),1898 年 7 月 5、10 日(总第 1103、1108 号)。关于曹锟、王占元、赵国贤、雷震春和张怀芝五人任职情况的考辨,可参见赵鲁臻《小站练兵人员任职情况考误》(《兰台世界》2012 年 9 月)一文,于此不再赘述。表中须作进一步说明之处再列出所用史料。其间的人事变动已尽可能查出,但由于材料所限,必然存在遗漏与差错,故仅作引玉之砖,以供参考。

表 4.1　新建陆军队(连)以上主官名表(1896—1898)

<table>
<tr><th colspan="3" rowspan="2">职务
兵种与建制</th><th rowspan="2">统带</th><th rowspan="2">帮统
督操官</th><th rowspan="2">副督
操官①</th><th colspan="4">领官</th></tr>
<tr><th>前队</th><th>后队</th><th>左队</th><th>右队</th></tr>
<tr><td rowspan="5">步兵</td><td rowspan="2">左翼</td><td>第一营</td><td>姜桂题</td><td>王占元
钱锡霖</td><td>王永清</td><td>宋吉明
叶长盛②</td><td>吴金彪③</td><td>戴金标</td><td>张允泰</td></tr>
<tr><td>第二营</td><td>杨荣泰</td><td>黄殿臣
曹锟</td><td>孙其昌</td><td>何宗莲</td><td>贾文元④
王占元</td><td>聂汝清</td><td>李天保</td></tr>
<tr><td rowspan="3">右翼</td><td>第一营</td><td>龚元友</td><td>王金镜</td><td>张永成</td><td>邱开浩</td><td>孙鸿甲</td><td>胡廷相⑤</td><td>张永成⑥</td></tr>
<tr><td>第二营</td><td>吴长纯</td><td>刘承恩</td><td>裴家兴</td><td>马龙标</td><td>杨善德</td><td>王吉林</td><td>(不详)</td></tr>
<tr><td>第三营</td><td>徐邦杰</td><td>梁华殿⑦
张锡藩</td><td>裴芳林</td><td>张怀芝</td><td>雷震春</td><td>赵国贤</td><td>李进</td></tr>
<tr><td colspan="3">骑兵一营</td><td>任永清</td><td>巫炳修</td><td>(不详)</td><td>巫炳修⑧
王开福</td><td>吴凤岭</td><td>魏德清</td><td>孟恩远</td></tr>
<tr><td colspan="3" rowspan="2">炮兵一营</td><td rowspan="2">段祺瑞</td><td rowspan="2">商德全
王宾
田中玉⑨</td><td rowspan="2">(不详)</td><td>左翼重炮队</td><td>右翼快炮队</td><td colspan="2">接应马炮队</td></tr>
<tr><td>商德全</td><td>王宾</td><td colspan="2">田中玉</td></tr>
</table>

① 此处列出的副督操官名单主要依据 1898 年颁发的《添员督操》一条。《新建陆军兵略录存》卷六,文海出版社 1966 年影印版,第 475 页。之前步兵各营以及骑兵、炮兵似均未设该职务。

② “考列最后之领官宋吉明平日操规松懈,临阵指挥失当,难以胜任,应降为哨官。遗缺以最优之右三后队左哨官叶长盛接充。”《分考官弁调度》,《新建陆军兵略录存》卷二,文海出版社 1966 年影印版,第 198 页。

③ 1896 年 2 月 8 日与 1898 年 7 月 10 日的《直报》均作“吴金标”。此处以《新建陆军兵略录存》为准,作“吴金彪”。参见《严惩兵丁下队食物》,《新建陆军兵略录存》卷三,文海出版社 1966 年影印版,第 294 页。

④ 贾文元以长夫冒充正兵,于光绪二十二年正月(1896 年 2 月)被开革。参见《元夕整军》,《直报》1896 年 3 月 2 日(总第 339 号);《津沽近事》,《申报》1896 年 3 月 23 日(总第 8234 号)。

⑤ 1898 年 7 月 10 日《直报》作“胡庭相”。此处以《新建陆军兵略录存》为准,作“胡廷相”。参见《查验枪口》,《新建陆军兵略录存》卷二,文海出版社 1966 年影印版,第 241 页。

⑥ 在 1898 年 7 月 10 日《直报》的名单中,张永成仍为右翼第一营右队领官。之后升任学兵营帮带,但其继任者不详。此后,张永成又被派回右一营任副督操官。参见《添员督操》,《新建陆军兵略录存》卷六,文海出版社 1966 年影印版,第 475 页。

⑦ 梁华殿于 1897 年 7 月的夜间演习中溺水身亡。参见《饬查梁帮统夜战溺水情事》,《新建陆军兵略录存》卷六,文海出版社 1966 年影印版,第 529 页;《操兵毙命》,《申报》1897 年 8 月 16 日(总第 8740 号)。

⑧ 巫炳修曾兼任骑兵营前队领官一职,其后因“不能整顿营规”被革去前队领官一职。参见《小站练兵营务札》,《袁世凯全集》第四卷,河南大学出版社 2013 年版,第 16 页。

⑨ 炮兵营各队领官均兼帮统一职。参见《上督办军务处原禀》,《新建陆军兵略录存》卷一,文海出版社 1966 年影印版,第 36 页;中国第一历史档案馆编:《清代档案史料丛编》第 10 辑,中华书局 1984 年版,第 238 页。

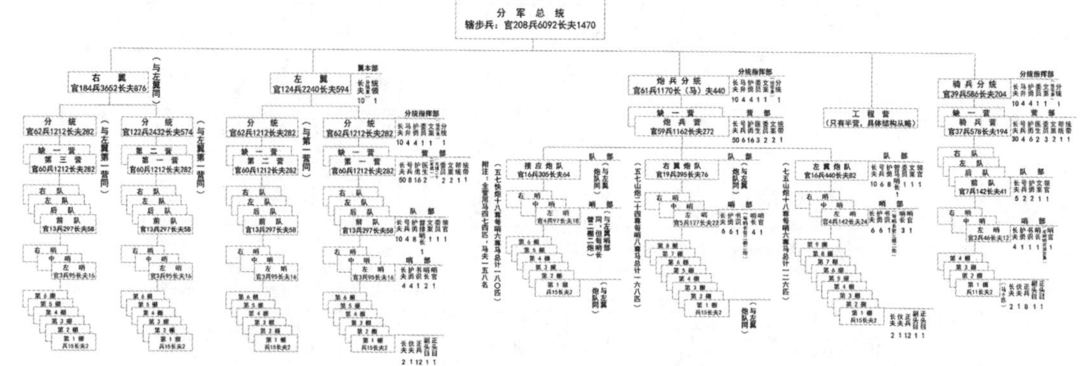

图 4.1 新建陆军编制结构

就战斗单位而言，新建陆军基本上仿照了德军的战时编制。不过也有一些变化，比如德军步兵一团辖三营，而新建陆军只辖两营；新建陆军的炮兵营则相当于德军的一个野战炮兵团。① 可见，袁世凯虽于表面上以军饷不足为由缩小了步兵的编练规模，但在炮兵这样的关键兵种上不仅没有缩水，反倒有所加强。

对此，不少学者都认为新建陆军采用类似于西方近代军队的编制，改变了勇营的单一营制，形成了多兵种的合成部队，所以是中国军队现代化的一大标志。② 此一说法尽管结论正确，但其理由却不能成立。实际上，就以第三章第三节所论盛军而言，就已经形成了步、骑、炮协同作战的多兵种合成部队。因而，新建陆军采用德式编制的真正价值显然不在于此，更不在于同西方军队相类似。军队的根本目标是投入战斗，而不是仅供观瞻。从这个意义上说，编制最关键的意义在于能够利于战术的运用。故此种新编制之所以能体现出现代化特征，是由于它能够服务于更先进的战术、更适应当时实战的需要。《训练操法详晰图说》就指出："今接仗宜用三层阵，故以三哨为一队。"③袁世凯也说得很清楚：

---

① "泰西以十八炮为一营，现在作为一队，三队为一营。"段祺瑞等纂校：《炮法总说》，《训练操法详晰图说》，沈云龙主编：《袁世凯史料汇刊》，文海出版社 1966 年影印版，第 640 页。另见[德]来春石泰：《德国军制述要》，小仓山房光绪二十七年石印本，第 1 页 b。

② 参见杨立强：《甲午中日战争与清末军制变革》，《军事历史研究》1987 年第 1 期；施渡桥：《论袁世凯的建军治军和军事教育思想》，《军事历史研究》2001 年第 1 期；刘琼霞：《湘军与新建陆军比较考论》，《江汉论坛》2003 年第 5 期。

③ 《步队全队全营阵法说》，《训练操法详晰图说》，文海出版社 1966 年影印版，第 370 页。

> 按泰西操法,每营分为四队,每队分为三大排,每大排分为二小排,均有弁目层层节制。又节节策应,故战每制胜,败亦不溃。向来湘淮营制以五哨为一营,若照西人操法分为四队,递分大小排,官弁头目各失其伍。平时仅可饰观,临阵最易溃乱。似必须参用泰西军制,始可照西法操练。①

由此可见,之所以要摈弃勇营编制,是因为其并不能适用于所学的"西法",即德国军队的连纵队战术(一连三排前后叠列成为纵队队形),所以这才"必须参用泰西军制"。在以往淮军那种以队形整齐壮观为目的的"西法练兵"中,因为军官不需要指挥,士兵都是如走"花式队列"般按既定套路运动,所以"官弁头目各失其伍",即同单位的官兵不在同一队列中,也不成问题。但是一遭遇实战,面对着复杂万变的战场情况,整个队形由于缺乏军官的有效控制,自然就会产生混乱甚至崩溃。而且,即便从武器和战术发展的角度看,湘淮营制作为早期冷热兵器混用战斗方式所相适应的军队编制,也已经无法满足后装连发火器条件下战斗单位小型化、战斗控制精确化以及战斗队形分散化的要求。后装连发火器的广泛运用,使单位火力得到了巨大提升,战斗队形的密度大幅下降,因此以连为单位展开取代了以往以营为单位的部署方式,低级别编制单位具备了前所未有的战术价值,战斗指挥也随之越发精密细致。而勇营编制一营五哨至六哨,每哨仅百余人,若以之展开则显单薄;且一哨又直接分成六棚至八棚,即连与班之间缺少排一级建制,无法实施精确指挥,所以仍只能以全营为单位进行展开,抱团作战。新式编制一队二百余人,兵力约为原来勇营编制中的半营之数,又足以当其两哨之众,故以之展开不仅满足了队形疏开的要求,也在一定程度上能够独立遂行某些战术任务,②而且能够更迅速地改变队形和方向,更灵活地应对突发情况,"故操成阵法必自一队始"。③ 此方为新建陆军采用新编制的意义所在。

当然,这种变革带来的一个新问题就是基层军官数量的剧增。新建陆军步兵营每营4队(连),每队领官(连长)1名;每队3哨(排),每哨哨官(排长)1名、哨长(即副排长,每名分管半排)2名。故仅就5个步兵营而言,处于

① 《上督办军务处原禀·营制饷章附》,《新建陆军兵略录存》卷一,文海出版社1966年影印版,第30页。

② "一队之兵虽难独立接战,然交战伊始,出疑兵以诱师;战力方酣,张分枝以牵制;敌隙可乘,布奇兵以抄袭;或据守崎岖之处,力能扼要;或本军某处吃紧,相机援应。一队阵法最宜讲求。"《预备接仗阵法说》,《训练操法详晰图说》,文海出版社1966年影印版,第448页。

③ 《步队全队全营阵法说》,《训练操法详晰图说》,文海出版社1966年影印版,第370页。

战斗一线的连、排级军官就已达200名之多,是湘淮军基层指挥官数量的三倍以上。若算上炮兵营、骑兵营、工兵营的连排级指挥官,以及学兵营与各步兵营中的教官、督操官之类的非一线战斗军官,其所需基层军官的数量更是惊人。而且,由于新建陆军全盘采用西式操练,这些基层军官的人选自是以接受过相应军事教育者如天津武备学堂学生为佳。所以,袁世凯在改革饷章时,最重要的一点在于极大提高了基层军官的待遇,以此大量招揽武备学生,一方面以之充任如此众多的基层军官职位;另一方面也为新建陆军日后的扩充储备人才。因此,时至1896年夏天,袁世凯接任练兵仅半年之后,“武备学生充该军统带、帮统、领哨官、哨长、教习,计已一百三十余名”。①

在武器方面,新建陆军的军官“均配督队腰刀一把,手枪一支”②,显然完全采用了当年周盛传所不接受的军官持指挥刀和手枪的配备。步兵、骑兵分别装备曼利夏步枪和马枪。炮队使用的三种火炮分别为德国克虏伯公司制造的75毫米口径后膛架退过山钢炮、德国格鲁森军火公司制造的57毫米口径后膛架退过山和陆路钢炮。这些武器的主要性能如表4.2所示。③ 以之同盛军的武器相比,此时新建陆军装备的枪炮在射程、射速和威力上已经有了一定的进步。特别是火炮方面,不仅数量多,而且口径大、射程远,具备了强大的火力。盛军当时组建3营炮队仅相当于德军3个炮兵连,总共只有18门4磅(即50毫米口径)后膛钢炮;而新建陆军3支炮队则相当于德军3个炮兵营,总共有60门火炮。二者装备之优劣自是一目了然。不过,两者的武器之间并非一种代际差距。比如盛军的哈奇开斯同新建陆军所用曼利夏都是后装连发式步枪;前者所用火炮与后者一样也仍然是后装架退炮,④并没有本质上的区别,只是在制造工艺上因时间推移或有

---

① (清)荣禄:《为遵旨查明督练新建陆军道员袁世凯被参各节据实复奏折》,中国第一历史档案馆编:《光绪朝硃批奏折》第45辑,中华书局1995年版,第276页。

② 《上督办军务处原禀·营制饷章附·附开杂支活款》,《新建陆军兵略录存》卷一,文海出版社1966年影印版,第61页。

③ 资料来源为《训练操法详晰图说》,文海出版社1966年影印版,第510、647页;汪声玲:《芦阳剩稿·枪表》,转引自刘凤翰:《武卫军》,“中央研究院”近代史研究所1978年版,第165—166页;《中国军事史》编写组编:《中国历代军事装备》,解放军出版社2006年版,第368、374页;王兆春:《中国火器史》,军事科学出版社1991年版,第393页。

④ 架退炮,是指那些炮管通过耳轴与炮架相连,发射之后炮管随同炮架一起在炮架的台式或车式底座上滑动后坐的火炮。正因为这类火炮在发射后会导致炮身移位,所以每发射一次就必须将其复位并重新瞄准,导致射速无法提高。而管退炮则是发射时炮架不移动,只是炮管在炮架上后坐,并利用制退复进机使之复位的火炮。这种火炮到20世纪初才广泛投入使用。参见王兆春:《中国火器史》,军事科学出版社1991年版,第394页。所以新建陆军的火炮同盛军相比并非绝对的先进。

改进。所以,如果认为新建陆军较之淮军在武器装备方面发生了天翻地覆的改进,那只能是一种虚假的印象。这也就意味着,那种认为新建陆军在武器装备上的改进引发了其战术及训练变革的观点,[①]实际上夸大了其与淮军在武器装备水平上的差距以及武器变化对于战术进步的影响。[②] 其实,新建陆军武器装备上最有意义的改变在于"各营器械均归一律"[③]这样的标准化配备方式,避免了淮军那种各类枪械混杂并用的混乱状况。这就为军队训练的规范化提供了物质上的条件。

表 4.2　新建陆军所用枪炮基本性能

<table>
<tr><th>名称</th><th>口径
(毫米)</th><th>表尺射程
(米)</th><th>射速
(发/每分钟)</th></tr>
<tr><td>曼利夏步枪</td><td>8.2</td><td>2075</td><td>22</td></tr>
<tr><td>曼利夏马枪</td><td>8.2</td><td>1992</td><td></td></tr>
<tr><td>格鲁森 57 毫米过山炮、陆路炮</td><td>57</td><td>5000</td><td rowspan="2">2—4</td></tr>
<tr><td>克虏伯 75 毫米过山炮</td><td>75</td><td>4300</td></tr>
</table>

① 涂小元:《小站练兵时期定武军、新建陆军与武卫右军的火器装备刍议》,《军事历史研究》2009 年第 2 期。

② 对于这个问题,第一章第三节已作讨论,此处再略作补充。首先必须承认的是,具有代际差距的武器更替,比如枪炮取代刀矛弓箭,必然会导致战术的巨大变化。但同一时代的武器于不同阶段所发生的改进,并不一定会引发战术的变革。比如 19 世纪初火枪发火方式由燧发(燧石发火)变为击发(雷汞火帽发火),使其发射稳定性提高,却没有改变当时盛行的线式战术和纵队战术。更有甚者,即便出现了前所未有的武器,也并未就能立即引起战术的变革。比如后装线膛枪的出现并没有马上改变普法战争中的密集队形;坦克的发明也并没有即刻改变一战中的机枪—堑壕战术。反过来说,战术的革命性变化却往往并非由于武器发生了什么突破性的改进。譬如 16—17 世纪欧洲军队所用的主战火器都是火绳枪,但也并不妨碍其战术发生了从西班牙方阵到莫里斯横队再到古斯塔夫横队这样巨大的变化。因为战术作为一种系统性的方法,人们完全可以通过理论研究、实验计算和实战检验等方式,在各种武器、工具的组合以及人员部署配置等方面进行不断优化,从而于客观条件未发生质变的情况下使之实现重大改进。

③ 《禀呈督办军务处练兵要则》,《新建陆军兵略录存》卷一,文海出版社 1966 年影印版,第 81 页。

二、构造新军人:小站练兵的独特之处

(一)封闭与隔离:练兵场域的建设

新建陆军的军饷完全由户部拨发,并受督办军务处节制,说明清廷有意将其发展为受自己直接控制的经制武装,作为军队改革的张本。① 光绪皇帝在允准派袁世凯练兵的圣旨中说:"该道当思筹饷甚难,变法匪易,其严加训练,事事核实。倘仍蹈勇营习气,惟该道是问。懔之!慎之!"②可见,清廷对此次练兵寄予厚望,视之为"变法"的一项重要内容,绝非寻常可比。故袁世凯自上任伊始,便严令全军一切以训练为重,禁止官兵参与任何无关的社会活动,尤其强调"无论何项差事,概不许兵丁一名误操,……尤不准以杂事擅役正兵"。③ 后来有一名军官就因擅役正兵而被"棍责二百,降为头目"。④ 社会舆论也注意到了这一点。《申报》评论说,此次练兵与以往不同,并未如盛军一般"再任屯田之役"。⑤ 同时,即便是训练余暇,军中也不许官兵赴街闲游,并因此开革了几个擅自上街的军官。⑥ 另外,还禁止淮军时期那种官弁亲友到军营贩卖货物的旧习。⑦ 正如上一章讨论盛军时所提到的,这些措施的目的就在于:将士兵与普通社会隔离开来,使之形成军人特有的生活与行为方式。"训练严格的军队通常在相当大的程度上与所处的社会相隔绝",⑧因为"纪律有时需要封闭的空间,规定出一个与众不同的自我封闭的场所。这是贯彻纪律的保护区"。⑨

除了这种限制接触的封闭手段之外,新建陆军也试图通过规范官兵的衣着和举止来实现一种军民外观上的隔离,从而扩大小站官兵与一般社会成员的分野。衣着上,要求时刻身穿军服、军帽,"所有衣纽俱要扣着",即

---

① "月支饷银及新军应用制办各件价值,均由户部筹定核发。果能著有成效,尚拟逐渐扩充,悉裁无用之勇营,以供新军之饷糈。"《督办军务处王大臣原奏》,《新建陆军兵略录存》卷一,文海出版社 1966 年影印版,第 67 页。

② 《新建陆军兵略录存》卷一,文海出版社 1966 年影印版,第 1 页。

③ 《禁役正兵》,《新建陆军兵略录存》卷三,文海出版社 1966 年影印版,第 270—271 页。

④ 《惩役正兵》,《新建陆军兵略录存》卷三,文海出版社 1966 年影印版,第 290 页。

⑤ 《津沽近事》,《申报》1896 年 3 月 20 日(总第 8231 号)。

⑥ 《小站练兵营务札》,《袁世凯全集》第四卷,河南大学出版社 2013 年版,第 33—34 页。

⑦ 《禁止官长亲友来营贸易》,《新建陆军兵略录存》卷三,文海出版社 1966 年影印版,第 290 页。

⑧ [美]麦尼尔:《竞逐富强:西方军事的现代化历程》,学林出版社 1996 年版,第 138 页。

⑨ [法]米歇尔·福柯:《规训与惩罚:监狱的诞生》,生活·读书·新知三联书店 1999 年版,第 160 页。

便是官长出入也“不准露顶”;[①]且衣履“均宜整齐、洁净”,“均须一律黑色,不许参差”,甚至连着袜“亦须一色”;[②]尤其当官兵因公或因私离营外出时,稽查官“均须先将其衣履查验一次,如有破烂及领纽不合体者,各令改修,务使洁净整齐始准出营,并严谕出营后不许解衣歪斜”。[③] 这一点从英国军官贝思福的观察中可以得到印证。1898 年,贝思福曾到小站访问,“留居营中者,两日一夜之久”,因此对新建陆军进行过非常细致的观察。他发现该军“旗帜之鲜明,号衣之洁净,莫不楚楚可观”,而相比之下,其他的部队(他还考察过宋庆、董福祥、聂士成等人的部队)则“军中兵丁均常穿平常衣服”。[④]

在举止上的规定就更加细致。比如军礼方面,士兵路遇军官应“在路旁立正,俟官长过去再走”;若其立于一处,“兵丁应距官长前五步行正步目视官长”,过三步后再行便步;军官谒见上级时则应“手按刀鞘立正”。[⑤]又如不许官兵如百姓一样乘驴坐车代步;禁止官兵之间互相放债收利;营房内必须清洁,物品必须存放整齐等等。[⑥] 在今天看来,这些规定在现代军队中已是习以为常、不足为奇。但就当时来说,此类举措显示出了一种军队建设观念上的转换,实为新建陆军技战术训练得以革新的重要前提。

(二) 训练程序化:细密的时空安排

当然,仅仅通过上述隔离手段以及服饰、举止方面的规定,并不足以保证小站练兵的效果。更为关键者,还在于一套非常精密细致的身体管控、训练技术。这正是新建陆军的训练模式与以往湘军、淮军相比最为不同之处。

首先是一张严密时空网格的全面铺开。新建陆军各部每天的日程都有统一的安排,并不由各营主官随意支配。参见表 4.3。[⑦]

---

① 《洋员魏贝尔条陈礼法各节》,《新建陆军兵略录存》卷二,文海出版社 1966 年影印版,第 223—224 页。

② 《整理军衣》,《新建陆军兵略录存》卷二,文海出版社 1966 年影印版,第 255—256 页。

③ 《整饬军容》,《新建陆军兵略录存》卷三,文海出版社 1966 年影印版,第 277—278 页。

④ 国家清史编纂委员会编:《晚清文献七种》,宋建昃、王雪迎点校,孙昉等整理,齐鲁书社 2014 年版,第 403—404 页。

⑤ 《兵丁路遇官长礼节》、《洋员魏贝尔条陈礼法各节》,《新建陆军兵略录存》卷二,文海出版社 1966 年影印版,第 219、222 页。

⑥ 《防弊五禁》,《新建陆军兵略录存》卷三,文海出版社 1966 年影印版,第 281 页。

⑦ 《冬春两季日课定程》、《夏秋两季日课定程》,《新建陆军兵略录存》卷二,文海出版社 1966 年影印版,第 167—173 页。

表 4.3 新建陆军全年日课定程

	日期	训练安排
冬春两季日课定程	初一、十五	发饷、放假
	初二、初五、初七、初九、十一、十二、十七、十九、二十一、二十二、二十五、二十七、二十九	场操并打靶
	初三、十三、二十三	全军合操
	初四、十四、二十四	全军合演行军、对敌各法并走队
	初六、十六、二十六	各营分考估计并练考打靶
	初八、十八、二十八	两营合演行军、对敌各法并走队
	初十、二十、三十	各营分哨、分队演练行军、分合对敌各法
夏秋两季日课定程	初一、初十、十五、二十	发饷、放假
	初二、初五、初六、十二、十八、二十五、二十八、三十	轮习打靶
	初三、十三、二十三	全军合操
	初四、十四、二十四	步队各营自演行军对敌兼挖沟
	初七、十七、二十七	分考弁目估计远近
	初八、二十二	演护军队
	初九、十九、二十九	夜战防守
	十一、二十一	步队各营早起自走队
	十六、二十六	步队两营合演行军攻守兼挖沟

即便是每名士兵的日常行动,也有一张以分钟、点钟为单位的时间表。参见表 4.4。①

表 4.4 新建陆军兵丁日行章程

限定时刻	既定任务或训练项目
收更(约 5:00)	起床
20 分钟(约 5:00—5:20)	洗漱、整理内务、打扫卫生

① 《兵丁驻扎营内暂行章程》,《新建陆军兵略录存》卷一,文海出版社 1966 年影印版,第 99—104 页;《兵丁日行规条》,《训练操法详晰图说》,文海出版社 1966 年影印版,第 1044—1049 页。

续表

限定时刻	既定任务或训练项目
30 分钟(约 5:20—5:50)	哨官、哨长(即正副排长)、棚头(即班长)检查内务和卫生,随后吃早饭
10 分钟(约 5:50—6:00)	验发枪械,准备出操
2 小时(约 6:00—8:00)	早操
10 分钟(约 8:00—8:10)	收操,整理查验枪械
30 分钟(约 8:10—8:40)	休息
2 小时(约 8:40—10:40)	瞄准端架、听官长讲解操作技术
2 小时(约 10:40—12:40)	用午饭、歇息、办理私事或自习操法
2 小时(约 12:40—14:40)	练习军礼、擦拭维修枪械、瞄准端架、听官长讲解操作技术
30 分钟(约 14:40—15:10)	休息
2 小时(约 15:10—17:10)	晚操
20 分钟(约 17:10—17:30)	整理、查验并上缴枪械
1 小时 30 分钟(约 17:30—19:00)	用晚饭、歇息、办理私事或自习操法
1 小时 30 分钟(约 19:00—20:30)	官兵聚集听号,诵读各项训词、规条,考究兵法
30 分钟(约 20:30—21:00)	各兵回棚休息
二更后(约 21:00 后)	点名后熄灯睡觉

其最大特点在于以点钟、分钟为单位对每天的任务进行了精细分割。实际上,在近代中国军队中,作息、训练时间表的设置并非始自于小站。如之前章节所述,曾国藩就曾制定过《日夜常课之规七条》,用以安排湘军官兵每天的训练。但是这个时间表用的仍是黎明、午刻、日斜等传统计时方式,所以在身体规训的精确性和严密程度上无法比诸新建陆军。至于淮军,虽已采用点钟为单位,却只是规定了训练的起止时间,因而也并不够精细。[①] 相较于前两者,新建陆军的规定则堪称严苛。其虽仍按季节以农历作为计日方式,也并未使用“星期”这一概念,但对每天活动的安排却达到了前所未有的细致。[②] 小站官兵每天早上五点起床(“收更即起”),只能用

① 具体内容参见第二章第四节、第三章第三节。

② 中国近代最早采用钟点计时是来自洋务企业中工业生产的需要。参见黄金麟:《历史、身体、国家:近代中国的身体形成(1895—1937)》,新星出版社 2006 年版,第 165—173 页。但就军队训练来说,新建陆军用这种严格时间控制来规训身体的方式,可以说是中国军事史上前所未见的举措。参见黄金麟:《近代中国的军事身体建构,1895—1949》,《“中央研究院”近代史研究所集刊》2004 年第 43 期。

20分钟洗漱、整理内务、打扫卫生,然后在接下来的30分钟时间里接受上级的内务检查并吃完早饭;之后,在10分钟内完成领取枪械、清点人数等出操的准备工作,最后赴操场进行为时两小时的训练。午饭、午休以及处理私事限两小时办完。下午、晚上也与此类似,都是以若干分钟或者点钟为限,进行训练、休息、进食以及诵读训词规条等各项活动。到晚间九点("二更")进行点名,然后一律熄灯睡觉。

这种以精确时间单位将日常活动片段化的安排,等于把训练变成了一项可以准确计算和精确操控的程序。身体何时该出现于何地、该处于何种状态、该完成何种任务,都成了可以预期和掌握的。在这里,过程变得更为重要。因为身体主要是在这个细密的线性流程中而非结果上,接受无时无刻的监督与检查。任何游惰、偷闲的企图便基本上失去了实现的可能。由此所带来的训练效率,是以往那种松散的时空安排所不能比拟的。福柯指出:"(这种时间表的)目的在于造成一段充分利用的时间……这意味着人们应该竭力强化对每一短暂时刻的使用,似乎每一片刻的时间都是用之不竭的,似乎通过一种更细致的内在安排,人们就能逼近一个使人保持最高速和最大效率的理想极限。……时间单位分得越细,人们就越容易通过监视和部署其内在因素来划分时间,越能加快一项运作,至少可以根据一种最佳速度来调节运作。由此产生了这种对每个行动的时间控制。这在军队中是十分重要的,在整个人类活动的技术中也是十分重要的。"①而且,在这个密不透风的时空网格中,小站官兵的每时每刻实际上都处于纪律的掌控之中。即便是吃饭、休息乃至如厕,毫无例外地皆为一个服从纪律的过程。就这样,"时间渗透进肉体之中,各种精心的权力控制也随之渗透进去"。②

相较于武器、编制的更张而言,此一当时看来并不显眼、现在看来也了无新意的变化,却有着微妙的历史影响。就当时的中国社会来说,新建陆军的士兵多数应该来自乡村。③ 在来到小站之前,他们习惯于依据农业生活中那种自然时令和天候,如日夜、晨昏、阴晴、雨雪等,来安排每天的生产和生活。而加入新军以后,无所不包的时空网格则无情地终止了田园生活的

① [法]米歇尔·福柯:《规训与惩罚:监狱的诞生》,生活·读书·新知三联书店1999年版,第170、174页。

② [法]米歇尔·福柯:《规训与惩罚:监狱的诞生》,生活·读书·新知三联书店1999年版,第172页。

③ 即便到了北洋新军编练时期,虽已出现士人举子从军的热潮,但军中的大部分士兵仍是农民出身。参见[美]拉尔夫·尔·鲍威尔:《1895—1912年中国军事力量的兴起》,中华书局1979年版,第175页;[澳]冯兆基:《军事近代化与中国革命》,郭太风译,上海人民出版社1994年版,第134页。

悠游岁月，将这些年轻人拖入了一种完全陌生的活动程序之中。其间的变化自然十分艰难，但为了在军营里生存下去，多数人也不得不开始接受新的挑战。比如学会用点钟、分钟来精确地计时与用时、有条理地安排自己的活动以及尽可能高效地完成任务等等。随着日复一日的训练，“依赖于一种‘行动流’的惯性绵延，身体的行动由开始时有意识地学习和训练，逐渐变为无意识的身体习惯”，①并逐渐内化为一种自觉的信条，从而使受训者获得以往乡村生活中所无法形成的特质：服从纪律、追求效率、精确用时以及有规律甚至相当刻板的作息习惯。即便在离开军队生活之后，有些人的这种身体记忆也并未完全消失。袁静雪回忆道，袁世凯的“起居饮食，一年四季，是有一套刻板规矩的”，早上六点起床，六点半吃早饭，七点开始办公，十一点半吃午饭，一点午睡，下午两点继续处理公事，五点休息散步，七点吃晚饭，九点就寝。② 曾在段公馆当差的老人也回忆说：“段祺瑞的一天生活，简单地说，就是这样：早起，饭后看公事，上衙门，中午回家吃饭；午睡后，下棋或作诗；晚饭后，打牌。连轴转，整套的活。一年365天，一般说来，很少变化。”③这种刻板、单调的“连轴转”，与当年小站岁月显然有相当之关系。④ 此二人在小站中身居高位尚且如是，下层官兵所受的影响便不难想见。而近代的战术由于其多兵种合成作战的系统性特征越来越强，很多时候都需要对时间进行细致、精确的控制方能进行有效协同。这一观念变化的意义也正在于为此种要求提供了现实条件。⑤ 另外，我们也有理由相信，小站军人在退伍之后，应该会比一般的社会成员更容易适应近代工业生产中那种“以严格、细密的时间区段来管理生产流程、扩大生产

---

① 江中：《身体：以军营新兵训练为例——兼就若干身体理论问题与郑震先生商榷》，《社会学研究》2004年第3期。

② 袁静雪：《我的父亲袁世凯》，《文史资料选辑》第74辑，文史资料出版社1981年版，第161—164页。

③ 文斐编：《我所知道的“北洋三杰”王士珍、段祺瑞、冯国璋》，中国文史出版社2004年版，第57页。

④ 相较于曾入北洋武备学堂的段祺瑞来说，袁世凯后来的生活习惯与小站练兵经历之关系更为明显。其年轻时本为放荡不羁的纨绔子弟，后又驻节朝鲜、久历宦海，似本难有此种生活规律。唯有小站练兵时期，为了有所成效，各事亲力亲为，与官兵同训练、同作息，方能养成这种“刻板的规矩”。

⑤ 日本陆军在“文明开化”过程中同样引入了西式时间概念。日本学者户部良一指出：“在江户时代，没有‘分’和‘秒’这样小单位的时间认识，而兵学寮经常强制遵守以‘分’为标准的纪律。这种时间观念和纪律，对于近代的军事行动来说，是必不可少的。而且，这种时间观念和纪律不久通过征兵制，也渗透到了普通士兵中间。”［日］户部良一：《日本陆军史：近代化的异化》，韦平和等译，社会科学文献出版社2016年版，第85页。

效能的做法”。①

（三）训练标准化:精准的身体控制

除了精细的时间表之外,新建陆军训练的标准化形式也是非常值得关注的一个方面。新建陆军的训练已不再如以往那样将领自绘阵图,其内容及进度由督操营务处统一拟定,每天开操时“将督操营务处所拟本日应操各法及阵式当面分派各官长,以便各官长各带各兵分开照式操练,以期一律”。② 其主要包括身体和队列的基本动作、武器弹药的识别操作以及维护保养、单兵战斗技能、战斗队形的组成展开以及变换这四大方面。以步兵为例,“凡练新兵应定划一章程,各营官弁不得擅改,全军均须一律”:新兵以立正、稍息等基本动作练起;十日后添练体操和各种转法;二十日后开始练习队列动作以及正步诸法;一个月后发给枪支,练习一棚的队列变化以及持枪、托枪等手法;再一个半月之后,练习端架瞄准、刺枪等战斗技能以及半排(即三棚)的基础队列;两月后,半排合练正步、变向、转弯以及散开前进等内容;两月半后,始用空包弹轮流放响练习装填、射击手法并兼练新兵之胆;三个月后,成排训练各种战斗队形的机动与变换以及单兵打靶和各种战术动作、技能。③ 总之,“凡教新兵,皆由站、转身步各法入手,使其筋骨活动,身体健壮,然后循序渐进,授以步伐、枪阵并行军、对敌、分合、起伏、进退诸法”。④ 可见至少在训练章程上,新建陆军的新兵要接受将近一年的技战术训练,才能作为合格兵员加入战斗序列。这显然要比盛军那种每年只有五个月的训练更加细致充分。

不过,由于同样模仿德式操练,故若仅以表面观之,新建陆军的训练内容相比于盛军而言很难说有什么明显的改进。但如果仔细考察便会发现,其与淮军“西法练兵”最本质的不同在于全盘接受了标准化的训练模式。这种模式将每个技术动作都精密分解为连续的、具有详细标准(包括方向、力度、速度以及持续时间等方面)的步骤,使身体每个部位的各种姿势都精确、可控且符合效率最优化原则。所以小站军人的身体不仅在“什么时候做什么”上被严格控制,即便在“怎么做”的步骤上也受到精准指挥。例如身法训练中最基础的左、右转向,便分解为两个步骤,每个步骤对两脚脚跟、脚尖的位置、距离、运动方向及速度等都有精确的要求;又如步法训练,便

① 黄金麟:《历史、身体、国家:近代中国的身体形成(1895—1937)》,新星出版社2006年版,第170页。

② 《出操规条》,《新建陆军兵略录存》卷一,文海出版社1966年影印版,第109—110页。

③ 《教练新兵次序说》,《训练操法详晰图说》,文海出版社1966年影印版,第244—247页。

④ 《步队操法总说》,《训练操法详晰图说》,文海出版社1966年影印版,第243页。

步、慢步、正步和跑步的每步步长、离地高度、每分钟步数等也都有细致的规定。[①] 为了更清晰地展现这种变化，我们不妨比较盛军与新建陆军在相同技术动作上的不同训练要求。举枪瞄准是新兵训练中的一个基础动作。对此，由周盛传所制定、被李鸿章批准通行北洋各军的《操枪程式》规定：

> 盖打枪时眼贵挂线，而手尤贵端平，并宜以枪之后托抵紧肩窝，则子出虽有坐劲，而前口不至移动。若把枪腕劲稍弱，则枪每易左右摇动。再兼呼吸气粗则枪更易高低不一。[②]

而新建陆军的《训练操法详晰图说》不仅将之分解为若干步骤，而且对于每个步骤的具体动作都有细致的标准：

> 一、半面右转；二、右手将枪上提，右脚向右后斜撤半步，枪托靠右脚内落地；三、右手提枪前伸，左手抓住托槽使枪星与眼平；四、右手后移，抓住枪托弯脖；五、两手举枪使枪筒前段落于稳袋之上，闭左目以右目瞄准，须心平气稳，枪底抵住右肩，右腮紧靠枪托，右肘平肩，右二指虚贴扳手，左腕里拧，虎口向上抓住托槽。[③]

可以看到，前者同当年戚继光《纪效新书》的内容类似，与其说是操练条例，不如说是一种经验之谈。所以盛军官兵在操作过程中，只能在对其进行个人体会、领悟的基础上，依据自己的身体习惯或者偏好自行决定这个技术动作的细节。但问题在于，个体所习惯的并不一定是最有效甚至不一定是正确的。所以这一武器操作过程的准确性和稳定性就无法保证。再者，由于操作方式并不统一，军官也无法对士兵各阶段、各步骤的战斗动作实施细致、精确的指挥。究其本质，这仍旧是传统军队中那种个人武艺、技击训练套路的延续。相比之下，根据标准化的教范，新建陆军官兵则可以更容易、更迅速地掌握某一技术动作的要点，从而减少遗漏任何重要步骤的可能性，提高身体运动的效率、稳定性和精确度。换句话说，这种训练模式的实质就在于，通过控制行为序列的每个细节及其之间的连接，使受训者在最短的时间内学会如何最有效地使用身体各部位来操作武器装备。如此，训练

---

① 《带数转法》、《便步法》、《带数慢步法》、《慢步法》、《正步法》、《快步法》、《跑步法》，《训练操法详晰图说》，文海出版社 1966 年影印版，第 252—253、257—261 页。

② 《操枪程式》，《周武壮公遗书》外集一，文海出版社 1969 年影印版，第 976 页。

③ 《练习瞄准法》，《训练操法详晰图说》，文海出版社 1966 年影印版，第 354—355 页。

便成了一个预先设定好程序的作业流程,合格的士兵则于其中被标准化地批量创造出来。在这种模式下,“新兵们不被看成是能熟练使用武器的‘手艺人’,而被看作是一些为了熟练地操纵军事装备而需要接受训练的人”。① 个人的技艺与身手都已不再重要,按照标准程序进行规范的操作才是关键。沈从文回忆录中的描述,为两者的区别提供了非常直观的画面:

> 新式教练看来虽十分合用,钢铁的纪律把每个人皆造就得自重强毅,但实在说来真无趣味。……一下操场总是两点钟,一个跑步总是三十分钟,姿势稍有不合就是当胸一拳,服装稍有疏忽就是一巴掌。盘杠杆,从平台上拿顶,向木马上扑过,一下子掼到地上时,哼也不许哼一声。过天桥时还得双眼向前平视,来回作正步通过。野外演习时,不管是水是泥,喊卧下就得卧下……可是旧式的那一组,他们却太潇洒了。他们学的是翻斤斗,打藤牌,舞长矛,耍齐眉棍。我们穿一色到底的灰衣,他们却穿各色各样花衣。他们有描花皮类的方盾牌,藤类编成的圆盾牌,有弓箭,有标枪,有各种华丽悦目的武器。他们或单独学习,或成对厮打,各人可各照自己意见去选择。他们常常是一人手持盾牌军刀,一人使关刀或戈矛,照规矩练“大刀取耳”、“单戈破牌”或其他有趣厮杀题目。两人一面厮打,一面大声喊“砍”、“杀”、“摔”、“坐”,应当归谁翻一个斤斗时,另一个就用敏捷的姿势退后一步,让出个小小地位。应当归谁败下时,战败的跌倒时也有一定的章法,做得又自然,又活泼。……我们那两组学到后来得学打靶、白刃战的练习,终点是学科中的艰深道理,射击学,筑城学,以及种种不顺耳与普通生活无关系的名词。他们学到后来却是驰马射箭,再多学些便学摆阵,人穿了五彩衣服,扛了武器和旗帜,各自随方位调动,随金鼓声进退。我们永远是枯燥的,把人弄呆板起来,对生命不流动的。他们却自始至终使人活泼而有趣味,学习本身同游戏就无法分开。②

从这段回忆中可以看到,即便旧式行伍的训练也改用枪炮,但其路数仍然延续了上面描述的这种个人武艺技击训练的特点:虽有大致章法,但具体动作依靠个人身体特点以及主观喜好。所以其单兵技术训练便是“各人可

① [英]安东尼·吉登斯:《民族—国家与暴力》,生活·读书·新知三联书店 1998 年版,第 138 页。

② 沈从文:《沈从文自传》,江苏文艺出版社 1995 年版,第 46—49 页。

照自己意见去选择";至于战术训练自然就成为一种基于主观设计的"穿了五彩衣服,扛了武器和旗帜,各自随方位调动,随金鼓声进退"的"摆阵"。在缺乏实战的情况下,久而久之难免就会陷入只壮观瞻的窠臼,如同游戏一般。而且,通过这种方式所训练出来的军队,一旦与敌接战之后便只能任其自行其是,难以再对其战术动作进行精密的指挥。相比之下,标准化的训练则在于确保每个士兵的动作都最有效率,并且可以计算和预期。这实际上就是一个人体机械化的过程:"根据某种人为的、预先编排的符码,接收信号和立即做出反应。"①任何个体的自行其是、任何花哨但多余的动作都会被完全剔除,所有人都被打造成一部部高效、精准的战斗机器,让人感到"无趣"、"枯燥"、"呆板"是必然的结果。

这种训练模式的一大直观效果就是纪律得到了空前的强化。1899 年,新建陆军的官兵奉命开赴德州时便显示出高度的纪律性。袁世凯在给徐世昌的信中说,德州当地官员"甚佩服本军纪律,居民无不歌颂,一路至今,民兵交涉竟无一事",故而颇有所感地指出,"平日训练之效,于今见之"。②而比之更为重要的是,一种全新的军人体态开始逐渐形成。由于身体的四肢、关节都有其固定的位置与运动轨迹,以达到最佳的速度、力度以及精度,任何"潇洒"、"活泼"却拖沓、无用的动作都被严格禁止,所以这种训练能"把每个人皆造就得自重强毅",使官兵在举手投足间显示出身姿的挺拔、动作的干练。这一点即便是袁世凯也不例外。他"无论是站着或是坐着,总是挺直了腰的,就是坐在沙发上和人谈话的时候,也直着腰。当然,靠着沙发背坐着的时候是有的,但也是直着腰在靠着,从来没有看到他斜歪在那里的时候";坐下以后,"总是两腿叉开,两只手经常放在膝盖上……从来没有看到他架'二郎腿'的时候"。③ 显然,长期的练兵生涯已经造就了一种身体摆放的标准姿势。而这种"定型化、固定化的行为模式,是军威、战斗力的表现,是社会认识和评价军人、军队的标准之一"。④ 因此,这种训练模式一方面满足了近代战术对于军人身体运用效率、精度以及高度纪律性的需要;另一方面,这也是全新军人体态形成的开始,成为后来新军形象得

① [法]米歇尔·福柯:《规训与惩罚:监狱的诞生》,生活·读书·新知三联书店 1999 年版,第 187 页。

② 《袁世凯致徐世昌函》,中国社会科学院近代史研究所近代史资料编辑组编:《近代史资料》总第 37 号,中华书局 1978 年版,第 16 页。

③ 袁静雪:《我的父亲袁世凯》,《文史资料选辑》第 74 辑,文史资料出版社 1981 年版,第 160—161 页。

④ 杨亚平、祁永信主编:《军事社会学概论》,南京大学出版社 1989 年版,第 112 页。

以改观、社会评价有所提高的一大原因。另外值得注意的是,这种身体机械化的过程,也实现了一种角色认知的转型,成为新军群体意识形成的重要途径。正如法国哲学家梅洛-庞蒂所指出的:“身体的空间性不是如同外部物体的空间性或者‘空间感觉’的空间性那样的一种位置的空间性,而是一种处境的空间性。”[①]通过长期的训练,小站官兵会逐渐将这种对于身体的精致约束内化并加以认同,成为自我角色认知的符号;同时还会自觉地以身体的制式化、标准化程度将自己同一般社会民众区别开来,形成本群体专属的角色认同。正如美国学者麦尼尔所说:“尽管操练看起来似乎单调而重复,却把往往来自社会最底层的各种人牢牢地结合在一起,形成一个紧密的集体。”[②]

(四) 知识重构:军事教育专业化

当然,新式军人的形成除了身体的重塑之外,还有一方面便是知识的重构。在小站中,研究近代军事知识已成为官兵重要的进身之阶。袁世凯在训条中反复提倡:“练兵首重将才,选将必先学术”;“将非一剑之任,贵有学术,学成万人之敌,真将才也”;“自今伊始,尚其究心学术、讨论方略,凡古今用兵各法载在书策者,或展卷玩读,或请人讲诵。”[③]并且,其在训条中明确规定:“教练诸法,必由督操处会同洋员按照泰西新式操法,先教官长,依次转教兵勇。”[④]为达此目的,袁世凯要求军官必须“随同赴操,熟悉操务,尤宜能喊所操口令,各自带队相机布置,庶不至临阵贻误……以期督率官长尽皆通晓法律,精益求精”,[⑤]并为之建立了一套军官教育、训练以及考核措施。首先是开设讲武堂,对基层军官进行军事教育:“各哨官长三员内每日轮调一员来讲武堂听讲行军、攻守各法”,并在不轮值听讲时对其所学内容进行考问。[⑥] 学界一般比较关注的是小站行营武备学堂。但实际上对此次练兵影响更大的应该是这种在职军官培训学堂。因为行营武备学堂招收方式为“在正兵内考选”,目的在于培养后备军官,“计两年后即可选充官

① [法]莫里斯・梅洛-庞蒂:《知觉现象学》,姜志辉译,商务印书馆2001年版,第137—138页。

② [美]麦尼尔:《竞逐富强:西方军事的现代化历程》,学林出版社1996年版,第137页。

③ 《训励学堂员生》,《新建陆军兵略录存》卷四,文海出版社1966年影印版,第366页;《训学堂员生要言》、《训蒋弁勤学说》,《训练操法详晰图说》,文海出版社1966年影印版,第71、79页。

④ 《操场暂行规则》,《新建陆军兵略录存》卷一,文海出版社1966年影印版,第103页。

⑤ 《小站练兵营务札》,《袁世凯全集》第四卷,河南大学出版社2013年版,第14页。

⑥ 《遴员讲武》,《新建陆军兵略录存》卷二,文海出版社1966年影印版,第173—174页。

弁”。[1] 可见袁世凯设此学堂的最主要考虑,还是在为日后扩充新军作准备,抑或兼有自己培养军官、不用有求于人的打算。所以对练兵作用最为直接的,还是这种以在职基层军官为对象的军事教育。此外,这种讲武堂的正规程度也并不亚于行营学堂,亦有严格的听讲功课规程十一条。如以下几条,就很能显示出这种军官教育的严格程度:

> 每日两点钟功课,九点钟到堂听讲,十一点一刻钟完课回营;……各官长在讲堂内不准随便乱坐,亦按两翼分坐,两边再按第一二各营、前后左右各队、左中右各哨挨次列坐;官长到讲堂须严肃端坐,不准随便出入、斜倚言笑、吸烟喝茶;……各官长往来时,拟请派领袖一员督率成排行走,以免参差不齐;……第二轮到堂须先将第一轮功课逐层考问,倘有漫不经心、对答不及五成者,酌量请罚。[2]

由此可见,除了军事知识的教授之外,这种具有严格举止要求的教育其实也是对军官行为的一个塑造过程,使他们越来越远离旧式武夫那种粗鄙不堪的形象,而逐渐显示出一种近代职业军官的做派。

此种军事知识理论学习的考核方式除口头考问之外,还包括专门的笔试。成绩优异者,哨官以领官存记酌升,哨长以哨官记名,遇缺即补。[3] 对于军官的实际训练和指挥能力,同样也有一套考核体系。一则为各部士兵的训练状况,如《分考步兵各队》、《分考炮队各哨》、《分考马队各哨》就是此类考核的成绩公示。其过程相当精细,比如步兵考阅,共分操练和军容两大类,再细分为十四项,每项以十分为满,逐项打分且精确到“厘”(即小数点后一位),最后统计总分高低,奖赏名列前茅单位的主官与士兵,对最末者之主官记过,并要求其半个月后补考。[4] 另则考军官的临阵指挥能力。这也是袁世凯更看重的内容。他强调:“照得练兵之道,以行军操法为临敌切要之学,既可见将领之谋略,又可验士卒之用命,较之操场功夫尤为吃紧。”所谓“行军操法”,指的就是模拟临敌情况下的战术运用与战斗指挥。这种考试同样也分为若干项目进行打分,但更加精确到小数点后两位,出现了“八分七厘五”这样的分数。而且,不同级别军官的考核内容也有任务层次的区分:营一级考战时纪律、全营战术部署及其变化;队(连)一级考的内

---

① 《请设学堂原禀》,《新建陆军兵略录存》卷一,文海出版社 1966 年影印版,第 69—70 页。

② 《讲武条规》,《新建陆军兵略录存》卷二,文海出版社 1966 年影印版,第 175—176 页。

③ 《奖励讲习功课各官》,《新建陆军兵略录存》卷二,文海出版社 1966 年影印版,第 177 页。

④ 《分考步兵各队》,《新建陆军兵略录存》卷二,文海出版社 1966 年影印版,第 185 页。

容较为具体,包括战斗队形的展开收拢、攻守方法、遭遇战应对方法;而哨(排)一级作为最前沿战斗单位,对其军官的考核最为细致,包括战斗纪律、地势选择、队形变换、战术机动的方式和速度以及指挥口令的清晰准确程度等八项内容。[①] 新建陆军的军官必须通过这么频繁的层层考核,[②]故可想见其中不少人应该已经具备了相当程度的专业技术和军事知识,基本上不会像以往淮军将领那样"在基本的战略、战术和使用武器方面,显示出可悲的无知"。[③]

当然,如果说新建陆军的军官都已完全达到近代军事指挥官的标准,那自是言过其实。毕竟纸面上的条例规定不可能百分之百地落到实处,数年的时间也不可能实现一种彻底的更替。但在这个漫长的转型过程中,小站练兵是影响深远的一环。其教育训练方式和内容的变化,多少会使这些军官在气质做派、行为方式上有所改观,也会对他们的知识结构、思维观念产生一定的重构作用。一个比较典型的例子是鲍贵卿。他肄业于北洋武备学堂,[④]后来担任新建陆军工程营队官。此一经历使"他很喜欢工程学,尤其对房屋建筑工程更感兴趣,因此他所住的住宅、别墅中,不少是他自己设计及监工修建的"。[⑤] 由此可见这些军官在军事技术上的专业化程度,即便是周盛传这样对西方军事技术与自然科学知识颇有兴趣的淮军宿将,也难以望其项背。

(五) 以军人为师:新式训练的深远影响

通过上述分析可以发现,小站练兵在全盘采用西方训练模式之后,或许一定程度上也成为近代中国转型过程中一个早期"再社会化"媒介。若将目光略作延伸,便可概见其后来的社会影响。清末新政时期,新式军队的编练运动大规模展开。从小站走出来的新建陆军,毫无疑问地成了这场练兵运动的引领者。不少小站官兵都充当起了北洋新军编练的骨干角色;还有人分赴各地,指导地方新军编练。新建陆军所采用的训练模式也因此不再

---

① 以上均见《分考官弁调度》,《新建陆军兵略录存》卷二,文海出版社 1966 年影印版,第 197—206 页。

② 在徐世昌的日记中,也经常能看到他主持或者参与考核军官的记录。参见徐定茂:《徐世昌日记之小站练兵》,《北京文史资料》第 64 辑,北京出版社 2001 年版,第 246—247 页。

③ [美]拉尔夫·尔·鲍威尔:《1895—1912 年中国军事力量的兴起》,中华书局 1979 年版,第 29 页。

④ 参见中国社会科学院近代史研究所编:《清末新军编练沿革》,中华书局 1978 年版,第 298 页。

⑤ 赵世贤:《鲍贵卿居津琐记》,天津政协文史资料委员会编:《天津文史资料选辑》第 13 辑,天津人民出版社 1981 年版,第 178 页。

仅限于小站一隅,转而成为十余万中国军队训练的制式范本,实施到越来越多中国人的身体之上。① 一种全新的军人形象便随之开始逐渐生成,社会对于这个角色的态度也自此发生改观。李宗仁回忆道,在这种军事训练中,"日常生活极有规律,早起晚睡,出操上课等,都有极严格的规定,动作确切而敏捷";每个人"日常言谈行动,都表现得极有纪律。即使星期假日在街上行走,也都是挺胸阔步,绝少顾盼嬉笑、行动失仪的事"。② 对于中国军人的变化,外国军事观察家也颇为称许。他们描述道,新军"比起旧式军队来,士卒的体格要强得多,他们是优秀体格的标本";"风纪之好是突出的",老百姓看到了一支有纪律的军队,"这与他们过去熟悉的一帮穿着制服的强盗是远为不同的人。这些行为良好的军队的出现,使当地老百姓很快便失去了害怕的感觉,而觉得这些整齐、有秩序的士卒有些稀罕。人民终于表示军事职业是可以尊重的了"。③ 一名英国军官则认为:"新军部队循规蹈矩不啻是一场社会革命,民众开始友好地对待军队,蔑视军人的现象即使没有完全消除,至少已经减少了。"④

另外值得注意的是,始自小站的这个军人重塑历程,其影响并不仅仅在于一定程度上扭转了军人角色的社会印象。在 20 世纪初那个特定的历史环境中,这种新式训练甚至让新军官兵在一定时期内成了近代中国人身体"进化"的楷模与先导。随着生存危机的加剧,以尚武救国为核心的军国民主义蔚成风潮,采用军队模式来塑造国民的身体乃至精神,成为朝野内外一致认同的救亡之道。清政府三令五申"各学堂一体练习兵式体操以肄武事"、"以兵式体操严整其纪律",⑤社会上也"佥谓非提倡'军国主义'不足以救亡,于是学校体操一科,竟以尚武为唯一目的,以兵式为必要之教材"。⑥ 因此,原本仅限于新军之中的身体规训技术,便以"体操课"的名义推广到了各级学堂之中。教育家俞同奎先生回忆道:"那时候对于兵式体

---

① 应该说明的是,清末新政时期的新军训练已开始逐渐改用日式操典。尤其在日俄战争后,更是全盘采用日操。不过,由于"日本操练原系效仿德操而兼采各国之法,取其长而弃其短,学其便而舍其杂,斟酌损益"(《两江总督魏饬南洋各营一律改练日操札》,《东方杂志》1904 年第 3 期)而成,故其与小站所用德式操典在身体的管控、形塑等核心内容上并无本质区别。

② 李宗仁口述、唐德刚撰写:《李宗仁回忆录》,广西人民出版社 1988 年版,第 32、33 页。

③ 转引自[美]拉尔夫·尔·鲍威尔:《1895—1912 年中国军事力量的崛起》,中华书局 1979 年版,第 124 页。

④ 转引自[澳]冯兆基:《军事近代化与中国革命》,上海人民出版社 1994 年版,第 135 页。

⑤ 舒新城主编:《中国近代教育史资料》上册,人民教育出版社 1981 年版,第 210、220 页。

⑥ 成都体育学院体育史研究所:《中国近代体育史资料》,四川教育出版社 1988 年版,第 109 页。

操，很感兴趣。……每天破晓，操场上就听见'向左转'、'向右看齐'各种口号。虽朔风凛冽，大部分学生倒也并不偷懒。"①茅盾先生也回忆说，他上中学时的体操课，实实在在就是军事操练，练的都是"开步走、立正、稍息、枪上肩之类"。② 但当时能够承担此一课程的教员极少，归国留学生以及师范学堂培训出来的教师已供不应求，所以"各省学堂之教育，其任体操者，非营兵无取也"。③ 一位体育教育工作者也回忆说，在1912年以前，天津的小学体育"多是军操训练"，而且"当时担任体育课的教员，都是由小站兵营派来的相当于排长的军官"。④ 从这里可以看到，由小站开始大规模实施的这种身体规训方法，已经演绎出了颇具戏剧性的社会变动。原本为社会所不齿的军人，居然摇身一变成了众多士人学子的教员，成了近代中国人身体重塑的领路者。当然，新军官兵素质良莠不齐，出现各种问题自是难免。所以这种变动也必然招来诸如"无知识、无道德之营弁之兵士，竟一跃而为学校教师"⑤此类的批评之声。但不可否认的是，新军官兵确实因其所受过的新式训练，在某种程度上成为清末一个受人瞩目的社会群体。在当时尚武强身以救国的思潮下，若其仍如绿营、淮勇那般懒散、萎靡，又如何能够一跃而为国民尚武强身运动的模范？从这个角度来说，清末军人群体能够"从边缘走向中心"，除了政治待遇、经济收入的提高以及士人从军热潮等因素之外，⑥始自小站的这个构造新军人的过程，同样值得加以关注。

三、基本战斗方式及攻防演习概述

新建陆军的战术训练基本上都是以近代战术规律为原则、以服务于实战为目的，与淮军之"西法练兵"有着很大的不同。这里将从行军部署、基本队形及其展开方式、一般攻防程式和实战模拟演习四个方面对其进行分析。

---

① 俞同奎：《我考进母校的经验》，王世儒、闻笛编：《我与北大——"老北大"话北大》，北京大学出版社1998年版，第11页。

② 茅盾、韦韬：《茅盾回忆录》上，华文出版社2013年版，第65页。

③ 成都体育学院体育史研究所：《中国近代体育史资料》，四川教育出版社1988年版，第274页。

④ 何玉书：《天津早期的小学体育运动》，天津政协文史资料委员会编：《天津文史资料选辑》第12辑，天津人民出版社1980年版，第157页。

⑤ 成都体育学院体育史研究所：《中国近代体育史资料》，四川教育出版社1988年版，第274页。

⑥ 参见熊志勇：《从边缘走向中心——晚清社会变迁中的军人集团》，天津人民出版社1998年版，第59—65页。

(一)行军部署

新建陆军对行军方式和任务部署都有非常细致的规定。按任务划分,全军从前往后大致分为:前敌队[①]、全军大队和后劲队。前敌队即居于全军最前方的先头部队,占全部兵力的六分之一到三分之一,且为一"遇敌接战均由自主成师而出"、可独立遂行战斗任务的小型兵团。[②] 其行军时的主要任务在于查探敌情地势,并为全军大队提供掩护,防止敌军绕袭侧后。当未发现敌军时,前敌队以全军大队最左路至最右路的距离定其开进方式。若在一百五十里内,前敌队以一路开进,但侦查范围必须覆盖这个区间;若在一百五十里至二百五十里之内,则以两路开进,但"宜在后面大队所占界限最左最右之两界",以保护大队的两个侧面;在二百五十里之外,"每宽百里加用前敌队一路"。[③] 当发现敌军踪迹时,则以其范围宽窄定行进方式:"至敌踪宽百里者,大枝前锋只用一路;宽二百里者,可用两路"。[④] 前敌队距全军大队远近一般以己方兵力、敌情地形等条件为确定标准。《有战事队伍行路法》规定:若距敌尚远、地势平坦,距离宜在百里以外;若距敌已近、地形险阻,则应在五十里之外百里之内。[⑤] 但纂成较晚的《训练操法详晰图说》则对此作了修改,未对具体数字进行明确规定,只是要求"敌踪已近,旦夕接仗,相距即宜渐近,以步兵半日行程为度"。[⑥] 新建陆军"步兵、步炮、工程各队每点钟行八里",而且"每日行程多则用十点钟功夫,少则用六点钟功夫"。[⑦] 由此可知,主要由步兵、炮兵、工程兵以及辎重营组成的全军大队,每日行程约为四十八里至八十里。[⑧] 若按原规定,即将接仗时全军大队仍与前敌队相距五十里至一百里,一旦后者寡不敌众,前者则有可能难以及

---

① 《有战事队伍行路法》对此名称做了解释。它说前锋有两种,"一为各枝各路前锋,一为全军前锋。全军前锋……谓之前敌队。"《新建陆军兵略录存》卷八,文海出版社 1966 年影印版,第 701—702 页。但此并非严格界定,有时"前锋队"与"前敌队"仍然混用不分。《训练操法详晰图说》则改称为"大枝前锋队",可能是为了与各路前锋队加以区分。参见《练行军大枝前锋队说》,《训练操法详晰图说》,文海出版社 1966 年影印版,第 146 页。

② 《练行军大枝前锋队说》,《训练操法详晰图说》,文海出版社 1966 年影印版,第 146 页;《有战事队伍行路法》,《新建陆军兵略录存》卷八,文海出版社 1966 年影印版,第 701 页。

③ 以上均见《有战事队伍行路法》,《新建陆军兵略录存》卷八,文海出版社 1966 年影印版,第 703 页。

④ 《练行军大枝前锋队说》,《训练操法详晰图说》,文海出版社 1966 年影印版,第 147 页。

⑤ 《有战事队伍行路法》,《新建陆军兵略录存》卷八,文海出版社 1966 年影印版,第 702 页。

⑥ 《练行军大枝前锋队说》,《训练操法详晰图说》,文海出版社 1966 年影印版,第 147 页。

⑦ 《练行军通法》,《训练操法详晰图说》,文海出版社 1966 年影印版,第 136 页。

⑧ 现代军队"在常行军中,通常徒步行军日行程为 25—35 公里,时速夜间为 4 公里,昼间为 4—5 公里,需连续行进 7—8 小时"。总参谋部军训部:《战术学基础》,解放军出版社 1987 年版,第 234 页。可见,新建陆军的行军速度基本上与现代军队相当。

时赶到施以援手。① 因此,以实际行军里程来规定前敌队与大队距离的变化说明,随着训练以及实践的深入,新建陆军的作战条例也在不断调整。此一变化虽然细微,却也从一个侧面体现出了该军在经历长期训练后的日趋成熟。

后劲队则“为全军留后防守要地兼备征调”的队伍,多至全军六分之一,少至全军十二分之一,与大队距离一般在百里以外。② 其主要职责在于:(1)保护交通线以及军需物资运输的安全;(2)收容伤兵病员,并抓捕逃兵,纠察士兵扰民。③ 由此可以看出,后劲队并不单纯是一支后备战斗力量,还兼有后勤保障部队、后方警戒部队、战时救护所以及宪兵队的多重职能或者角色。此外值得一提的是,新建陆军对军需补给线路以及补给站设置的预先筹划。《练行军筹备法》一条指出,“大军出征,以粮饷为命脉,以子药为战基”,应“在要冲各处节节存储,特派明练专员经理其事,源源接济,务使兵有余食,枪有余弹,方能持久。至于子弹更宜先期转运……如前敌已经开战,即应酌备若干,由存储处拨送前敌,再随时解补原数,以便续拨”。④ 这可以说是袁世凯对甲午战争期间经办后勤事务经验的一番总结。⑤

全军大队即由主要兵力的行军纵队组成。其一般分数路开进,“每路以三千人至六千人为率”,⑥各路之间主要依靠骑兵往返传递信息。⑦ 在这各路之内,根据任务的不同,又细分为前锋队、接应队、备分队(亦即预备

① 19世纪初俄军名将苏沃洛夫向意大利进军,日均行进33公里便已创造了长途徒步行军的最高纪录。参见总参谋部军训部:《战术学基础》,解放军出版社1987年版,第200页。可见,前敌与大队相距五十里至一百里,对于徒步行军而言确有过远之可能。

② 《练行军后劲队说》,《训练操法详晰图说》,文海出版社1966年影印版,第150页;《有战事队伍行路法》,《新建陆军兵略录存》卷八,文海出版社1966年影印版,第707页。

③ 《练行军后劲队说》,《训练操法详晰图说》,文海出版社1966年影印版,第150—151页;《有战事队伍行路法》,《新建陆军兵略录存》卷八,文海出版社1966年影印版,第708页。

④ 《练行军筹备法》,《训练操法详晰图说》,文海出版社1966年影印版,第120页。

⑤ 从《容庵弟子记》以及他给李鸿藻的情况报告来看,其战时后勤补给思想的主要内容有两点:一是选择水陆通衢之处作为补给中心,并设各分站向外辐射,节节存储转运;二是预先向前线转运弹药粮草等重要物资,并保证各补给站的存储不断。参见沈祖宪、吴闿生编纂:《容庵弟子记》卷二,文海出版社1966年影印版,第64页;李宗侗、刘凤翰:《清李文正公鸿藻年谱》下册,台湾商务印书馆1981年版,第718页。

⑥ 《练行军筹备法》,《训练操法详晰图说》,文海出版社1966年影印版,第119页。这与《新建陆军兵略录存》中《有战事队伍行路法》一条的规定“足千人之营,每路少不过三营,多不过六营”基本相同。参见《新建陆军兵略录存》卷八,文海出版社1966年影印版,第696页。

⑦ 《有战事队伍行路法》,《新建陆军兵略录存》卷八,文海出版社1966年影印版,第698页。

队)、旁护队和后护队五个部分,即现代所区分的前卫、本队(由接应队和预备队组成)、侧卫和后卫。前锋队、接应队与备分队,无论距敌远近、队伍多寡,均为常设,意在能迅速成梯次展开、准备战斗。旁护、后护诸队则"属因时因地暂时分设,无事不宜常派"。[①] 而且,旁护队"恒由前锋队内分派",[②]"分派各法与前锋队同";[③]后护队的队伍配置则正与前锋队相反,"前锋队次序由前而后,后护队次序由后而前"。[④] 所以,此处主要介绍的是每路纵队内前锋队的配置情况。

前锋队兵力一般占本路队伍的十二分之一至六分之一,而且"须整营、整队、整哨以专责成"。[⑤] 这是一个颇值得注意的规定。因为它意味着队、哨一级单位不似以往仅有行政管理的功能,还具备了战术分队的能力,能够独立执行侦察、牵制、迂回、埋伏等多种任务。相比于湘淮以一营五百人为战术单位却难以拆分的方式,这就为实施更灵活的战术行动提供了可能。这也说明,编制改革对于新建陆军最重要的意义,并非使其在外部形制上更近似于西方军队,而在于它采用了新编制后,能在行军战斗中体现出比湘淮旧军更先进的战术样式。其兵种构成一般为"马步相辅,马队在前远探,步队在后搜索,以补马队之不及";"马队分派次序与步队同",两者"相距约自一千步至二千步"(约 800—1600 米)。[⑥] 若行军于陌生、复杂地形时,还有工程营桥梁队随行其后,"遇有不便行走之处即可随时修造"。[⑦]

前锋队按任务不同分派出侦探(即侦察兵)、散队、前队和正队四层队伍,亦即前锋—接应—备分的梯次配置,主要任务在于查探敌情地势,并于遇敌时层层阻滞,为后方大队做好准备争取时间。这四层队伍的疏开距离仍依己方兵力、敌情动向以及地势状况而定。但其基本参考值在新建陆军不同的训练阶段也发生了变化。行军演练初期制定的《行军暂行章程》要

---

① 《有战事队伍行路法》,《新建陆军兵略录存》卷八,文海出版社 1966 年影印版,第 699 页。不宜常派的原因在于,分派队伍过多,主将可能难以兼顾。

② 《有战事队伍行路法》,《新建陆军兵略录存》卷八,文海出版社 1966 年影印版,第 714 页。

③ 《练行军旁护队说》,《训练操法详晰图说》,文海出版社 1966 年影印版,第 143 页

④ 《练行军后护队说》,《训练操法详晰图说》,文海出版社 1966 年影印版,第 144 页。

⑤ 《练行军前锋队说》,《训练操法详晰图说》,文海出版社 1966 年影印版,第 139—140 页。

⑥ 《练行军前锋队说》,《训练操法详晰图说》,文海出版社 1966 年影印版,第 140 页。每步为二尺五寸,约 0.8 米。《枪件问答》,《新建陆军兵略录存》卷四,文海出版社 1966 年影印版,第 324 页。故"一千步至二千步"即约为 800—1600 米。以下凡涉及步数均按此长度计算。

⑦ 《指政分考步队各营演练接战攻守诸法·闰三月初六日考左翼步队第一营(在葛沽)》,《新建陆军兵略录存》卷七,文海出版社 1966 年影印版,第 578 页。"指政"二字为原文如此,似应为"指正"之讹,以下不再重复说明。

求前锋队各层间距“以一百步至二百步为率”(约80—160米)。[①] 此后编定的《有战事队伍行路法》则规定各层相距稍近时也“约在三百步上下”(约210米)。[②] 这同一年后所编纂《练行军前锋队说》的规定已基本相同。[③] 各层间距的适当拉开,说明士兵能力与配合熟练度的提升,反映出前锋队的训练已经日趋成熟。

但此种进步更多地停留在一营之内的各任务分队行动中。[④] 前锋与大队的距离仍未适当拉开,[⑤]这说明营以上单位之间的配合熟练程度还有待提高。《练行军前锋队说》则对此作出了较大调整,它规定前锋与大队距离“自五百步至一千五百步”(约400—1200米),[⑥]为原来的2倍以上,与现代军队行军时各梯队疏开程度已大致相当。[⑦] 由此也可推断,1898年期间,新建陆军应主要以全军合练为主。[⑧] 时至1899年,其行军与前后联络能力已显著提高,故各梯队的间距得以大幅度增加。

(二)基本队形及其展开方式

新建陆军以步兵为主体,步兵的战斗队形是全军战术的关键,故此处仅对此一问题进行论述。步兵队形以小排为最小构成单元。所谓小排,即由一棚之兵分前后两行叠列而成的小横队。每哨6棚,故1哨便有6个小排;每队三哨,则共有18个小排。步兵一队的预备接敌队形主要有三种。第一种为一队成一字法,即18个小排横列而成,亦即线式横队。[⑨] 第二种为一

---

① 《行军暂行章程》,《新建陆军兵略录存》卷一,文海出版社1966年影印版,第113页。

② 《有战事队伍行路法》,《新建陆军兵略录存》卷八,文海出版社1966年影印版,第700页。此条例中并未标注其颁布时间,但其共有150条关于行军及与敌遭遇的规定,而且较有系统,不难看出是经过相当长时间训练后的条例汇总,故而可认定其编定时间应晚于《行军暂行章程》。

③ 略有不同之处在于,该条规定探兵与前锋散队距离为三四百步(约240—320米)。参见《练行军前锋队说》,《训练操法详晰图说》,文海出版社1966年影印版,第140页。

④ 每路行军纵队少不过三营,多不过六营,一般都以一营为前锋。参见《有战事队伍行路法》,《新建陆军兵略录存》卷八,文海出版社1966年影印版,第696—697页。

⑤ 《行军暂行章程》规定前锋距大队“以二百五十步至四百五十步为率”(约200—360米)。《有战事队伍行路法》对此的规定则变化不大,要求前锋与大队相距三百步至六百步(约240—480米)。参见《新建陆军兵略录存》卷一、卷八,文海出版社1966年影印版,第113、700页。

⑥ 《练行军前锋队说》,《训练操法详晰图说》,文海出版社1966年影印版,第140页。

⑦ 现代军队“在通常情况下,梯队之间的距离,徒步行军为0.5—1公里”。总参谋部军训部:《战术学基础》,解放军出版社1987年版,第236页。

⑧ 《行军外操各法》亦指出,该军的行军演练是一个循序渐进的过程:“照得本军步队等营操演行军、对敌攻守各法,必须先由一哨、一队、一营操起。分演熟习,合操始免参差。”《新建陆军兵略录存》卷六,文海出版社1966年影印版,第479页。

⑨ 参见《一队成一字法》,《训练操法详晰图说》,文海出版社1966年影印版,第371页。

队成三哨法，即每哨成横队再前后叠列而成。其“广狭长短皆为适中之数，行军对敌时恒用之，既易传发号令、择用地势，且便改变他阵”，[①]因而“一队接战阵式始于成三哨法”，[②]是常用预备接敌队形。第三种为一队成半哨法，即每哨以3小排居前，3小排居后成纵队，各哨再前后叠列组成。该队形一般用于一队单独接战而别无接应之时（即不在营或更高级单位编成内战斗），意在保持战斗队形的纵深，层层抵御，以待援军。有时亦取其展面较小，容易机动的优点，作为试探性攻击队形。[③] 以上各队形参见图4.2。[④] 此外，还有一队成小排法与一队成一路法两种行军队形，于此不作赘述。一般来说，步兵一队在战斗中队形、方向的变换皆以上述三种队形为基础，其中又尤以一队成三哨法最为重要，因为这不仅是一队常用的预备接敌队形，更是营战斗队形的基础。

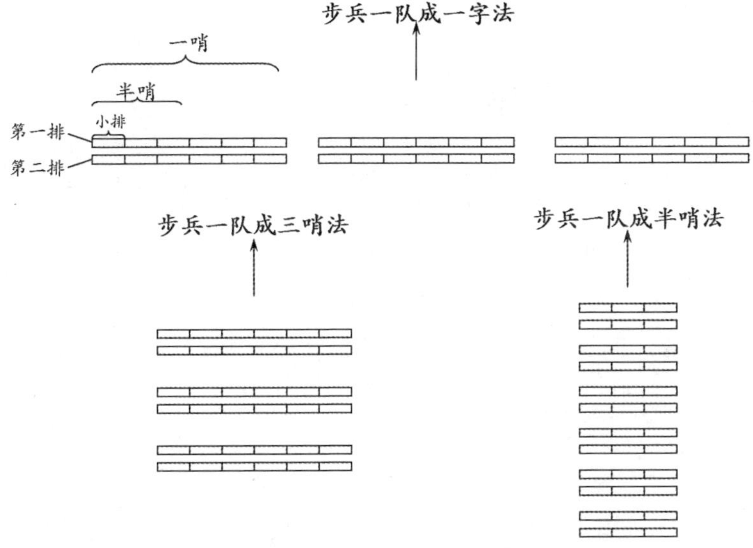

图4.2　步兵一队三种基本队形

一营队形，则“分中方、横阔、直长三式为阵法之根本；无论何势何时，如何变幻，均不外此规模。一营任成何阵，皆自各队成三哨始”。[⑤] 所谓“中

① 《一队成三哨法》，《训练操法详晰图说》，文海出版社1966年影印版，第373、374页。

② 《一营预备接仗阵法》，《训练操法详晰图说》，文海出版社1966年影印版，第459页。

③ 参见《一队成半哨法》，《训练操法详晰图说》，文海出版社1966年影印版，第375页。

④ 据《训练操法详晰图说》（文海出版社1966年影印版）第371、373、375页所绘原图转制。

⑤ 《一营成中阵法》，《训练操法详晰图说》，文海出版社1966年影印版，第405—406页。

方”,是指一营成中阵法,即四队在一队成三哨法的基础上,列为两层,前、左两队在前,后、右两队居后。“一营成中阵,队伍聚集一处,于择用地势、查考兵丁、传发号令、分派队伍诸事皆便”。[①] 故为一营常用之战前集结队形。“横阔”者,为一营成横阵法,即各队成三哨再按前后左右顺序横列而成。“按一营成横阵,平时操场恒用之,便于查验队伍;临敌时遇宽阔地势或欲速战,皆宜此法”。[②] “直长”则为一营成竖阵法,即各队成三哨前后叠列的纵队队形。“按一营成竖阵,行军时或狭窄地势暂扎,或崎岖处进攻,或初战试击或前锋队缓战以俟大队,皆宜此法”。[③] 故该队形主要用于较深远距离或者狭长地势的机动,或一营独立作战时以保持战斗韧性。此三种队形的运用与互相变化“不能拘泥”,[④]皆以战场实际情况而定。以上三种队形参见图 4.3。[⑤]

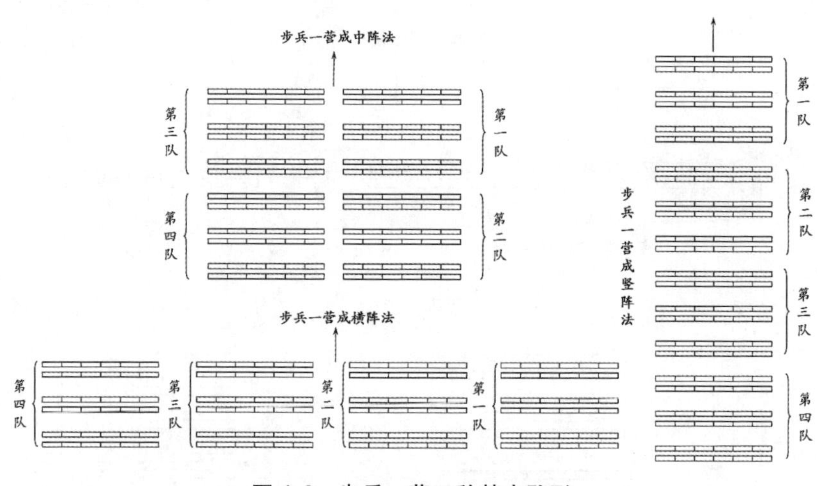

图 4.3　步兵一营三种基本队形

在发现敌军准备战斗时,先由营一级单位展开。“一营接战阵式则始于中阵、横阵、竖阵三法”。[⑥] 所以,一营通常在中阵、横阵与竖阵的基础上将各队部署为三个梯次。如若战场环境允许或局势需要,亦有成两层阵之

① 《一营成中阵法》,《训练操法详晰图说》,文海出版社 1966 年影印版,第 407 页。
② 《一营成横阵法》,《训练操法详晰图说》,文海出版社 1966 年影印版,第 408 页。
③ 《一营成竖阵法》,《训练操法详晰图说》,文海出版社 1966 年影印版,第 409—410 页。
④ 《一营成竖阵法》,《训练操法详晰图说》,文海出版社 1966 年影印版,第 410 页。
⑤ 据《训练操法详晰图说》(文海出版社 1966 年影印版)第 406、408、409 页所绘原图转制。
⑥ 《一营预备接仗阵法》,《训练操法详晰图说》,文海出版社 1966 年影印版,第 459 页。

时，以加大第一梯队的突击或御敌能力。以上参见图 4.4。① 此外，还有左、右翼侧梯次队形、转向成三（两）层阵等变化，为特定情况下的展开方式，因其较为繁杂，故此处不作详细介绍。

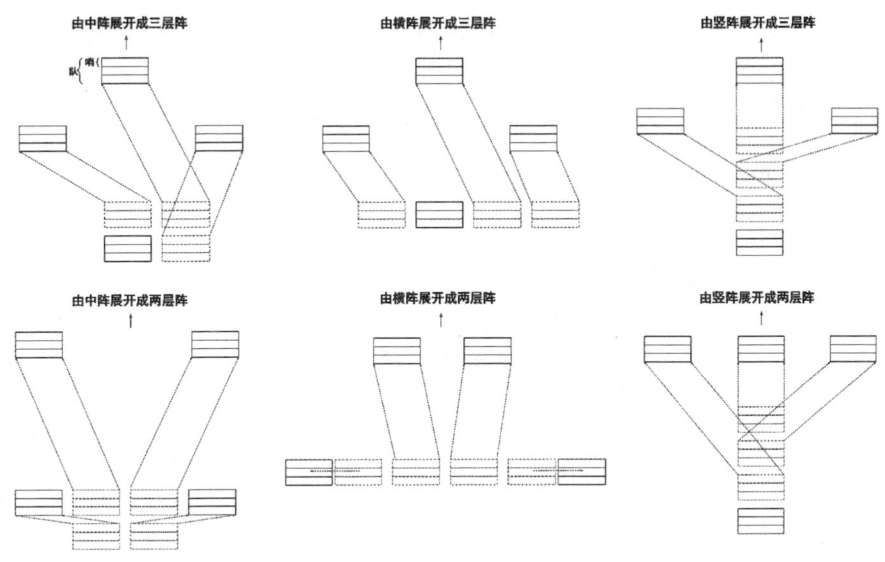

图 4.4　步兵一营基本展开方式

接下来便是队一级的展开，在连纵队（即一队成三哨法）的基础上进行。其依据战斗需要分为三种情况。一是散开半哨法，即由第一哨向前散开半哨，余下半哨亦前进一段以便续接散开；后两哨则在原地待命。此为“初开仗时，敌情尚未详悉，预备缓战或试击之法，以便渐战渐添队伍。偶有不利，退走较易”。② 二是散开一哨法，由“第一哨散开前进约至百余步，第二哨随后前进为接应，第三哨在原处为备分”。③ 三是散开两哨法，如果敌军势众，一哨不足以进击或抵御，则前两哨相继向右前与左前散开，第三哨居散兵线中界之后，此“为一队散开最多之数”，第三哨应留作应急之用，“不致后面空虚”。④ 至于战斗指挥方面，一哨散开之半哨，由哨长一员指挥；散开全哨，则由哨官带队。以上参见图 4.5。⑤ 队官一般居于全队队形

① 据《训练操法详晰图说》（文海出版社 1966 年影印版）第 459、463、467、469、472、475 页所绘原图转制。

② 《一队预备接仗阵法》，《训练操法详晰图说》，文海出版社 1966 年影印版，第 449 页。

③ 《一队预备接仗阵法》，《训练操法详晰图说》，文海出版社 1966 年影印版，第 450 页。

④ 《一队预备接仗阵法》，《训练操法详晰图说》，文海出版社 1966 年影印版，第 452 页。

⑤ 据《训练操法详晰图说》（文海出版社 1966 年影印版）第 449、450、451 页所绘原图转制。

的中心位置,以便观察前面战况,并指挥备分队应对各种战场情况。①

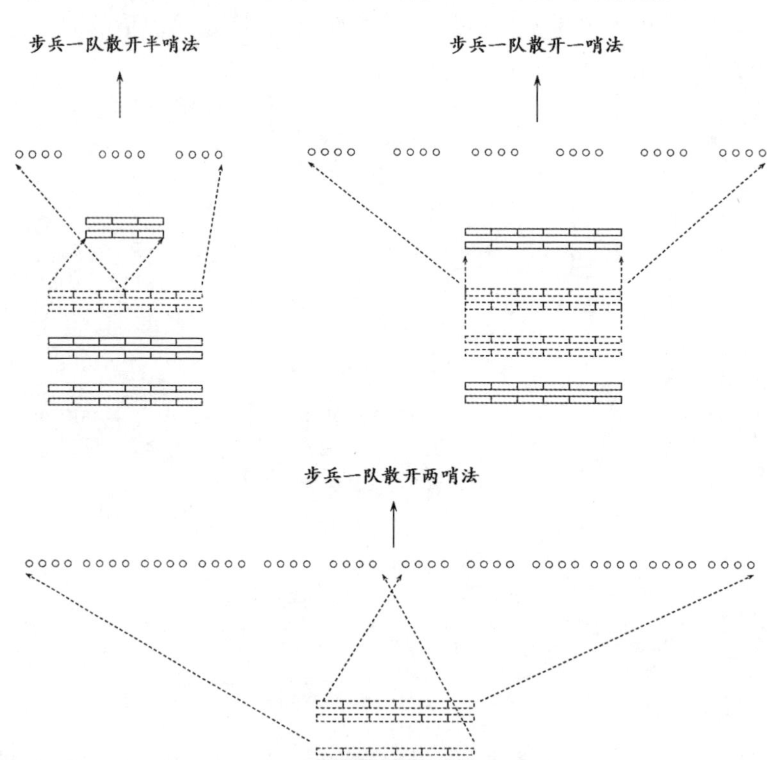

图 4.5 步兵一队基本展开方式

以上述三种展开方式为基础,步兵一队在具体的战斗情况下便可以产生如下几种因时制宜的变化:一队向右散开一哨法,此为战场机动后改变突击方向或敌军从右翼猝至时转变迎御方向所用,若敌从左翼突至则左转散开,其余相同;②一队正战兼旁御法,“此正战之际,敌有枝队偏至我军左翼,即拨接应队下半哨,半面向左迎御;若敌有枝队偏至我军右翼,则拨接应队上半哨,半面向右迎御”;③一队正战兼旁击法,“此敌军左翼有隙可乘,乘势攻击,若敌军右翼空虚,亦可仿照此法绕击其右”;④一队旁攻正退法,此为正面敌势较盛,散开两哨

① 营统带亦以掌握备分队为指挥之关键。参见《步队接仗法》,《新建陆军兵略录存》卷八,文海出版社 1966 年影印版,第 628 页。

② 《一队预备接仗阵法》,《训练操法详晰图说》,文海出版社 1966 年影印版,第 453 页。

③ 《一队预备接仗阵法》,《训练操法详晰图说》,文海出版社 1966 年影印版,第 453—454 页。

④ 《一队预备接仗阵法》,《训练操法详晰图说》,文海出版社 1966 年影印版,第 456 页。

仍不足御敌,由备分队内分出半哨由后绕出,“转弯散开向正面斜击以分敌势,保我军正面散队后退”;①一队于平坦处暂守法,即依托野战防御工事所部署的半环形防线,“此敌人兵力甚盛,一队不足攻击,只可布置暂守以待援军,并伺敌军变动”。② 以上参见图 4.6。③ 从这些临敌战斗方向、队形的变化可以看出,以连纵队作为基本战斗单位所具有的战术机动能力。

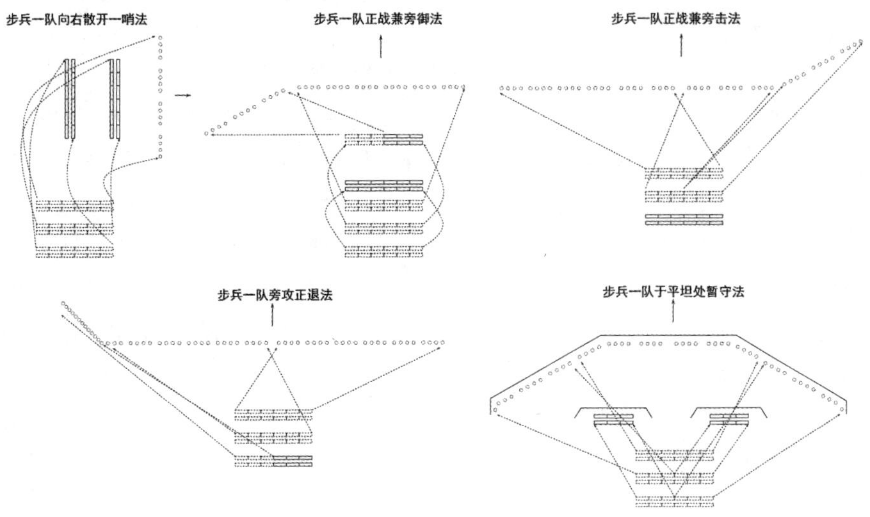

图 4.6　步兵一队特殊展开方式

(三) 攻防的一般程式

在了解新建陆军的常用队形后,以下将对新建陆军进攻与防御两种战斗类型的一般程式进行讨论,从而认知这支军队各兵种协同战斗的具体步骤。

首先介绍的是新建陆军的进攻战斗。新建陆军一般在距敌 4—5 公里④处停止前进,由行军纵队变为集结队形。“其分派队伍,自全军至一队,皆以前敌、接应、备分三队为常法。”⑤开战之初,若未知敌军阵线布置情况,

① 《一队预备接仗阵法》,《训练操法详晰图说》,文海出版社 1966 年影印版,第 457 页。

② 《一队预备接仗阵法》,《训练操法详晰图说》,文海出版社 1966 年影印版,第 458 页。

③ 据《训练操法详晰图说》(文海出版社 1966 年影印版)第 452、454、455、456、458 页所绘原图转制。

④ 此一数据主要是根据《三月十六日葛沽、双桥一带战记》和《闰三月初九日全军葛沽西南茶棚一带攻守战记》这两则演习记录中的相关内容得出。参见《择录出演行军战记八则》,《新建陆军兵略录存》卷七,文海出版社 1966 年影印版,第 557、563 页。另外,由于当时新建陆军所使用的克虏伯 75 毫米过山轻炮与格鲁森 57 毫米陆路快炮的最远射程亦为 4、5 公里内外,故其集结地距敌应不少于此数。

⑤ 《接战次序说》,《训练操法详晰图说》,文海出版社 1966 年影印版,第 481 页。

“则必先用游兵散队分攻敌界多处,以图诱其全局举动显露,可知实在情形”,①以确定主要突击方向与机动样式。② 一般情况下,第一梯队的进攻兵力划分为主攻与助攻或佯攻方向,但要求“各枝之枪炮火线彼此可交,以防敌人乘隙冲断我军阵线”。③ 每个方向基本都以一营为前敌,未展开各营在前敌营之后 1000 米左右跟进作为全军接应。④ 炮兵则通常在前敌营五六百步(约 400—480 米)之后一线展开。⑤ 居于最后的是全军预备队,⑥驻于敌炮火射程之外。如图 4. 7 所示。⑦

全军部署完毕后,炮兵则集中火力先对敌炮进行轰击,力求将之“击毁无遗”。⑧ 随后,前敌营步兵始向敌阵线推进,并通常以一队为前敌。前敌队同样也分为前敌、接应、备分等哨。若敌仍有火炮,前敌哨在距敌二千五百步左右(约 2000 米)散开成散兵线;若敌军无炮或已被摧毁,则距敌一千五百步(约 1200 米)处散开。⑨ 接应哨同前敌哨散兵线的距离依地势敌情而定,一般“以二百五十步为常例”(约 200 米),“前散时须视前敌哨阵线若何再展宽阵线,或先散半哨,或竟散全哨,最忌平分两半哨散接前敌阵线之两端”;备分哨则“统为以上各哨之援兵,审知何哨吃重,即补救何哨,亦可分援两哨,但不宜再宽阵线”,以填补前两哨因伤亡产生的空隙为主。一队展开之散兵线宽度不能超过一百五十步(约 120 米),以保证战久伤多时

① 《攻法》,《新建陆军兵略录存》卷八,文海出版社 1966 年影印版,第 684—685 页。

② 新建陆军的主要进攻方法有“正攻”、“侧攻”、“围攻”、“绕攻”与“突攻”五种。《训练攻法》,《训练操法详晰图说》,文海出版社 1966 年影印版,第 165—168 页。前两者为按突击方向所区分的突击样式,即正面突击与翼侧或侧后突击;后三者是为实施突击所采取的机动样式,即包围、迂回与穿插。

③ 《攻法》,《新建陆军兵略录存》卷八,文海出版社 1966 年影印版,第 684 页。

④ 查两本操典均未对全军接应同前敌营间距作明确规定,只说“敌人虽能窥见接应,接应不与前锋同受枪火”。《有战事队伍行路法》,《新建陆军兵略录存》卷八,文海出版社 1966 年影印版,第 701 页。按新建陆军所使用曼利夏步枪表尺射程为二千五百步(约 2000 米)。由于前敌营展开后纵深为 1000 米以上,故可大略推断全军接应距前敌间将近 1000 米地带便可基本不受敌火。

⑤ “步炮两层总宜相距五六百步远近,以防自相击伤。使步队总在炮弹飞路最高之间。”《行军攻守法》,《新建陆军兵略录存》卷六,文海出版社 1966 年影印版,第 507 页。

⑥ 参见《择录出演行军战记八则 · 十月十八日葛沽攻守战记》,《新建陆军兵略录存》卷七,文海出版社 1966 年影印版,第 539 页。即令有时兵力不足,并未专门留出全军预备队,但仍要求“凡业已开仗,主帅左右总宜随行步队一枝,以备不时派遣”。《择录出演行军战记八则 · 闰三月初九日全军葛沽西南茶棚一带攻守战记》,《新建陆军兵略录存》卷七,文海出版社 1966 年影印版,第 566 页。

⑦ 此图根据上述内容所绘制。

⑧ 《战术问答》,《训练操法详晰图说》,文海出版社 1966 年影印版,第 705 页。

⑨ 《步队接仗法》,《新建陆军兵略录存》卷八,文海出版社 1966 年影印版,第 626 页。

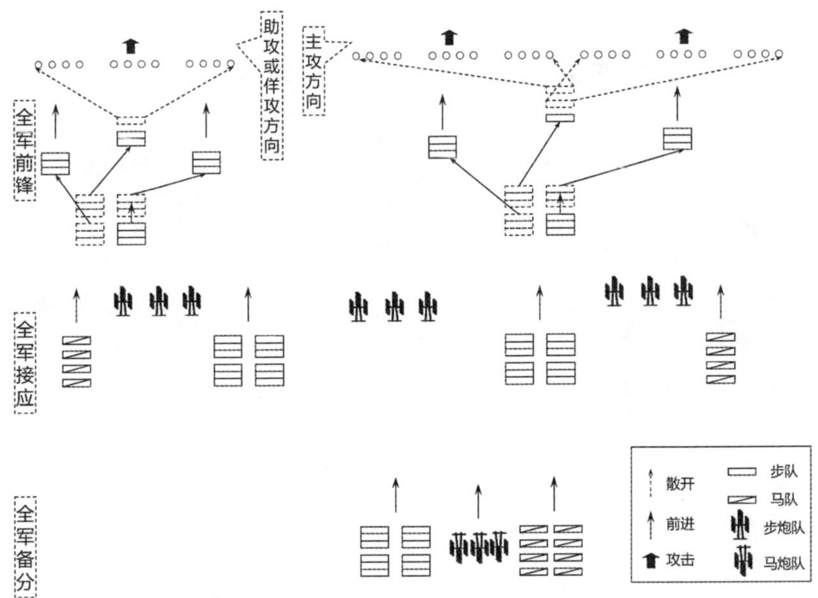

图 4.7　全军展开方式

"每一步仍有一兵"。① 此规定一方面是由于当时火器性能所限，仍须依靠一定的散兵线密度来维持火力强度的缘故；另一方面也是出于指挥能力所限及控制士兵的考虑。② 接应队则位于前敌散队"四百步至六百步"(320—480 米)之后"成三哨法以便调用"(即以连纵队跟进)，保持间距以"能望见散队情形，足资接应且可遮蔽本队为妥"。其任务在于"或展宽本队阵线，或填补前敌散队阵线"，但其展开后同前敌队所组成的散兵线"至宽不过三百五十步"(约 280 米)。③ 备分队亦在接应队后跟进，作为全营根本，以补救援应前两个梯队，并防敌迂回；若前方不支，则掩护其后撤，阻敌追击。因此，为确保后路无虞，备分队距接应队距离要比前两者间距"较远三分之一"(约 400—600 米)。④ 故前敌营之战斗队形整体呈"前面散开而

① 以上均见《前敌队说》，《训练操法详晰图说》，文海出版社 1966 年影印版，第 482—485 页。

② 正如杜普伊所说："一旦部队分散会失去控制……如果士兵分散到让敌人难以发现，自己的司令官自然也一样很难观察到他们。"［美］T.N.杜普伊：《武器和战争的演变》，军事科学出版社 1985 年版，第 241 页。

③ 以上见于《接应队说》，《训练操法详晰图说》，文海出版社 1966 年影印版，第 486 页；《步队接仗法》，《新建陆军兵略录存》卷八，文海出版社 1966 年影印版，第 627、634 页。

④ 《备分队说》，《训练操法详晰图说》，文海出版社 1966 年影印版，第 488 页；《步队接仗法》，《新建陆军兵略录存》卷八，文海出版社 1966 年影印版，第 627 页。

后面犹靠拢"[①]之势,如图 4.8 所示。[②]

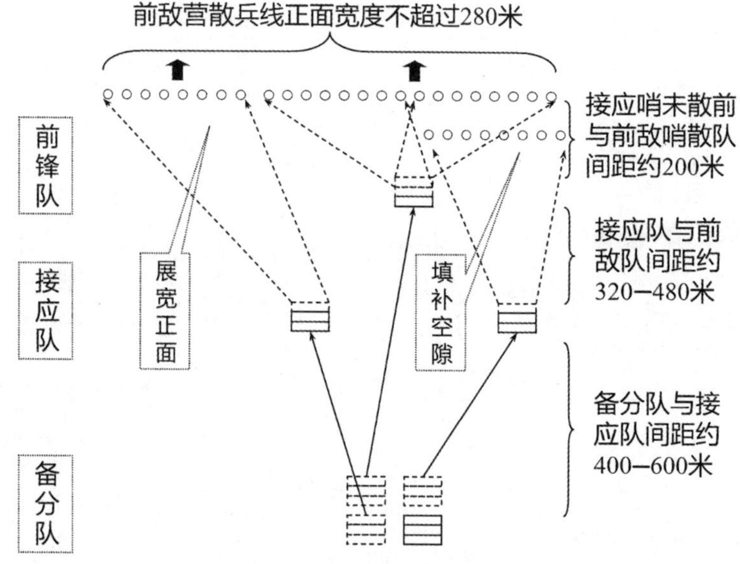

图 4.8 前敌营及前敌队展开方式

在平坦地形上,前敌散队进至距敌八九百步(约 640—720 米)之处,多用跪姿射击,并宜逐段快走;距敌五六百步(约 400—480 米)时,则用卧姿射击。散队每次跃进距离约在百步(约 80 米)左右。在崎岖不平地形,散队起伏、跪卧以及每次跃进距离均视情况而定,各兵即自寻地形、地物隐蔽射击。[③] 散兵跃进,还应此行彼止,交替射击互为掩护,"不但枪火不断,亦可休息兵力"。[④] 总之,应"按段分别跪卧发枪,轮流迭进,直逼敌人。如形势便利,或敌军别有牵制,即无须按段放枪,俟逼近时再猛施枪火较为得力"。[⑤] "散队距敌渐近,接应队亦随之渐近",将其同前敌散队的间距缩小至二百步左右(约 160 米)。[⑥] 若敌军仍力战不退且其后援队伍已被牵制,前敌、接应则继续向前猛进射击;距敌百余步(约 80 米)时,散队"发快枪击

① 《散合队利弊说》,《训练操法详晰图说》,文海出版社 1966 年影印版,第 424 页。

② 此图根据上述内容所绘制。

③ 以上均参见《步队接仗法》,《新建陆军兵略录存》卷八,文海出版社 1966 年影印版,第 629—631 页。

④ 《散队起伏法》,《训练操法详晰图说》,文海出版社 1966 年影印版,第 446 页。

⑤ 《步队与各队交战法》,《训练操法详晰图说》,文海出版社 1966 年影印版,第 495 页。

⑥ 《步队接仗法》,《新建陆军兵略录存》卷八,文海出版社 1966 年影印版,第 626 页。

敌,更番上齐刺刀,所余接应靠拢队伍上前靠拢。则散队冲前,靠拢队接后,健步直进,鼓行而前。至距敌三四十步,即快步急跑、呐喊猛冲以决胜负”。[①] 值得注意的是,虽然两本操典中都有冲锋决胜的内容,但两者也都强调冲锋在火器战中不易奏效、不宜常用,[②]并且规定只有当“迎面之敌受我牵制,枪火稍衰”或“敌人接应、备分等队中我炮弹,兵力已单”或以马队“由旁面或斜面冲入敌阵,令其忙迫”等有利时机方可发动冲锋。[③] 击败敌军后,“前面散队宜追过敌人所守之处,快击歼敌,使之不暇立脚。后面接应宜疾进抢占,就地布置,尤恐敌来反攻”。[④] “炮队即应进至步队处,尽力击敌以助步队”;待敌退出步兵追击范围时,还应延伸炮兵火力,“尽力遥击,使敌不能立足重整队伍”。[⑤] 骑兵亦“随时跟追,察其败退何处”。[⑥]

新建陆军防御战斗主要分为“固守”与“战守”,即后来常说的消极防御和积极防御。但其已认识到“固守者,势不得已,坚守一处,先制之利悉为敌有者也”,因而更赞同“战守”,“暂蓄兵力,乘隙出击,诱敌来攻,以逸待劳者也”。[⑦] 在具体的防御战斗中,其一般“预筑沟墙藉资保卫”,步兵分布其中配置成散兵线。[⑧] 炮兵于步兵之后中路或两翼,选择“地高顶平,前面通畅,阵线与炮线复成正角”之处作为发射阵地;若无此有利地势,则“挖筑行营炮垒,藉护炮车、子药,并可于敌炮猛轰时暂避其锋”。[⑨] 骑兵则在防线两翼之后掩护待机。[⑩] 此外,还以部分兵力占据主阵地前可资隐蔽的地形、地物,意在“勿资敌用,且可由远处御敌,使其节节阻滞;敌人纵至我实在据守之处,伤亡必多,锐气亦减”。这也在客观上加大了防御纵深,“庶不致初接仗时,阵体与阵面同时受创”。在敌人必经的要隘处,工兵布设地雷,“使敌难测虚实,可助防守之力”。[⑪]

---

① 《步队接仗法》,《新建陆军兵略录存》卷八,文海出版社 1966 年影印版,第 637—638 页。

② 参见《冲锋要义》,《训练操法详晰图说》,文海出版社 1966 年影印版,第 494 页;《指政分考步队各营演练接战攻守诸法·三月二十八日考右翼步队第二营(在南天门)》,《新建陆军兵略录存》卷七,文海出版社 1966 年影印版,第 571 页。

③ 《冲锋要义》,《训练操法详晰图说》,文海出版社 1966 年影印版,第 491 页。

④ 《攻法》,《新建陆军兵略录存》卷八,文海出版社 1966 年影印版,第 689 页。

⑤ 《战术问答》,《训练操法详晰图说》,文海出版社 1966 年影印版,第 711 页。

⑥ 《攻法》,《新建陆军兵略录存》卷八,文海出版社 1966 年影印版,第 689 页。

⑦ 《训练守法》,《训练操法详晰图说》,文海出版社 1966 年影印版,第 171 页。

⑧ 《步队与各队交战法》,《训练操法详晰图说》,文海出版社 1966 年影印版,第 495—496 页。

⑨ 《战术问答》,《训练操法详晰图说》,文海出版社 1966 年影印版,第 717、722 页。“阵线与炮线复成正角”指火炮弹道与步兵防线成直角,以扩大炮火覆盖范围。

⑩ 《训练守法》,《训练操法详晰图说》,文海出版社 1966 年影印版,第 173 页。

⑪ 以上均见《守法》,《新建陆军兵略录存》卷八,文海出版社 1966 年影印版,第 691、693 页。

敌军步兵展开进攻时,炮兵实施拦阻射击,“专击其靠拢接应,断其前后气力”,①为步兵击退敌前锋散队突击创造有利态势。若敌逼近至主阵地二三百步(约160—240米),“已上刺刀,欲作冲锋之状,即调接应队助战,并力发枪。迨相距百步内外,向单薄敌队协力迎冲,以新锐之卒御疲乏之兵,必能获胜。”②同时,骑兵则“由两翼奋突,牵制敌军”。③“倘敌众我寡,势宜后退,须一排猛击,一排退后,层递而下。……备分队宜在两翼后竭力侧击,以免穷追”。④ 此时,“所有炮队遥击敌人,阻彼穷追以全我师”。⑤

(四)演习概况及范例分析

作为一支未曾经历实战的军队,新建陆军在战场上的战术能力显然无法完全通过对其操典中条令、条例的解读来进行评估。因为能否根据敌我状况、战场环境等具体因素,对基本战术进行取舍或改造以获取更大的战斗效果,才能作为有效反映其战术水平的标准。故只能退而求其次,对新建陆军演习情况作一番细致考察。尽管演习不能与实战等量齐观,但此一考察对于我们更进一步了解这支军队的战术或许有所助益。

袁世凯上督办军务处的练兵要则中,就有进行模拟实战演练的规划:“每年春秋必须演习行军于数百里外,或约会他军作对垒遇敌之状,使将卒习知战法,历练劳苦,遇有征调立即拔队,不复有迁延贻误之虑。”⑥所以实战演习是新建陆军训练的最终检验方式,其频率及规范程度实乃此前中国军队所未见。例如,演习中为使官兵如身临实战一般,各部均备有红白两色纸片,按战斗情况向参演官兵分发。接红色者为重伤,立即抬下;接白色者则视为轻伤,退至队后休息,并规定了各级军官“受伤”后,指挥权的接替顺位。⑦ 而且,每场演习都有监战官“分段监视,遇有得失即行注记,以便收队后汇集一处作为战记,分别讲解、改正,方可逐渐求精”。⑧

袁世凯个人在这方面也下了很大的功夫。除了经常亲自带领全军进行演习之外,他还会对各次记录进行审阅,见未如实详细记录者则严加申饬。

① 《行军攻守法》,《新建陆军兵略录存》卷六,文海出版社1966年影印版,第512页。
② 《步队与各队交战法》,《训练操法详晰图说》,文海出版社1966年影印版,第496—497页。
③ 《训练守法》,《训练操法详晰图说》,文海出版社1966年影印版,第173页。
④ 《步队与各队交战法》,《训练操法详晰图说》,文海出版社1966年影印版,第497页。
⑤ 《战术问答》,《训练操法详晰图说》,文海出版社1966年影印版,第711页。
⑥ 《禀呈督办军务处练兵要则》,《新建陆军兵略录存》卷一,文海出版社1966年影印版,第83页。
⑦ 《酌演行军官弁被伤以次递升各事》,《新建陆军兵略录存》卷六,文海出版社1966年影印版,第487页。
⑧ 《派员监战》,《新建陆军兵略录存》卷二,文海出版社1966年影印版,第178页。

譬如，他曾发现一次演习中，监战官因其为一方指挥而并未照实记录，便下令斥责：

> 查二十四日操练行军多未合法，该监战各员均未实记。究问其故，谓本督办在场指挥未便实记。尤属不知大体。既派监战，自应恪遵条规，认真记载。如因本督办指挥即不便指记其疵，尤为荒谬。嗣后无论何人在场指挥，倘再不肯实记，一经查出定行究办并移仰徐太史、王中书随时督饬监战各员严加稽查，切不准再涉含糊。①

当然，我们不能否认这样的记载颇有点“作秀”的味道。而且，演习记录也必定经过一定程度的修饰润色。但是，除非这些记录全属凭空杜撰，否则其演习与讲评过程中所体现的战斗方式、指挥思路，基本上还是能够反映出这支军队的战术水平的。此类行军战记收录在《新建陆军兵略录存》中的一共有八则，均为营以上规模的实战模拟。以下选取光绪二十三年十一月二十四日（1897 年 12 月 17 日）新建陆军于同和庄（位于小站以北，现属天津市津南区）一带进行的一次攻守对抗演习，借之对该军的具体战斗方式展开进一步讨论。参见图 4.9。②

此次演习，守方由德国教习巴森斯指挥，下辖步兵左翼第一、右翼第二两营，炮兵一队，骑兵两队。其于同和庄一带构筑防线，左一营守左翼，右二营守右翼。因右翼有月牙河作为天然屏障，而左面空旷平坦，故将炮兵全部配置于左翼。骑兵一队分散出探，另一队隐伏于防线之后作为机动兵力。攻方由袁世凯指挥，辖左翼第二营、右翼第一营、第三营以及学兵营，一队炮兵和两队骑兵。其见守军防线右翼有大河障蔽，不易绕抄，遂决定以其左翼为主攻方向，并向敌后方实施迂回。

开战之初，攻军先以炮十尊进行火力侦察，探知敌炮兵所在后，即以排炮展开全力压制。随后，步兵开始向敌防线推进。以左二营向敌右翼，学兵营并骑兵一支攻敌中路，“各整队明进、虚张声势，牵制其中、右两路兵力”；另一方面，以“右翼第一并炮队向左翼极力攻击，作右三营绕东暗进之影蔽”。守军虽识破敌方对其中、右两路的进攻“系虚攻，左路系实攻”，却被

① 《整顿号令》，《新建陆军兵略录存》卷三，文海出版社 1966 年影印版，第 285 页。

② 该图以《练习分军交战简明地图》为底图，根据《十一月二十四（日）同和庄攻守战记》的内容所绘制。参见《练习分军交战简明地图》，《训练操法详晰图说》，文海出版社 1966 年影印版，第 242 页；《择录出演行军战记八则》，《新建陆军兵略录存》卷七，文海出版社 1966 年影印版，第 546—549 页。

其步炮联合冲击的猛烈声势所吸引，“究不知犹有绕进兜后之队”，故而仅调中、右两个方向兵力向左增援而已。当右三营已完成迂回、切断其后路时，守军方如梦初醒，派一支骑兵前往抵御，但被击退。不得已之下，又从左翼防线撤下部分兵力向后救援，却因对手抢占有利地形、地物，“枪火甚猛，势难立脚，救应之兵迅速奔回”。与此同时，攻军乘对方左翼削弱，迅速逼近，同右三营对其形成前后夹攻之势。守军“被围甚急”、无路可退，只能孤注一掷，向敌发动冲锋，以求突围而出。至此演习结束。

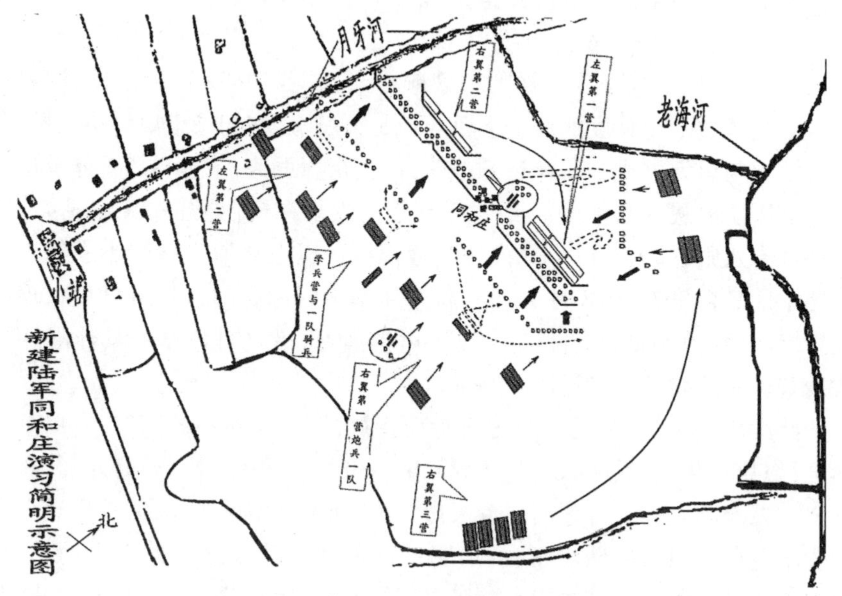

图 4.9 新建陆军同和庄演习

这场演习的讲评记录对守军为何失利作了很好的分析。首先，其指出守方在布列阵线时正面展宽不够，“两翼未能伸出，皆可抄攻”。其次，主阵地前“不但未置队伍且无瞭望之兵，如此守法，是我独用之地势反留于敌共用”，因而要求指挥官接受教训，“嗣后凡守村庄，宜于外面布置，一可由远处御敌，使其节节阻滞以减敌锐；二，后面调度使敌难察虚实”。这其实也就是强调防守时必须扩大防御纵深。再则，认为守军当后路被抄截时不应从正面防线抽调兵力回救，导致“顾此失彼、掣动全局”，要求“嗣后凡遇某处吃紧，宜由备分队内调派救应，否则设法善退”。另外，讲评中也指出了攻方的一些细节问题。例如，批评指挥官“在敌枪能及之时，率队由高路前进，不知藉沟隐蔽，难免中伤”，要求“嗣后凡接仗队伍在敌人枪炮能及之处，无论进退，遇有遮蔽地势，宜凭藉隐身,方可少受敌弹”。①

由此可以清楚地看到,这些记录基本上都围绕着怎么在实战中克敌制胜这个核心目标而展开:如何布列防线、如何选取主攻方向、怎样迷惑对手并实施迂回、怎样处理后方被抄截之类的紧急情况以及应该注意哪些战术细节等等,与阵式“整齐”、队伍“雄整”之类的场面丝毫无涉。《新建陆军兵略录存》卷四《行军规矩问答》的第一条,便明确了其操练演习的根本目标就是服务于实战,“当存与敌真战之心”。② 也正是这种以实战为标准的演习,使新建陆军的许多技战术问题能够暴露出来,并逐渐得到纠正。譬如全军各级单位仍然沿用勇营的命名方式:以前后左右为队名,以左中右为哨名。此一方式在日常管理上并无问题,即便运用在淮军那种按图摆阵训练中也无甚大碍。然而一旦模拟实战演习,其弊病就暴露无遗。在真实的战场环境下,前队在后、后队在前,左哨在右、右哨在左的情况自然常会出现。这种名实不符的情况,就很有可能导致指挥、传令时产生混乱。所以新建陆军的战术条例不得不规定:各部按所站位置确定名目,例如一营成两线配置,则以居于前方右侧之队为第一队,后方右侧为第二队,前方左侧为第三队,后方左侧为第四队;若成一线,则由右至左编定序列。③ 此一临时解决方法,对于新建陆军这样并非满编的师级单位而言似还有效,但若用于大规模部队则依然易生错乱。这或许就是后来北洋新军完全采用数字番号来进行编组的原因。④ 一些细节层面的问题也是如此得到改正。例如军官不知择地隐蔽,甚至骑高头大马在敌军面前带队前进;士兵弯腰躲避前进时低头视地、不知前看,射击时不举枪、不瞄准、胡乱开火等等。⑤ 此类现象的反复出现表明,新建陆军官兵在日常训练之后并未真正形成正确的战斗习惯与意识,对于不少战术条例还只能机械、被动地遵守。只有通过实战模拟演习,官兵才能亲身体会到这些战术动作可以更好地保护自己、杀伤敌人,认识到这些新事物、新制度、新方法的真正价值所在,从而逐渐形成一种主动接受的积极态度,并最后潜移默化为全新的战斗习惯。从这个意义上说,此种“存与敌真战之心”的演习,改变的不只是技战术水平,更导致了一种意

① 《择录出演行军战记八则》,《新建陆军兵略录存》卷七,文海出版社 1966 年影印版,第549—551 页。

② 《行军规矩问答》,《新建陆军兵略录存》卷四,文海出版社 1966 年影印版,第 355 页。

③ 参见《一营成竖阵法》,《训练操法详晰图说》,文海出版社 1966 年影印版,第 410 页。

④ 参见中国社会科学院近代史研究所编:《清末新军编练沿革》,中华书局 1978 年版,第53—54 页。

⑤ 参见《改正行军未能合法各条》、《指示行军弊病》,《新建陆军兵略录存》卷六,文海出版社1966 年影印版,第 490—492、494、524 页。

识、观念的演进。这或许也正是新建陆军要比湘淮勇营更显近代军队色彩的重要原因。

小结:危机催生的激变及其隐忧

甲午一战对近代国人影响最大的还是心态上的陡然变化。败给向来所睥睨的近邻,使许多人真切地感觉到,他们已经无法在旧学、旧法中安然入梦。“鼾睡之声,乃渐惊起”,①反映出来的正是这种文化安全感和自信心的丧失。甚至连一向莫谈国事的书生们,也开始质问“为什么人家比我强,而我们比人弱?为什么被挫于一个小小的日本国呢?”②这一个个“为什么”所引发出来的思考,最终引向的就是对传统文化致用性的一次次怀疑。以至于后来竟有士人提出了“中国积弱至此,安有学”③这样的质问。而在另一方面,“甲午一战,日本以彻底的西学打败了中国不彻底的西学,这一事实非常雄辩地为西学致强的实效作了证明”。④ 故甲午一战之所以能成为中国现代化道路上的一个思想转捩点,最关键者,就在于时人为了解决紧迫的生存危机,不得不“舍己从人”去寻求更有效的实用手段,进而能够用一种前所未有的低姿态来了解和学习西方。一言以蔽之,那就是人们对中学、中法和西学、西法的态度开始逆转,故能破开前者所产生的认知障碍,改以后者的理路出发去加以学习。而在关系国家安危的军事领域,这种变化最为显著。时人开始批判传统兵学臆想附会的思维弊端以及由此导致的玄虚空疏、无俾实用,转而积极引介西方的军事知识乃至思想作为中国军队改革的张本。所以,甲午之后的“西法练兵”,其内容深度上已不同于以往那样只关注枪炮、队列等直观可见之物,其实施方式上也不再以一种师心自用的态度来对待“西法”,而是意图全面接受西方军队的管理、组织和训练模式,乃至西方的军事科学体系。而讲求实际且亲见战场成败利钝的袁世凯,自是这种观点的支持者和倡导者之一。有西方记者评论道:“在清国的所有

---

① 梁启超:《戊戌政变记》,《中国近代史资料丛刊·戊戌变法》第一册,上海人民出版社 1957 年版,第 296 页。

② 包天笑:《钏影楼回忆录》,香港大华出版社 1971 年版,第 145 页。

③ 张亨嘉以光禄寺卿充大学堂监督。或问中西学优劣。亨嘉曰:“中国积弱至此,安有学。即有学,安敢与外人较优劣。假而甲午争朝鲜,一战而胜日;戊戌援胶州,再战而胜德。诸夷跂足东望,谓中国之盛由人才,人才出科举,欧美各邦将有效吾楷折八股而立中华学堂矣。”荣孟源、章伯锋主编:《近代稗海》第一辑,四川人民出版社 1985 年版,第 253—254 页。

④ 陈旭麓:《近代中国社会的新陈代谢》,上海社会科学院出版社 2006 年版,第 173 页。

官员里，他是第一个认真学习国外军队组织方法和战略战术的人，并且也是第一个极力鼓吹军队必须实现现代化的人。”①

那么，“肯讲西法”之袁世凯能够被委以练兵重任，除了其上下疏通的原因之外，何尝又不是时势逼迫下的风气转变使然？从这个角度说，新建陆军与以往类似，同样也是危机逼拶下的产物。其变革程度之所以比之前更深刻，主要就是因为空前强烈的危机感激发出了空前强烈的实用心态，使他们能够以一种全意求学的态度来模仿西方军队。《训练操法详晰图说》的《训练总说》虽有言曰：“道必师古，法必因时。”但其所谓“道”指的是“忠爱、谋勇、节制、方略”，亦即“忠臣谋国，百折不回；勇士赴敌，视死如归”等几乎皆为精神层面的内容。而具体的“束伍、练技、简器、习阵”等实用层次则完全必须“因时”、“参稽今日之大势”。② 如果仔细考察这套一共二十二册的练兵图册就可以发现，其对“道”着墨极少，绝大部分讲的都是“法”；且无论其形式抑或内容，丝毫不见传统兵书的痕迹，而基本上是西方操典的翻版。这种对待“西法”态度的显著变化，是为新建陆军与以往勇营最本质的区别。

这就不难理解，新建陆军能够接受西方那种规范化、标准化的管理训练方式，并且有意识地培养官兵职业化的行为习惯、举止素养。此即其军容能够“壁垒一新”、“生面独开”③的关键所在。也正是基于这种态度，袁世凯强调将领必须接受军事教育，真正掌握近代军事知识、规律，“必须将一事如何用法考究明白，并分教各兵丁一律通晓，庶不至徒知皮毛，临敌误事”，④“不可徒饰外观，要知所以然之用法，庶可得力”。⑤ 故从《新建陆军兵略录存》和《训练操法详晰图说》这两本小站练兵的指导性文献中经常可以发现，袁世凯等练兵主导者对近代军事问题已经提出了不少颇有见地的看法。例如其强调发扬火力、对冲锋持谨慎态度，尤其反对防御时轻易脱离有利阵地与敌对冲。⑥ 这就要比日俄战争中俄军一味强调刺刀决胜的观念

① 郑曦原编：《帝国的回忆——〈纽约时报〉晚清观察记》，生活·读书·新知三联书店2001年版，第136页。

② 《训练总说》，《训练操法详晰图说》，文海出版社1966年影印版，第50—51页。

③ 陈夔龙：《梦蕉亭杂记》卷二，荣孟源、章伯锋主编：《近代稗海》第一辑，四川人民出版社1989年版，第373页。

④ 《行军外操各法》，《新建陆军兵略录存》卷六，文海出版社1966年影印版，第480页。

⑤ 《传发洋教习曼德禀》，《新建陆军兵略录存》卷七，文海出版社1966年影印版，第620页。

⑥ 参见《择录出演行军战记八则·三月十六日葛沽、双桥一带战记》，《新建陆军兵略录存》卷七，文海出版社1966年影印版，第508—509页。

更符合近代战术的发展趋势。① 又如对于炮兵战法，指出火力须“全力专向一处”，但“炮队聚击，非谓群聚一处始得聚击。盖聚击时虽专击一处，而炮位仍须散列”。② 此即现代火力运用中“火器分散配置，火力集中使用”的原则。③ 这些观点都说明，新建陆军的将领对近代战术均有相当程度的了解。所以，该军在军官的专业化方面绝对为传统营伍所难以比拟。这就决定了新建陆军的战术训练，必然不会再如以往是一种凭空杜撰阵式的摆演，而是以近代战术规律为指导、以实战需要为目标，“平日之练法即临阵之机宜，以战法为练法”。④ 从上文介绍的各种部署方式、战斗队形就可以看到，新建陆军已经完全摈弃了旧式行伍偏好的那种奇特、花哨但毫不实用的阵法，而是以近代武器的性能、特点以及具体的战场环境来选择适应的战斗方式，注重的是其易于展开、易于转换和易于机动之类的实战功能。此种细节及其背后军事思维观念的改弦更张，方为新建陆军所获得的最核心的进步，亦为其对近代中国军队最重要的导向作用。

不过，新建陆军虽然在军事领域取得了实质性的变革，但于精神方面却留下了严重的隐患。如果说淮军是一匹劣马，那么至少它还能被驾驭；新建陆军虽是良驹，却很有可能成为脱缰的野马，横冲直撞。首先值得注意的是，这支军队主导者个人特质所产生的影响。袁氏为人比李鸿章更加注目于实用事功，也更笃信天下事皆可以智、力、财三者得之。这一点在其年轻时便有相当之表露。所以袁保龄批评他说：

> 曾文正公谓劼刚之病在一“轻”字，我看汝病亦在一“轻”字。总是读书太少，阅历太浅之故。此后痛自刻责，取宋名臣言行录及本朝先正事略，沈心静气而细读之，必有长进处。万不可师心自用，专靠才智做事，而不济之以学问，自古及今未有不败者。戒之慎之！⑤

然而，当袁世凯游历宦海、阅历大涨之后，却更加“专靠才智做事，而不

---

① 俄国人“对于刺刀的迷信被推进到了最大的限度，无论在任何环境中都必须上刺刀。军官用尽一切的手段来鼓励其部下，把信心寄托在刺刀上面。他们经常引用苏伐洛夫（Suvarov）所说的话：‘子弹是一个疯狂的东西，只有刺刀是可靠的。’”［英］J.F.C.富勒：《西洋世界军事史》卷三，广西师范大学出版社2003年版，第128—129页。苏伐洛夫即为俄国著名统帅苏沃洛夫。

② 《战术问答》，《训练操法详晰图说》，文海出版社1966年影印版，第708页。

③ 参见总参谋部军训部：《战术学基础》，解放军出版社1987年版，第166页。

④ 《练兵总说》，《训练操法详晰图说》，文海出版社1966年影印版，第107页。

⑤ 丁振铎编辑：《项城袁氏家集》第八册，文海出版社1966年影印版，第5577页。

济之以学问”。与其共事于朝鲜、亦师亦友的张謇便评其曰:“慰廷任事非不勇,治事非不勤,而时时杂以世故、客气之习,故举动则不胜有识之求。”①可见袁世凯处事虽坚毅、果决,然并无学问修为以作根基,亦无精神信念以作号召,“综其一生,权术自用,军事万能,羁縻人才,则以高官厚禄,以为治天下者,不过如是耳”。② 故郑孝胥品评当时人物,曾谓“袁世凯不学有术”,张之洞则叹曰:“袁岂有术,直多术耳。”③实际上,讲求事功的袁世凯也相当轻视这些在他看来并没有直接致用价值的“学问”。他曾对驻京德国公使说:“张中堂是讲学问的,我是不讲学问,我是讲办事的。”④言外之意,即讥讽身为大儒的张之洞迂腐、不懂实务。这种价值取向决定了其强调将领所为之“学”,自然仅限于致用的层面,不可能如曾国藩一般对部下以师长之心、行教化之事,更不可能有正人心、净风气的信念。反之,他比李鸿章更加惯于、善于以利诱人,以宽纵私欲来换取支持和效忠。有学者常用来说明他善于驾驭下属、暗为阮忠枢纳妓为妾的例子,正反映了袁世凯重笼络而不重节行的一面。⑤

蒋百里将军曾言,军队的精神教育主要有两种方法,“一种叫作‘外打进’,一种叫作‘里向外’。‘外打进’的方法,就是从外表仪态的整齐严肃,行动必须规规矩矩(孔子教颜渊非礼勿动,非礼勿视,非礼勿听,为求仁之目)以浸润之,使心志和同,养成纪律。至于‘里向外’的方法,这是拿破仑所发明的,其教育方法是启发其爱国心,自尊心,使人人乐于为国牺牲”。⑥就当时的中国社会而言,“里向外”几无可能。至于“外打进”,就袁世凯这样“小有才,未闻君子之大道”的主导者来说,也只能“打进”功利之心和物欲之念。所以新建陆军自然同淮军一样是支以利禄作维系、以峻法作威慑的军队,不可能有真正的信念和理想。这一点通过考察《训练操法详晰图

① 中国史学会主编:《中国近代史资料丛刊·中日战争》第二册,新知识出版社 1956 年版,第 315 页。

② 邵镜人:《同光风云录》,沈云龙主编:《近代中国史料丛刊续编》第九十五辑(950),文海出版社 1983 年影印版,第 321 页。

③ 刘成禺:《世载堂杂忆》,中华书局 1960 年版,第 58 页。

④ 对此,辜鸿铭嘲讽道:“诚然。然要看所办是何等事。如老妈子倒马桶,固用不着学问。除倒马桶外,我不知天下有何事是无学问的人可以办得好。”辜鸿铭:《张文襄幕府纪闻》(与《近代轶闻》合刊本),《民国笔记小说大观》第一辑,山西古籍出版社 1995 年版,第 32 页。

⑤ 此事既见于袁静雪:《我的父亲袁世凯》,《文史资料选辑》第 74 辑,文史资料出版社 1981 年版,第 129 页;也见于野史氏编辑:《与幕僚秘密冶游》,《袁世凯轶事续录》卷二,上海文艺编译社 1916 年版,第 35 页。

⑥ 蒋方震:《国防论》,《民国丛书》第二编第 31 册,上海书店出版社 1990 年影印版,第 29—30 页。

说》亦可略见端倪。其第一册中，“训将弁”的内容最多，分别有《训将要言》、《训哨弁要言》、《训将弁勤学说》、《训将弁躬亲教练说》、《训将弁慎号令说》、《训将士和衷说》、《训将弁知敌情说》。在这七则训条中，后五则基本上都是强调技术层面与人际关系的内容，概其大要为：规劝将弁要勤学“古今用兵各法”；“躬亲教练，将所有临阵各法详晰领略”；训诫其对号令要“慎以出之，信以成之”，不可朝令夕改；要求拔于行伍和武备出身的将领“两途相辅，各取所长……以和为贵”，不可相互猜忌；希望他们对各强国之武备要情“均须洞知”，不可师心自用。① 就前两则而言，主要在于强调效忠皇室，服从官长，“尊尊而亲上”；同时传授带兵之道在于宽严相济，“以一心妙恩威之用”；并在最后动之以名利，“上宣力于王室，下自奋于功名”，“但使恪遵训诫，日定有功……高官显秩，无难拾级而升，厚禄重糈，可以操券而获”。② 归纳起来，除去对个人技术能力以及军内人际关系的要求之外，其精神层面的教育无非两个方面：一则强调效忠服从，一则诱以功名利禄。简而言之，动之以利禄、威之以刑杀，便是这支军队仅有的“信念”灌输。所以士兵主要是“为法令所驱”、“因口粮稍裕”，“是犹有所畏忌顾恋，未必其真知自重自爱也”。③ 该军开练以来逃兵不断的情况，④与此恐怕不无关系。或许也正因为如此，其规定军中的谍报人员“宜用员弁及有眷属者前往。……眷属牵制恒重于性命，纵使敌获，不致轻易泄漏我军消息”。⑤

而不同于以往的是，在当时既有道德体系日渐衰微的情况下，正在萌生的是一个拥有自身价值认同、特殊行为取向并独掌关键技术领域的群体。英国学者迈克尔·霍华德指出，近代意义上的职业化军队会“因为职能不同，而且在生活习惯、衣着打扮、人际交往、享受特权以及职务所要求他们承担的责任方面都不相同”，而成为“互抱成团、高人一等的一群人，自成一种明显的亚文化，与社会上的其他人迥然不同”。⑥ 所以，清政府在危机逼迫

---

① 参见《训练操法详晰图说》，文海出版社 1966 年影印版，第 79、81、87、94、101 页。

② 《训练操法详晰图说》，文海出版社 1966 年影印版，第 52、58、56、61 页。

③ 《训勉兵丁》，《新建陆军兵略录存》卷四，文海出版社 1966 年影印版，第 306 页。

④ 参见《小站练兵营务札》，《袁世凯全集》第四卷，河南大学出版社 2013 年版，第 17、18、19、23、24、27、29、48 页。

⑤ 《有战事队伍行路法》，《新建陆军兵略录存》卷八，文海出版社 1966 年影印版，第 704 页。

⑥ ［英］迈克尔·霍华德：《欧洲历史上的战争》，辽宁教育出版社 1998 年版，第 57 页。一个典型的例子就是日本陆军。日本陆军的近代化，确实使其产生了“傲慢的军人的自我主张”。这是后来日本军方走向“军人干政”的起点。参见［日］户部良一：《日本陆军史：近代化的异化》，社会科学文献出版社 2016 年版，第 82 页。

之下,同意组建一支“专仿德国章程”①的新式军队,实际上等于制造了一架自己掌控不了的机器。无论是皇室权贵还是朝中枢臣,鲜有人是近代军事知识、技术方面的专家。故而,清政府要保证这架机器的运转,就不能不借重于这一批掌握着该领域特殊技能的新式军官,也不得不授予他们大量的权力。② 也正是这个缘故,新建陆军虽被纳入经制范围,却又是一个旧体制内暗暗崛起的新体制。袁世凯在上督办军务处的练兵要则中就提出:

> 新练陆军宜因材授事,不能拘定官阶。然遇有职衔太卑或系白丁而才可擢用者,又恐难资表率,拟请凡统千人以上者,准其暂代三品顶戴;帮统、领官准戴四品;哨官准戴五品;哨长准戴六品。撤差离营时摘去。③

所以,该军中经常能见到千总为帮统而都司任哨官、把总游击同为队官的现象。④ 可见其军官官职与原本所获之绿营武官品秩确实并无关联。当然,湘淮勇营中也出现过类似情况。⑤ 但勇营毕竟不是经制军,很可能在清廷一纸令下就被解散,因此即便以千总、把总任营官、统将,也得不到政治上的地位和社会舆论的认可。而新建陆军作为清政府亲自管辖的新式常备军,其军中职务就等于受到了政权的认可。再加上该军军官的晋升以近代

---

① 《上谕》,《新建陆军兵略录存》,文海出版社 1966 年影印版,第 1 页。

② 这或许也是清政府无法解决权力不断下移问题的原因之一。由于自身越来越缺乏优秀人才与技术专家,清中央政权在面对一次次的内外危机时,就不得不越来越倚重地方官僚士大夫集团来解决问题。湘军与淮军的崛起,就是典型的例子。所以每一次危机的出现,实际上都是一次权力下移的过程。而清政府为了救急,也只能接受这种“饮鸩止渴”的模式。归根结底,还在于这个政权自身,尤其是皇室贵族,应对世变能力的急剧衰退。《崇陵传信录》记道:“二十年前,嘉定徐侍郎致祥,尝语毓鼎曰:‘王室其遂微矣。’毓鼎请其故,侍郎曰:‘吾立朝近四十年,识近属亲贵迨遍,异日御区宇、握大权者,皆出其中,查其器识,无一足当军国之重者,吾是以知皇灵之不永也。’”转引自苏同炳:《中国近代史上的关键人物》下册,百花文艺出版社 2000 年版,第 568—569 页。即便是满洲权贵中也有人意识到这一点。早在咸丰年间,肃顺便告人曰:“咱们旗人混蛋多,懂得什么! 汉人是得罪不得的,他那枝笔厉害得很!”《奴才小史》,《清代野史》第二辑,巴蜀书社 1987 年版,第 340 页。光绪皇帝也曾对王士珍说:“你这要与旗人共事了,他们都糊涂哇。”王照:《方家园杂咏纪事》,荣孟源、章伯锋主编:《近代稗海》第一辑,四川人民出版社 1989 年版,第 22 页。满洲权贵在长期养尊处优之后,其退化的程度由此亦可见一斑。

③ 《禀呈督办军务处练兵要则》,《新建陆军兵略录存》卷一,文海出版社 1966 年影印版,第 84 页。

④ 参见《任用得人》,《直报》1896 年 2 月 8 日(总第 325 号);《督辕门抄》,《直报》1898 年 7 月 10 日(总第 1108 号)。

⑤ 参见罗尔纲:《湘军兵志》,中华书局 1984 年版,第 162—163 页。

军事知识技能考核为依据,①而并非经由绿营武职的途径,故其自不如勇营中人那么在乎旧有的武官制度,并且还会逐渐形成自身所特有的能力、等级认同体系。他们拥有特殊的知识技能,并因之而逐渐获得社会地位。所以他们也不可能再像以往的武夫那样自甘于士人举子之下,甚至会开始轻视传统文人的迂腐无能。一个类似于普鲁士军官团那样的社会群体正于小站中悄然孕育。这或许也正如美国学者鲍威尔所说,这支军队不知不觉间就成为"西洋军国主义影响的产物"。② 新建陆军只是一个起点,但随着清末北洋新军编练的开展,新式军官地位骤升,传统道德秩序日趋没落,政治权威也越发衰颓,从小站走出的这一特殊的社会群体便蠢蠢欲动,开始尝试以其手中的武力干预社会政治事务。而即便作为这个群体领袖人物的袁世凯,最终也被这股力量所反噬。③

然而值得注意的是,这又不完全是个人的问题。袁世凯不知精神信念之价值,徒以智术、利欲行事,此为其个人心性修为的局限所致,也是作为小站练兵主导者所无法推卸的历史责任。故曰:"综袁一生,富于魄力,工于手腕,从善言则能为伟举,惑浮议则不免成大眚,质美未学,良可慨惜。"④但袁世凯又何尝不是被那个时代所塑造而成?自晚清开始,近代中国人对西方的学习,都是危机逼迫的结果,因此一切以"实用"为目的,缺少了一个理性辨识和是非评判的过程。实用救急成了最高的价值尺度。袁世凯也正是在这一标准的衡量下而被目为时之英才。这种价值取向最严重的后果在于:一方面,在因致用性而接受西方文明的过程中,无法辨清方向、找准目标,进而引入了不适合甚至不利于中国社会的思想因素;另一方面,以实用角度来审视传统文化,而对之进行简单的否定甚至抛弃,导致传统社会规范的日趋衰微。这就不难理解,为何"自甲午而后,其流稍变,乃一转而为军国主义";⑤为何许多人会一举抛开传统文化中"和为贵"、"善战者服上刑"

① 参见《考拔官长》,《新建陆军兵略录存》卷二,文海出版社 1966 年影印版,第 209 页。

② [美]拉尔夫·尔·鲍威尔:《1895—1912 年中国军事力量的兴起》,中华书局 1978 年版,第 49 页。

③ 据陶菊隐先生所著《北洋军阀统治时期史话》记载,袁世凯在得知国务总理段祺瑞想让徐树铮当国务院秘书长的时候,就很不高兴地说:"真正太不成话!军人总理!军人秘书长!这里是东洋刀,那里也是东洋刀!"这说明他自己多少也意识到了军人干政的危险。陶菊隐:《北洋军阀统治时期史话》第二册,生活·读书·新知三联书店 1957 年版,第 206—207 页。

④ 徐凌霄、徐一士:《凌霄一士随笔》第一册,山西古籍出版社 1997 年版,第 26 页。

⑤ 蒋方震:《中国五十年来军事变迁史》,《中国近代史资料丛刊·北洋军阀》第一册,上海人民出版社 1988 年版,第 1047 页。

的观念,公然鼓吹武力至上、好战好杀以及全面军事化这样斯巴达式社会的价值观。[①] 其中救国强国之意自是无疑,但为达目的而不顾后果、不择手段,无异于饮鸩止渴。这种理路同袁世凯的价值取向实则并无太大的区别。从这个意义上说,袁世凯以及新建陆军其实就是那个特定阶段的一个缩影,映射出值得后人深思的历史困境。

① 参见[澳]冯兆基:《军事近代化与中国革命》,上海人民出版社1994年版,第118—121页。

结　语　不确定的遗产:传统思维方式与晚清军事现代化

英国著名历史学家柯林武德指出:“历史的过程不是单纯事件的过程而是行动的过程,它有一个由思想的过程所构成的内在方面;而历史学家所要寻求的正是这些思想过程。一切历史都是思想史。”①从这个角度来说,历史变迁在某种程度上实则思想演变外化于人们行为选择的表现形式。而研究历史的最终目标就在于,透过这些选择来把握其背后思想演变的脉络,以资借鉴。基于这一观点,或许可以将晚清以降中国军队战术及训练的缓慢演变,视为近代中国人思维观念艰难转型于军事领域的一种映射。这也正是本书将军队战术及训练的“现代化”理解为“人们开始习惯于以理性思维方式处理相关事务”这么一种思想变化过程的原因。从思想文化的角度来理解军事史,这样的定位或许能够有助于跳出原有的解释模式,去发现这一领域以往被忽略的问题,获得一些新的认识。

一、文化基因:传统思维方式的特点

“思维方式”是指一种认知与理解外部事物的模式,影响甚至决定人们从事实践活动、解决现实问题的具体方法。它取决于某个民族特定的哲学文化观念,最大特点就在于具有一种自然而然的习惯性。

在中国古代哲学观念中,“天人合一”是一种至高的境界。因此,“中国古代的大多数哲学家追求的是一种至善和谐的境界。”②他们倾向于“把世界看作一个普遍同一的总体,个别和具体事物并不是与这个世界整体分裂为二,而是合而为一的,本体与事物处于原始的同一关系之中”,达到一种“你中有我、我中有你”的“和合”状态。③ 这就衍生出一套与之相应的思维方式:依靠直觉从整体上去把握世界,而非分门别类地对一事一物进行概念上的界定和逻辑上的追溯。因为后者将不可避免地导致认知对象的分散和破碎,进而破坏这种“和合”的状态。换句话说,传统的哲学观决定了其所

---

① ［英］柯林武德:《历史的观念》,何兆武等译,北京大学出版社 2010 年版,第 212 页。

② 张俊波主编:《中西军事哲学比较研究》,军事科学出版社 1993 年版,第 14 页。

③ 彭越:《整体把握:虚泛的总体直观——中国哲学思维方式的一个特点》,《社会科学家》1991 年第 4 期。

需思维方式的非分析性和非逻辑性。故传统思维方式经常越过概念界定、逻辑分析等认知过程而直接去感悟、体会客体的内在本质,具有整体性、意会性的特点。李泽厚先生指出:“中国哲学文化一般缺乏严格的推理形式和抽象的理论探索,毋宁更欣赏和满足于模糊、笼统的全局性的整体思维和直观把握中,去追求和获得某种非逻辑、非纯思辨、非形式分析所能得到的真理和领悟。”①所以当其运用于实践之中,便主要依赖基于主体经验与智慧所进行的直觉领悟,并由此形成“阴阳”、“道气”等模糊含混、任人申说的词语,作为解释自然、社会、思想等各种问题的“万能答案”。这往往使认知结果近于臆想,成为一种主观独断的心灵产物,缺乏可被逻辑推导、概念检验的规范性。正如林语堂先生所言:“由于没有能发展一种科学的方法,由于中国人思维方式的独特性,中国在自然科学上是落后的。……中国人在很大程度上依靠直觉去揭开自然界之谜。……由于不受科学方法的束缚,‘直觉’就有可自由驰骋的广阔天地,甚至接近了幼稚的幻想。”②

这种思维方式的价值在于其高度弹性所具有的创造力和灵活性,可以海纳百川、兼容并包。但也因此具有致命的缺陷:“这种思想方法在很多场合避免了思想的僵化,闪耀着辩证法的光芒。但同时正是这种思想方法也带来了在中国建立近代科学理论规范的特殊困难。”③因为传统思维方式在认知事物属性、规律的准确性与精细度上难以有所突破,无法发展出一种规范的思想、语言符号,故而不能由经验上升到科学的高度。这就可以理解,为何传统文化中的一些新经验、新创造、新思想很快就会“人亡政息”,随个人之逝去而堙没无闻。“中国凡百学问,都带一种‘可以意会,不可以言传’的神秘性,最足为智识扩大之障碍。……如修习禅观的人,所得境界,或者真是圆满庄严,但只好他一个人独享,对于全社会文化竟不发生丝毫关系。中国学问,本来是由几位天才绝特的人‘妙手偶得’——本来不是按部就班的循着一条路去得着,何从把一条应循之路指给别人?”④所以,“长期以来,中国学者未能制订出一套比较完整的逻辑体系,使人们能够据此以概念来检验概念”,这就导致“中国传统科学始终停留在经验的形态上,具有严重

---

① 李泽厚:《试谈中国的智慧》,《中国古代思想史论》,人民出版社 1985 年版,第 305—306 页。

② 林语堂:《中国人》(全译本),学林出版社 1994 年版,第 89、95、102 页。

③ 金观涛、刘青峰:《兴盛与危机——论中国社会超稳定结构》增订本,香港中文大学出版社 1992 年版,第 298 页。

④ 梁启超:《科学精神与东西文化》,《梁启超全集》,北京出版社 1999 年版,第 4008 页。

的内在缺陷”。①

再者,这种思维方式使得任何新异事物都能被认知主体借助“阴阳”、“道气”这些“万能答案”以及圣贤言教加以意会、领悟,那么就会逐渐催生出一种虚幻的观念,认为中华文化已经臻于完善,任何问题都能于其中获得解释;故由此推而论之,就会认为除此以外世界上其实并不存在什么真正的新知值得仔细识别研究。整个思想文化领域遂日益成为一个无待外求、自本自根的循环。而由此产生的文化优越感,反过来又会引导人们自然而然地按既有的路径去认知世界,顺理成章地以熟悉的、既有的词语将新知包裹起来,从而使传统思维方式得到巩固。二者在历史长河中就如此逐渐固结为相互依附、相互强化的思维观念结构,深植于每一个浸淫于传统文化之人的心中。梁启超先生曾就此论曰:

> 摭古书片词单语以傅会今义,最易发生两种流弊。一、倘所印证之义,其表里适相吻合,善已;若稍有牵合附会,则最易导国民以不正确之观念,而缘郢书燕说以滋弊。例如畴昔谈立宪谈共和者,偶见经典中某字某句,与立宪共和等字义略相近,辄摭拾以沾沾自喜,谓此制为我所固有。其实今世共和立宪制度之为物,即泰西亦不过起于近百年,求诸彼古代之希腊罗马且不可得,遑论我国?而比附之言,传播既广,则能使多数人之眼光之思想,见局见缚于所比附之文句,以为所谓立宪共和者不过如是,而不复追求其真义之所存。……此等结习,最易为国民研究实学之魔障。……无形之中,恒足以增其故见自满之习,而障其择善服从之明。②

就此与西方作一比较,或许能更好地理解这一问题。西方文明以古希腊为源头,在思维方式上继承了亚里士多德逻辑分析的思维传统。③ 因此,西方传统思维方式“特别重视‘量’的分析,追求精密的计算与测量……特别重视理性、推理,特别崇尚逻辑思维,强调从前提到结论的严密的逻辑推

① 戴逸、张世明:《18世纪的中国与世界·军事卷》,辽海出版社1999年版,第175页。

② 梁启超:《清代学术概论》,朱维铮校注,中华书局2010年版,第131—132页。

③ 侯玉波:《从思维方式看东西方文化的差异》,《光明日报》2003年10月14日。林语堂先生也指出:“希腊人为自然科学奠定了基础,因为他们的思维基本上是分析型的,这已经被亚里士多德学说引人注目的现代性所证明。”林语堂:《中国人》(全译本),学林出版社1994年版,第95页。

导”,①形成了完整的逻辑分析方法体系。特别是到了文艺复兴时期,理性至上的观念在冲破神学枷锁之后成为一种信条。“这个时代的思想家深信在一切社会生活和人类活动的后面都有其法则的存在,而那是理性所能发现的。”②因此,注重严谨逻辑论证的传统,逐渐演变为一种以理性实验为基础的科学主义信念。正如马克斯·韦伯所说:“西方以数学为基础的自然科学,是理性的思维形式与技术的‘实验’两相结合而成:理性的思维形式是在古代(希腊)哲学的沃土上生长出来,而技术上的‘实验’——一切自然主义的规律所具有的那种特殊的现代质素——则是在文艺复兴的沃土上成长茁壮起来。”③这同样也是近代西方各领域科学体系得以建立的基础。

二、晚清军事现代化的瓶颈

基于上述讨论,我们便可以进一步考察传统思维方式运用于军事领域之后所产生的问题。得益于其创造性和灵活性,中国传统军事思想以及实践经常能显示出令人叹为观止的精妙。这一点集中地表现为“虚虚实实”、“真真假假”的“诡道”,也就是传统的兵家谋略。这种无穷之变“存乎一心”、已经内化为主观直觉的思维过程,往往能实现“用兵如神”,令对手无从捉摸。故中国传统兵学以及历代著名军事家,在战争的艺术性层面上确实已是炉火纯青、达于化境。然而也正因为如此,其中隐藏着足以影响中国军事发展前景的致命弊端。由于军事实践主要依赖以经验为基础的主观心灵产物,因而由之所产生的军事思想或者原则便是无法经过概念界定、逻辑分析和实验过程再现之物,所以也就无法对之加以细化、改进与纠错,甚至不能对其加以完全的把握、准确的理解,使其中的真义得到传承。后人只能再对之进行基于自我经验、偏好的重新演绎。在这个过程中,很多新技术、新方法乃至新思想都逐渐失传,最终只剩下缺乏具体指导价值却又任人申说的空洞教条。比如传统兵学中常见的“奇正”。最早提出并对“奇正”这一范畴进行阐发的是《孙子兵法》。但其只是在军事辩证法的层面提供了一个相对简单的理论模型,并未对“奇正”的内涵和外延加以限定,缺乏军事实践上的指导意义。而后世兵书基本上亦循着类似理路不断进行主观发挥,最终由此演化出了五行相生相克之说以及各种千奇百怪的阵法。“奇

① 胡泽洪:《中西逻辑发展的不同特点及其原因》,《湖南师范大学社会科学学报》1989年第2期。

② 钮先钟:《西方战略思想史》,广西师范大学出版社2003年版,第85页。

③ [德]马克斯·韦伯:《中国的宗教·宗教与世界》,《韦伯作品集》第5册,广西师范大学出版社2004年版,第218页。

正"遂由此渐失其真义,沦为一种天马行空式的文字游戏。[①] 这样的理论或者学说,在缺乏实战的情况下,自然很快就会流于臆想、杜撰,成为形式主义的温床。诚如一位学者所言:"一个科学理论的提出,不在于它一开始是否正确,而在于它是否具有足够的清晰性和可检验性。这样,其错误才有可能被认识或接受实验检验。最难办的是那些看来十分正确、全面,但又似是而非的理论。它什么都能解释说明,而又没有任何实验能够来检验它是否正确。这样的学说和理论始终保持了'一贯正确'的面貌而难以发展。"[②]这正是中国传统兵学始终无法发生实质性进步的一个重要原因。

由此便可理解,为何中国军事发展在火器大规模投入战争之后开始逐渐落后于西方。火器大量投入实战,技术及方法层面的重要性愈发凸显,这就使原本简单的战争形式开始愈发复杂、繁琐,不再如以往那样单纯依靠数量或者力量便能取胜。为了保证火器的有效运用,就必须通过对单个士兵乃至整支军队的战斗行动进行分解,以严格的逻辑分析、论证、计算及反复实验,得到能够对整个战斗过程进行精确控制并获致最优效果的方法。它强调的是动作规范、程序严谨,以保证战斗行动的稳定性,从而尽可能避免不必要的失误。这就使得军事领域的面貌发生了重大变化,越来越需要富有效率的方式来管理军队和控制战斗行动,而非仅仅依赖于将帅的奇思妙想或者武士的勇猛无畏。如英国学者吉登斯所言:"在新兴的战争模式下,个人表现和英雄主义原来所具有的重要性开始显著地下降了。"[③]因而可以看到,16—17 世纪的西方军队已经根据火器的性能来进行逻辑分析和精密计算,以获得最有效果的战斗以及训练方式。由此得到的规范,经过实战的检验和再度的分析论证之后,便产生了当时条件下最有效率的战术、训练条例,并最终发展出了近代的军事操典。而这种思维过程也是其能更好地发现既有武器的缺陷,并不断加以改进的重要原因。这整个分析—实验—实践的循环,便构成了近代西方军事科学得以建立的坚实基础。而同时期的明朝军队,虽然出现了战车之类独特的火器运用方式,但这些仍依赖于将领个人经验基础上的匠心独具,并非根据火器性能进行严格分析、实验之后的产物。所以自明朝中期到明末,代代皆有人创造出新奇的火器战车或者各

① 参见李元鹏:《奇正:一个考察近代兵学的视角——以曾国藩、胡林翼、左宗棠为中心》,《滨州学院学报》2019 年第 5 期。

② 金观涛、刘青峰:《兴盛与危机——论中国社会超稳定结构》增订本,香港中文大学出版社 1992 年版,第 298 页。

③ [英]安东尼·吉登斯:《民族—国家与暴力》,生活·读书·新知三联书店 1998 年版,第 139 页。

种令人眼花缭乱的火器战斗方式,但许多都是不切实际、无法检验的杜撰、臆想之物。即便是如俞大猷、戚继光这样讲求实际的将帅,其所留下的战斗训练方法,基本上也是经验层次的教导,而非以火器性能、特点为基础经过分析、计算和实验的产物。后人继承其遗产,同样也只能是在个体经验基础上进行主观直觉的再度演绎。因而这就非常依赖于个人的智慧和能力,需要将领个个皆有俞、戚的军事天赋,士卒人人都有百战精兵的丰富经验,否则其效果便无法得到稳定的发挥。这或许可以解释,为何明朝军队虽装备了大量火器,然而其战斗方式却始终徘徊于经验水平,始终未能建立起一套有效的战术体系,以至未能减少早期火器的不稳定性、充分发挥其威力。

正是由于这种工具技术与运用方式并不匹配的状况,没有理由能够认为明朝军队是“先进”的一方,满清弓马骑射的胜利是“落后”战胜了“先进”。通过考察双方的交战记录就可以看到,明朝军队在火器运用上的低效和混乱,反而显示出火器确实不如弓马具有实战价值。所以,与其说满清骑兵的崛起与称雄阻碍了中国火器及其战术的发展,还不如说是传统思维上的弊端导致了火器及其运用方式的落后。由此甚至可以作这么一种大胆的假设:如果明朝并未灭亡、能够一直延续到近代,其火器及战术、训练发展水平依然会远远落后于西方。虽说历史不容假设,但此一“如果”也并非毫无根据。因为清朝入关建政之后,对火器也相当重视。到了雍正年间,军队火器化水平已同明朝中后期的“戚家军”不相上下。即便在军队的技战术训练上,清朝军队——尤其是作为步兵主力的绿营,几乎是明朝军队的翻版。故此可言,有清一代在军事领域的许多方面都承自明朝,甚至可以说是明末军事改革遗产的主要继承者和最大受惠者。[①] 但或许也正是由于这种继承,清朝军队同样未能发展出一套有效的火器战术、训练规范,与明朝相比并没有实质性的改变。所以,清军训练照样于承平时期逐渐地流于虚套、变成“花法”。从雍正皇帝、福康安到嘉庆皇帝再到张集馨、左宗棠,他们所指出的绿营训练之弊病,其实还是戚继光当年就已经发现的问题。但是,在两百多年的时间里,这个问题从未得到真正的解决。这或许能够从一个侧面说明,该问题并非一朝一代所特有。这并不是刻意在为清王朝进行辩护。每个朝代及历史人物皆有其过失必须承担,有清一代亦是如此。毫无疑问,满族具有弓马骑射的特殊技能作为有效替代,会在一定程度上使其降低对火器以及火器战术的依赖程度,并且容易产生弓马无敌于天下的虚假印象。

---

① 参见李伯重:《火枪与账簿:早期经济全球化时代的中国与东亚世界》,生活·读书·新知三联书店 2017 年版,第 388 页。

然而此种状况的根源并非在于清王朝有意为之,而是继承于中原文明的思维方式所带来的认知局限。这就不得不让人思考这么一个问题:近代中国军事的落后究竟是一个王朝的没落与无能,还是整个传统文化对全新时代、全新因素所表现出的不适?

湘军的战术训练变革则为此提供了一个非常典型的例证。湘军的战术、训练变革实际上就是"经世致用"思潮于军事领域的具体表现。迫切的实战需要,使一班以"经世"为己任的书生摈弃绿营中看不中用的"花法",在复兴"戚家军"战斗及训练方法的基础上,塑造出一支以实战需要进行编组且更加职业化的军队,并形成了其特有的战术体系。这种强调"质实"的变革,是近代中国军队绾接西方、向现代军队转型的必要基础。然而,作为戚继光军事遗产的直接继承者与运用者,湘军同样无法开启中国军队的现代化历程。无论是战斗还是训练方式,虽皆比绿营更重实际效果,但依然不脱经验、习惯的范畴。故而火器的运用方式取决于每位将帅的主观发挥,缺乏以概念分解、逻辑分析、数据计算以及反复实验等方式对之加以改进的过程。所以,湘军的战术、训练变革的方向仅仅是"实用化",而非"理性化"或者"科学化"。这也再度证明,受限于传统思维观念的导向作用,中国军队虽然能在实战要求下实现自我更新,却无法发生内核上的质变。或许正如一位学者所指出,中国传统兵学发展到近代"已经趋于边际效益的递减,必须输入新的变量因素才能打破固有结构而出现新的质变,已无产生内源变化的可能性"。①

淮军的案例则清晰地表明,中国军队的战术、训练方式在具备先进武器乃至学习"泰西阵法"的条件下也无法完成现代化转型。淮军在抵达上海之后不久,就开始换装西式枪炮。而两年多的实战磨炼,使淮军在以往湘军技战术优点的基础上参用西法,逐渐融合了西方军队的战斗方式以适应近代火器,最终形成了一套适合于自身的多兵种协同战术体系。再加上同捻军的作战,又迫使淮军发展出一支装备西式武器的骑兵部队,成为兵种结构完整、能够运用近代火器进行协同战斗的武装力量。当然值得指出的是,在战争环境整体落后尤其对手为装备低劣的农民武装的前提下,淮军的胜利并不能说明其技战术水平已经足以比肩西方军队。但长期的战争实践,也确实促使淮军更好地熟悉了近代火器的战斗方式,并能有效地运用其所学的"泰西阵法"。因为迫切的致用性需求,会自然而然地呼唤武器以及战术的变化。然而在战争结束之后,这种运用近代火器的战争经验并没有得到

① 戴逸、张世明:《18 世纪的中国与世界·军事卷》,辽海出版社 1999 年版,第 17 页。

规范化的研究和论证,仍然一直停留在各个将领的主观意识层面。所以在运用近代火器投入长时间的战争实践之后,淮军内部始终没有形成一套近代意义上的操典,依旧沿袭了将领根据主观偏好、自画阵图进行战术训练的模式。久而久之,随着旧日战将的凋零谢世,以往战争中获得的那些全新的战术成果、创造也就随风而去。淮军又一如既往地陷入了杜撰阵式、徒饰观瞻的窠臼之中,即便其已装备着近代的枪炮。此亦可知,延续了数百年的军队训练变成"花法"问题,与武器装备实无必然的因果关系。同样由于传统思维方式的影响,淮军将领不仅不能从自身的战争经验中发展出近代军事理论或者学说,甚至还无法真正理解西方的军事思想观念。直觉意会的特点就在于抛开要素分类、概念界定等逻辑分析过程,而直接以含糊混沌、未经明确定义的词语来表达、定位和理解新异事物。所以他们非常自然地以既有经验作为认知起点,以自己的理解来重新演绎新的思想观点,使之符合原来的知识结构,从而顺利地解决了两者实质内涵上的冲突。这就意味着,这种认知实际上是以改造新异之物来使其适应自身思想,而非以后者的扩充和改变来接纳前者。因此不难理解,淮军用来练兵的"西法"已是历经过滤、选择和改造之后的产物,必然只有其形而无其实。正如一位学者所说,洋务运动时期"中国传统的军队建设理论和用兵谋略艺术与西方近代训练、阵法以及海防理论不协调地同时并存。而前者又对后者很大的影响,使得清政府在这一时期所引进的训练理论、阵法理论和海防理论都被严重扭曲。它们往往具有西方近代兵学的外形,却没有西方近代兵学的实质精神。这一点在清军的阵法和训练之中,表现得尤为明显。……甲午战争前清军的战术和训练水平不高,这是一条很重要的原因"。① 以"西法"练兵著称的淮军名将周盛传及其统率下的盛军,便是理解上述问题的一个很好个案。既然武备、训练均冠绝北洋的盛军尚且如此,其他淮系防军的"西法练兵"则更是徒有其表。这或许能够从军事层面上解释,为什么武备、操练皆步趋泰西的淮军在甲午战场上居然会毫无招架之力。

甲午的惨败开始瓦解传统思维观念所形成的自我循环。民族文化自信心的急剧下降,导致时人对传统文化实用价值的怀疑日增。因此人们再也无法顺理成章地以既有之物附会泰西新知。而前所未有的生存危机,还会迫使时人真正地按照西学、西法的内在逻辑,去理解和研究西学、西法。这种观念态度的变化在军事领域表现得尤为明显。有人开始批判传统兵学凭空杜撰、不切实用,转而积极引介西方军队的战斗、训练方法作为中国军队

---

① 皮明勇:《中国近代军事改革》,解放军出版社 2008 年版,第 208—209 页。

改革的思想资源。这就决定了甲午之后的“西法练兵”在实质上已不同于以往枪炮操作、队列操练等皮毛,而是要大规模地仿照西方军队的管理、组织和训练模式,吸收西方的军事理论、学说。袁世凯小站练兵正是将此一趋势由议论变成了现实。所以新建陆军的主要将领对于西方军事知识和理论都有相当程度的研究。这就使该军较以往的湘淮勇营产生了显著的变化:在军队建设上开始展现出一种正规化的特征,有意识地培养近代职业军人的作息习惯、言行举止;技战术训练上则朝着标准化和专业化的方向发展,以战法为练法,完全摈弃各种玄虚花哨的传统阵法,而是根据武器性能参数以及具体战场环境来演练不同的战斗方式;特别是模拟实战条件下的对抗演习,更是有助于官兵真正理解近代战术的实际价值。这些管理训练方式的改弦更张,其实也意味着一种思维观念的转型:中国军队第一次开始以科学而非经验的方式来研究、处理军事事务。这或许正是小站练兵可以被称为中国军队现代化起点的根本所在。

综观晚清军队变革历程,便可以发现其具有非常明显的被动性,总是需要严重军事危机作为引发的动力。如若缺乏致命的威胁,军队战术及训练就会停滞在既有胜利的经验之上。当然,这并非晚清中国独有的问题,而是人类军事特别是战术发展史上的通病。因为“上次战争中的一代军人他们习惯于那些陈旧的武器装备以及与之相适应的过了时的军事思想,他们正是靠着这些装备和思想而飞黄腾达的,要新的思想产生影响,老一代人必须从权力地位上引退,这就需要化[花]去一定的时日”。① 但应值得注意的是,晚清中国军队战术及训练迟迟未能迈入现代化的轨道,也有其自身的历史文化成因。所以即便淮军取代湘军、新进接替耆老,晚清军事领域也无法自发地产生新思想。

从客观条件而言,晚清中国战争环境的整体落后也是一个不可忽略的原因。强大的战争对手往往能成为最直接和最有效的军事变革推动力。16—19 世纪西方战术发展之所以迅速,一定程度上是因为各国之间展开的军事改革竞赛。即便如普鲁士这样的军事强国,一旦沉溺于腓特烈大帝时代的辉煌而怠于革新,便迅速地被拿破仑所击败,从而又引出了由其陆军参谋长沙恩霍斯特主导的军事变革,最终实现了军事力量的复兴。但在相对隔绝的东亚,清政府则无此忧虑。自其建政以来,无论是对内镇压反抗力量,还是对外的边疆战争,清军总能凭借其自身的弓马骑射以及取资于中原民族的火器来获取胜利。其实这也说明,直到近代以前,清政府并未面临先

① [美]T.N.杜普伊:《武器和战争的演变》,军事科学出版社 1985 年版,第 368 页。

进军事力量的挑战,所以它也就失去了不断革新武器和战术的动力。即使到了中西军事交冲之际,清政府眼中最直接、最致命的威胁仍然是来自同一文明的农民起义,而非那些无意问鼎中原的西方侵略者。"心腹之害"、"肘腋之患"、"肢体之患"①的定位虽然不无攘外之志,但也明显地表达出了其使用军事力量的轻重缓急。醇亲王奕譞说:"吾国之兵,将以防家贼而已,非以御外侮也。"②此语或许意在对外示好,然其对主要军事目标的定位也同样清晰。目标大小决定水平高低,这种定位必然会在很大程度上导致晚清军队的建设和训练仅仅以战胜国内农民武装为标准。至于对外,则更偏向于运用"羁縻"的手段。所以当湘军、淮军在借助西式枪炮以及基本的"泰西阵法"便足以消除"心腹之害"后,军队变革的需求便急剧下降。因为传统军事思想资源看起来依然有效,只不过需要借助一些西方的枪炮、操法而已。由此便可理解,李鸿章虽深知中西之差距,但"中国现有陆军马、步、炮各队仿用洋法军器屡平大敌,操练尚属整齐"的成就使他很难有理由或者动力来"整顿陆军"、"设立武学院",从而开展一次更深入的变革。③ 而周盛传对于西方教习的不屑,多少也是源于这种"屡平大敌"之后的自信。这必然会极大限制军队发展的眼界,降低其评判的标准。故那些经由内战而成勋名的湘、淮将领第一次在大规模战争中遭遇真正的近代军队及其战术时,便只能露出一脸的错愕与困窘。而战后所发生的改弦更张则从侧面说明,高水平的战争对手也确实让袁世凯等人看到了以往所看不到的东西。④

不过,更直接的原因还是中国自身的思想文化特质。晚清军队现代化之所以步履维艰,就在于缺乏一种有效的思维工具。虽然晚清中国的整体

① 《咸丰十年十二月初三日恭亲王奕䜣等奏》,《中国近代史资料丛刊·洋务运动》第一册,上海人民出版社1961年版,第6页。

② 梁启超:《戊戌政变记》,《中国近代史资料丛刊·戊戌变法》第一册,上海人民出版社1957年版,第268页。

③ 《复美国施领事》,《李鸿章全集》第三十一册《信函(三)》,安徽教育出版社2008年版,第327页。

④ 当然,中日甲午战争之前晚清军队同西方军事力量早有过交锋经历,比如两次鸦片战争以及中法战争。但这些战争的规模与持续时间都比较有限,且多以沿海、沿边要塞的攻防战斗为主,很少发生多兵种协同的大型陆上会战。因此对手的军事优势更多表现为武器技术而非战术手段上的先进。但中日战争则不同。当时的晚清陆军已换装大量西式武器,甚至于某些方面已优于日军。然而其在大规模会战中却毫无战术能力可言,出现了全面崩溃的情况,由此所揭露的问题自非以往所能比。更何况这次的对手是向所不屑、近在咫尺却又虎视眈眈的日本,所以此役之败对清政府所产生的震动、对时人所带来的痛苦,绝非之前反侵略战争的失利可比。

战争环境比较落后,但实战总是能在一定程度上提升军队的战术水平。湘、淮军在同太平天国作战中的表现正说明了这一点。尤其是淮军。为了战胜同样装备西式武器的苏南太平军,淮军将领不得不根据这些洋枪洋炮的性能、特点并结合不同地区的地理环境来组织和展开战斗,从而发展出了一套适合于自身的战术体系。在这一点上,其与西方军队相比并不逊色,甚至在某些地方还更显示出匠心独运的一面。然而问题在于,当战争结束后,时人似乎缺乏一种有效的思维工具对这些近代火器作战经验和方法进行提纯,使之成为严谨、精确的军事理论,反而仍旧运用传统兵学的理路,将之扭曲或者改造成各种兵法、阵法。换句话说,由于传统思想文化资源中缺少近代的科学思维方法,所以即便获得了一些近代战争经验,也无法以之为基础导向近代军事科学理论。这就决定了晚清中国军队现代化不可避免地具有外源性特征,传统兵学的思维结构自身难以孕育出适应于近代战争需要的思想资源。例如在20世纪初,曾有人尝试将《孙子兵法》以西方军事理论体系进行重新阐述,但这种生搬硬套很快就被证明并不成功。① 原因就在于,两者产自完全不同的思维模式。因此,只有如甲午之后那样引入并运用科学思维方法来研究军事问题,从而全面更新军队建设、训练的思想架构,中国军队乃至整个军事领域才能真正转入现代化轨道。但是,这种可以称之为"换脑筋"的思维革命自然绝非易事,这也是晚清军队现代化总需要强烈的生存危机才能促成的一大原因。同时,这一特点也决定了中国的军事现代化必然会是一个非常艰难和漫长的历程。从这个意义上说,甲午之后的新军编练也只是一个开始的开始。

三、以史为鉴:一些启示与反思

鉴古而知今,前人的教训总能给后来者一些有益的启示。当然,要从历史中获取具体的技术指导或者直接的应用手段自是缘木求鱼,对于军事这样已经发生了巨大变化的领域而言更是如此。但无论技术如何日新月异,军事发展依然是一种人类行为,总有一些具有普遍适应性的原则值得遵守。只不过它们很容易湮没于匆匆岁月中而被人们所忽视。将之挖掘并呈现出来,正是本书所试图完成的一项主要任务。

就中国军事现代化这一主题来说,首先值得注意的就是军事交流以及参照标准的重要性。文化缺乏交流,便很容易成为一潭死水而走向衰败。军事领域同样如此,需要不断注入不同军事文明的新元素以扩大眼界、开拓

① 参见皮明勇:《中国近代军事改革》,解放军出版社2008年版,第209页。

思维。这种交流并非一定需要通过战争来得以实现,国家间的军事合作、联合演习等方式均是广泛了解各国军事现代化程度的好机会。当今区域国家间联系密切、信息交互便捷迅速,以往那种封闭的军事环境早已被打破,军事交流亦非难事。但历史的教训也告诉我们,有利条件能否产生价值仍然取决于主体的选择。清政府在中西交冲之际也仍旧只满足于内战胜利的目标,这不能不说是其甲午之前未能开启军事现代化进程的一个重要原因。所以,即便目前并没有直接的外部军事威胁,军事发展也应以世界水平为标准,关注军事现代化的潮流动向,而不能满足于一时所取得的胜利或者成就。其次,军事现代化必须具备一个经过深思熟虑的全盘计划,必须从人的思维观念这样的根本之处着手。洋务运动中淮军变革的动静不可谓不大、投入不可谓不多,但缺乏总体的研究、规划与指导,只图应对具体问题。这就导致"晚清军事现代化的步骤是技术领先而思想落后……只知重视现实问题,并企图获致迅速的解决,而缺乏宏观的眼光与深谋远虑"。① 所以军事现代化最需要的是人的现代化,即思想观念上的革新,方能使其落地生根,转变为一个内生自发的过程。借用福泽谕吉的话说,那就是"先求其精神,排除障碍,为汲取外形文明开辟道路"。② 否则,无论引入或者仿造了多么先进的装备、技术,也只不过是徒有其表而已。再者,传统兵学思想资源的改造是中国军事现代化必须完成的一项任务。从晚清军队的战术及训练变革历程中不难发现,既有的历史以及形成于其中的传统兵学无疑是人们最直接的取法、借鉴对象。即便是小站练兵,袁世凯最熟悉的、最常用来作为范例的同样也是传统之人、传统之物。此为国人本根之所在,实乃无可避免。因而即便接受了西方的科学思维方式作为工具,中国的军事现代化也绝对不可能抛开传统兵学的影响。而且,传统军事思想也的确有其现代价值。无论技术如何发展,战争中依然存在一些无法完全依靠科学思维进行解决的问题。例如人类本性的影响、心理的变化等等,这就使主观的直觉感知仍旧有其实用价值。换言之,只要战争中有人的参与,那么战术的艺术性层面就仍有其存在的空间。而此正为中国传统兵学的优长所在,亦为中华文化的精华之处。因此,如何运用科学思维工具发掘传统兵学资源的精华,将成为中国军事现代化能否具有自身特色和优势的一大关键。

在讨论军事问题之余,晚清军队的变革历程也引发了作者对近代中国社会思想变迁的一些思考,故借本书结尾作一番由此及彼的检讨。通过回

---

① 钮先钟:《中国战略思想史》,黎明文化事业股份有限公司 1992 年版,第 545、547 页。

② [日]福泽谕吉:《文明论概略》,商务印书馆 1959 年版,第 13 页。

顾这一艰难缓慢的历程可以看到,悠久的历史在留下丰富遗产的同时,也留下了沉重的文化惰性。只有事关生死存亡的现实危机,才能迫使近代中国人在求生本能的刺激下走出原来的思想循环。这也是以儒家思想为内核的传统文化面对近代挑战的必然命运。儒学入世的本质,决定了其至高无上的地位来自人们可以从中获得“经世”的方法。而一次次的危机证明,以儒学为核心的传统思想文化越来越无助于人们解决现实问题。其高耸的神坛便因之开始崩塌。一批具有危机感和现实感的人们也就不会再一味朝拜无用之物,转而寻求更具实用、实效的资源。李鸿章、袁世凯便是这类群体的代表人物。他们以自己对现实的敏锐嗅觉成为各自时代的弄潮儿。而且,危机越强烈,这种以实用为取向的行为选择就越坚决、彻底。正是因为甲午战败,导致了空前的危机感以及民族文化自信心的急剧下降,人们才能逐步摆脱传统思维方式和文化优越感所凝结成的怪圈,以一种前所未有的低姿态来学习、理解西方文明。思维观念的转型正是以此为起点。此即新建陆军在现代化变革道路上比淮军走得更远、袁世凯的现代化事功更胜李鸿章一筹之关键。从这个意义上说,民族危机以及危机所激发出来的实用心态,诚为中国军队现代化乃至思想观念转型的必需要素。

不过,这种因“头破血流”而被迫开启的转变,却也存在着看不见的弊病。传统文化的落后,最直观地表现为器物技术上实用价值的缺乏。所以自洋务运动以来,人们越来越将目光鸠集于实用实效方面,并逐渐以之作为评判和选择的标准。因而洋务派会不计成本、“不顾国内情况而滥用财力”①去购买军舰大炮这样具有直观效用的器物,却对无形无声的军事思想少有兴趣。这种过于关注“有形之用”、渴望“一用就灵”的心态,反而让他们看不到西方军事领域中更有价值的东西。而甲午之后危机感的陡然升高,则使这种心态更加激昂,使时人在开始服膺西方军事思想、理论的同时,也不加辨识、不顾后果地宣扬起了西方军国主义、武力至上这样危险的学说。这种思潮的鼎盛时期是20世纪初,但若溯其源头则正是在甲午之后中国人开始接受西方军事学说之际。因此,实用心态虽然促使近代国人逐渐掘开了思维观念上的厚膜,却也使不少人对学习西方文明秉持着肤浅、功利的态度,并最终迷失于其间。再进一步而言,这也就可以理解晚清中国的现代化为什么时而学英、时而学德,甲午之后又转向以日为师。因为在危机的逼拶之下,以某时某刻特定的甚至是主观认定的实用功效为标准,便致使近代国人在向西方学习的过程中,更多的是基于彼时彼景的刺激,做出一种近

① [日]福泽谕吉:《文明论概略》,商务印书馆1959年版,第12页。

似于下意识的反应或者“病急乱投医”式的选择，故而会常常随着世界局势或者各国胜败兴衰的变化而游移不定，并不是一种经过深入反思之后的成熟选择。

然而更致命的问题还在于，一味以实事实功为旨归的理路导致了传统价值体系的衰微。在那些讲求实用的人们眼中，儒学圣道因越来越无法“治国平天下”而日渐失色。所以出身翰林的李鸿章会视义理为“空言高论”，袁世凯则更弃之如敝屣，轻视道德信念，认为“天下无难事，惟有金钱自能达到目的耳”。[①] 这使他们不似曾国藩等传统士人终有不能突破的道德底线，因而思想上较少羁绊，可以用人不问品类、驱之以利禄来迅速扩大局面、造就功业。但主导者不重义理之倡率与德行之自律，其统率的军队自然也只会以利禄作维系。故有人评论道：“以言统帅之道德识见，李不如曾，袁不如李，军队精神反有江河就下之势。”[②]在这一点上，李、袁二人因自身品学修为缺乏根底而见不及此，确有不可推卸的历史责任。然而，在评判这些历史人物是非贤愚的同时也应该看到，李鸿章和袁世凯能在各自时代独领风骚，说明他们显然顺应并代表了当时社会意识的趋向。在生存危机日益深重的年代，是否能解决现实问题逐渐成为一种更受关注的价值尺度。以此为标准，人们越来越清晰地看到，以儒学为主体的传统文化在这一方面确实无能为力。这就使与之相应的道德规范也开始被视为无俾实际的空谈而渐失受人敬畏的光环。换句话说，致用性的缺失导致了传统社会规范权威性与约束力的渐趋下降。在这种既有文化价值体系日渐没落的环境之下，一支新式军队尤其是新式职业军官群体的出现，便很容易成为一个巨大的隐患。淮军虽然无信念无理想，但其至少仍接受传统社会规范的约束，尚有一些不敢逾越的原则。而较之于李鸿章，“后起的袁世凯受名教熏染的程度无疑要浅得多。因此，前一代人心头那一点不敢亵渎的东西，在后一代人的眼中却并不足以唤起敬畏”。[③] 故当传统道德原则逐渐失去规束人们身心的能力之后，受西方军国主义影响的新建陆军以及由其扩充而成的北洋新军，便会开始倾向于一种暴力逻辑，越来越习惯于以武力解决问题，[④]

---

① 佚名：《袁世凯正传·袁世凯轶事》，文海出版社1966年影印版，第206页。

② 张其昀：《中国军事史略》，《民国丛书》第一编第32册，上海书店出版社1989年影印版，第45页。

③ 杨国强：《义理与事功之间的徊徨——曾国藩、李鸿章及其时代》，生活·读书·新知三联书店2008年版，第159页。

④ 按西方学者的定义，军国主义的首要表现就是“好战性”。参见［澳］冯兆基：《军事近代化与中国革命》，上海人民出版社1994年版，第122页。

同中国传统文化中"和为贵"、"善战者服上刑"的观念正好背道而驰。这或许也在一定程度上解释了,为何这个群体后来会孕育出大大小小、为了争夺利益而混战不休的各路军阀。"始乎微终乎巨",历经艰难方才开启的晚清军队现代化遂走向了反面。

这一现象很典型地反映出晚清中国现代化的历史困境:一方面需要由危机所激发的实用功利心态,来突破思想观念上的沉重惰性;但另一方面,对实用价值的过分强调——诸如"可速图效"、"用之就灵"此类的心态,导致了反思与耐心的缺失,因而既不能明确学习的方向,同时又抛弃了传统文化中虽无短期效用但有经久价值的内容——比如儒学义理对人欲的约束、对黩武取向的抑制等。这就使晚清以降的中国社会呈现出实事实功方面的思维观念不断"现代化",但道德原则却日渐"虚无化"的趋势。而随着既有的也是唯一的这套传统价值体系渐失权威,近代中国社会便陷入了严复先生所说"新者未立,旧者已亡,伥伥无归"①的价值断层之中,实用功利之心日益脱出缰绳、不受制束。随着生存危机感的不断强化,能否解决现实问题、能否救亡图存,就越来越成为评价人与物的最高价值尺度,任何道德原则都须屈居其下、为之让路。换言之,只要有用于或者看起来有用于"救国救亡"以及"富国强国",无论其手段如何,都可以被接受,甚至大受欢迎。故此便不难理解,袁世凯之类专讲事功、"重利害轻是非"的人物在当时会被视为国之栋梁、时之英才;而即便是"武力强权"、"成王败寇"这样向所不齿的观念,居然也逐渐堂而皇之地成了受人吹捧的东西。同样,由此亦可明白,为何以"救亡图存"为己任的维新派志士,竟然提出了卖国土来筹资变法的建议。②

对于这种理路的危险,梁启超先生曾有一番发人深省的评论,借之以作全书结尾:

> 我……所最不满的一件事,是"为目的而不择手段"。孟子说:"行一不义,杀一不辜,而得天下,不为也。"这句话也许有人觉得迂阔不切事情。但我始终认为政治家道德所必要的。因为不择手段的理论一倡,人人都藉口于"一时过渡的手段",结果可以把目的扔向一边,所谓"本来目的"倒反变成装饰品了。③

---

① 王栻主编:《严复集》第五册,中华书局1986年版,第1242页。

② (清)谭嗣同:《上欧阳中鹄书》、《报贝元征》,《谭嗣同全集》上册,中华书局1981年版,第161、211页。康有为亦有类似设想。康有为:《康南海自编年谱》,《中国近代史资料丛刊·戊戌变法》第四册,上海人民出版社1957年版,第142页。

③ 梁启超:《饮冰室合集集外文》中册,夏晓虹辑,北京大学出版社2005年版,第957页。

参考文献

一、史料性文献

(一)官书档案

《筹办夷务始末(道光朝)》,《续修四库全书》编纂委员会编:《续修四库全书·史部·纪事本末类》第四一四册,上海古籍出版社1996年影印版。

《筹办夷务始末(同治朝)》,《续修四库全书》编纂委员会编:《续修四库全书·史部·纪事本末类》第四一九册,上海古籍出版社1996年影印版。

广禄、李学智译注:《清太祖朝老满文原档:第一册荒字老满文档册》,"中央研究院"历史语言研究所1970年版。

广禄、李学智译注:《清太祖朝老满文原档:第二册昃字老满文档册》,"中央研究院"历史语言研究所1971年版。

(清)蒋良骐:《东华录》,中华书局1980年版。

(清)昆冈等纂:《钦定大清会典事例》。

《明实录·太祖实录》,"中央研究院"历史语言研究所1962年影印版。

《明实录·太宗实录》,"中央研究院"历史语言研究所1962年影印版。

《明实录·英宗实录》,"中央研究院"历史语言研究所1962年影印版。

《明实录·神宗实录》,"中央研究院"历史语言研究所1962年影印版。

《明实录·熹宗实录》,"中央研究院"历史语言研究所1962年影印版。

《平定金川方略》,《西藏学汉文文献汇刻》第一辑,全国图书馆文献缩微复制中心1992年影印版。

《(钦定)平定七省方略·剿平捻匪方略》,中国书店1985年影印版。

《清实录·太宗实录》,中华书局1985年影印版。

《清实录·圣祖实录(二)》,中华书局1985年影印版。

《清实录·满洲实录》,中华书局1986年影印版。

秦国经主编:《清代官员履历档案全编》第6、7、8卷,华东师范大学出版社1997年影印版。

(清)张廷玉等:《明史》第八、一八、二二册,中华书局1974年版。

赵尔巽等:《清史稿》第十、十四、三十九册,中华书局1976、1977年版。

赵之恒主编:《大清十朝圣训·清圣祖圣训》,北京燕山出版社1998年版。

中国第一历史档案馆:《明军守卫松山等城堡的六件战报》,《历史档案》1981年第2期。

中国第一历史档案馆:《光绪年间官员履历单选载》,《历史档案》1985 年第 1 期。

中国第一历史档案馆编:《清代档案史料丛编》第 10 辑,中华书局 1984 年版。

中国第一历史档案馆编:《清初内国史院满文档案译编》上册,光明日报出版社 1986 年版。

中国第一历史档案馆、中国社会科学院历史研究所译注:《满文老档》(上),中华书局 1990 年版。

中国第一历史档案馆编:《光绪朝硃批奏折》第 34、45、52 辑,中华书局 1995 年影印版。

中国第一历史档案馆、辽宁省档案馆编:《中国明朝档案总汇》第三一、三五册,广西师范大学出版社 2001 年影印版。

中国第一历史档案馆编:《清政府镇压太平天国档案史料》第十三、十五、十六、十七、十八、十九、二十四、二十五册,社会科学文献出版社 1994、1995、1999、2001 年版。

中国第一历史档案馆:《晚清新编陆军战法兵语字汇》,《历史档案》2008 年第 2 期。

(二)史料汇编

北京太平天国历史研究会编:《太平天国史译丛》第三辑,中华书局 1985 年版。

(明)程开祜辑:《筹辽硕画》,《国立北京图书馆善本丛书》第一集,商务印书馆 1937 年影印版。

成都体育学院体育史研究所:《中国近代体育史资料》,四川教育出版社 1988 年版。

陈元辉主编:《中国近代教育史料汇编》,上海教育出版社 2007 年版。

陈克、岳宏主编:《新军旧影:清末新军照片文献资料选》,天津古籍出版社 2008 年版。

陈旭麓、顾廷龙、汪熙主编,季平子、齐国华编:《盛宣怀档案资料》第一卷《甲午中日战争》,上海人民出版社 2016 年版。

段祺瑞等纂校:《训练操法详晰图说》,沈云龙主编:《袁世凯史料汇刊》,文海出版社 1966 年影印版。

国立中央研究院历史语言研究所编:《明清史料·丙编》第一册,商务印书馆 1936 年版。

国立中央研究院历史语言研究所编:《明清史料·乙编》第二册,商务印书馆 1936 年版。

国家清史编纂委员会编:《晚清文献七种》,宋建昃、王雪迎点校,孙昉等整理,齐鲁书社 2014 年版。

故宫博物院编:《清光绪朝中日交涉史料》,故宫博物院文献馆 1932 年编印。

故宫博物院编:《钦定中枢政考三种》第六册,海南出版社 2000 年版。

金毓黻等编:《太平天国史料》,中华书局 1955 年版。

江世荣主编:《捻军史料丛刊》第一集,商务印书馆 1957 年版。

来新夏主编:《中国近代史资料丛刊·北洋军阀》第一册,上海人民出版社 1988 年版。

南京大学历史系太平天国史研究室编:《江浙豫皖太平天国史料选编》,江苏人民出版社 1983 年版。

潘喆等编:《清入关前史料选辑》第一、二、三辑,中国人民大学出版社 1984、1989、1991 年版。

戚其章主编:《中国近代史资料丛刊续编·中日战争》第七、八册,中华书局 1996、1994 年版。

舒新城主编:《中国近代教育史资料》上册,人民教育出版社 1981 年版。

佚名:《沈馆录》,《辽海丛书》第四册,辽沈书社 1985 年影印版。

太平天国历史博物馆编:《太平天国史料丛编简辑》第一、二册,中华书局 1961、1962 年版。

太平天国历史博物馆编:《吴煦档案选编》第三辑,江苏人民出版社 1984 年版。

(明)王在晋:《三朝辽事实录》,《续修四库全书》编纂委员会编:《续修四库全书·史部·杂史类》第四三七册,上海古籍出版社 2002 年影印版。

王崇武、黎世清编译:《太平天国史料译丛》第一辑,神州国光社 1954 年版。

吴晗辑:《朝鲜李朝实录中的中国史料》第九册,中华书局 1980 年版。

《湘乡曾氏文献》(八),吴相湘主编:《中国史学丛书》,台湾学生书局 1965 年影印版。

厦门大学郑成功历史调查研究组编:《郑成功收复台湾史料选编》,福建人民出版社 1982 年版。

袁世凯辑录:《新建陆军兵略录存》,沈云龙主编:《袁世凯史料汇刊》,文海出版社 1966 年影印版。

“中央研究院”历史语言研究所:《明清史料·辛编》上册,中华书局 1987 年影印版。

中国史学会主编:《中国近代史资料丛刊·鸦片战争》第三册,神州国光社 1954 年版。

中国史学会主编:《中国近代史资料丛刊·中日战争》第一、二、三、五、六、七册,新知识出版社 1956 年版。

中国史学会主编:《中国近代史资料丛刊·戊戌变法》第一、二、三、四册,上海人民出版社 1957 年版。

中国史学会主编:《中国近代史资料丛刊·太平天国》第三册,上海人民出版社 1957 年版。

中国史学会主编:《中国近代史资料丛刊·捻军》第四、五册,上海人民出版社 1957 年版。

中国史学会主编:《中国近代史资料丛刊·洋务运动》第一、六、八册,上海人民出版社 1961 年版。

中国社会科学院近代史研究所中华民国史组编:《清末新军编练沿革》,中华书局 1978 年版。

中国社会科学院近代史研究所近代史资料编辑组编:《近代史资料》总第 37 号,中华书局 1978 年版。

中国社会科学院近代史研究所近代史资料编辑组编:《近代史资料》总第 47 号,中国社会科学出版社 1982 年版。

(三)文集著述

(明)毕懋康:《军器图说》,《四库禁毁书丛刊》编纂委员会:《四库禁毁书丛刊·子部》第 29 册,北京出版社 2000 年影印版。

(清)陈昌:《霆军纪略》,沈云龙主编:《近代中国史料丛刊》第十三辑(123),文海出版社 1967 年影印版。

(明)陈子龙等编:《明经世文编》第五、六册,中华书局 1962 年影印版。

蔡尚思、方行编:《谭嗣同全集》上册,中华书局 1981 年版。

蔡锷:《曾胡治兵语录》,《中国兵书集成》编委会编:《中国兵书集成》第 50 册,解放军出版社、辽沈书社 1992 年影印版。

(清)陈龙昌:《中西兵略指掌》,《续修四库全书》编纂委员会编:《续修四库全书·子部·兵家类》第九六九册,上海古籍出版社 1996 年影印版。

(清)陈澹然:《江表忠略》,周骏富辑:《清代传记丛刊·名人类⑱》,明文书局 1985 年影印版。

丁凤麟、王欣之编:《薛福成选集》,上海人民出版社 1987 年版。

丁振铎编辑:《项城袁氏家集》第四、八册,沈云龙主编:《袁世凯史料汇刊》,文海出版社 1966 年影印版。

(清)方宗诚:《柏堂师友言行记》,沈云龙主编:《近代中国史料丛刊》第二十二辑(216),文海出版社 1968 年影印版。

(清)郭嵩焘:《养知书屋诗文集》,沈云龙主编:《近代中国史料丛刊》第十六辑(152),文海出版社 1968 年影印版。

(清)葛士浚辑:《皇朝经世文续编》,沈云龙主编:《近代中国史料丛刊》第七十五辑(741),文海出版社 1972 年影印版。

(清)谷应泰:《明史纪事本末》第四册,中华书局 1977 年版。

(清)郭嵩焘:《郭嵩焘日记》,湖南人民出版社 1981 年版。

顾廷龙、戴逸主编:《李鸿章全集》第一、二、三、四、五、六、七、十、十二、二十九、三十一、三十四、三十七册,《国家清史编纂委员会文献丛刊》,安徽教育出版社 2008 年版。

胡思敬:《退庐全集·大盗窃国记》,沈云龙主编:《近代中国史料丛刊》第四十五辑(445),文海出版社 1970 年影印版。

湖南省文献委员会编辑:《湖南文献汇编》第 2 辑,湖南省文献委员会 1949 年版。

洪弃生:《寄鹤斋选集(一)·书札》,《台湾文献史料丛刊》第 8 辑,台湾大通书局 1987 年版。

(清)胡林翼:《胡林翼集》第一、二册,岳麓书社 1999 年版。

(清)嵇璜等:《清朝文献通考》第二册,王云五总主编:《万有文库》第二集,商务印书馆 1936 年影印版。

(清)江忠源:《江忠烈公遗集》,沈云龙主编:《近代中国史料丛刊续编》第九十九辑(984),文海出版社 1983 年影印版。

江世荣编注:《曾国藩未刊信稿》,中华书局 1959 年版。

(清)计六奇:《明季北略》,中华书局 1984 年版。

(清)刘蓉:《养晦堂文诗集》,沈云龙主编:《近代中国史料丛刊》第三十九辑(382),文海出版社 1969 年影印版。

李宗侗、刘凤翰:《清李文正公鸿藻年谱》下册,台湾商务印书馆 1981 年版。

刘厚生:《张謇传记》,上海书店出版社 1985 年版。

(清)黎庶昌:《曾国藩年谱(附事略、哀荣录)》,岳麓书社 1986 年版。

[德]来春石泰:《德国军制述要》,[德]锡乐巴、沈敦和译,小仓山房光绪二十七年石印本。

梁启超:《梁启超全集》,北京出版社 1999 年版。

梁启超:《饮冰室合集集外文》中册,夏晓虹辑,北京大学出版社 2005 年版。

梁启超:《清代学术概论》,朱维铮校注,中华书局 2010 年版。

梁启超:《中国近三百年学术史》,东方出版社 2004 年版。

梁启超:《李鸿章传》,中华书局 2012 年版。

林语堂:《中国人(全译本)》,郝志东、沈益洪译,学林出版社 1994 年版。

(清)罗泽南:《罗泽南集》,符静校点,岳麓书社 2010 年版。

骆宝善、刘路生主编:《袁世凯全集》第三、四卷,《国家清史编纂委员会文献丛刊》,河南大学出版社 2013 年版。

缪荃孙:《艺风堂文集》,沈云龙主编:《近代中国史料丛刊》第九十五辑(945),文海出版社 1973 年影印版。

缪荃孙:《续碑传集》第三、四、五册,周骏富辑:《清代传记丛刊·综录类④》,明文书局 1985 年影印版。

(清)梅英杰等:《湘军人物年谱》第一册,岳麓书社 1987 年版。

(明)毛霦:《平叛记》,(清)罗振玉辑:《罗雪堂先生全集·续编》第十五册《殷礼在斯堂丛书》,台湾大通书局 1989 年影印版。

(明)茅元仪:《武备志(二)》,《四库禁毁书丛刊》编纂委员会:《四库禁毁书丛刊·子部》第二十四册,北京出版社 2000 年影印版。

年子敏编:《李鸿章致潘鼎新书札》,中华书局 1960 年版。

(清)潘鼎新:《洋枪队大操图说》,同治七年刊本。

(清)钱勖:《吴中平寇记》,《四库未收书辑刊》编纂委员会编:《四库未收书辑刊》叁辑·拾叁册,北京出版社 2000 年影印版。

钱基博:《近百年湖南学风》,求知书店 1945 年版。

(明)戚继光:《练兵实纪》,《中国兵书集成》编委会编:《中国兵书集成》第 19 册,解放军出版社、辽沈书社 1994 年影印版。

(明)戚继光:《纪效新书(十八卷本)》,《中国兵书集成》编委会编:《中国兵书集成》第18册,解放军出版社、辽沈书社1995年影印版。

(明)戚继光:《纪效新书(十四卷本)》,范中义校释,中华书局2001年版。

钱穆:《中国近三百年学术史》下册,商务印书馆1997年版。

任光亮、朱仲岳整理:《左宗棠未刊书牍》,岳麓书社1989年版。

《孙子兵法》。

(清)盛康辑:《皇朝经世文续编》,思补楼光绪二十三年刊本。

沈祖宪、吴闿生编纂:《容庵弟子记》,沈云龙主编:《袁世凯史料汇刊》,文海出版社1966年影印版。

沈祖宪辑录:《养寿园电稿》,沈云龙主编:《袁世凯史料汇刊》,文海出版社1966年影印版。

汤志钧编:《康有为政论集》上册,中华书局1981年版。

(清)魏源:《魏源全集》第十二、十七册,岳麓书社2004年版。

(清)吴敏树:《吴敏树集·柈湖诗录》,岳麓书社2012年版。

(清)吴云:《两罍轩尺牍》,沈云龙主编:《近代中国史料丛刊》第二十七辑(264),文海出版社1968年影印版。

(清)王定安:《求阙斋弟子记》,沈云龙主编:《近代中国史料丛刊》第六辑(52),文海出版社1967年影印版。

(清)王闿运:《湘军水陆战记(即湘军志)》,沈云龙主编:《近代中国史料丛刊》第二十二辑(217),文海出版社1968年影印版。

(清)王定安:《湘军记》,朱纯点校,岳麓书社1983年版。

王栻主编:《严复集》第五册,中华书局1986年版。

(清)王定安编纂:《曾文正公水陆行军练兵志》,《中国兵书集成》编委会编:《中国兵书集成》第47册,解放军出版社、辽沈书社1992年影印版。

(清)王韬:《弢园文录外编》,辽宁人民出版社1994年版。

王闿运:《湘绮楼日记》,岳麓书社1997年版。

(清)吴汝纶:《吴汝纶尺牍》,徐寿凯、施培毅校点,黄山书社1990年版。

(明)徐光启:《徐光启集》上册,王重民辑校,中华书局1963年版。

夏东元编:《郑观应集》上册,上海人民出版社1982年版。

(清)徐建寅:《兵学新书》,《中国兵书集成》编委会编:《中国兵书集成》第49册,解放军出版社、辽沈书社1993年影印版。

苑书义等主编:《张之洞全集》第一册,河北人民出版社1998年版。

周家驹编:《周武壮公(盛传)遗书(附:年谱)》,沈云龙主编:《近代中国史料丛刊》第三十九辑(383),文海出版社1969年影印版。

(清)周世澄:《淮军平捻记》,沈云龙主编:《近代中国史料丛刊》第五辑(42),文海出版社1967年影印版。

(清)周馥:《周悫慎公全集》第三十五、三十六册,秋浦周氏1922年刻本。

(清)赵烈文:《能静居日记》第五册,吴相湘主编:《中国史学丛书》,台北学生书局1964年影印版。

(清)曾国藩:《曾文正公全集·杂著》,传忠书局同治十三年刊本。

(清)曾国藩:《曾文正公全集·文集》,传忠书局同治十三年刊本。

(清)曾国藩:《曾文正公全集·书札》,传忠书局光绪二年刊本。

(清)曾国藩:《曾文正公全集·奏稿》,传忠书局光绪二年刊本。

(清)曾国藩:《曾文正公全集·批牍》,传忠书局光绪二年刊本。

(清)曾国藩:《曾文正公全集·求阙斋日记类钞》,传忠书局光绪二年刊本。

(清)曾国藩:《曾国藩全集·家书》,岳麓书社1986年版。

(清)曾国藩:《曾国藩全集·日记》,岳麓书社1987年版。

(宋)曾公亮等编纂:《武经总要·前集》,《中国兵书集成》编委会编:《中国兵书集成》第3册,解放军出版社、辽沈书社1988年影印版。

朱孔彰:《中兴将帅别传》,《湘军史料丛刊》,岳麓书社1989年版。

(清)曾国藩:《曾国藩全集·书信》,岳麓书社1994年版。

张謇研究中心、南通市图书馆编:《张謇全集》第六卷,江苏古籍出版社1994年版。

(清)曾国荃:《曾忠襄公书札》,《续修四库全书》编纂委员会编:《续修四库全书·集部·别集类》第一五五四册,上海古籍出版社2002年影印版。

(清)张佩纶:《涧于集·书牍》,《续修四库全书》编纂委员会编:《续修四库全书·集部·别集类》第一五六六册,上海古籍出版社2002年影印版。

(清)左宗棠:《左宗棠全集·书信》,岳麓书社2014年版。

(清)左宗棠:《左宗棠全集》第四、十二、十六册,上海书店1986年影印版。

(四)游记、回忆录与笔记小说

北京政协文史资料委员会:《北京文史资料》第64辑,北京出版社2001年版。

包天笑:《钏影楼回忆录》,香港大华出版社1971年版。

巴蜀书社整理:《清代野史》第二、四、六辑,巴蜀书社1987年版。

长鸾译、薛虹校注:《鞑靼漂流记》,中国人民大学清史研究所编:《清史研究集》第一辑,中国人民大学出版社1980年版。

柴小梵:《梵天庐丛录》,《民国笔记小说大观》第四辑,山西古籍出版社、山西教育出版社1999年版。

辜鸿铭:《张文襄幕府纪闻》(与《近代轶闻》合刊本),《民国笔记小说大观》第一辑,山西古籍出版社1995年版。

黄濬:《花随人圣庵摭忆》,上海古籍出版社1983年版。

刘禺生:《世载堂杂忆》,中华书局1960年版。

李宗仁口述、唐德刚撰写:《李宗仁回忆录》,广西人民出版社1988年版。

刘体智:《异辞录》,刘笃龄点校,中华书局1988年版。

(清)李宝嘉:《官场现形记》上,人民文学出版社2000年版。

茅盾、韦韬:《茅盾回忆录》上,华文出版社2013年版。

全国政协文史资料委员会:《文史资料选辑》第 74 辑,文史资料出版社 1981 年版。

荣孟源、章伯锋、顾亚主编:《近代稗海》第一、十三辑,四川人民出版社 1985、1989 年版。

沈从文:《沈从文自传》,江苏文艺出版社 1995 年版。

天津政协文史资料委员会编:《天津文史资料选辑》第 12、13 辑,天津人民出版社 1980、1981 年版。

王伯恭:《蜷庐随笔》,沈云龙主编:《近代中国史料丛刊》第二十四辑(235),文海出版社 1968 年影印版。

吴永:《庚子西狩丛谈》,沈云龙主编:《近代中国史料丛刊》第一辑(4),文海出版社 1966 年影印版。

王世儒、闻笛编:《我与北大——"老北大"话北大》,北京大学出版社 1998 年版。

徐凌霄、徐一士:《曾胡谈荟》(与《曾胡治兵语录》合刊本),《民国笔记小说大观》第一辑,山西古籍出版社 1995 年版。

徐凌霄、徐一士:《凌霄一士随笔》第三册,《民国笔记小说大观》第三辑,山西古籍出版社 1997 年版。

佚名:《袁世凯正传 · 袁世凯轶事》,沈云龙主编:《袁世凯史料汇刊续集》,文海出版社 1966 年影印版。

野史氏编辑:《袁世凯轶事续录》,上海文艺编译社 1916 年版。

震均:《天咫偶闻》,沈云龙主编:《近代中国史料丛刊》第二十二辑(219),文海出版社 1968 年影印版。

(明)朱国祯:《涌幢小品》上,中华书局 1959 年版。

(清)昭梿:《啸亭杂录》,中华书局 1980 年版。

(清)张集馨:《道咸宦海见闻录》,中华书局 1981 年版。

[英]伯纳特 · M.艾伦:《戈登在中国》,孙梁编译,上海古籍出版社 1995 年版。

[德]恩斯诺:《清末商业及国情考察记》,[美]熊健、李国庆译,国家图书馆出版社 2014 年版。

[德]费迪南德 · 冯 · 李希霍芬:《李希霍芬中国旅行日记》下册,[德]E.蒂森选编,李岩、王彦会译,商务印书馆 2016 年版。

[日]龟井兹明:《血证——甲午战争亲历记》,高永学、孙常信译,中央民族大学出版社 1997 年版。

[英]呤唎:《太平天国革命亲历记》,王维周译,上海古籍出版社 1985 年版。

[日]野津道贯:《支那征伐胜利之要素》,《日清交战录》第 11 号,(东京)春阳堂明治廿七年版。

(五)地方志、报刊

《东方杂志》1904 年第 1 卷第 3 期。

光绪《湖南通志》,《续修四库全书》编纂委员会编:《续修四库全书 · 史部 · 地理类》第六六五、六六六册,上海古籍出版社 1996 年影印版。

光绪《续修庐州府志》,《中国地方志集成·安徽府县志辑④⑤⑥》,江苏古籍出版社 1998 年影印版。

光绪《重修天津府志》,《续修四库全书》编纂委员会编:《续修四库全书·史部·地理类》第六九一册,上海古籍出版社 1996 年影印版。

《申报》1896 年 3 月 19、20、23 日(总第 8230、8231、8234 号),1897 年 8 月 16 日(总第 8740 号)。

上海社会科学院历史研究所编译:《太平军在上海——〈北华捷报〉选译》,上海人民出版社 1983 年版。

《直报》1896 年 2 月 8 日(总第 325 号),1898 年 7 月 5、10 日(总第 1103、1108 号)。

郑曦原编:《帝国的回忆——〈纽约时报〉晚清观察记》,生活·读书·新知三联书店 2001 年版。

二、研究性文献

(一)著作

1. 中国学者

陈旭麓:《近代中国社会的新陈代谢》,上海社会科学院出版社 2006 年版。

陈明明:《所有的子弹都有归宿:发展中国家的军人政治研究》,天津人民出版社 2003 年版。

崔之清主编:《太平天国战争全史》,南京大学出版社 2002 年版。

范中义等主编:《明代军事史》,《中国军事通史》第 15 卷,军事科学出版社 1998 年版。

樊百川:《淮军史》,四川人民出版社 1994 年版。

关捷等总主编:《甲午战争全史》,吉林人民出版社 2005 年版。

郭豫明:《捻军史》,上海人民出版社 2001 年版。

郭汉民:《晚清社会思潮研究》,中国社会科学出版社 2003 年版。

赫治清主编:《军事教育训练制度卷》,陈高华、钱海皓总主编:《中国军事制度史》第二卷,大象出版社 1997 年版。

黄金麟:《历史、身体、国家:近代中国的身体形成(1895—1937)》,新星出版社 2006 年版。

江地:《捻军史研究与调查》,齐鲁书社 1986 年版。

金观涛、刘青峰:《兴盛与危机——论中国社会超稳定结构》,香港中文大学出版社 1992 年增订本。

蒋方震:《国防论》,《民国丛书》第二编第 31 册,上海书店出版社 1990 年影印版。

金玉国:《中国战术史》,解放军出版社 2003 年版。

刘凤翰:《新建陆军》,"中央研究院"近代史研究所 1967 年版。

吕实强:《丁日昌与自强运动》,"中央研究院"近代史研究所 1972 年版。

刘凤翰:《武卫军》,"中央研究院"近代史研究所 1978 年版。

罗尔纲:《湘军兵志》,中华书局 1984 年版。

罗尔纲:《绿营兵志》,中华书局 1984 年版。

李泽厚:《中国古代思想史论》,人民出版社 1985 年版。

李泽厚:《中国现代思想史论》,东方出版社 1987 年版。

罗尔纲:《太平天国新军的运动战》,商务印书馆 1989 年版。

龙盛运:《湘军史稿》,四川人民出版社 1990 年版。

李洵、薛虹主编:《清代全史》第一卷,辽宁人民出版社 1991 年版。

陆方、李之渤:《晚清淮系集团研究——淮军、淮将和李鸿章》,东北师范大学出版社 1993 年版。

罗尔纲:《晚清兵志》,中华书局 1997 年版。

刘庆、皮明勇:《军事学志》,庞朴主编:《中国文化通志·学术典(6—060)》,上海人民出版社 1998 年版。

李洪程主编:《步兵战术学》,军事科学出版社 2000 年版。

卢林:《战术史纲要》,解放军出版社 2008 年版。

李伯重:《火枪与账簿:早期经济全球化时代的中国与东亚世界》,生活·读书·新知三联书店 2017 年版。

马昌华主编:《淮系人物列传——李鸿章家族成员·武职》,黄山书社 1995 年版。

茅海建:《天朝的崩溃:鸦片战争再研究》,生活·读书·新知三联书店 1995 年版。

马骏、吴广权:《外国武装力量发展史》,航空工业出版社 2006 年版。

钮先钟:《西方战略思想史》,广西师范大学出版社 2003 年版。

钮先钟:《中国战略思想史》,黎明文化事业股份有限公司 1992 年版。

平志伟:《中西方战术比较研究》,国防大学出版社 2001 年版。

皮明勇:《中国近代军事改革》,解放军出版社 2008 年版。

邱心田、孔德骐主编:《清代前期军事史》,《中国军事通史》第 16 卷,军事科学出版社 1998 年版。

邵镜人:《同光风云录》,沈云龙主编:《近代中国史料丛刊续编》第九十五辑(950),文海出版社 1983 年影印版。

苏同炳:《中国近代史上的关键人物》,百花文艺出版社 2000 年版。

施渡桥等:《清代后期军事史》,《中国军事通史》第 17 卷,军事科学出版社 1998 年版。

史全生:《中国近代军事教育史》,东南大学出版社 1996 年版。

宋绍松、栗爱斌:《战术思维研究》,国防大学出版社 2007 年版。

孙晔飞:《战术文化论》,军事科学出版社 2009 年版。

陶菊隐:《北洋军阀统治时期史话》,生活·读书·新知三联书店 1957 年版。

台湾"三军大学"编:《中国历代战争史》第十五、十八册,军事译文出版社 1983 年版。

文公直:《最近三十年中国军事史》第一编,沈云龙主编:《近代中国史料丛刊》第六十四辑(639),文海出版社 1974 年影印版。

王尔敏:《淮军志》,中华书局 1987 年影印版。

王尔敏:《清季军事史论集》,广西师范大学出版社 2008 年版。

王兆春:《中国火器史》,军事科学出版社 1991 年版。

王芸生:《六十年来中国与日本》,《民国丛书》第三编第 24 册,上海书店出版社 1991 年影印版。

王家俭:《清史研究论薮》,文史哲出版社 1994 年版。

王吉尧:《中国近代军事教育史》,解放军出版社 1996 年版。

王兆春:《中国科学技术史·军事技术卷》,科学出版社 1998 年版。

王先明:《近代新学——中国传统学术文化的嬗变与重构》,商务印书馆 2000 年版。

王建华:《半世雄图——晚清军事教育现代化的历史进程》,东南大学出版社 2004 年版。

王东生、黄培义:《战术的哲学基础》,解放军出版社 2008 年版。

萧一山:《清代通史》,中华书局 1985 年影印版。

萧功秦:《儒家文化的困境——中国近代士大夫与西方挑战》,四川人民出版社 1986 年版。

萧功秦:《危机中的变革——清末政治中的激进与保守》,广东人民出版社 2011 年版。

熊月之:《西学东渐与晚清社会》,上海人民出版社 1994 年版。

熊志勇:《从边缘走向中心——晚清社会变迁中的军人集团》,天津人民出版社 1998 年版。

杨亚平、祁永信主编:《军事社会学概论》,南京大学出版社 1989 年版。

杨国强:《晚清的士人与世相》,生活·读书·新知三联书店 2008 年版。

杨国强:《义理与事功之间的徊徨——曾国藩、李鸿章及其时代》,生活·读书·新知三联书店 2008 年版。

杨志远、彭燕眉主编:《战术学》,军事科学出版社 2002 年版。

张玉田、陈崇桥等编著:《中国近代军事史》,辽宁人民出版社 1983 年版。

总参谋部军训部:《战术学基础》,解放军出版社 1987 年版。

张其昀:《中国军事史略》,《民国丛书》第一编第 32 册,上海书店出版社 1989 年影印版。

张俊波主编:《中西军事哲学比较研究》,军事科学出版社 1993 年版。

戴逸、张世明:《18 世纪的中国与世界·军事卷》,辽海出版社 1999 年版。

赵国华:《中国兵学史》,福建人民出版社 2004 年版。

《中国军事史》编写组编:《中国历代军事装备》,解放军出版社 2006 年版。

《中国军事史》编写组编:《中国历代军事思想》,解放军出版社 2007 年版。

张华腾:《北洋集团崛起研究(1895—1911)》,中华书局 2009 年版。

张英辰、王树林主编:《中国近代军事训练史》,军事科学出版社 2010 年版。

2. 外国学者

[瑞士]A.H.若米尼:《战争艺术概论》,刘聪、袁坚译,解放军出版社 1986 年版。

[英]安东尼·吉登斯:《民族—国家与暴力》,胡宗泽等译,生活·读书·新知三联书店 1998 年版。

[美]阿彻·琼斯:《西方战争艺术》,刘克俭、刘卫国译,中国青年出版社 2001 年版。

[美]彼得·帕雷特主编:《现代战略的缔造者:从马基雅维利到核时代》,时殷弘等译,世界知识出版社 2006 年版。

[德]克劳塞维茨:《战争论》,中国人民解放军军事科学院译,商务印书馆 1982 年版。

[美]查尔斯·科茨、罗兰·佩里格林:《军事社会学——美国军事制度与军事生活之研究》,北京大学国防学会译,国防大学出版社 1986 年版。

[日]福泽谕吉:《文明论概略》,北京编译社译,商务印书馆 1959 年版。

[美]费正清、[美]刘广京主编:《剑桥中国晚清史:1800—1911》下卷,中国社会科学院历史研究所编译室译,中国社会科学出版社 1985 年版。

[美]F.W.泰罗:《科学管理原理》,胡隆昶等译,中国社会科学出版社 1984 年版。

[澳]冯兆基:《军事近代化与中国革命》,郭太风译,上海人民出版社 1994 年版。

[美]哈修斯等:《图解世界战争战法:装备、作战技能和战术(东方战争:1200—1860)》,张魁译,宁夏人民出版社、中华书局 2010 年版。

[美]黄仁宇:《万历十五年》(增订纪念本),中华书局 2006 年版。

[日]户部良一:《日本陆军史:近代化的异化》,韦平和等译,社会科学文献出版社 2016 年版。

[英]J.F.C.富勒:《西洋世界军事史》,钮先钟译,广西师范大学出版社 2004 年版。

[美]杰弗里·帕克:《剑桥插图战争史》,傅景川等译,山东画报出版社 2004 年版。

[英]柯林武德:《历史的观念》,何兆武等译,北京大学出版社 2010 年版。

[英]克里斯托尔·约根森等:《图解世界战争战法:装备、作战技能和战术(近代早期:1500—1763)》,周桂银等译,宁夏人民出版社 2008 年版。

[美]刘广京、朱昌峻编:《李鸿章评传——中国近代化的起始》,陈绛译校,上海古籍出版社 1995 年版。

[美]拉尔夫·尔·鲍威尔:《1895—1912 年中国军事力量的兴起》,陈泽宪、陈霞飞译,中华书局 1978 年版。

《马克思恩格斯军事文集》第一、二卷,战士出版社 1981 年版。

[以]马丁·范克勒韦尔德:《战争的文化》,李阳译,生活·读书·新知三联书店 2010 年版。

[美]麦尼尔:《竞逐富强:西方军事的现代化历程》,倪大昕、杨润殷译,学林出版社 1996 年版。

[德]马克斯·韦伯:《中国的宗教·宗教与世界》,《韦伯作品集》第 5 册,康乐、简

惠美译,广西师范大学出版社 2004 年版。

[英]迈克尔·霍华德:《欧洲历史上的战争》,褚律元译,辽宁教育出版社 1998 年版。

[法]莫里斯·梅洛-庞蒂:《知觉现象学》,姜志辉译,商务印书馆 2001 年版。

[法]米歇尔·福柯:《规训与惩罚:监狱的诞生》,刘北成、杨远婴译,生活·读书·新知三联书店 1999 年版。

[日]内藤顺太郎:《袁世凯正传》,张振秋译,广益书局 1914 年版。

[德]乔伟等:《德国克虏伯与中国的近代化》,天津古籍出版社 2001 年版。

[美]R.J.史密斯:《十九世纪中国的常胜军:外国雇佣兵与清帝国官员》,汝企和译,中国社会科学出版社 2003 年版。

[美]罗伯特·布鲁斯等:《图解世界战争战法:装备、作战技能和战术(拿破仑时代:1792—1815)》,崔建树等译,宁夏人民出版社、中华书局 2010 年版。

[美]芮玛丽:《同治中兴——中国保守主义的最后抵抗(1862—1874)》,房德邻等译,中国社会科学出版社 2002 年版。

[日]三浦权利:《图说西洋甲胄武器事典》,谢志宇译,上海书店出版社 2005 年版。

[美]T.N.杜普伊:《武器和战争的演变》,李志兴等译,军事科学出版社 1985 年版。

[美]T.L.康念德:《李鸿章与中国军事工业近代化》,杨天宏、陈力等译,四川大学出版社 1992 年版。

[美]特·内·杜普伊:《汉尼拔》,张孝林译,解放军出版社 1988 年版。

[日]佐藤铁治郎著,孔祥吉、[日]村田雄二郎整理:《一个日本记者笔下的袁世凯》,天津古籍出版社 2005 年版。

Gunther E. Rothenberg, *The Art of Warfare in the Age of Napoleon*, Indiana:Indiana University Press, 1980.

Michael Barthorp, *The British Army on Campaign 1816-1902*, London:Osprey Publishing, 1988.

(二)论文与论文集

1. 中国学者

陈九如:《洋枪队与淮军浅论》,《历史教学问题》1996 年第 4 期。

董丛林:《尹隆河之役及其影响》,《历史教学》1988 年第 9 期。

董丛林:《领袖导向与湘淮系势力的“异流”》,《近代史研究》1994 年第 2 期。

葛兆光:《1895 年的中国:思想史上的象征意义》,《开放时代》2001 年第 1 期。

郭鸿林:《清代周盛传小站屯垦述略》,《古今农业》1991 年第 3 期。

胡泽洪:《中西逻辑发展的不同特点及其原因》,《湖南师范大学社会科学学报》1989 年第 2 期。

黄一农:《红夷大炮与明清战争——以火炮测准技术之演变为例》,台北《清华学报》1996 年第 1 期。

黄一农:《红夷大炮与皇太极创立的八旗汉军》,《历史研究》2004 年第 4 期。

黄金麟:《近代中国的军事身体构建,1895—1949》,《“中央研究院”近代史研究所集刊》2004 年第 43 期。

侯玉波:《从思维方式看东西方文化的差异》,《光明日报》2003 年 10 月 14 日。

冀满红:《论淮军》,《安徽史学》1986 年第 4 期。

冀满红:《淮军近代化浅论》,《军事历史》1989 年第 4 期。

季云飞:《新建陆军研究二题》,《河北学刊》1992 年第 6 期。

江中:《身体:以军营新兵训练为例——兼就若干身体理论问题与郑震先生商榷》,《社会学研究》2004 年第 3 期。

吕小鲜:《第一次鸦片战争时期中英两军的武器和作战效能》,《历史档案》1988 年第 3 期。

李守孔:《常胜军协剿太平军之研究》,《新时代》1970 年第 11、12 期。

李鸿彬:《皇太极与火炮》,《历史档案》1997 年第 2 期。

李守孔:《淮军平捻之研究》,《新时代》1970 年第 10 期。

李国林:《“常胜军”对清统治者军事近代化思想的影响》,《上海师范大学学报(哲学社会科学版)》1996 年第 1 期。

李斌:《乾隆〈平定伊犁回部战图〉的史料价值》,《故宫博物院院刊》2001 年第 4 期。

李斌:《西式武器对清初作战方法的影响》,《自然辩证法通讯》2002 年第 4 期。

李元鹏:《奇正:一个考察近代兵学的视角——以曾国藩、胡林翼、左宗棠为中心》,《滨州学院学报》2019 年第 5 期。

梁巨祥主编:《中国近代军事史论文集》,军事科学出版社 1987 年版。

罗尔纲:《常胜军考略》,《近代史研究》1990 年第 4 期。

罗志田:《近代湖南区域文化与戊戌新旧之争》,《近代史研究》1998 年第 5 期。

廖宗麟:《李鸿章与淮军的近代化》,《安徽史学》1986 年第 1 期。

刘建新:《论明清之际的松锦之战》,中国人民大学清史研究所编:《清史研究集》第四辑,四川人民出版社 1986 年版。

刘凤翰:《清季自强运动与军事初期改革(1861—1895)》,“中央研究院”近代史研究所编:《清季自强运动研讨会论文集》(上册),“中央研究院”近代史研究所 1988 年版。

刘庆:《中西军事思想的交流与互补》,《军事历史研究》1994 年第 3 期。

刘大年:《评近代经学》,朱诚如、王天有主编:《明清论丛》第 1 辑,紫禁城出版社 1999 年版。

刘琼霞:《湘军与新建陆军比较考论》,《江汉论坛》2003 年第 5 期。

刘鸿亮:《明清时期红夷大炮的兴衰与两朝西洋火器发展比较》,《社会科学》2005 年第 12 期。

毛振发:《试论袁世凯军事思想》,《军事历史研究》1987 年第 4 期。

茅海建:《救时的偏方:戊戌变法期间司员士民上书中军事外交论》,《近代史研究》2005 年第 1 期。

牛俊法:《论近代清军的装备与战术》,《史学月刊》1985年第6期。

皮明勇、刘庆:《清军陆战战术演变》,《军事历史研究》1989年第2期。

皮明勇:《德国与晚清军事变革》,《军事历史》1990年第3期。

彭越:《整体把握:虚泛的总体直观——中国哲学思维方式的一个特点》,《社会科学家》1991年第4期。

庞乃明:《欧洲势力东渐与晚明军事工程改良》,《东岳论丛》2011年第7期。

屈新儒:《“常胜军”研究》,《军事历史研究》1994年第3期。

沈渭滨、奚纪荣:《中国军事思想概论》,《史林》1988年第3期。

苏贻鸣:《洋枪队与中国军队的近代化》,《复旦学报(社会科学版)》1990年第2期。

施渡桥:《清末编练新式陆军的思想与实践》,《军事历史研究》1998年第2期。

施渡桥:《论袁世凯的建军治军和军事教育思想》,《军事历史研究》2001年第1期。

孙立峰:《晚清编译德国军事著作活动考评》,《德国研究》2007年第2期。

涂小元:《小站练兵时期定武军、新建陆军与武卫右军的火器装备刍议》,《军事历史研究》2009年第2期。

王尔敏:《清代勇营制度》,《“中央研究院”近代史研究所集刊》1974年第4期。

杨立强:《中日甲午战争与清末军制变革》,《军事历史研究》1987年第1期。

于汝波:《对16世纪初至19世纪末中国军事理论落后教训的几点思考》,《军事历史》2004年第3期。

叶凤刚:《论清政府与常胜军》,《史学集刊》2006年第1期。

赵中孚:《近代中国军事因革与现代化运动》,《“中央研究院”近代史研究所集刊》1983年第12期。

张静媛:《皇太极与红衣炮》,《满族研究》1993年第3期。

张小青:《明清之际西洋火炮的输入及其影响》,中国人民大学清史研究所编:《清史研究集》第四辑,四川人民出版社1986年版。

朱汉民:《湖湘士人的崇文尚武精神》,《中共宁波市委党校学报》2014年第3期。

周保巍:《军事创新与近代欧洲的政治发展——一项军事社会学的考察》,《浙江社会科学》2001年第3期。

周军、杨雨润主编:《李鸿章与中国近代化》,安徽人民出版社1989年版。

曾昭式:《西方逻辑东渐与中国近代思维方式的嬗变》,《中国哲学史》2003年第2期。

赵鲁臻:《小站练兵人员任职情况考误》,《兰台世界》2012年第27期。

赵鲁臻:《晚清军队的近代化变迁——新建陆军对湘淮勇营的继承与发展》,《社会科学家》2013年第7期。

赵鲁臻:《书生何以立武勋:湘军崛起的学术“软实力”及其当代启示》,《社会科学家》2017年第9期。

赵鲁臻:《清末新军的身体塑造及其社会影响——以小站练兵中的身体规训为中心》,《学术探索》2017年第11期。

2. 外国学者

[美]狄宇宙:《与枪炮何干:火器和清帝国的形成》,[美]司徒琳主编:《世界历史时间中清的形成》,《世界时间与东亚时间中的明清变迁》下卷,生活·读书·新知三联书店 2009 年版。

[日]森五六:《近世战斗法之变革与现代战斗法之概要》,李元凯译,《军事杂志》1928 年第 5 期。

[美]石康:《明清战争中大炮的使用》,《清史研究》2011 年第 3 期。

Richard J. Smith, "Foreign-Training and China's Self-strengthening: The Case of Feng-Huang-Shan,1864-1873",*Modern Asian Studies*, Vol. 10, No. 2(1976).

Richard J. Smith, "The Reform of Military Education In Late Ch'ing China, 1842-1895",*Journal of the North China Branch of the Royal Asiatic Society*, Vol. 18, No. 2 (1978).

(三)未刊学位论文

田玉洪:《困厄中的抉择——晚清(1864—1911 年)裁军研究(以绿营为中心)》,华东师范大学博士学位论文,2005 年。

王涛:《清军火器、军制与战争——以旗营与淮勇为中心》,复旦大学博士学位论文,2007 年。

许二斌:《14—17 世纪欧洲的军事革命与社会转型》,东北师范大学博士学位论文,2003 年。

赵治国:《晚清兵制变革思想及实践》,复旦大学博士学位论文,2008 年。

周维强:《明代战车研究》,台北清华大学博士学位论文,2008 年。

三、工 具 书

郭廷以:《太平天国史事日志》,上海书店出版社 1986 年版。

郭毅生主编:《太平天国历史地图集》,中国地图出版社 1989 年版。

任连生主编:《中国军事百科全书学科分册·战术》(Ⅰ、Ⅱ),中国大百科全书出版社 2007 年版。

谭其骧主编:《中国历史地图集·清时期》,中国地图出版社 1996 年重印版。

张一文等编著:《中国近代军事史研究概览》,天津教育出版社 1991 年版。

《中国大百科全书·军事》编委会:《中国大百科全书·军事》(Ⅰ、Ⅱ),中国大百科全书出版社 1989 年版。

中国人民革命军事博物馆编著:《中国战争史地图集》,星球地图出版社 2007 年版。

后 记

本书是2017年度国家社科基金后期资助项目“危机下的变革:晚清陆军战术及训练研究”的最终成果,也是我出版的第一本学术著作。它的雏形是我在南开大学攻读历史学博士学位期间所撰写的毕业论文。

之所以选择晚清军事史尤其是战术史这样“剑走偏锋”的题目,个中缘由说来话长,此处书其大略。我自小便乐读历史上的战争故事。其中的运筹帷幄、金戈铁马,令幼时的我为之神往。然稍长之后,随着阅历的增长与知识的扩充,便愈发感到传统史籍与兵书战策的难以深究:要么过于“言简意赅”,以“大破之”、“大败之”寥寥数语将千军万马的厮杀一笔带过,难有细节的获知;要么过于“天马行空”,各种奇谋妙算、玄秘阵法让人看得不明所以,几无复盘的可能。久而久之,便对中国军事史生出“审美疲劳”。因此,上大学以及读研期间,便转向阅读西方军事史、战争史著作,尤其对西方从古罗马至近代的战术演变产生了很大兴趣。也正是在这段时期,我越来越感觉到中西军事发展的差异背后,似乎存在着一些不易察觉却源远流长的东西。这背后的东西,甚至导致双方在军事著作的形式与内容上都截然不同。由此,我便萌生了借鉴西方军事史研究范式,来探索中国战争史与战术史的念头。最终,这个念头被我在读博期间付诸实施于晚清军事史的研究之中。

因此,我非常感激业师王先明教授。对于这个过于“偏门”的选题,老师并不以为忤,仍旧悉心指导,但唯要以一事:既然选此心头所好,就须全力以赴,写出点真东西来。聆听此番师训已是七年之前,但其中的谆谆教诲与成全爱护之意,始终铭记于心。师恩难忘,无以为报。故借此机会,约略述之,再次向老师致以由衷的谢意。

博士毕业后,我仍一直在修改自己的这个“心头好”。一则修订补充了大量史料,并尽最大努力减少了转引的内容;二则运用其他学科的方法,如探讨小站练兵的特点时便借鉴了一些社会学理论,重写了大部分内容;三则调整了章节结构并对其标题加以“美化”,以期逻辑上更加通顺、文字上更加流畅;四则补充了若干重要战役战斗的示意图,并对原来不够清晰或不够准确的图表进行重制。这番打磨下来,当下的书稿相较于博士毕业论文扩充了二万余字。若算上修订、重写的内容,则有六万余字,约为当前总字数的四分之一。敝帚自珍地说,这本书好歹还算磨出点样子来了。

但蓦然回首,当年写下首字头行之际,距今已逾七载。七年始磨成一“剑”,不由得再次怅然叹曰:“岁月欺人如此去,堂堂。一事无成两鬓霜。”(刘将孙《南乡子》)工作之后,教学任务的繁重以及越来越多的各种事务性工作的牵绊,当然最主要者还是自己的惰性越来越强,使得这个“磨剑”的过程总是时断时续,而且很难找回当年那种心无旁骛、乐此不疲的心境与状态。故曾与朋友打趣道:读博期间,学问稍长,衣带渐宽;工作之后,学问不见长,腰倒是越来越宽了。也正因为如此,每次修订书稿时,心里就由衷怀念那段纯粹的求学时光。那种纯粹,在今时今日之我看来,简直堪称奢侈。然而,无可奈何花落去。或许,也就只能借此书的付梓,致敬那段纯粹且让我“衣带渐宽”的美好岁月了。

最后,再略述本书从寻求出版到获得资助的大致经过,并向此间帮助我的师友致以谢意。时值 2016 年夏季,通过一个偶然的机会,我参加了季我努学社与赞赏联合主办的中国近代史青年学者出版资助计划。经过两轮评审,我的书稿有幸入选其中。可惜后来由于种种原因,该计划遗憾搁浅。但季我努学社的范国平社长仍鼎力相助,将书稿推荐至人民出版社。承蒙人民出版社青眼相加,并出具推荐意见,我方得以成功申报国家社科基金后期资助项目。对于范社长以及出版社的厚爱与举荐,感激之情实在无以言表。同时,也对所有曾经评阅过书稿的专家学者们表示感谢。在申报项目的过程中,学校科学技术处与马克思主义学院的领导、老师们提供了不少支持与帮助,亦深表谢意。另外,在本书出版过程中,人民出版社的王世勇编审,责任编辑汪逸女士皆付出了诸多辛劳,于兹一并谨致谢忱。

限于个人学识与能力,书中或仍存在讹误与缺陷,恳请师友与读者们不吝批评赐教。

2020 年 12 月写于华北电力大学(保定)

责任编辑：汪　逸

图书在版编目(CIP)数据

危机下的变革：晚清陆军战术及训练研究/赵鲁臻 著. —北京：
人民出版社，2022.6(2022.8 重印)
(国家社科基金后期资助项目)
ISBN 978-7-01-023131-0

Ⅰ.①危…　Ⅱ.①赵…　Ⅲ.①陆军-战术-研究-中国-清后期
②陆军-军事训练-研究-中国-清后期　Ⅳ.①E295.2

中国版本图书馆 CIP 数据核字(2021)第 019326 号

危机下的变革：晚清陆军战术及训练研究

WEIJIXIA DE BIANGE WANQING LUJUN ZHANSHU JI XUNLIAN YANJIU

赵鲁臻　著

人民出版社 出版发行

(100706　北京市东城区隆福寺街 99 号)

中煤(北京)印务有限公司印刷　新华书店经销

2022 年 6 月第 1 版　2022 年 8 月北京第 2 次印刷

开本：710 毫米×1000 毫米 1/16　印张：18.5

字数：322 千字

ISBN 978-7-01-023131-0　定价：89.00 元

邮购地址 100706　北京市东城区隆福寺街 99 号

人民东方图书销售中心　电话 (010)65250042　65289539

版权所有・侵权必究

凡购买本社图书，如有印制质量问题，我社负责调换。

服务电话：(010)65250042